U0608693

民国

商魂

王建男/编著

北方文艺出版社

图书在版编目（CIP）数据

民国商魂：一代创富者的智慧与情怀 / 王建男著 .

－－2 版 . －－ 哈尔滨：北方文艺出版社，2017.（2021.3 重印）

ISBN 978-7-5317-3785-8

Ⅰ . ①民… Ⅱ . ①王… Ⅲ . ①企业家 – 生平事迹 – 中
国 – 民国 Ⅳ . ① K825.38

中国版本图书馆 CIP 数据核字（2017）第 039364 号

民国商魂：一代创富者的智慧与情怀

Minguo Shanghun Yidai Chuangfuzhe De Zhihui Yu Qinghuai

出品人 / 宋玉成

责任编辑 / 李玉鹏　张　喆　　　　　　封面设计 / 门乃婷工作室
　　　　　　　　　　　　　　　　　　　　　　　　Tel:010-64822426
出版发行 / 北方文艺出版社　　　　　印　刷 / 保定市铭泰达印刷有限公司　　网　址 / www.bfwy.com
地　址 / 哈尔滨市南岗区宣庆小区 1 号楼　邮　编 / 150008　　　　　　　　　　经　销 / 新华书店
开　本 / 720×1020　1/16　　　　　字　数 / 299 千
版　次 / 2017 年 4 月第 2 版　　　　印　次 / 2021 年 3 月第 2 次印刷
书　号 / ISBN 978-7-5317-3785-8　　定　价 / 78.00 元

目　录

乔致庸：求名求利莫求人，惜衣惜福非惜财

传略 乔致庸（1818—1907），字仲登，号晓池，中国清代山西祁县人，乔家第三代、第四位当家人，著名晋商，人称"亮财主"。

幼年父母双亡，由兄长乔致广抚育长大。少年时期因兄长病故，弃学从商，开始掌管乔氏家族生意。在他执掌家务时期，乔氏家族事业日益兴盛，成为山西富甲一方的商户。其下属复字号称雄包头，有"先有复盛公，后有包头城"的说法。另有大德通、大德恒两大票号遍布中国各地商埠、码头。至清末，乔氏家族已经在中国各地有票号、钱庄、当铺、粮店200多处，资产达到数千万两白银。乔致庸本人也被称为"亮财主"。19世纪末，由于连年战乱，清王朝逐渐走向衰落，

乔致庸

大量白银外流。晚年的乔致庸一改以往不治家宅的传统，于同治初年（1862年）开始在家院附近购置地皮，大兴土木，修建了规模庞大的宅院，即著名的"乔家大院"，至今保存完好，是山西民居的代表。乔致庸曾先后娶过六个妻子，分别是马氏、高氏、杨氏、周氏、杨氏、杨氏，育有六个儿子，十一个孙子，其中三儿子乔景俨在乔致庸晚年时当家。乔致庸待人随和，讲究诚信为本、"以德经商"。乔致庸一生做出诸多善行。光绪三年天遭大旱，乔致庸开粮仓赈济灾民。光绪三十二年，乔致庸去世，终年89岁。

儒气　　乔致庸未正式接手生意的时候，喜欢躺在一个旧木箱上睡大觉，将一本翻开的《庄子》盖在他的肚皮上。有时候睡得很沉，嘴角不时颤动着。有时候他会突然大叫一声，猛然坐起，睁大眼自言自语道："啊！不对，不是学而优则商，是学而优则仕！"乔致庸相貌平常，中等身量，也许最多只能称得上白皙清秀，他一双不大的眸子却异常黑亮，这一点便使他这个相貌平常的人变得格外与众不同。他自语的时候，那双眼睛在暗夜中如同星星般闪亮着。有时候他清醒后，会经常不自觉地又神游太空，他会挠了挠头自嘲地笑道："不对，我怎么又做了这个梦？什么学而优则商，孔夫子是怎么搞的？……不行不行，这个梦得从头做，是学而优则仕，不是学而优则商，孔老夫子又说错了！"乔致庸深受儒家思想的影响，他本人也希望能够通过读书科举闯出一片天地，光耀乔家门楣。

乔致庸儒生气质浓烈，耿直带着傲骨。在科举考试的时候，乔致庸不小心得罪了科考的官员，被反扭到考官面前。当时的考官一位叫胡沅浦一位叫哈芬。哈芬见乔致庸站在他面前既不出声又不拜，便咳嗽一声道："这个生员，知道站在你面前的是谁吗？"乔致庸冷冷一笑道："知道。一位是山西总督哈芬哈大人，一位是钦差大臣、内阁学士、督察山西学政胡大人。"哈芬哼了一声道："既然知道，为何不拜？"乔致庸不卑不亢道："大人，若是在别处，生员见了两位大人，自然要拜；可在山西贡院龙门前，生员可以不拜。"

哈芬大为生气，对胡沅浦笑道："胡大人，这就是我们山西的生员，书不一定读得很多，却一个个傲得可以！"回头对乔致庸喝道："你这个小小秀才，说话口气不小啊。今儿我还真想听听，为何到了贡院龙门前，就可不拜钦差大人和本官？"乔致庸说他不拜自然有不拜的道理，哈芬心中更怒，乔致庸解释说，虽说现在站立在大人眼前的还只是名秀才，但假若生员进了龙门，今年中举，来年或中进士，或中状元，三年五载，就是国之重臣，出将入相，与大人分庭抗礼，也未可定，果真如何，今日见了大人如何要拜？乔致庸这么一说，赢得了一片喝彩之声。围观众人本是看热闹的多，见状居然都跟着喊起好来。哈芬的脸上再也挂不住了，怒道："大胆！假若我今天一定要你下拜呢？"乔致庸微微一笑，上前接口道："大人不会。大人是大清宗室，国之重臣，自然能体味为国家敬重斯文的道理，不会在这天下秀才就要扬眉吐气的贡院门前做出强迫生员下拜之事。"哈芬有点狼狈，回头看胡沅浦，发现他微微含笑，口气不由得软下来："胡大人，您看，这就是我们山西的秀才！您若不相信下官方才的话，就请您来问吧。"

胡沅浦盯着乔致庸上下打量，眼中渐现不屑之色，对手下人道："问问他是哪里人，姓甚名谁。"手下人依言问道："这位秀才，还不快回钦差大人的话！"乔致庸不卑不亢道："启禀两位大人，生员姓乔名致庸，太原府祁县乔家堡人氏。"哈芬对胡沅浦道："大人，这祁县乔家堡乔家，在晋中祁、太、平三县虽算不上首富，但仅在包头就有十几处生意，在太原、京津也有买卖，也算是大富之家了。"他转向乔致庸道："你既是祁县乔家堡人氏，可与当地乔姓大商家沾亲带故？"乔致庸不动声色："大人，生员和乔家既不沾亲，也不带故。生员出身寒门，此乔非彼乔也。"

哈芬冷笑一声道："我就知道，你若是乔家人，断然不会到此来应举。"回头对胡沅浦道："大人，太原府三年一次乡试，每次给祁县五个名额，别的县生员为争一个名额，都要使银子，走门子，挤破脑袋也要来，这祁县、太谷、平遥三县的知县不一样，他们还要下帖子去请这些人来应试，不然就凑不够数，此人说不定就是来凑数的。山西人历来贪财，商重官轻；就是这重商之风，把山西的民风败坏了，简直是万劫难复！"

乔致庸闻言大怒，欲上前辩理，却被一同考试的生员给拦住了。胡沅浦皱眉看着乔致庸道："这个生员，莫非你还有话要说？"乔致庸长吸一口气，克制道："没有。生员今日是来应乡试的，不是来说话的！"胡沅浦深深看着他们，转身下令道："让他们进去！"哈芬无奈地摆了摆手，跟随胡沅浦往回走，龙门外看热闹的人又大声喝起彩来。

才情　　生活中真实的乔致庸的确是文可致仕，商可致富，是具有雄才大略而又敢想敢干的精英人物。乔家的商业，在他手上也的确是如日中天，发展到鼎盛时期，乔氏家族的"在中堂"一门，便成为晋商中的巨族豪门。

"在中堂"是乔氏发家始祖乔贵发为其第三个儿子乔全美赐的堂名。乔全美则生有两个儿子，长子致广，次子致庸。眼看着一门两子都长大成人，全美传承之梦将付诸实施，不幸致广夭亡，全美亦因丧子之痛不久后去世。本来具有致仕之才的乔致庸，不得不舍弃仕途而挑起"在中堂"家政、商业的重担。之后，在他六七十年的生涯中，奋棹扬帆，搏击商海，终于成为诚信卓著、名声显赫的"亮财主"。

乔氏家族，从乔致庸开始，已是名副其实的儒商，他本身儒学功深，书法也很见功底。商事筹划之余，常染翰抒情，兴致足时，亲自撰联，展纸挥毫。昔日的世族大家，庭院的文化氛围很浓，游廊刻石，楹柱悬联，庭堂挂匾，壁陈字画，已成雅俗。楹联大都以硬木刻制，有的还作一些鱼骨、美玉、花石等高级的镶嵌装饰，或刻名人书法，或大院主人自书，真草隶篆，各得所宜。书写内容或名人集句，或处世格言，或主人自撰，既是儒雅风韵的一大景观，又是内涵丰富的家声寄托，煞是中华文明在晋商大院的灿然亮点。乔致庸为了教示子孙，曾亲自撰写四副联语：

> 铭先祖大恩大德，恒以礼义传家风；
> 训后辈务实务本，但留清白在人间。

> 受荫祖先须善言善行善德，
> 造福子孙在勤学勤俭勤劳。

> 居家莫享清福，淡饭粗茶有真味；
> 处事须知艰难，临深履薄是常情。

> 惜衣惜食不但惜财尤惜福，
> 求名求利要求自己莫求人。

最后一幅曾略作修改，刻制悬挂于内宅门上。即：

> 求名求利莫求人须求己，
> 惜衣惜食非惜财缘惜福。

这四副联语实际上就是乔致庸掌门时的家训，其主旨有四：一、要不忘祖训，奋发向上；二、要持盈保泰，视有若虚；三、要临深履薄，勤俭用度；四、要勤学上进，礼义传家。乔致庸接过祖上的衣钵，经过数十年的不懈努力，才有了乔氏家族蒸蒸日上的发展。他深知，只有治家谨严，才能光前裕后。据传，这四幅联语，乔致庸曾亲自书写成条幅，请人装裱在四扇屏风上，以使子孙们出入必睹，铭心不忘。可惜世易时移，这些墨迹都无缘得见了。所幸现时乔家大院编选付印的《匾额楹联集锦》中，收有一副乔致庸书写的联语，内容是：

具大神通皆济世

是真法力总回春

署"光绪壬辰嘉平月弟子乔致庸薰沐敬书"。

据其联语内容，所颂"神通"和"法力"都能达到"济世"与"回春"的境界，落款且称"弟子"，且又是虔诚地"薰沐敬书"，依此推断，当是为某佛寺药师殿敬献的对联。

联语的楷书，运笔有鲁公之厚重，石庵之圆腴，结体紧密，柔中见劲，容雍端庄，俨然富家翁面貌，可谓与"亮财主"其人如一了。

用人　　乔致庸的经商理念是一信、二义、三利。即以信誉徕客，以义待人，信义为先，利取正途。乔致庸尤善于用人，这是他经商成功的一个重要原因。如礼遇聘请阎维藩。阎原为平遥蔚长厚票号福州分庄经理，阎与年轻武官恩寿交往密切，当恩寿为升迁需银两时，阎自行做主曾为恩寿垫支银 10 万两。为此阎维藩被人告发，并受到总号斥责。后恩寿擢升汉口将军，不几年便归还了所借蔚长厚之银，并为票号开拓了业务。但阎维藩因曾经受到排挤和总号斥责丧失了对蔚长厚的感情，决计离开蔚长厚返乡另谋他就。乔致庸知道阎维藩是个商界难得人才，便派其子备了八抬大轿、两班人马在阎维藩返乡必经路口迎接。一班人马在路口一连等了数日，终于见到阎维藩，乔致庸之子说明来意和父亲的殷切之情，使阎氏大为感动。阎心想：乔家富甲三晋，财势赫赫，对他如此礼遇，实在三生有幸。乔致庸之子又让阎坐八乘大轿，自己骑马驱驰左右，并说明此乃家父特地嘱咐。这更使阎氏感动不已。二人相让不已，最后只好让八乘大轿抬着阎氏衣帽，算是代阎坐轿，而二人则并马而行。阎氏来到乔家，乔致庸盛情款待。乔致庸见阎维藩举止有度，精明稳健，精通业务。而阎氏时仅 36 岁，于是更感叹其年轻有为，是难得之经济人才。当即聘请阎氏出任乔家大德恒票号经理。阎氏对照在蔚长厚的境况，深感乔家对他之器重，知遇之恩，当即表示愿殚精竭虑，效犬马之劳。阎氏自主持大德恒票号以来的二十六年间，使票号日益兴隆，逢账期按股分红均在八千到一万两之间，阎氏为乔家的商业发展立下了卓越功劳。

乔致庸又大胆起用文盲马荀为大掌柜。马氏原是乔家包头复盛西商号下属粮店的一位小掌柜，马虽是文盲，但经营有方，使小粮店连年盈利。而当时的复盛西商号却因经营不善，需要小粮店贴补。本来小店掌柜是无资格面见大财东的，但马荀回到祁县时却采取自称大掌柜的方式，要求面见大财东，乔致庸感到奇怪，便召见了这个自称大掌柜的人。马氏便把包头商业情况当面向乔致庸做了汇报，致庸看他对业务讲得头头是道，是个人才，遂付其资本让其粮店独立经营。不久又让其经管复盛西商号，马氏又为乔家赚回了大量银子。马荀由于没有文化，遇到需他签名时，"荀"字经常缺胳膊少腿，以致成了"苟"字，人们又戏称他为"马狗"掌柜。在当时，商号能写会算的人有的是，一般不会让一个文盲管一个大商号，但乔致庸却不拘一格用人才，破格任用了文盲马荀，取得了成功。

启用马荀的时候，还有一段精彩的故事。在重新选大掌柜之前，乔致庸在复盛公后院小饭堂内盛设宴席，当着众位分店和总号的掌柜，他起身说道："诸位，我来了这么久，一直没请大伙吃顿饭，前一段买卖高粱，大家辛苦了，今天补一补这个情；第二是复字号内部有些大事要和诸位商量！"众人的注意力马上集中起来。众人私下议论："东家是不是要选大掌柜了？"

现任大掌柜顾天顺咳嗽一声，脸微微有点红。众人当下不再说话，接着乔致庸拿出本密账，摇晃道："最近我在总号和分号走了走，把听到的和看到的事情都记下来，不看不知道，一看吓一跳。诸位，我本来不想劳烦各位，可现在发觉不行！要知道，咱们复字号这些年出的花花事儿还不少呢！"顾天顺警觉起来，掌柜中不少人开始紧张。乔致庸大声道："既然都是咱们的家里事，我就给大家念念，家丑不外扬，今儿只在自己人小圈子里亮亮家丑。目的只有一个，把事情讲出来，和我们的店规比对比对，以后这样的花花事，是不是还要再有！"场内响起一片议论声。乔致庸环顾众人，道："大家安静。既然是亮家丑，我就先从总号开始。第一条，违反店规，任用私人。店有明规，任何人的任用，需由东家和掌柜的协同商议，店内不得任用私人。总号顾大掌柜却将自家儿子的小舅子张二狗，小名二狗子，安插到复字号通顺点当伙计，结果发生了和客人撕扯、强买强卖之事。顾大掌柜，有这事吗？"顾天顺头上开始冒汗，站起，语气却也强悍，道："有。"

乔致庸看他一眼，继续道："你请坐下。第二条违犯店规，私自借贷，造成亏空。总号大掌柜顾天顺，不和二掌柜、三掌柜商议，不顾对方信誉不好，私自贷银八万两，给东方商号万利聚的吴东家做羊毛生意，结果到了现在，八万两银子无法追回。顾掌柜，有没有这事？"

顾天顺这次没有出声，终于低下头，汗如雨下。一时间众掌柜皆低头不语，不少人脑门出汗，场内鸦雀无声。乔致庸看着众人道："大家也别低着头，我看下面的也不要念了，各人的账各人清楚。现在我把这本账烧了，从今以后，旧事不提，但谁犯的错，回去马上纠正。任用的私人，一律清退！再发生这样的事，谁做的谁就请辞好了！"说着，他将密账本放到火烛上，一点点烧毁。众人抬头，吃惊地望着他。

顾天顺在一边再也坐不下去了，满头大汗，悄悄离去。二掌柜、三掌柜匆匆跟着进大掌柜室，只见顾天顺正在含泪收拾铺盖。二掌柜上前劝道："大掌柜，您别这样啊……"顾天顺抹泪道："二位爷，顾某早就不是大掌柜了！"三掌柜叹气道："大掌柜，您说东家今天这顿饭真是……"顾天顺怒道："他哪是要请掌柜的吃饭，今天的事情他早就商议好了！反正我顾天顺已经帮他解了高粱霸盘之围，他已经过了河，可以拆桥了！"顾天顺一边哆嗦着手收拾东西，一边颤声道，"事情到了今天这个地步，我还有什么脸面留下来？我要回祁县去！"一听这话，二掌柜急得跺脚："大掌柜，听我一句话，你不能走！我觉得今天的事吧，东家主要是对事，并不是对着大掌柜你一个人。顾爷你堂堂乔家复字号大掌柜，一世英名，晋商中无人不知，无人不晓，要是这样灰溜溜地走了，以后人们怎么议论大掌柜，大掌柜想过没有？"顾天顺一惊，醒悟过来，要这样说，他还真不能走了！顾天顺命可不要，但一生的名声，不能不顾惜！他还真想看看，乔致庸怎么处置他这个在复字号效力了四十年的老掌柜！

在第二天的大会上，乔致庸解聘了顾大掌柜，聘马荀为大掌柜。这时，顾天顺面红耳赤，站起看着乔致庸和马荀，颤声道："真没想到，我在复字号干了四十年，竟落了个这样的下场！"马荀"扑通"一声跪下："师父。马荀得罪了！今天是马荀上任头一天，为了复字号的将来，马荀不能不痛下狠招，与大家结束过去，开始将来。论私，您是马荀的师父，但论公，马荀却是复字号的大掌柜。确实不能再让您老担任总号的掌柜！您真要离开，马荀接受！"顾天顺又是一惊，回头看他，一时气急："你……"他说不出话来，身子一晃就要晕倒。

乔致庸上前扶住顾天顺，对身边的伙计道："快送顾掌柜下去休息！"马荀上前一步道："东家，慢，我还有话说！"众皆愕然，一时间目光全都望着他。马荀大声道："东家，孙先生，诸位掌柜，我马荀不是个无情无义之人。我师父虽然有许多过错，但他毕竟在复字号服务了四十年，从一个少年熬到今天两鬓苍苍，他对复字号功大于过。因此我提议，在新店规里加上二十一条，今后凡在乔家复字号里效力满三十年离号的掌柜，一律保留半俸的身股用于养老，使其享尽天年。请东家和各位掌柜考虑！"

众人都吃了一惊，一起朝乔致庸看去。乔致庸想了想，带头鼓起掌来。众人见状也急忙一起鼓掌，纷纷议论道："要是这样，我们这些人，都愿意在乔家干到三十年！"

顾天顺更是激动地望着马荀和乔致庸，沙哑着嗓子道："马荀，东家……这一条是你们专为我顾天顺设的吧？我顾天顺是个犯了大错的人，你们还待我这么仁义，我没有别的报答，这样吧，我……就给东家磕个头！"说着他趴下去给乔致庸磕起头来。

乔致庸急忙上前拦住："顾爷，这条新店规是马大掌柜提出的，你要谢就谢谢他！对了，马大掌柜，这条新店规干脆这样写好了，以后每逢账期，复字号都从红利里留出一笔银子，专门用于照顾那些在复字号服务三十年以上离了号的人。标准呢，就照你说的，拿他原先在店里薪金和红利的一半。天下四行，士农工商，我们商人也是人，就是老了，病了，辞号了，也要过上人的日子。有了新店规，股东就不只是我乔致庸，你们就都是股东了，大家今后为了自个儿，为了复字号，好好干吧！"他的话刚说到一半，底下已经掌声如雷，简直要把房顶掀翻。

巧惩　乔致庸在包头一举获得成功，就"大赦天下"，对一些确实还不起债的商户就一笔勾销债务。"万利聚"商号吴东家因乔致庸的这一举动，想赖账。

吴东家头一年借了"复字号"8万两银子，做羊毛生意，说好3个月还本付息，可是一年过去了，却一直拖着不还。听说了乔致庸"大赦天下"，就找上门来一顿哭穷："我现在穷得每天提着个破箩筐沿街叫卖花生仁，除了房子就剩下一只破箩筐了。"其实，乔致庸早就了解到，此人有银子，就是想赖账。因此，他说："那好，我信了你，明天把那只破箩筐拿来，再给我磕个头，咱们的账就两清了。"

第二天，吴东家果然拿来了一只破箩筐，磕完了头，乔致庸当着众人的面烧掉了借据。吴东家走后，乔致庸吩咐伙计把这只破箩筐摆在"复盛公"最显眼的地方出售，标价8万两银子，外加一年的利息款。结果所有到"复盛公"做生意的人，进门就一眼看到了破箩筐，并把这个破箩筐当做笑话讲给同行听。

一传十，十传百，很多人慕名而来看这只破箩筐。没多久，"万利聚"商号在包头就没有生意可做了，连大掌柜和伙计们都觉得脸上无光，纷纷走掉了。

吴东家这才明白问题的严重性，只好向乔致庸赔礼道歉，磕头求饶。一分不差的把那只破箩筐买了回去，按照乔致庸的建议将其挂在铺子门前，以示后人。

治家
乔致庸人如其名。他待人诚恳，处世随和。由于他善于谋划和经营，在他执掌家业时，资产越来越多，是"在中堂"殷实家财真正的奠基人。

在理家上，他经常告诫儿孙：经商处事要以"信"为重，以信誉得人。其次是"义"，不哄人，不骗人，该得一分得一分，不掐昧心钱。第三才是利，不能把利摆在首位。又诫"骄、贪、懒"三个字。他治家有方，以《朱子治家格言》为准则，把它当做儿孙启蒙的必读课，同时写在屏门上，作为每日的行动规范。儿孙如若有过，则令跪地背诵，如犯抛米撒面之错，便把"一粥一饭，当思来之不易；半丝半缕，恒念物力维艰"反复诵读，直到认错为止。然后再作一番训教，最后犯者谢赦，慢慢退出。

乔致庸还把他亲拟的对联着人写好刻就，挂在内宅门上："求名求利莫求人须求己。惜衣惜食非惜财缘惜福"。以此告诫儿孙，注重节俭，不要贪图安逸，坐享祖业。他对他的儿子进行了排队分析，认为长子不可委以重任，因为长子骄横跋扈；次子个性暴烈；三子过于老实，亦非经济之才；四子朴实迟钝，不善于说话；五子是个书呆子；六子体质瘦弱，难担大业，没有一个是他的理想继承人。

只有长孙乔映霞性格忠诚厚道，聪明伶俐，故对映霞寄予厚望，教诲亦多。常对其教育说，唯无私才可讼大公，唯大公才可成大器。"气忌燥，言忌浮，才忌露，学忌满，胆欲大，心欲小，知欲圆，行欲方"。"为人作事怪人休深，望人休过，待人要丰，自奉要约。恩怕先益后损，威怕先紧后松。"这些教诲，对乔映霞的立身行事是有很大影响的。

乔致庸老年时，对他的六子宠爱至极，偏袒极甚，因而在他的幼子去世后，恸哭不起，染病卧床，二年后离开人间。

乔致庸治家很严。其家规有：一不准吸毒，二不准纳妾，三不准虐仆，四不准赌博，五不准冶游，六不准酗酒。这些家规既杜绝了祸起萧墙的根由，又成为家庭持盈保泰的保证。

善举　　一次，乔致庸的马车被堵在一条挤满灾民的商街上。赶车的马夫急得头上直冒汗，一边拿鞭子打马，一边高喊："让开让开！"可毫无用处，这条街越来越堵。乔致庸见灾民众多，跳下车问："哎，请问诸位，你们都是哪里人？"一个拄着拐棍的瘸腿老者长吁道："不瞒你说，我们这些人，原先都是潞州的机户，每年靠咱们山西商人打湖州贩丝回来，织成潞绸，销往京津和口外，日子还过得下去。这几年南方打仗，丝路不通，湖丝不能入潞，我们这些人生计无着，眼看着一家老小就要饿死，不得已才流浪到这里。"乔致庸心下恻然，转向另一面带菜色的壮年男人又问道："你们呢？"男人将一只乞讨的脏手几乎要伸到乔致庸的脸上，凄惨道："我们是蒲州人，原来一直帮晋中祁县、太谷、平遥三县的大茶商运茶，走武夷山到恰克图的商路，虽然苦点儿，可是一家老小总还有饭吃。如今长毛作乱，茶路断绝，像祁县水家、元家那样的大茶商都没了生意，我们这些人也只好歇业，四下乞讨度日。大爷，可怜可怜，赏点银子吧！"

致庸掏出银包，灾民们立刻乱起来，将致庸围在中间，伸出一张张乞讨的手："大爷，行行好吧……"乔致庸接连被冲撞了好几下，忍不住叫起来，车夫急忙跳下车来保护他。灾民们却越来越多。一队巡街的官兵冲来，一边鞭打灾民，一边大叫："散开！散开！"乔致庸忍不住回头对巡街官兵大喊："别打他们！你们干吗打他们！还有没有王法！他们是灾民！"灾民们忍着痛散了。车夫冲着还在散银子的乔致庸喊："二爷快走，再晚真要误场了！"这时灾民们又围过来。官兵又将长鞭挥舞一气，车夫跳上车，用力将乔致庸拉上去，打马冲出重围。

拐进一个胡同口，乔致庸看了一下天色，决定让车夫绕路走，就听见车夫嘟哝道："都是这些臭叫花子……"乔致庸突然很生气，怒道："谁说他们是叫花子，他们原本都是好老百姓！"

乔致庸从恰克图返晋途经蒙古草原时，不懂行情又缺少银两的牧民竟想用一匹马或几头羊换他的一尺布。对这种"天上掉馅饼"的美事，乔致庸竟然不为所动，坚持按实际价值公平交易。乔致庸还让管家翻出旧账，专查自己父辈和长兄经营家业时是否拖欠外债，一查出外债立即偿还。即使有些债主已故，乔致庸仍派人尽量寻找其子孙，将钱还清。乔致庸到南方贩茶时，为避免因长途颠簸有损耗，顾客吃亏，特别让人将一斤装的茶块增至一斤一两……

轶事　当时八国联军入侵中国，山西总督毓贤在山西地界杀洋人。从太原逃出7个意大利修女，逃到祁县被乔致庸保护下来，藏到自家银库里，最后用运柴草的大车拉到河北得救。后来意大利政府给了乔家一个意大利国旗以表彰，这个国旗竟然在后来日本侵华到山西时候派上用场。乔家把意大利国旗挂在门口，日本人看到这是盟友的，就没有破坏乔家。相比之下，山西的其他大户大宅都被日本人破坏了。但是乔家后来觉得这里还是不安全，最后都离开了乔家大院。

光绪年间，当左宗棠任钦差大臣、督办新疆军务时，便与乔家的大德通、大德恒票号结成密切关系，他所需军费，多由乔家票号存取汇兑，有时军费急缺时则向乔家票号借支透支。当西北安定下来，朝廷调左氏回京任军机大臣时，路上费用均由乔家票号经管。恰好乔家所在地山西祁县位于川陕往京城官道，所以左宗棠在途经祁县时，便特地前去拜访乔致庸。乔致庸当然十分欣喜，做了迎接左氏的充分准备。当左宗棠来到乔宅见到乔致庸时，直称"亮大哥，久仰了"，乔致庸更是受宠若惊。在乔宅叙话时，左宗棠一再表示，在西北有所作为，均仰仗亮大哥票号支持，云云。致庸也趁机请左宗棠为大门前百寿图题一副对联。左宗棠即兴挥笔，所题对联为："损人欲以复天理，蓄道德而能文章。"

当北洋大臣李鸿章组建北洋舰队时，闻晋商富甲天下，便伸手到山西商人中募捐，乔致庸的大德通、大德恒票号便认捐银10万两。这样，李鸿章对乔家的这两个票号也留下了深刻的印象。后经票号掌柜与李鸿章幕僚斡旋，李鸿章为乔家大院题了副对联，传说李鸿章写的这副对联是："子孙贤，族将大；兄弟睦，家之肥。"

1900年八国联军攻陷北京，慈禧太后逃到山西。8月，乔家大德通掌柜高钰接到一封密信，写信人是跟随慈禧、光绪西行的内阁学士桂春。桂春在信中写道："銮舆定于初八日启程，路至祁县，特此奉闻，拟到时趋叩不尽。"接到信后，高钰立即把乔家大德通大加装饰一番，作为慈禧、光绪的临时行宫。慈禧太后逃到山西后缺钱，山西官员在太原召集山西各商号商量"借钱"，要大家体谅朝廷苦衷，大家谁都不敢答应。当时乔家大德丰票号的一个跑街的（相当于业务员）贾继英却当场答应，同意借给朝廷银10万两。他虽然是个跑街的，但自作主张的权力很大。当时太后很高兴。贾继英回去跟大掌柜阎维藩说起这件事。阎维藩问他为什么答应，贾继英说，国家要是灭亡了我们也会灭亡，要是国家还在，钱还能要回来。阎大掌柜就夸他说："五百年必有王者兴，一千年也出不了个贾继英。"而慈禧太后此后给山西商人的人情，一笔是由各省督府解缴中央的款项，全部由山西票号来经营；另一笔是将庚子赔款连本带息，约10亿两白银交由山西票号来经营。

胡雪岩：为富且仁，乱世商圣

传略　胡光墉（1823—1885），幼名顺官，字雪岩，徽州绩溪人，著名徽商，因在杭州经商，寄居杭州。

胡雪岩幼时家贫，帮人放牛为生，稍长，由人荐往杭州于姓钱肆当学徒，得肆主赏识，擢为跑街。后在王有龄的帮助下开阜康钱庄，并与官场中人往来，成为杭城一大商绅。咸丰十一年（1861年）十一月，太平军攻杭州，光墉从上海、宁波购运军火、粮米接济清军。左宗棠任浙江巡抚，委光墉为总管，主持全省钱粮、军饷，因此阜康钱庄获利颇丰。京内外诸公无不以阜康为外库，寄存无算。

胡雪岩

同治元年（1866年），协助左宗棠开办企业，主持上海采运局，兼管福建船政局，经手购买外商机器、军火及邀聘外国技术人员，从中获得大量回佣。他还操纵江浙商业，专营丝、茶出口，操纵市场、垄断金融。

至同治十一年（1872年）阜康钱庄支店达20多处，布及大江南北。资金2000万余两，田地万亩。由于辅助左宗棠有功，曾授江西候补道，赐穿黄马褂，是一个典型的官商。

同治十三年（1874年），筹设胡庆余堂雪记国药号，光绪二年（1876年）于杭州涌金门外购地10余亩建成胶厂并开设胡庆余堂雪记药号，以一个熟药局为基础，重金聘请浙江名医，收集古方，总结经验，选配出丸散膏丹及胶露油酒的验方400余个，精制成药，便于携带和服用。其时，战争频仍，疫疠流行，"胡氏辟瘟丹"、"诸葛行军散"、"八宝红灵丹"等药品备受欢迎。此后，胡雪岩亲书"戒欺"字匾，教诫职工"药业关系性命，尤为万不可欺"，"采办务真，修制务精"。其所用药材，直接向产地选购，并自设养鹿园。

光绪八年（1882年），在上海开办蚕丝厂，耗银2000万两，生丝价格日跌，据他观察，主要原因是华商各自为战，被洋人控制了价格权，胡雪岩高调坐庄。百年企业史上，第一场中外大商战开始了。开始，胡氏高价尽收国内新丝数百万担，占据上风。华洋双方都已到忍耐极限，眼见胜负当判，谁知"天象"忽然大变。欧洲意大利生丝突告丰收，再就是中法战争爆发，市面剧变，金融危机突然爆发。事已如此，胡雪岩已无回天之力。次年夏，被迫贱卖，亏耗1000万两，家资去半，周转不灵，风声四播。各地官僚竞提存款，群起敲诈勒索。各地商号倒闭，家产变卖，胡庆余堂易主，宣告关门倒闭。接着，慈禧太后下令革职查抄，严追治罪。1885年病故，棺木埋于杭州西郊鸬鹚岭下的乱石堆中。

机敏　　有一年，一位金华火腿行的掌柜来胡雪岩当学徒的杂粮行谈生意，可是刚到大阜就病倒了。他在大阜举目无亲，无人照顾，拖着病体又回不了金华，心里十分着急。身体本来就不好，再加上急火攻心，病情更加严重了。胡雪岩心地善良又是个热心肠，得知此事后，就赶到他的病榻前，一连多日给他端药送饭，忙前跑后，照顾得十分周到。在胡雪岩的精心照料下，没过多久，客商的身体就痊愈了。这位客商十分感动，就问杂粮行的蒋老板怎么会有这么好的徒弟。蒋老板于是把自己招来胡雪岩的经过，以及胡雪岩在自己店里的表现跟他细说了一遍。

金华火腿行的掌柜听后大为感叹，就主动问胡雪岩："我们那里比大阜好玩得多，你随我一起到金华如何？"胡雪岩还是同样的态度："这个不行，要问我们的老板。老板同意，我才可以答应你。如果老板需要我在这里，虽然我想去，但是也不能跟你走。"

胡雪岩把金华掌柜的意思告诉了蒋老板，蒋老板欣然答应，因为金华火腿行要比自己的杂粮行规模大上许多，对胡雪岩而言也是一个更大的机会。一个好老板，看到自己的伙计有更好的前途，没有不高兴的，再怎么讲也是他培养出来的人才。于是，胡雪岩从大阜来到了金华。

胡雪岩到了金华后，什么都听，什么都学。因为金华火腿行的规模比较大，所以跟很多杭州的钱庄都有业务往来，于是胡雪岩终于有机会亲眼看见了以后影响他一生的东西——银票。从前，钱庄可以印发钱票，和当铺开据当票一样，不过当票是方形的，钱票是长方形。钱票的纸质也比当票好一些，票面用青色或彩色印上钱庄的招牌，钱额多少可以由钱庄专门写钱票的人直接用墨笔写上去，写好后再盖上几个红印泥的图章，这图章和字迹是不容易伪造的。胡雪岩当时惊得是瞠目结舌，因为他难以想象，钱怎么会抬笔写在一张纸上就算数呢？

胡雪岩碰见钱庄前来收账的人，总是问长问短：你们钱庄有没有学徒啊？他们都学些什么啊？都做些什么事啊？他专问这些，对自己想去的事情却绝口不提。当他打听得知钱庄的学徒要算钱算得很快，要算盘打得很熟，要写字写得很漂亮时，他二话不说，马上开始每天暗自练习书法，练习珠心算。因为用心，当然进步很快。

胡雪岩很有心计，在与钱庄的人核对账目的时候，他都不用算盘，全靠心算报账，而且算得又快又准。钱庄的人自然很快注意到他，称赞这个伙计真是不得了，怎么算这么快？这时他又拿起算盘，啪啪啪一打，更快！这样一来，钱庄的人对他更加刮目相看。

钱庄的人见胡雪岩又勤快又好学，于是同胡雪岩的掌柜说：我们钱庄就是需要这样的人，你愿不愿意把他让给我呢？就这样，胡雪岩又得到了很好的机会。

诚信　　一个风和日丽的下午，胡雪岩像往常一样到野外放牛，他把牛赶到草地上吃草，自己便想去不远处路边的凉亭里休息一下。走进亭中，他发现里面有一个挺大的蓝布包袱，上前伸手摸了摸，硬邦邦的，又掂了掂，分量很重。他不禁好奇，于是打开了包袱，想看一看里面到底是什么东西。这一看不要紧，着实把胡雪岩吓了一跳——包袱里面全是金银财宝。

母亲的教育让胡雪岩明白，这些东西既然不是自己的，就一定不能拿，而且失主此时也一定是着急得要命，肯定在四处找寻遗失的包袱，所以他决定在原地等待失主。他先把包袱藏到草丛里面，然后好像没事儿一样，坐回那里等待失主。可是，一直到太阳快下山了，也不见有人过来，胡雪岩的肚子叽里咕噜叫了起来，但他还是强忍住饥肠辘辘，继续坐在那里等候失主。终于，有一个人神色慌张地跑了过来，开口就问："小哥小哥，你有没有看到我丢的东西？"胡雪岩并未直接回答，而是很沉稳地反问："你丢了什么？"来人说："丢了一个蓝色的包袱。"胡雪岩听他这么说，才继续问他："里面都有些什么东西？"来人一听就知道东西找到了，否则这个少年怎么会这样问呢？于是赶忙把里面的东西一一说来。胡雪岩见他说得分毫不差，这才将包袱取出还给了失主。包袱失而复得，失主当然非常高兴，于是从中拿出两样东西，对胡雪岩说："这个给你，算是对你的酬谢。"胡雪岩连忙拒绝说："不要不要，这本来就是你的东西，我又没有做什么，本来就是该还给你的。"失主听后大为感动。

在胡庆余堂，有一个胡雪岩亲手写的"戒欺"二字制作成的横匾，高悬在店堂大厅醒目的地方。

胡庆余堂开办不久，就有一个因获悉自己中举而高兴过度，引发癫狂的新科举人登门求医。此人家道贫寒，十年寒窗好不容易求得功名，父母本指望他支撑门户，不料遭此厄运。听了原委，当时有个名医说：用"龙虎丸"或许能治愈此病。只是当时胡庆余堂没有这种药，但胡雪岩还是表示：半月之内，一定制出"龙虎丸"。

当时的药物全用手工搅拌，"龙虎丸"里面有剧毒砒霜，由于担心搅拌不均匀关及人命，没有一个药工敢承担这个危险的活儿。可是，十天之后，胡雪岩宣称药王桐君老人托梦与他，教他制作"龙虎丸"的秘诀。他叫人把工场打扫干净，关闭门窗，只留下几个操作工，并向他们面授机宜。三天以后，"龙虎丸"果然制成。那位举人服用之后，很快便治好了癫狂之症。胡雪岩有一次酒后吐真言，原来，他命药工将药粉均匀地摊在竹片上，再用木棒反反复复、颠来倒去地写"龙"、"虎"二字，一共写了九百九十九遍，这样一来，药粉自然拌透了；而他要求操作的时候关闭门窗，不准外人偷看，看似神神秘秘的，其实是为了让药工能心无旁骛地干活。

有一次，一个湖州香客在胡庆余堂买了一盒胡氏辟瘟丸，打开一看，马上就很不高兴。聪明的胡雪岩觉察到了此人的脸色，还没等他开口，就马上走上前去察看，表示药品的确有不是很完善的地方，一再给那个香客道歉之后，马上让店员更换新药。不巧的是这种药品刚刚卖完，胡雪岩考虑到客人远道而来，就留他住了下来，还管吃管喝管睡，并向他保证在三天之内一定会把新药赶制出来。三天后，胡雪岩果然赶制出了药品，并且恭敬地交到了客人手里。这个人被胡雪岩的认真态度感动了，从此之后，他逢人便说胡庆余堂的服务态度乃天下一流，无人可比。

宽容　胡雪岩与一个叫庞二的人一起合伙做丝业收购生意。那时，丝价操控在洋人手里，中国人生产出来的丝价钱总被洋人压得很低很低。

胡雪岩和庞二两人齐心协力，逼压洋人抬高了丝价。为此，胡雪岩耗费了大量心血。谁知到了临近交货的时候出了一个乱子，被一个叫朱福年的人暗地里捣了鬼，差一点前功尽弃。朱福年是庞二的挡手（相当于现在的经理人），外号"猪八戒"。他野心勃勃，想借庞二的实力，在上海丝场上做江浙丝帮的首脑人物。因而对待胡雪岩在表面上是"看东家的面子"不能不加以敷衍，暗地里却是处心积虑，想要拱倒胡雪岩。但朱福年又不敢明目张胆地跟胡雪岩对着干，所以一切都是在暗中操作。

幸运的是有人把朱福年的阴谋告诉了胡雪岩的好友古应春。听了古应春的报告，胡雪岩马上采取了防范措施，重新控制住了局面。胡雪岩并没有当着庞二的面揭穿朱福年的把戏，那样做的话朱福年就没法再在庞二这里混下去了，甚至他在整个上海滩都找不到饭碗。胡雪岩先是通过关系，查清了朱福年自开户头、将东家资金划拨自己"做小货"的底细，然后再到丝行查账，在账目上点出朱福年的漏洞。同时，胡雪岩又限定时间让朱福年自己检点账目，弥补过失。这样，朱福年的一切都已经在胡雪岩的掌控之中了。朱福年心惊不已，自己的毛病自己知道，却不明白胡雪岩何以了如指掌，莫非他早已在自己的身边埋下了眼线？他的疑惧流露在脸上，胡雪岩就索性开诚布公地说出了一席挺有分量的话："福年兄，你我相交的日子还浅，恐怕你还不知道我的为人。我的宗旨一向是有饭大家吃。不但吃得饱，还要吃得好。所以，我决不肯轻易敲碎人家的饭碗。但做生意跟打仗一样，总要齐心协力，人人肯拼命，才会成功。过去的都不用说了，以后看你自己，你只要肯尽心尽力，不管心血花在明处还是暗处，说句自负的话，我一定看得到，也一定不会抹杀你的功劳。我自然会在你们庞二爷面前帮你说话。或者，你如果看得起我，将来愿意跟我一起打天下，只要庞二爷肯放你，我都欢迎。"

听了胡雪岩的话，朱福年激动不已，忙不迭声地说："胡先生，胡先生，你的话是金玉良言，我朱某人再不尽心尽力，就不是人了。"从此，他对胡雪岩是彻底服帖了。而胡雪岩不仅减少了一个隐患，还增加了一员得力干将。

资助　　初春的一天上午，胡雪岩正在自家的客厅里和自己店里几个分号的大掌柜商谈一些投资的事情。胡雪岩平日里脾气很好，可谈到最近的几笔投资时，他却面色凝重，微微皱眉。原来，店里的掌柜们最近进行了一些投资，大家多少都盈利了，有的赚得多一些，有的赚得却少得可怜。胡雪岩绷着脸教训起了其中几个在投资中获利少的大掌柜，告诉他们下次投资时必须分析好市场，不要贸然投入资金。如果没有很好的项目，宁可把资金留着随时等待时机，也不能将资金放在收益太小的项目上，免得自己发现好项目需要资金时，却无能为力。

胡雪岩话音刚落，外面便有人禀告有个商人有急事求见。胡雪岩让大掌柜们各自去忙，自己则带着贴身的随从亲自上客厅外迎来了客人。前来拜见的商人满脸焦急之色，见了胡雪岩便连忙说出了自己的来意。原来，这个和胡雪岩同住在一个城市，却没什么来往的商人在最近的一次生意中栽了跟头，急需一大笔资金来周转。为了救急，他拿出自己全部的产业，想以非常低的价格转让给胡雪岩。

胡雪岩不敢怠慢，让商人第二天来听消息，自己则连忙吩咐手下去打听是不是真有其事。手下很快就赶回来，证实了商人所言不虚。胡雪岩听后，连忙让自己的钱庄准备银子。第二天，胡雪岩将商人请来，不仅答应了他的请求，而且还按市场价来购买对方的产业，这个数字大大高于对方转让的价格。

商人惊愕不已。胡雪岩拍着对方的肩膀让他放心，告诉他自己只是暂时帮商人保管这些抵押的产业，等到商人挺过这一关，可以随时来赎回这些房产，只需要在原价上再多付一些微薄的银子就可以。胡雪岩的举动让商人感激不尽，商人二话不说，签完协议之后，对着胡雪岩深深作揖，然后眼含泪花转身离开了胡家。商人一走，胡雪岩的手下们可就想不明白了。大家问胡雪岩为什么有的大掌柜投资赚得少了点都被训斥了半天，可他自己这笔投资赚得更少不说，而且到嘴的肥肉都不吃，不仅不趁着对方急需用钱压低价格，而且还主动给对方多付了那么多银子。胡雪岩一边喝着热茶，一边谈笑着和大家讲了一段自己年轻时的经历："我年轻时，还是一个小伙计，东家常常让我拿着账单四处催账。有一次，正在赶路的我遇上了大雨，同路的一个陌生人被雨淋湿了衣服。那天我恰好带了一把伞，便帮着人家挡了挡雨。后来，在我常跑的那条路上下雨的时候，我就常常帮一些陌生人挡挡雨。时间一长，那条路上的很多人都认识了我。有时候我自己忘了带伞也不用害怕，因为会有很多我帮过的人为我挡雨。"

说着，胡雪岩微微一笑，喝了口茶之后继续说道："你肯为别人打伞，别人才愿意为你打伞。那个商人的产业可能是几辈人才积攒下来的，我要是以他开出的价格来买，当然很占便宜，但人家可能就一辈子翻不了身了，这不是单纯的投资，而是救了一家人，既交了朋友，又对得起良心。谁都有雨天没伞的时候，能帮人遮点雨就遮点雨吧。"

众人听了之后，久久无语。后来，商人赎回了自己的产业，同时也成了胡雪岩最忠实的合作伙伴。在那之后，越来越多的人知道了胡雪岩的义举，对他佩服不已。

互助　　胡雪岩认识王有龄的时候刚二十五岁，他在钱庄还只是个出店，并没有成为阜康钱庄的老板。杭州的茶是很有名的，茶文化也是历史悠久，人们有事无事都会去喝茶聊天，所以茶馆很多。胡雪岩有空的时候，也会到茶馆里面去坐一下。他在茶馆，经常看到一个与自己年龄相仿的年轻人，此人相貌堂堂，但是衣着与他的神色不能相配，这其中必有缘由。有一天，胡雪岩主动坐了过去，与那个年轻人攀谈起来。年轻人告诉胡雪岩，他叫王有龄，是福建福州人。胡雪岩问他为何会来到杭州。因为胡雪岩经常出入茶馆，王有龄以前也见过他，又看胡雪岩态度诚恳和善，便一五一十地讲起自己的身世来。

原来王有龄本是出身于官宦之家，曾祖父和祖父都当过不小的官，可是到了他父亲这代却官运不济，屡试不中。等到了王有龄这一代也同样的不争气，同样是科举无名。王有龄的父亲就把仅有的一点家产统统变卖，然后凑钱给王有龄捐了个官，做盐大使。王有龄的父亲已倾其所有，实在是没有钱再给儿子去补个实缺。无奈之下，父子二人从福建一路北上，希望能够找个机会，利用关系替王有龄补个实缺。可是天不遂人愿，他们走到杭州，口袋里钱已经所剩无几，再也无力继续北上了。王有龄的父亲积郁成疾，再加上水土不服，最后客死杭州。王有龄举目无亲，又几乎是身无分文，连父亲下葬的钱都没有。实在没有办法，他只好穿上孝服，到福建人在杭州的同乡会去，一番磕头跪求，这才凑了点钱将父亲草草下葬。父亲过世之后，王有龄心情苦闷，无处可去，一筹莫展的他常常在茶馆里长吁短叹。因为手头拮据，一壶茶水泡到没有颜色了也舍不得换掉，中午两个烧饼就算打发一顿。

听罢王有龄一番讲述，胡雪岩说："你要想办法补个实缺才是，这样岂不可惜了。"王有龄苦笑着说："话虽如此，但补实缺需要一大笔投供的钱，我现在穷困潦倒，哪里还敢去想这些事情。"胡雪岩听了王有龄的话也不敢言语了，因为这个时候他还只是一个出店，还只是人家的伙计，自己没有资产，又怎么能慷慨解囊呢？人最需要帮助的，就是落魄的时候。胡雪岩也懂得这个道理。一番推心置腹的交谈之后，胡雪岩对王有龄的状况有了大致的了解。他觉得王有龄并非等闲之辈，虽然现在落魄，但如果能帮他补得实缺，将来对自己一定会有很大的助力。于是胡雪岩暗下决心，只要有机会，一定要想办法帮助眼前这位同龄的年轻人。

刚好，曾经有一家饭馆在阜康钱庄借贷了五百两银子，后来饭馆的老板死了，剩下老板娘独自支撑，生意随之一落千丈。钱庄几次催要贷款，老板娘都说生意不好，实在没有能力偿还。后来钱庄掌盘就将此事告到了官府。官府管不了，老板娘也没钱还，一来二去，这笔钱就成了一笔死账。但胡雪岩是个有心人，他每次经过那家饭馆，都会偷偷瞄上一眼，看看生意是不是有所好转。这样过了一段时间，胡雪岩发现最近情况不一样了，饭馆的生意慢慢红火了起来，他感觉到讨账的时机来了。于是，想尽办法要到了这笔死账。胡雪岩拿到银子，马上想到王有龄眼下最需要的就是钱，现在有了这笔银子，不是恰好可以让他拿去投供吗？虽然银子是钱庄的，但可以缓一点再去报账，自己不是私吞，只是挪用一下，等王有龄补了实缺，有了银子之后再如数归还，大概老板也不会很生气。

胡雪岩下定要帮助王有龄的决心，也有了帮助王有龄的银两，便跑去招呼王有龄："我们中午吃酒去。"

王有龄心想，我是个落魄书生，你是位公子哥儿，为什么一起吃酒呢？胡雪岩穿戴整齐，又在钱庄管事，这在王有龄心目当中已是很了不起的了。于是，王有龄说自己高攀不上，没有钱跟他去喝酒。胡雪岩说："我请你，有什么关系？"

王有龄见他十分诚恳，也觉得不便推辞，便很高兴地一起去了。二人到了酒馆里面，几杯黄酒下肚，话自然就多了起来，也亲近了许多。胡雪岩见时机恰到好处了，便把银票拿了出来，直截了当地交给王有龄，然后只轻描淡写地讲了一句话："这是你做官的本钱。"王有龄二话不说，也只讲了一句话："你是钱庄的伙计，被老板知道就坏了，此事万万不可！"又喝了几杯后，王有龄忍不住问胡雪岩："你为什么对我这么好？"胡雪岩回答说："朋友嘛，你有难处我心里难过，不拉你一把我睡不着觉！"一切都是这么轻松。两人谈得很投缘，自然而然地想到一件事情——仿效当年刘备、关羽、张飞桃园三结义，结拜成异姓兄弟。王有龄年龄稍长，就当了哥哥，胡雪岩便当了弟弟。

王有龄怀着感激之心告别了胡雪岩，动身北上"投供"。到达京城以后，一个很偶然的机会，王有龄得知现在的朝廷二品大员、江苏学政何大人，与当年自己家仆老何的儿子同名同姓，都叫做何桂清。王有龄觉得这是个天大的机会，无论如何也要想办法见他一面，绝对不能轻易错过机会。于是他花了一些银子，打通了一些关节，终于见到了何大人，惊喜地发现这个何大人正是他的童年玩伴何桂清！王有龄说，父亲希望他能落地杭州，而他自己也愿意回到杭州去。何桂清欣然支持，并给了王有龄五千两银子。

王有龄一路顺利回到杭州，便马上前往抚台衙门呈递信札。把举荐信转呈给了黄宗汉，对何桂清送他五千两银子的用意却没有领会。黄宗汉得知王有龄与何桂清有旧情，对他十分礼遇，可是王有龄回去以后，等了好几日也没有消息，心里不免有些七上八下。正在不知所措的时候，他想到了胡雪岩。王有龄本来是想自己谋得差事以后，再去当面酬谢胡雪岩，这样不仅自己有面子，对胡雪岩也是个交代。但是事情迟迟没有音讯，他觉得不能再等了，要先把五百两银子还上才是，于是便去胡雪岩的家中拜访。

二人久别重逢，自然非常高兴，王有龄把一路经过详详细细地说给胡雪岩听。王有龄说已将举荐信交给了黄宗汉，胡雪岩忙问结果如何。王有龄说："石沉大海，杳无音信。"胡雪岩一听便明白缘由，他告诉王有龄："你想错了，如果不需要钱打点黄宗汉，何大人为什么一口气给你那么多银子？"王有龄一点就通，这才明白原来何桂清给他的也是"做官的本钱"。后来他把钱送进去，实缺果然就派出来了。他被委任为海运局衙门的"坐办"。

王有龄新官上任，于公于私都很想做出些成绩来，但他做海运的事情毕竟不是内行，所以就去找胡雪岩商议。胡雪岩本来就机敏果断，洞察事态，再加上几年社会磨炼，大小事情讲起来都是头头是道。他跟王有龄分析说，现在太平军闹得厉害，河道不畅，朝廷不得已改用海运，但以前漕帮的那些人不能得罪，必须取得他们的理解和支持。现在兵荒马乱，市面上粮米紧张，一时很难收到大批的粮食，而漕帮与粮商关系很好，手中又有囤粮，如果能够出手相助，必将事半功倍，若是他们从中作梗，将是很大的麻烦。

王有龄一听，面有难色，因为他刚刚上任，人生地不熟，根本不知道应该从哪里入手。胡雪岩看出王有龄的心思，笑了笑说："没有关系，此事交给我好了，我代你去打通关节便是。"话虽如此，王有龄听了还是将信将疑，但是也没有更好的办法，只好交由胡雪岩先去办理。有了漕帮的帮忙和胡雪岩的从中筹划，王有龄在海运局的差事做得也是一帆风顺，深得抚台黄宗汉的赏识。

　　王有龄就任海运局坐办不久，又一次得到了高升的机会，被委任为湖州知府。对于这次破格提升，王有龄自然心中欢喜万分。可是胡雪岩跟他讲，去当知府固然是好事情，但海运的事情谁干呢？王有龄这才觉得海运局的事确实是个难题，因为要去湖州担任知府，海运局的事情按理必然要交出，但是调运漕米缺下的亏空，一时间难以填补，若是交给他人，难保不会被翻以前的烂账。王有龄一时没了主意，问胡雪岩要怎么办才好。胡雪岩说鱼与熊掌兼得，他向王有龄提议两边兼职。在胡雪岩的指点下，王有龄以海运局还有事务未处理完结为由，向黄宗汉提出就任湖州知府的同时，"兼差"海运局职务的请求。黄宗汉说："答应你兼差原无不可，不过……"说着两眼望空，似乎有所盘算。停顿半晌，忽然他问出一句："你能兼顾得来吗？"

　　王有龄按照胡雪岩的交代连忙回答："兼得！兼得！请大人放心，我有个朋友叫胡雪岩，办事十分得力，年轻有为，是个奇才，而且他家道殷实，现在自己有个钱庄……"黄宗汉一听到"钱庄"两字，眼睛一亮，然后就直奔主题："现在朝廷国库空虚，各省的督抚纷纷捐献饷银，我也要凑些银子出来略尽绵薄之力。明日要商议捐饷的事情，不妨把你的朋友也叫来，看看有多大实力。"

　　胡雪岩第二天如约而来，二话不说，替黄宗汉捐了一大笔银子。黄抚台见胡雪岩确实财大气粗，觉得王有龄也很识窍，海运局兼差一事当然不在话下。王有龄也是有情有义的人，自然要报答胡雪岩，他把做官时收上来的税钱放入胡雪岩的钱庄。当时钱庄替官府保管官银，是不必支付利息的，因此这些银子给胡雪岩提供了充足的资金，让他能够有更多的银子可以周转，以钱滚钱，发展十分迅速。这样既不违法，也没有什么不对。

　　后来太平军攻破杭州的时候，城内弹尽粮绝，身为浙江巡抚的王有龄决心与杭州城共存亡，他托付胡雪岩逃出城去，一是请援兵，二是买粮食。在这性命攸关的紧要关头，王有龄把这项重任交给胡雪岩，完全是出于他对结拜兄弟人品和能力的信任。胡雪岩知道责任重大，他冒着千难万险买来粮食。可是，还没运到杭州城，就听到了王有龄自杀殉职的消息。这个消息对胡雪岩来说，如同晴天霹雳。他依然没有忘记朋友的重托，冒着生命危险去请援兵。

当年王有龄和胡雪岩相识之时，两人都只有二十多岁，一个是落魄的书生，一个是钱庄的小伙计，但两人真诚相待，互相帮助。十几年来，王有龄官运亨通，胡雪岩生意兴隆，二人之间的情谊也非他人能够评论得了的。

婚姻　　胡雪岩的原配太太程氏，是奉父母之命所娶。此女相貌平平，能力一般，与胡雪岩亦无感情，是个老实人，且体弱多病。对这样的结发妻，胡雪岩却从没厌弃过，像对待其他十二房姨太太那样疼爱她。在胡雪岩的妻妾中，阳琪是第一个被当做贤内助而娶进门的女人。阳琪长得眉清目秀，美丽动人。她与胡雪岩年轻的时候便认识，说话也投机，二人心中都有一种莫名的感觉。哪知当时阳琪的父亲突染风寒去世，阴差阳错二人错失了大好姻缘。11年后阳琪携母亲流落到了上海意外地遇见了胡雪岩，二人相见少不了惊喜，问候寒暄过后，胡雪岩说他在杭州沦陷后一年就来到上海，当时生意顺畅。后来太平军被镇压，他又回到杭州。现在主要的生意都在杭州，此次到上海来是为左帅借洋款，听得阳琪心中欢喜。她问道："这么多的事情要你做，不累吗？"胡雪岩顿时眼睛灰暗失色，"唉，有什么办法呢？她又帮不上什么忙？""她"像针似的刺了阳琪的心，她失望地低下头，提不起谈话的兴致，只简略地把自己的遭遇讲出来，平平淡淡毫无夸张之词。胡雪岩仍然听得眼圈湿润。两人随便闲谈一会儿，胡雪岩告辞回家。此次见面后，胡雪岩常常见缝插针来到阳琪绣行。他们的心渐渐被往事唤起，热情像从前一样炽烈，情深意长。阳琪是一个精明的女人，她用自己的聪明才智替胡雪岩买了一块南京的地皮，结果一个月后这块地皮不断看涨，胡雪岩也被阳琪的远见卓识给折服了。他需要有这样一位贤内助帮忙，更何况还是自己的心爱之人。几经周折，胡雪岩终于如愿以偿，和阳琪拜堂成亲。与阳琪成亲后，阳琪立刻成了胡的左右手，令胡如虎添翼，有力地促进了胡雪岩事业的进一步发展。只可惜，阳琪过早地逝世了。这多少留给胡雪岩一些遗憾。

不久，胡雪岩就遇到了另一位与阳琪极其相似，极具商业头脑的姑娘。她就是胡雪岩身边最重要的一位女子，陪伴胡雪岩走完人生的翠环姑娘，即当时小有名气的"罗四太太"。

罗四太太在嫁给胡雪岩之前，叫做罗四姐，是个小家碧玉，特别能干，在胡雪岩穷困潦倒的时候，曾接济过他。可当时胡雪岩已有妻子，虽然彼此都有爱慕之意，却无从结合。后来，罗四姐随父母逃避战乱，流离途中，父母双亡，她嫁的丈夫又患病死了，留下她和一个女儿。年轻的孀妇，加上又是旧时相识，所以，罗四姐认为她与胡雪岩是"前世的缘分"。为了避免用"二太太"之名，却又想不出更合适的称呼；有个通人说："顺治年间江左三大家'之一的龚芝麓，娶了秦淮出身的顾眉生，龚芝麓的元配称她为顾太太，仿照这个例子，拿罗四姐的姐字改为太太，有何不可？"于是，"罗四太太"就此叫开了。下人不明其理，只当她娘家住在螺蛳门外的缘故，叫成"螺蛳太太"。

胡雪岩的母亲胡老太太年事已高，对生意上的事并不精通，原配妻子程氏又是个老实人，自从罗四姐嫁到胡家后，罗四姐成了胡府的"掌印夫人"，她将胡府后院打理得井井有条，让胡雪岩安心在外面做生意，同时，她还常常为胡雪岩生意上的事出谋划策。胡雪岩的事业日益兴旺。发达之后，胡雪岩在生活上也日益堕落，罗四太太见他频繁地出入青楼，甚至就直接就在青楼里谈生意，觉得这是一个危险的信号。于是，她采取了一个折中的办法，支持胡雪岩多娶几房姨太太。于是，胡雪岩尽搜美女，先后纳了十一房小妾，个个美若天仙，加上罗四太太，正好十二位，号称"东楼十二钗"。胡雪岩为这十二房姨太太挥霍掉了大量的金钱。她们分住院内长弄中各楼，按序各占一室。到了晚上，侍女端上盛有各姬妾牙牌的银盘，胡雪岩随手翻一个，侍女就按牌上名字叫这个姬妾侍寝，宛如皇上翻牌子一样。胡雪岩每天早晨起床，由佣人端上用翡翠盘盛着的青黄赤白各色宝石若干枚，让他"养目"。每日合家大小还要去上房向他恭请晨安。胡雪岩喜欢和众多的姬妾一起嬉戏、玩乐。他让诸妾穿上写着"车""马""炮"字样的红蓝马甲，登到在高台上画好的棋盘，红蓝对峙，胡雪岩和夫人在栏杆后用竹竿指挥她们，以人充当棋子。胡雪岩与太太口头对弈，姨太太和仆人们依据指令，跑向各自的位置。

在胡雪岩被抄家的前夕，除了罗四太太，他的另外十一个姨太太依旧沉醉在富贵乡里，一个个打扮得花枝招展，满头珠翠，争风吃醋，向胡雪岩卖弄风情。见此，胡雪岩叹道：我的失败就是从纳妾开始的。

罗四太太是服药自杀的，其他的姨太太及众多婢女根据记载大概是如下这样：

次日黄昏，世龙带着几个下人来到娇春园，走进园内，他神情慌张地朝着那一群闲逸尢事的小妾们喊道："你们还不快走，官兵已经到胡府抄家去了，马上就要到这儿来了，要是给官兵们抓住，就要被卖为官奴了。"

顿时，这些养尊处优的姨太太们花容失色，乱作一团，一窝蜂地挤上了门口等待的马车，各自逃生去了。接着，他们在各位姨太太的房间里搜出了多达二三十万两白银及各式珠宝。成由勤俭败由奢，一切都已经太迟了。一场温柔富贵梦，一场超级财富盛宴，就这样草草收场了。

情事　胡雪岩不但在商场上叱咤风云，在政坛上春风得意，而且在情场上更是游刃有余，堪称情场上的高手。他常自谓：一不做官，二不图名，但只为利，娶妻纳妻，风流一世，此生足矣！胡雪岩对待女人的方式，说白了就是：一收二嫁三赠。收，就是收为姨太太；嫁，嫁给生意上的得力助手，笼络人心；赠，就是赠送，贿赂官员。他在创业期间所遇到的女人，几乎都成了他事业上的牺牲品。

　　在初涉商场时，胡雪岩偶遇被卖入青楼的官宦之家的千金芸香，取得了她的信任，并替她赎了身，但胡雪岩深知自己的身份，他还是一名普通的商人，腰里没几两银子，美女都是高消费的，他无法供养得起这个美人。没有钱，美女就成了烫手山芋。为了着眼长远，他想了一个两全齐美的办法，忍痛把芸香送给了自己的靠山王有龄，王当时是浙江巡抚。胡雪岩既为芸香找了个好依靠，同时又得到了王有龄的器重。此后，有了芸香的"枕边风"，王有龄更卖力地为胡办事。芸香成了胡雪岩走向成功的第一个筹码。

　　后来，胡雪岩认识了船家女阿珠。阿珠青春年少，清纯可爱，天真活泼，胡雪岩一见倾心，决定在湖州养个外室，并在湖州开了一间丝行。为了这段恋情，胡雪岩在当时还并不富有的情况下，一掷千金，让阿珠的父亲，在一夜之间，从一个老实巴交的船夫变成了丝行的老板。然而，正当胡雪岩与阿珠到了谈婚论嫁的时候，他忽然变卦了，因为他的事业刚刚开始，正是用人的时候，自己的助手陈世龙做梦都想娶阿珠，于是，胡雪岩做了个顺手人情，摇身一变，从情人变成了媒人，将阿珠嫁给了陈世龙。

　　在胡雪岩送出去的女子当中，对胡雪岩爱得最深、也是受伤害最深的，当算青楼出身的女子阿巧，也有的资料中说她叫赛牡丹。胡雪岩喜欢女人，有一个不易被人理解的怪僻，就是他特别喜欢年轻的孀妇，可能是觉得她们更有成熟的风韵吧。一次在青楼偶然游玩时，胡雪岩结识了阿巧。阿巧是个年近三十的妇人，来自苏州，温婉可人，阿巧让胡雪岩十分迷恋，他花了好几千两银子，将她从青楼中赎了出来，千方百计地哄她开心，又是许愿做生日，又是带她逛西湖、赏荷花，甚至在打理生意的间隙，"偷得浮生半日闲"，亲自带她去珠宝商店挑首饰。阿巧随身带有一大包衣服，都是在认识胡雪岩之后添置的各种绫罗绸缎。可是，没想到的是，胡雪岩在带着阿巧去给当时任江苏学政的何桂清送礼时，美丽的阿巧让何桂清给看上了。何桂清旁敲侧击，要将阿巧留下来。没办法，胡雪岩哑巴吃黄连，为了傍上何桂清这棵大树，做长线投资，他不得不将自己心爱的阿巧姐作为一件礼物，送给了何桂清。

几年后，何桂清倒台，关进刑部大狱，阿巧看破红尘，出家为尼。尽管胡雪岩已大红大紫，但她并没有再找他去再续前缘。后来，胡雪岩在彻底破产中死去时，灵柩被停放在一处租来的房子里。据说，第一个赶来看他的，就是一个身着一袭青衣的法名叫靖安的尼姑。她就是阿巧。

轶闻　胡雪岩的父亲生意做得很小，收入微薄，雪岩的两个弟弟降生以后，家里吃饭的人更多了，本来就不宽裕的生活变得更加捉襟见肘。所以胡雪岩八岁的时候，就开始替人家放牛。有一天，他在野外放牛，碰到很多小伙伴，于是他就把牛拴好，跟伙伴们一起玩了起来。其中有一个小孩子，一不小心掉进了山沟，其他的孩子一看情况不对，都吓得跑回了家。只有胡雪岩沉着冷静，他慢慢摸索着下去，把那个孩子拉了上来，然后扶上牛背送回家去。当时，所有的邻里都赞扬他，说他机灵、勇敢，又有好心肠。

一次，胡雪岩的当铺里来了生意，客人拿来了所谓稀世珍宝——"商朝的古董"，出价300两银子，当铺伙计收下了。晚上查账，胡雪岩知道了"商朝的古董"这码事，叫管事的通知全城的达官贵人，明天来当铺鉴赏宝贝，并备好筵席以示庆贺。第二天，全城有名望的要员都到了，酒席摆好，贵客坐定。大伙都争先恐后地想鉴赏那个稀世珍宝"商朝的古董"之真面目。胡雪岩发话：把稀世珍宝请出来。伙计抱着宝贝走下楼，不慎一脚踏空，连人带宝贝滚下。"商朝的古董"被摔成碎片。顿时大伙大呼小叫：可惜可惜！胡雪岩把古董打碎的消息传遍全城大街小巷。第二天，当铺来了真佛——"商朝的古董"的主人拿着300两银子，要赎回那古董，若是拿不出来那宝贝，就要加倍赔偿，否则决不善罢甘休！胡雪岩收下银两，确认银两无假，然后叫掌柜拿出那所谓的"商朝的古董"。"你，你，不是，不是已经摔了吗？"稀世珍宝的主人有点语无伦次。胡雪岩微微一笑说："我摔的那宝贝比你这个更假！"

　　胡雪岩因为帮助过朝廷重臣左宗棠，与左交情颇深。日子久了，左宗棠为了表达对胡雪岩的感谢，提议带他去见慈禧太后。当时，慈禧是大清国的实际主宰者，对于一个商人而言，能够拜见她，是可遇不可求的机会。但是，慈禧又是个性格古怪、暴戾的人，胡雪岩富可敌国，身份颇为敏感，言谈举止稍有不慎，便有可能招致灭顶之灾。胡雪岩战战兢兢地跟随左宗棠来到紫禁城。慈禧早就听说过胡雪岩这个人，见面以后，就问他对时局的看法。胡雪岩实话实说："现在国无宁日，民不聊生。"慈禧的脸色顿时阴沉下来，此时，左宗棠壮胆打岔："我多次在太后面前提及你对朝廷的帮助，你对朝廷有什么要求吗？"慈禧面色缓和一点，也说："是呀，宗棠常念你的好，你想要什么就说吧。"胡雪岩的脑袋飞速运转，刚才的话已经得罪了太后，现在必须弥补好，但要什么呢？高官厚禄，实非他想要的；如果什么都不要，显得太虚伪；如果随便要样东西，又显得轻视和敷衍太后。想了片刻，他声情并茂地说："如今国家有难，我是个生意人，只想国泰民安，风调雨顺，好好做生意就可以了。"慈禧听后大悦，说："果然是个深明大义的商人。"

　　胡雪岩善于发掘人才。严厚信少年时在上海小东门宝成银楼当学徒，后来他在生意中结识了胡雪岩。一次，胡雪岩在宝成银楼订一批首饰，严厚信亲自动手，做好后又亲自送去。胡雪岩给他一包银子，要他点一下。他说："我相信胡老爷，不用点。"但是他拿到店里一数，却发现比应当付的银子少了2两。他不声不响，将自己辛苦做工的钱暗暗地凑在里面，交给了老板。过后，胡雪岩又来银楼定做首饰，严厚信送去之后又带了一包银子回来。可是这回一数，他吓了一跳，里面多了10两银子。10两银子相当于一个小伙计辛苦几年的工钱。严厚信于次日一早就到胡府将银子送还给胡雪岩，并告诉胡雪岩他不能收昧良心的钱。其实这两次都是胡雪岩在试探他，胡雪岩觉得这个伙计品格高雅，是块做大生意的料。不久，他便把严厚信推荐给了李鸿章。

评价 二月河：胡雪岩是悲剧时代的悲剧人物，当时太平天国运动正在进行，列强对中国进行着文化侵略和经济侵略，李鸿章和左宗棠推行洋务运动，各方面关系非常复杂。他这样一个绝顶聪明的人，在这样的历史背景下产生和发展，并且张扬自己，并且最终消亡下去。他这个人好接近又难惹，讲义气又圆滑，既不过分又不短分寸，他把孔子的中庸之道在为人处世上用到了极致。

余杰：百年之后看胡雪岩，如果还在津津乐道"经商要学胡雪岩"，那么我们很难建立起一个健康的商业社会来。胡雪岩的言行，不应该是我们学习的对象，而应该是我们批判的对象，对胡雪岩的批判，就是对皇权政体、专制政治、官僚经济的批判。是黑暗的社会造就了胡雪岩，而不是胡雪岩造就了他所生存的社会。胡雪岩本人，是一个悲剧时代的悲剧产儿。他的聪明才智及其对僵化社会的冲击值得我们肯定，而他的恶劣品质和卑鄙手段我们必须唾弃。胡雪岩诞生于"老大帝国，野蛮之乡"，他也只能诞生于"老大帝国，野蛮之乡"。

叶澄衷：宽厚慈善的"五金大王"

传略　叶澄衷（1840—1899），又名成忠，浙江镇海人。近代中国著名的实业家、慈善家。在清末被誉为"五金大王"。

出身贫苦农家，6岁丧父，9岁时读了半年私塾，11岁去油坊当童工。清咸丰四年（1854年）到上海法租界一家杂铺当学徒，常在黄浦江上驾小舢板叫卖杂货，结识不少水手和洋商，后受雇于一洋商当经理。清同治元年（1862年），他以自己的积蓄开办上海第一家华人独资经营的顺记五金洋杂货店，并经营美商美孚公司的煤油，

叶澄衷

大获其利，又在北京东路、白渡桥北堍等处增设新顺记、可炽顺记、南顺记、义昌顺记等字号，在汉口、九江、芜湖、镇江、天津、营口、烟台、宁波、温州等口岸都建有顺记分号，推销美孚公司煤油，经营范围从上海走向全国，从城市渗入各地农村，不到10年一跃而成家资万贯的巨富。继之，

他追随时代潮流，广泛投资上海和内地的许多企业，尤其是轻工业，仅上海纶华缫丝厂就投资 10 万银两，雇工 1000 余人，颇具规模。

清光绪十六年（1890 年），在民族工业日益兴起的形势下，他在上海创办了燮昌火柴公司，由华人入股，资本额为 20 万银两，雇工 800 余人，日产木梗硫磺火柴 30 余万盒，产品运销安徽、江西等地，成为当时沪地最早、最大的一家民族火柴厂，对抵制洋货火柴垄断中国市场起了一定作用。清光绪二十三年，在商人宋炜臣的协助下，又在汉口新创燮昌火柴厂，为上海燮昌火柴公司的分厂，资本额 42 万银两，雇工 1200 多人，日产火柴 43 万盒，当年获利 18 万银两。并取得了当地 15 年专利权，在汉口形成垄断局面。

清光绪二十二年，叶投资中国第一家近代银行——中国通商银行后，开始大办钱庄，最多时达到 108 家，分布于全国各地，当时的"叶家镇"成为上海 9 个实力雄厚、声名远扬的钱庄资本集团之一。开办树德等多家地产公司，仅上海一地拥有地产 400 余亩。又投资水上运输业，自有沙船100 多艘。至光绪二十五年，其资产约有 800 万银两，自建叶家花园一座。

到晚年，他乐意布施慈善事业，出资建"怀德堂"安顿孤寡，建"忠孝堂"抚励族人，设牛痘局施药济贫，每年耗资数万银两救济灾民、修桥铺路、兴办水利等。他有感于幼年无钱读书，在上海资助 10 万银两兴办澄衷蒙学堂，后改称澄衷中学，培养了大批英才，颇有影响，得到光绪皇帝御赐"启蒙种德"匾额。

清光绪二十五年（1899 年）十月病逝。

诚实　　上海在清末时就是中国最大的商埠，黄浦江上船来船往，呈现着一片繁忙的景象。

江边停泊着一只破旧的小舢板，撑船的是一个衣衫邋遢的后生。他失神的眼光望着岸上穿梭熙攘的人群，显得十分无助和无奈。人们即使要过江，自有大船和渡轮，谁会乘坐他的舢板呢？可是，没有搭客，挣不到钱，他怎么维持家里的生活呀！

就在他已经绝望的时候，忽然听见有人操着英语在向他喊。他在上海待了好几年了，接触过不少洋人，所以粗通一些英语。原来天已傍晚，大船和渡轮都开走了，有个洋人急着要到对岸去。年轻篙夫一听到这喊声，就慌忙跳上岸，帮助那个满腮金胡须的洋人把几个箱子、口袋搬到舢板上。

他很卖力地撑船，把洋人渡过了江。舢板靠近岸边后，他又帮洋人将沉重的货物搬上岸，弄得满身汗湿。那个洋人连声说着"Thank you！Thank you！"付了船钱，就匆匆地招呼着黄包车。年轻篙夫回到舢板上，忽然发现船舱里还有一只鼓囊囊的牛皮小袋子，连忙拿起来，跑到岸上大声叫喊："Hi——Hi——"可是那个洋人已经乘着黄包车去远了。

年轻篙夫拎着那只皮袋子回到舢板，觉得它沉甸甸、硬邦邦的，不禁好奇地解开袋口看，这一看让他吃惊得呆住了：满口袋都是黄灿灿的金币！这该有多少钱啊！这些钱足可以让他立刻变成一个富人，在十里洋场买宅子、商铺，或者换一艘崭新的船……只要他把舢板荡离这个码头，洋商就不可能找到他，幻想马上就能变成现实！可是，他能昧心贪掉别人的钱吗？他自小就是个诚实的人，从来没有做过亏心事，知道"不问自取为之偷"的道理，他可不想做贼。他决定留在舢板上，等待失主的到来。

天色渐渐暗下来，没见那个洋人出现，他的肚子却很饿了。他的兜里装着摆渡得来的船钱，岸上不远处就有卖食物的摊档，但他不敢走开，担心洋人来了寻他不见。他忍耐着饥饿，静静地坐在舢板上。江面吹来嗖嗖的寒风，他湿漉漉的衣服像冰块一样贴着身躯，简直凉透了心。他还是强忍着。

入夜，黄浦江沿岸亮起了五颜六色的霓虹灯，闪烁着迷离的光芒，炫耀着都市的繁华。就在这繁华景象的旁边，码头那儿偏僻冷寂的角落，泊在岸边的一只破旧舢板上，呆坐着这个衣衫褴褛的年轻篙夫，伴随着黑夜的流逝。

江，自有大船和渡轮，谁会乘坐他的舢板呢？可是，没有搭客，挣不到钱，他怎么维持家里的生活呀！

就在他已经绝望的时候，忽然听见有人操着英语在向他喊。他在上海待了好几年了，接触过不少洋人，所以粗通一些英语。原来天已傍晚，大船和渡轮都开走了，有个洋人急着要到对岸去。年轻篙夫一听到这喊声，就慌忙跳上岸，帮助那个满腮金胡须的洋人把几个箱子、口袋搬到舢板上。

他很卖力地撑船，把洋人渡过了江。舢板靠近岸边后，他又帮洋人将沉重的货物搬上岸，弄得满身汗湿。那个洋人连声说着"Thank you！Thank you！"付了船钱，就匆匆地招呼着黄包车。年轻篙夫回到舢板上，忽然发现船舱里还有一只鼓囊囊的牛皮小袋子，连忙拿起来，跑到岸上大声叫喊："Hi——Hi——"可是那个洋人已经乘着黄包车去远了。

年轻篙夫拎着那只皮袋子回到舢板，觉得它沉甸甸、硬邦邦的，不禁好奇地解开袋口看，这一看让他吃惊得呆住了：满口袋都是黄灿灿的金币！这该有多少钱啊！这些钱足可以让他立刻变成一个富人，在十里洋场买宅子、商铺，或者换一艘崭新的船……只要他把舢板荡离这个码头，洋商就不可能找到他，幻想马上就能变成现实！可是，他能昧心贪掉别人的钱吗？他自小就是个诚实的人，从来没有做过亏心事，知道"不问自取为之偷"的道理，他可不想做贼。他决定留在舢板上，等待失主的到来。

天色渐渐暗下来，没见那个洋人出现，他的肚子却很饿了。他的兜里装着摆渡得来的船钱，岸上不远处就有卖食物的摊档，但他不敢走开，担心洋人来了寻他不见。他忍耐着饥饿，静静地坐在舢板上。江面吹来嗖嗖的寒风，他湿漉漉的衣服像冰块一样贴着身躯，简直凉透了心。他还是强忍着。

入夜，黄浦江沿岸亮起了五颜六色的霓虹灯，闪烁着迷离的光芒，炫耀着都市的繁华。就在这繁华景象的旁边，码头那儿偏僻冷寂的角落，泊在岸边的一只破旧舢板上，呆坐着这个衣衫褴褛的年轻篙夫，伴随着黑夜的流逝。

他追随时代潮流，广泛投资上海和内地的许多企业，尤其是轻工业，仅上海纶华缫丝厂就投资 10 万银两，雇工 1000 余人，颇具规模。

清光绪十六年（1890 年），在民族工业日益兴起的形势下，他在上海创办了燮昌火柴公司，由华人入股，资本额为 20 万银两，雇工 800 余人，日产木梗硫磺火柴 30 余万盒，产品运销安徽、江西等地，成为当时沪地最早、最大的一家民族火柴厂，对抵制洋货火柴垄断中国市场起了一定作用。清光绪二十三年，在商人宋炜臣的协助下，又在汉口新创燮昌火柴厂，为上海燮昌火柴公司的分厂，资本额 42 万银两，雇工 1200 多人，日产火柴 43 万盒，当年获利 18 万银两。并取得了当地 15 年专利权，在汉口形成垄断局面。

清光绪二十二年，叶投资中国第一家近代银行——中国通商银行后，开始大办钱庄，最多时达到 108 家，分布于全国各地，当时的"叶家镇"成为上海 9 个实力雄厚、声名远扬的钱庄资本集团之一。开办树德等多家地产公司，仅上海一地拥有地产 400 余亩。又投资水上运输业，自有沙船100 多艘。至光绪二十五年，其资产约有 800 万银两，自建叶家花园一座。

到晚年，他乐意布施慈善事业，出资建"怀德堂"安顿孤寡，建"忠孝堂"抚励族人，设牛痘局施药济贫，每年耗资数万银两救济灾民、修桥铺路、兴办水利等。他有感于幼年无钱读书，在上海资助 10 万银两兴办澄衷蒙学堂，后改称澄衷中学，培养了大批英才，颇有影响，得到光绪皇帝御赐"启蒙种德"匾额。

清光绪二十五年（1899 年）十月病逝。

诚实　　上海在清末时就是中国最大的商埠，黄浦江上船来船往，呈现着一片繁忙的景象。

江边停泊着一只破旧的小舢板，撑船的是一个衣衫褴褛的后生。他失神的眼光望着岸上穿梭熙攘的人群，显得十分无助和无奈。人们即使要过

叶澄衷：宽厚慈善的"五金大王"

传略 叶澄衷（1840—1899），又名成忠，浙江镇海人。近代中国著名的实业家、慈善家。在清末被誉为"五金大王"。

出身贫苦农家，6岁丧父，9岁时读了半年私塾，11岁去油坊当童工。清咸丰四年（1854年）到上海法租界一家杂铺当学徒，常在黄浦江上驾小舢板叫卖杂货，结识不少水手和洋商，后受雇于一洋商当经理。清同治元年（1862年），他以自己的积蓄开办上海第一家华人独资经营的顺记五金洋杂货店，并经营美商美孚公司的煤油，

叶澄衷

大获其利，又在北京东路、白渡桥北塊等处增设新顺记、可炽顺记、南顺记、义昌顺记等字号，在汉口、九江、芜湖、镇江、天津、营口、烟台、宁波、温州等口岸都建有顺记分号，推销美孚公司煤油，经营范围从上海走向全国，从城市渗入各地农村，不到10年一跃而成家资万贯的巨富。继之，

评价 　　二月河：胡雪岩是悲剧时代的悲剧人物，当时太平天国运动正在进行，列强对中国进行着文化侵略和经济侵略，李鸿章和左宗棠推行洋务运动，各方面关系非常复杂。他这样一个绝顶聪明的人，在这样的历史背景下产生和发展，并且张扬自己，并且最终消亡下去。他这个人好接近又难惹，讲义气又圆滑，既不过分又不短分寸，他把孔子的中庸之道在为人处世上用到了极致。

　　余杰：百年之后看胡雪岩，如果还在津津乐道"经商要学胡雪岩"，那么我们很难建立起一个健康的商业社会来。胡雪岩的言行，不应该是我们学习的对象，而应该是我们批判的对象，对胡雪岩的批判，就是对皇权政体、专制政治、官僚经济的批判。是黑暗的社会造就了胡雪岩，而不是胡雪岩造就了他所生存的社会。胡雪岩本人，是一个悲剧时代的悲剧产儿。他的聪明才智及其对僵化社会的冲击值得我们肯定，而他的恶劣品质和卑鄙手段我们必须唾弃。胡雪岩诞生于"老大帝国，野蛮之乡"，他也只能诞生于"老大帝国，野蛮之乡"。

就说："只要你以后说话和气一些就好了，这也不是什么大错。你若无处安身，愿意来我店里做事，待遇和其他伙计一样。"那学徒在叶澄衷的店里做了一段时间，虽说工钱分文不少，但毕竟与老店相近，和原来的老板抬头不见低头见，十分尴尬。他就对叶澄衷说："叶先生，我无法面对我过去的老板，还是回老家算了。"叶澄衷理解他的心情，便说："你回去也好的，如果老家的生活不好过，还可以回来再做。"他吩咐账房多发了一个月的工钱，又另外给了一笔盘缠。临别时，小学徒千恩万谢感激不尽。

叶澄衷在经营美孚火油的时候，有一次，属下一个分号的经理有私心，想个人捞外快，暗地里扣下 2 万箱火油，打算过段时间价格上涨后再抛出去，差价款就可以据为己有。可是火油价格迟迟没有上涨，后来反而每箱跌了 1 角钱。私扣店主人货物，个人捞外快是生意场上最忌讳的事情。一旦被发现，不仅个人名誉扫地，丢掉饭碗，还要赔偿损失。经理感到大祸临头，急得如热锅蚂蚁，整天心神不宁的。这时叶澄衷主动找他谈话，关切地问他有什么为难的事，表示愿意帮助他。经理羞愧难当，不得不说出真相。叶澄衷听了严肃地说："你如果能够吸取教训，以后不再做这种损人不利己的事情，我可以原谅你，这次的亏损就算店里的。"经理感激不尽，频频点头道歉。其实这件事叶澄衷早就掌握了，他只是不想马上拆穿，希望对方能够自己悔悟。

慈善　叶澄衷发财不忘幼年失学之痛。1899 年，他捐置了 30 亩土地，并出资白银 10 万两兴建学堂。这年 10 月，校舍尚未落成，叶澄衷不幸逝世。其长子叶贻鉴继续捐款，又出白银 10 万两，终于在次年建成校舍，并于 4 月 6 日正式开学，取名澄衷学堂，由蔡元培代理校长，主持校务工作。著名科学家竺可桢、卢于道，书画家丰子恺、钱君等，都是该校学生。

叶澄衷四子叶贻铨（字子衡）生得仪表堂堂，学得满腹经纶，为人豪爽，敢作敢为。一次，叶贻铨兴致勃勃地去跑马厅观看赛马，结果乘兴而去，不知过了多久，昏暗中响起一阵凌乱急促的脚步声，伴随着叽哩哇啦的英语，那个丢失金币的洋人终于慌里慌张地寻来了。年轻篙夫腾地跳起身来，大喊："Here！Here！"当他跳到岸上，把那只沉甸甸、硬邦邦的皮袋子交给洋人的时候，那个洋人感动得一个字也说不出来，紧紧握住他的手一个劲儿地摇。年轻篙夫说："我没动。不过还是请您点一点，看是不是这个数？"洋人一边连声说："NO，NO，NO！"一边解开袋口，抓出一把金币就塞给篙夫。可是，那个年轻人没有接，返身跳上自己的舢板，撑篙就荡离了岸，撇下那个洋人久久地呆站在岸上……

这个拾金不昧的年轻篙夫，名字叫叶澄衷。

宽厚　有一年，叶澄衷的儿子生病了，家里的保姆拿着医生开的中药方，到五马路（今广东路）的一家叫"姜衍泽"的药房抓药。那天药房生意忙，抓药的人排起了长队，保姆怕东家着急，对药房学徒说："小师傅，能不能帮帮忙，把我的药先配好，我们东家少爷得了急病，夫人都急坏了。"学徒听了之后很不耐烦，没好气儿地说："快什么快，这么多味药，得一味一味地称，你想快就自己开一家药店嘛。"保姆抓药回到家，越想越觉得委屈，便钻到自己房间呜呜大哭。叶澄衷闻讯，笑笑说："你不要哭了，这个小伙计倒是提醒了我，我要是自己开了家药店，不是挺好的嘛。"他做事历来雷厉风行，当即叫管家到市面上去调查，开一家药店需要多少资金，营业前景如何。过一段时间，他投资的一家新药店在"姜衍泽"药店斜对面开张营业。两店互相竞争，"姜衍泽"生意大受影响。店主知道内情后，责备学徒学业不精，不懂得善待顾客。那学徒经过打听，得知这家新药店的主人是大名鼎鼎的"五金大王"叶澄衷，才想起当初奚落叶家保姆的事情来，知道自己闯了祸，他十分后悔，立即登门道歉。他忐忑不安地说："叶先生，都怪我狗眼看人低，瞧不起您家保姆，得罪您了。我现在饭碗不保，请您高抬贵手。"叶澄衷见他已经认错，又看他年纪尚轻，扫兴而回，心中十分气愤。原来当时上海洋人开的跑马场有条歧视中国人的规章：总会大楼和看台只对外侨开放，华人只能在栏杆外观看。那次，叶去观看跑马赛，也被赶出场外，叶心想自己空有万贯家财，还遭此羞辱，自然气愤不过，于是在1908年毅然集股在沪创办"江湾赛马场"。

江湾赛马场位于武川路武东路交叉处，叶贻铨以每亩大洋60元，收购土地1000余亩，建成半径为500米的圆形马场，中有三圈跑马道，外圈铺成草地，设有东西北三个看台，场内建有自鸣钟楼，方形尖顶。赛马约每月举行一次，门票1元，全年税收近百万元。江湾赛马场虽主要供华人赛马之用，但不拒洋人，所以每每盛况空前。1934年出版的《上海轶事》记载："跑马厅为西人春、秋赛马之处，华人不能与赛，惟江湾有万国体育会赛马场，来者不论国界，亦于春秋二季行之，前数日必登报宣布，观者甚众。已行之久矣。"1911年法国飞行家环龙携在欧洲刚刚发明的飞机，来沪作环球飞行表演，起飞地点就设在江湾赛马场，不幸起飞后失事，环龙身亡。

数年后，叶贻铨从经营江湾赛马场所获的利润中，拨出一部分资金建造叶家花园（现上海市第一肺科医院）。这座花园位于江湾赛马场旁边，主要供赛马赌客休息游乐之用。花园费时数年，耗资甚巨，在1923年春初步建成对外开放。花园宜人的景色，以及众多新潮的活动设施，一时引得无数时髦男女心仪不已，趋之若鹜。然而由于参观者过多，使花园昼夜人声鼎沸、喧闹不绝，毗邻的一家英商肥皂公司的老板向上海市政当局提出抗议。市政府因迫于英人压力，遂强令花园停止营业。

淞沪战争中江湾赛马场遭战火破坏，日军侵入上海后，即占用赛马场种植大豆和其他农作物，成为日军的军用农场。新中国建立后，在赛马场的旧址上，兴建了工厂学校。西北部有上海自行车三厂，西南部为江湾机械厂，东北部为建材学院、手表三厂，西部为上海铸锻厂，南部为上海建筑机械厂。

叶贻铨早年曾在圣约翰大学求学，他的恩师颜福庆（当时任国立上海医学院院长）对他影响很大。1933年2月师生偶然相见，颜谈及亟须筹建一所专门医治肺结核病人的医院，叶闻后深为震动。也许是受到他父亲热心公益思想的影响，加之内心对洋人的不满，于是慨然将叶家花园捐赠给国立上海医学院，建立主要治疗肺病的第二实习医院。经过几个月的紧张筹建，医院在这年6月15日正式成立。叶贻铨为纪念先父，将医院取名为"澄衷疗养院"，首任院长就是颜福庆。叶贻铨的这一善举获得了当时政府教育部的褒扬。

叶家花园后门有一座卧龙岗，岗上有一座四角十二柱的水泥亭子，抗战时，爱国将领张治中将军曾在此指挥将士们，英勇抗日。如今，人去亭在，丰碑永驻。上海沦陷后，医院一度被日军占领，更名"敷岛园"，后又成为日本特务机构的驻地。直到抗战胜利，花园又收归国立上海医学院。1947年10月再次恢复"澄衷疗养院"的名称。解放上海时，国民党军队在此负隅顽抗，园内略有破坏。新中国成立后，叶家后裔将叶家花园献给国家。后被改为上海市第一结核病防治院，现为上海市第一肺科医院的重要组成部分，成为大众疗病休养的一块宝地。

慧眼　　1882年，已经发迹成为上海大老板的"五金大王"叶澄衷回到老家庄市祭扫祖坟。那天他租了一条航船，船经庄市街，他顺便到街上的阜生南货店购买祭品。进了店堂，一名模样周正的小伙计热情地招呼他。叶澄衷看那小后生一边按照客人的要求配好货物麻利地包扎，一边很快算清了账目，心里就喜欢上他了，心想自己在上海那么多的店铺，倒是很需要这样的后生伙计。不过那时他急着要去扫墓，等后生把祭品包扎完了，他拿起东西放下银元就匆匆上船走了。

那天顺风顺水，航船行驶很快。等航船走出三四里，叶澄衷听到后面有人喊"停一停"，叶澄衷探出头一看，原来是刚才南货店那个小伙计追了上来。叶澄衷急忙吩咐停船。

小后生满脸通红地追上了航船，气喘吁吁地说："先生，刚才您多付了钱，这是找头，还给您！"

叶澄衷说就那么几文钱找头给你算了，值得你跑那么远的路来还？小后生说，那咋可以，做生意要一是一二是二，不该拿的钱一文也不好多拿。叶澄衷简单问了小后生的一些情况，知道小后生叫宋炜臣，今年16岁，读过4年私塾，也算认识一些字，于是心里就越发喜欢他了。

祭扫回来，叶澄衷找到宋炜臣，告诉他有心带他到上海发展。宋炜臣听说叶澄衷要带他去上海，当然愿意，叶老板少年时只身闯荡上海滩的故事他老早就听说了。

宋炜臣到上海后，叶澄衷只是给他安排做伙计，他想看看宋炜臣到底是不是一块可以委以重任的料。宋炜臣果然不负厚望，他不仅勤快好学，而且做事极有条理。叶澄衷看在眼里，喜在心头。他觉得自己看准了人。

1890年，叶澄衷办了一家火柴厂，就提拔宋炜臣担任厂里的协理，实际上总揽全厂的大小事务。宋炜臣果然能干，只一两年功夫，火柴行销长江中下游数省。3年后，宋炜臣担任了火柴厂经理，工厂连年获利丰厚，成为上海崭露头角的经商新秀。

叶澄衷在上海发迹后，一直有个夙愿，想把生意做到汉口去。汉口号称"九省通衢"，水陆交通十分便利，向来是扼制中原的经济枢纽。但是他这个夙愿一直没有如愿，起先，因为忙于上海的事务，无暇抽出精力到汉口发展，现在年岁又大了，再去汉口与"天上九头鸟，地下湖北佬"的汉口人打交道恐怕力不从心。于是他想到了宋炜臣，有心让宋炜臣代自己闯荡汉口。

1896年，宋炜臣携带25万两银两和叶澄衷给湖广总督张之洞的亲笔信来到汉口创业。张之洞是晚清颇具威望的"洋务派"实力人物。宋炜臣拜会了张之洞后，没有马上按照叶澄衷的安排开办火柴厂，而是相机行事做起了军服生意。等到在军服上大赚一把后，他才创办了火柴厂，并利用张之洞等关系向清廷申请了独家生产火柴的专利，因为基础扎实，又有朝廷作后盾，宋炜臣的火柴厂当年就获利白银 18 万两。之后几年，宋炜臣的火柴厂如日中天，产品热销到鄂豫川陕甘诸省，占领了广阔的内地市场。

眼光敏锐的宋炜臣并没有就此满足，他把目光瞄向一个崭新的行业：水电。当时，汉口没有一家公用水电事业。虽然有外国商人多次向张之洞提出办水电，但是张之洞以"公用事业，关系国家主权"为由，拒绝了外国商人请求。

获知了这个信息，宋炜臣就联合浙鄂赣 11 名商人联名上书张之洞，呈请申办水电公司。张之洞本来对宋炜臣就有好感，见宋炜臣等提出办水电，正中下怀，于是马上批准。1906 年 7 月，"汉镇既济水电股份有限公司"在江汉路正式成立，宋炜臣担任总经理。两年后，既济水电公司电厂供电，这天夜晚，当一万八千盏电灯把汉口照亮之时，宋炜臣成了汉口的著名人物。又过了一年，公司水厂竣工供水，当汉口市民眼观水龙头一开清水哗哗直流的场面时，都惊奇不已。当时，因为自来水加了氯，有股怪味，市民们以为自来水有毒，不敢饮用，宋炜臣遂从公司坐轿子出发，故意招摇过市，到了汉正街供水站，他当众打开水龙头喝下自来水，这一喝，让汉口市民放心了，于是大家都争相饮用自来水。

办水电以后，宋炜臣又投资机器厂和矿业，在汉口做足了市面，被人誉为"汉口头号商人"。

朴素　叶澄衷的孙女叶吉谋回忆说："我爷爷终身穿老布衫到头。以前听爷爷常对别人说，穿老布衫袄是不忘祖宗。"叶澄衷的节俭美德是从小养成的。由于出身贫穷家庭，他比普通孩子更懂得生活的艰辛，逐步养成了吃苦耐劳的品格。另外，母亲的教育和影响，对他的成长也十分重要。咸丰年间，他和弟弟在上海做小生意稍有积蓄，母亲唯恐儿子们沾沾自喜，不思进取，便亲自赶去告诉他们"成由勤俭败由奢"的道理。叶澄衷牢记母亲的教诲，一生粗茶淡饭、布衣布衫，即使后来事业发达，依然自奉俭约，从不铺张浪费。他在法租界拥有幽静的花园洋房，却一直没有搬进去住，依然住在陈旧、嘈杂的老顺记，与员工同吃同住。他视老顺记为发祥之地，是自己与手下员工艰苦创业的见证，无论如何发达都不能忘本。朋友劝他建一幢豪华的别墅养老，被他婉言拒绝，他说还有更需要花钱的事情要做，这事就是创办澄衷蒙学堂。他临终时床上那顶破旧的土布蚊帐，还是妻子三十多年前的陪嫁之物，他始终没有忘记夫妻二人风风雨雨走过的创业之路。

婚姻　　叶澄衷先后娶了两位太太和一位姨太太。元配汤氏十八岁嫁入叶家，新婚仅一个月便病故了，没有留下子嗣。叶澄衷与汤家一直保持关系，妻舅汤佑鋆长期在顺记商号做事，后来还担任树德房地产公司经租账房经理。

同治三年（1864 年）叶澄衷继娶镇海曹街夏孝和的女儿为妻，这一年叶澄衷 25 岁，夏氏 17 岁。当时上海顺记洋号开业只有两年，生意还处在起步阶段，家庭经济尚不宽裕，叶澄衷既当老板又当伙计，工作十分辛苦，无暇照顾老人。夏氏用柔弱的双肩挑起照顾婆婆操持家务的重担，叶母患哮喘疾病多年，生活不能自理，夏氏"缝织佐家，汤药奉亲，战战兢兢，克尽妇职"，使丈夫能够一心扑在事业上。以后叶澄衷事业逐渐发展，成为富甲一方的大商人，但依然粗茶淡饭不喜欢珍馐美味。夫唱妇随，夏氏也荆钗布衣，不尚奢华。五十岁那年，几个儿子准备设宴隆重庆祝母亲生日，她拒绝道："这样的事情我和你们的父亲都不会去做的。你们的父亲从贫寒开始起家，他性情善施于人，在外面的事情我不知道，至于建造书院、修谱牒、建造祠堂庙宇的事情我都是知道的，这先后花掉的金钱有数万元，而单单用于这世俗奢侈的事情上，少不了会奢靡浪费，要知道，事情有轻重缓急的。现在又要设置义庄、建造学堂，你们兄弟应当同心协力去做这件事，这样足能满足我的愿望了，实在是不想你们花费在给我庆祝生日这样没有益处的事情上。"

叶澄衷一生乐善好施，热心公益事业，先后拿出数十万金，受到朝廷和各界的赞扬，这与他的妻子的大力支持是分不开的。光绪二十六年（1900年）农历年底，怀德堂堂屋正在建造之中，夏氏写信给各位董事，准备从日常节余中拿出一万两规元银，请堂董存款生息，用于年终向贫困人家施米施粥。她的这一善举，受到了大家的一致赞扬。

叶澄衷与夏氏夫人共同生活了三十余年，夫妻感情甚笃，他们共同生育了五子五女。光绪年间，叶澄衷又娶了苏氏为侧室，苏氏比叶澄衷小 29 岁，为叶家生育二子二女。

轶事　叶澄衷的发迹史令当时还在德商洋行跑街的虞洽卿（后来成为知名的企业家）非常痴迷。虞洽卿常常想，这个在黄浦江的风浪里出没的少年，来到上海滩时比自己还小两岁，他能够成为上海滩的五金大王，我虞洽卿为什么就不行？叶澄衷能把五金商店分号开到长江及沿海各通商大埠，我要借鸡下蛋，靠着他，把颜料也卖到那些通商大埠。

一天，叶澄衷正在处理公司事务。等候办事的人鱼贯走入秘书间，由秘书先接待，然后视情况看是否需要报告叶澄衷。虞洽卿恭敬地站在秘书的办公桌前，双手捧着名片递给秘书。秘书看了他的名片，笑了笑，"你又来了？"

"请多关照，让叶董事长再见我一下吧。我要说的事情，可以给顺记再带来一条生财之路。"昨天，虞洽卿已经来过了。他告诉秘书，他想找叶董事长合作，让顺记在已经经营的五金杂货、洋烛、洋线和火油的基础上，再经营颜料，由几乎遍及长江与沿海各通商大埠的五金商店分号销售。可是，在与叶澄衷交谈时，叶澄衷却告诉他，颜料和五金属于两个行当，难以搭配销售。这种合作没有可能。

"请让我再见一下叶董事长吧。我想和他合作，更希望能够得到他的帮助。"见虞洽卿言辞恳切，秘书有几分同情地说："我再试试吧。"

秘书拿着虞洽卿的名片走进里间，把名片交给叶澄衷。叶澄衷接过，扫了一眼，"又是他？"随即不耐烦地把名片扔给了秘书。

秘书来到外间，冲着虞洽卿尴尬地摇了摇头，把名片递给虞洽卿。

虞洽卿却笑笑，把名片又塞给秘书。"没关系，我下次再来拜访。所以还是请叶董事长留下我的名片。"

拗不过虞洽卿的坚持，秘书硬着头皮，再次走进叶澄衷的写字间。

"怎么又是他？"叶澄衷火了，将名片一撕两半，扔给秘书。

秘书有些发蒙，不知所措地站在那里。叶澄衷看着被撕毁的名片，虽然有些后悔自己的失礼行为，但余怒未消的他，仍然只从口袋里摸出一块鹰洋，"一块大洋，买他一张名片，够了吧？"

秘书小心地来到外间，把撕坏的名片和那块鹰洋一起递给虞洽卿，快快地说："虞先生，我已经尽力了。请你走吧。"

虞洽卿却笑着拍了一下秘书的肩膀："谢谢大哥。好事多磨，别灰心！"他随即又掏出一张名片，高声说："请你跟叶董事长说，一块鹰洋可以买我两张名片，我还少给他一张。请把这一张再递给他。"

里面的写字间中突然爆发出一阵大笑，叶澄衷走了出来，热情地握住了虞洽卿的手说："这样执著的跑街，我不同你谈生意，还同谁谈？"叶澄衷看了虞洽卿带去的颜料样品，问明了价钱，同意按照一桶一百两的批发价购进五十桶。对于虞洽卿提出的顺记先付一部分货款的要求，叶澄衷也答应下来。不过，叶澄衷只同意先付百分之二十，即一千两。按照虞洽卿原先的设想，是要让顺记先支付百分之四十的货款，即两千两的。见叶澄衷态度坚决，他决定还是见好就收，答应先拿走一千两的银票，其余的慢慢再说。

张振勋：人行勤俭，择人任时。备历艰辛，不负初志。

传略　张振勋（1840—1916），字弼士，号肇燮。广东潮州府大埔县（今梅州市大埔县）人。近代华侨资本家。

自幼家境贫寒，小时候只读过3年书，1856年赴荷属巴达维亚（今印尼雅加达）谋生。在那里，张振勋既缺乏资金又没有技术，只好在一家米店里打工。由于他干活麻利且有心计，结果被邻店一位姓温的老板招为女婿。后来他涉足酒业、种植业、药材业、采锡业、船运业，生意做到新加坡、马来亚、泰国、越南、菲律宾，成为当时东南亚的首富。

张振勋

50岁后，张振勋亦商亦官，先后做过驻新加坡总领事、粤汉铁路督办等职。1904年获光绪帝第三次召见，并被任命为督办闽粤农工路矿大臣和商部考察外埠商务大臣。就在这年的11月，张振勋给商部写了一份奏折，将他吸收利用侨资的计划和盘托出。其主张有这样三个要点：第一、在工作切入点上，由于"外埠华商，籍隶闽、粤者,十人而九,其拥厚资善经营者,指不胜屈",所以"振兴商务,尤非自闽、粤等省入手不可"。第二、在具体做法上,商部派要员周历各埠切实开导时,讲究的是"动之以祖宗庐墓之思,韵之以衣锦还乡之乐",要拨动华侨乡情那根敏感的神经。第三、在发展顺序上,先由督办在闽粤"凑集华资,认真提倡,选择要地,筑路一段,开矿一区",等到"著有成效昭示大信"之后,"再劝华商出其资财,承办各项公司,极力经营",并"由南至北,逐步扩充"。张振勋的奏折得到商部赞同,并呈报光绪帝获得批准。当然,今天的吸收利用华侨资本与清朝末年不可相提并论,不过上述这些见解即便是一百多年后来看,依然能给人启迪。张振勋不仅提出吸收利用侨资的主张,而且还身体力行回国办厂。其中值得称道的是,1894 年他出资 300 万银元在山东烟台创办的张裕葡萄酒公司。这个公司一直延续至今,该厂生产的上等葡萄酒被列为中国名酒之一。1916 年 9 月,张振勋在印尼巴达维亚病逝,享年 75 岁。遗体运回家乡安葬,途中荷兰及英国殖民当局下半旗志哀,百姓则点香路祭。人们用各种方式来悼念这位曾叱咤风云的商界奇才。

善任　张振勋有个侄孙名叫世知,世知 3 岁失母,后母谢氏心肠狭浅,从小就把世知看成顽童,经常打骂。世知也有点怪性,脾气极硬,任你后母打骂都不吭声,开口的话不多说,一句就顶得后母跳起来。"皇帝你当了是吗"是他顶后母最古怪的一句话。5 岁那一年,后母要他携油壶到祠堂里观音娘娘坛前添油点灯,可他却一路上把油往地上滴呀、浇呀,未到祠堂油已滴光。回家后后母当即问他添了油点了灯没有,他照直说,气得后母大打大骂,逼他开口说出为什么?可他偏偏不应,最后顶了一句"皇帝你当了是吗?"气得后母闹嚷要让 5 岁的世知去死。又一回,世知已八九岁,把家里的一二十只鸭苗,全部放进水缸里,又一个个抓出来摸呀、捉呀,后母追问他为什么这样做,他就是咬着牙不吭声,最后开口还是那一句"皇帝你当了是吗"？后母对他无办法，逢人便说，世知由此被人们看成了没救的顽童，孩子们也怕他，暗地里给他一个外号叫知王。有一次，张振勋把世知叫到身边问道："知古，阿公封你当个王好吗？"世知抬头看了振勋一眼后摇起头来。"听说你顶你母亲'皇帝你当了是吗？'"世知点了点头。振勋又再问："听说你把娘娘添灯的油淋得满地，黄毛鸭子生蛮地捏死。"世知连连点头认是，可还不开口。振勋一连三问，见这小侄孙并不傻，也不顽，估计说不定有原因，于是继续耐心问道："好，那你大胆讲给叔公知，你是想做什么？"世知见叔公问到了所想的地方，就开起口来回答，他说想知道为什么油滴落地会反光，日头射来会闪闪烁烁？为什么黄毛鸭子会浮水，它肚皮下、肚子里是不是有什么宝贝？我就特地摸呀、捏呀……张振勋问明情由后，断定这顽童顽得好奇，眼下烟台的酒公司刚办，大要人才，这顽童正是可以培养的好苗子。如是把人们看成蛮鬼的世知作为青才，交代当总办的侄子成孵把世知带往山东烟台，送进烟台的一间法国学校读书，后来，世知学做酒，20岁出头便当了山东烟台张裕酿酒的工程师，为张裕制造白兰地、味美思、玫瑰香等名酒参加世界比赛得金奖立了功。

厚待　　张振勋对才能有限的忠厚老实人也十分看重。有一位忠厚老实的茶阳客来寻工做，见了振勋后老老实实说自己没有什么本事，只求有份工打，求个三餐一宿就行。振勋见他老实，就交代手下安排一份打什的轻活给他，吩咐他每天把店中收入的一仙（分）二仙（分）的散（硬）币，点包成一筒筒叠起来。这个人就老老实实地干了一月又一月、一年又一年，万万没有想到三年后振勋亲自来看他。振勋见他实干三年，认认真真、一文不贪，包起的散币整整齐齐一沓沓一堆堆，很喜欢、很满意，当即吩咐他返回老家，不必再在南洋呆了。这些成堆成沓散币，一作工钱、二作奖赏全部归他所有，带回老家。

张振勋在南洋好多州埠都有生意，手下的用人算也算不出、识也识不齐。某年，他巡视到一个埠，收到一封家乡大埔三河坝的来信，信中说写信人姓林，年老体弱、家中少人侍奉，儿子林某在振勋的店中打工，恳请振勋打发林某早日返乡。振勋见信后立即召见了这位还未相识过的林某，并吩咐账房先生付足工钱、盘费并买好船票，打发林某返回唐山。一年之后，振勋又来店中巡视，当他坐车入市后，在街头似觉前面的人群中有一人好像是林某，即令停车并呼叫，可是那个人听见后应都不应，直至振勋把车开到他跟前刹了下来。振勋认定此人确即一年前被打发返乡的林某，而林某见到振勋竟还记得他时，才说出自认为在振勋店中是个打工的，过去从来没坐聊过，仅仅去年见过一面，加上振勋大人事多未必还牵挂着小人小事，刚才似觉听见弼公的喊声，但不敢相信，疑是自己没听真。接着他又向振勋禀报了未返唐山的实情。振勋对此全不计较，随即又吩咐管事的人再帮林某管理一切，终于让林某返回了唐山。

诚实　1858年，张振勋家乡遭受严重灾荒，不少人离乡背井，外出谋生。张振勋当时18岁，在乡村竹坊做竹工，少年意气，只身漂洋过海前往南洋谋生。初在一家米店当杂工，后来又到了一家纸行当帮工。他做事勤恳认真，聪明过人，而且忠厚诚实，深得老板信任。

一次，一位从欧洲来的海员，拎着一箱子贵重东西，找到张振勋的住处，请他验收。张振勋很奇怪，对这位海员说："我在欧洲没有亲戚，这东西不是我的。"海员面露难色："你看，地址和姓名都没有错，退回去我怎么交代？"虽然托运单上的收货人明明是自己，可是张振勋坚决不收。最后，那位海员只好采取了折中的办法，暂时将箱子寄放在这里，等复查清楚再作处理。临走时他还说道："如果一年以后，还没人领，这个箱子就是您的了。"一年时间很快过去了，箱子依然没人来取，张振勋也依然未将它打开，他还在耐心等待箱子的主人。此事在当地传扬开来，纸行老板非常

张振勋：人行勤俭，择人任时。备历艰辛，不负初志。

欣赏他的诚实品德，将店里财务交他管理，后来，又将自己的独生女儿许配给了他。这位贤惠的妻子以后成了张振勋事业成功的助手。

几年后，老板病逝，张振勋继承了他的资产。有了一定的资产后，张振勋开始显示他卓越的经营能力。他先抽出一部分资产，开设了一家经营各国酒类的商行，并承办了当地的酒税和新加坡的典当捐务，随后又承包了荷属东印度（在印度尼西亚）一些岛屿的鸦片烟税，资产很快得到了较大的扩充。接着，他把目光投入了垦殖开发。当时，荷属东印度殖民者为开发与掠夺鞭长莫及的岛屿资源，曾放手让华侨组织垦殖公司，张振勋抓住这一时机，抽出大部分资产投入这一事业。1866 年，他在荷属葛罗巴埠创办了裕和垦殖公司，大规模地开垦荒地，专门种植椰子、咖啡、橡胶、胡椒、茶叶等热带经济作物，并在垦殖区间种杂粮，获取了极大经济效益。1875 年，他又在苏门答腊的阿齐创办了新的垦殖公司。1877 年和 1878 年，他在荷属怡厘创办的裕业垦殖公司、爪哇日里创办的笠旺垦殖公司就有橡胶园 8 处，雇工近万人。在经营垦殖开发的同时，他积极捕捉机会创办各类实业，取得了很好的效果。如他在英属马来亚彭亨州文东埠开设东兴公司，开采锡矿，赚了一大笔钱；在日里开设日里银行，专门办理华侨储兑和侨汇业务，深受广大华侨欢迎和依赖，业务得到很大发展；在棉兰、槟榔屿兴建了大量中西合璧的住宅，大力发展房地产事业；组织了一个联系海内外的药材批发网，国内的名贵药材多经张氏药行批销海外，海外名贵药材及西药，亦多经张氏药行批销回国，沟通了海内外药材市场等。

1892 年，清政府驻英公使龚照瑗奉命考察欧美富国之道，途经新加坡时，曾向张振勋询及致富之术，张回答："吾于荷属，则法李克，务尽地利；吾于英属，则法白圭，乐观事变。故人弃我取，人取我与，征贵贩贱，操奇致赢，力行则勤，择人任时，能发能收。亦如吕尚之谋，孙吴用兵，商鞅行法，若智不足以权变，勇不足以决断，仁不能以取予，强不能有所守，终不足以学斯术。吾服膺斯言，本此为务，遂至饶裕，非有异术新法也。"一番高论令龚氏大为叹服。

创业　1890 年，张振勋任巴城商务领事时，有一次参加法国领事举办的酒宴，席间，人们对所饮法国三星斧头牌白兰地名酒大为赞赏，法国领事为此大谈酒经，并对张振勋说："此酒用法国波尔多地区盛产的葡萄酿造，如用中国山东烟台所产的葡萄酿造，酒色并不逊色。"

张振勋问："这话怎说？"

法国领事犹豫片刻后告之说："当年八国联军入侵中国时，我也是其中一员，法军驻屯天津附近时，我曾与其他士兵一起，到烟台采集了大批葡萄回营，用随军携带的小型压榨机压汁酿造，味道香醇，酒质可与法国白兰地媲美。当时，法国官兵曾议论，瓜分中国领土时，法国要力争山东，好在烟台设厂酿酒。"

张振勋听后大为震惊，将此事牢记心中。

1891 年，张振勋应督办铁路大臣盛宣怀之邀，到烟台商讨兴办铁路事宜。张振勋借此机会对烟台进行了全面考察，了解到此地靠山面海，气候湿润，土质肥美，确是种植葡萄的好地方。考察完毕后他立即决定投资 300 万两白银，开辟 3000 亩葡萄园，并从德、法、意等国引进 120 多个优质葡萄品种和 120 万株葡萄苗，红红火火建造了中国第一个、也是亚洲最大和世界第三大的葡萄酒工业园基地，成立了以其姓氏"张"开头，以"裕"取意祖国昌隆兴裕的"张裕葡萄酿酒公司"。为了达到一流生产的目的，张振勋特地聘请了美国工程师卫林士、日本工程师小松等参与兴建厂房，进口最先进的酿酒设备。他还高薪聘请奥地利驻烟台领事哇务男爵、意大利酒师巴迪士多奇担任公司的酿酒工程师，完全按西方办法酿制葡萄酒。张弼士对哇务进行了认真的观察和考验，相信哇务不但酿酒技术精湛，而且为人忠诚老实，于是把酿酒重任托付给他。后来，又请侄孙张世知任总工程师，请精通英语的宗侄张成卿担任公司董事长，组建了张裕葡萄酿酒公司的班子。

张振勋派侄子张子章（中国第一代葡萄酒酿酒师）到欧洲购买品种优良的葡萄苗。在运输途中，葡萄苗被暴晒枯萎，损失了十几万元。张振勋虽很痛心，却鼓励侄儿："胜败乃兵家常事。你再到欧洲去买 120 万株葡萄苗回来！"

哇务发现烟台的葡萄质量虽然好，但品种不多，出酒率也不高，便建议张振勋从西方引进"雷司令"、"大宛香"等优良品种，还对原有品种进行改良。

张振勋是个精明的商人，他深知只有金钱资本还不够，要使"张裕"能够发展，很重要的是必须打通官场关系。于是，他开始了积极的公关活动：跟红极一时的盛宣怀和李鸿章来往密切；献银 30 万两以贺慈禧太后大寿。功夫不负有心人。1895 年，李鸿章亲自批示，张裕葡萄酒享有免税 3 年、专利 15 年的特殊待遇。

此前，张振勋已经让张成卿和亲戚朱寿山等到法国等地学习酿造葡萄酒，当厂房建造好后，马上从法国进口酿酒机械设备。哇务男爵严格按法国方式酿制葡萄酒，效果颇佳。张振勋对烟台葡萄"玫瑰香"情有独钟，他让哇务男爵以此为原料，酿出了有名的"玫瑰香"红葡萄酒，再以白葡萄为原料，加上一些中药材酿成了味美思、白兰地葡萄酒。

经过 10 多年的艰苦经营，张裕酿酒公司终于成为中国最早采用现代化科学技术酿造葡萄酒的大企业，其生产的张裕酒色泽金黄透明，酒质甘醇幽香，被称为与茅台同名的中国八大名酒之一。

1912 年 8 月 21 日，孙中山莅临烟台，参观张裕酿酒公司，为了对张振勋资助革命的感谢，也为了对他"实业兴邦"理想的赞扬，孙中山特地题赠"品重醴泉"四字给张裕酿酒公司，表示对张振勋品格为人的赞赏。南京临时政府外交部次长魏宸组也给予张裕酿酒公司很高评价，他说："本埠张裕公司，设一大造酒厂，制造葡萄酒，其工业不亚法国之大厂……张君以一人之力，而能成此大业，可谓中国制造业之进步。"

后来，康有为也到烟台，参观了张裕酿酒公司，并下榻烟台张裕别墅。他在畅饮张裕葡萄酒后，写下一首诗相赠："浅饮张裕葡萄酒，移植丰台芍药花。更复法华写新句，欣于所遇即为家。"

1914 年 1 月 20 日，注册商标"双麒麟牌"的张裕葡萄酒横空出世。但张裕葡萄酒名留史册的最大原因，还在于他在巴拿马太平洋万国商品博览会上的出色表现。1915 年，著名的巴拿马运河竣工，张振勋应美国总统威尔逊邀请，带领中国代表团出席在美国旧金山召开的"巴拿马太平洋万国博览会"。为此，"张裕葡萄酿酒公司"送展了 4 种葡萄酒，没想到此次参展正应了中国的古话："藏在深屋无人知，一朝揭纱天下惊"。在博览会上，张裕酒一举夺得了一个金奖三个优等奖！这是中华民族的产品在世界上获得的第一块金牌！也因此故，获得金奖的"可雅白兰地"此后便一直被称作"金奖白兰地"！

张振勋在总结张裕创业史时写道："备历艰阻"、"掷无数之金钱，耗无量之时日，乃能不负初志。"

爱国 1898 年，从印尼首都巴城到新加坡的海面，波涛起伏，海水不时地拍打着停靠在码头的德国班轮。张振勋一行 3 人和一名德籍家庭医生准备乘坐德国班轮前往新加坡办理商务。他叮嘱管事购买 4 张头等官舱票。船票买回来，却只有一张官舱票，3 张统舱票。张振勋很奇怪，问管事为什么只买了一张官舱票，管事无奈地说"德国轮船规定华人不准购买官舱票，那张官舱票还是德国医生买到的"。张振勋听后，当即勃然大怒，将 4 张船票撕得粉碎，扔进了波涛汹涌的大海。他感到炎黄子孙的尊严受到了严重侵犯，良久不能平静，随手举起慈禧太后赏赐的御窑宝蓝大花瓶向地板砸去，打了个稀巴烂，并愤然吼道：

"岂有此理，华人不能坐官舱，什么苟例？简直欺人太甚！中华民族不可侮，中国人不可欺！"

"对，中国人不可辱，我们坚决不坐德国人的船。"在场的中国人也义愤填膺地说道。

"大家说得对，我们要坐自己的船。清政府无能力办商船，我张某来办！"振勋旋即对一同来的曾创办潮汕铁路的张耀轩说：

"记住，以后我的商船凡德国人一律不卖票！"众人喝彩，海水呼啸。

不久，张振勋邀张榕轩、张耀轩昆仲共筹航行苏门答腊及中国南部海面的远洋航运，创办了"裕昌远洋航运公司"和"广福远洋轮船公司"。从此，辽阔的太平洋上开始出现飘扬着中国大清龙旗的侨办远洋巨轮，并专门与德国轮船同走一条航线，比德国的同等官舱票价低一半，并且一报还一报，不卖票给德国人，迫使德轮取消了歧视华人的规定，大长了中华民族的威风。

张振勋把一生的主要精力都倾注于"实业救国"，给当时积贫积弱的祖国和举步维艰的革命事业以慷慨支持。

辛亥革命初兴，张振勋即鼓励儿子张秩捃加入同盟会。当革命党人在海外秘密活动时，张振勋便指示其南洋企业秘密援助，并通过胡汉民暗助孙中山 30 万两白银。辛亥革命爆发后，张振勋又向孙中山捐赠一笔巨款，后来他还给福建民军捐赠白银 7 万两，1904 年又为东海海防筹捐巨款。

1900 年黄河决口成灾，张振勋目睹灾区惨状，深为同胞遭难而忧虑，急回南洋募捐百万两银款赈灾，清政府为此赐其"急公好义"牌匾，竖于其故乡大埔。

张振勋在海外倡导教育，弘扬中华文明更是不遗余力，在新加坡等地，他创办了中华学校和应新华文学校，又专门设置福利基金为外出学子辅助学费。在他的带动下，新加坡、马来西亚两地相继兴办了 8 所华文学校。他在汕头设置"育善堂"，购置数十间楼房堂产作为嘉应五属福利基金，为出国学子补助学费等。1905 年他获清朝皇帝光绪恩赐御书"声教南暨"匾额一方。在受匾典礼上，张弼士慷慨陈词：

"国家贫弱之故，皆由于人才不出，人才不出，皆由于学校不兴，我等旅居外埠，积有财资，眼见他西国之人，在埠设西文学堂甚多，反能教我华商之子弟，而我华商各有身家，各有子弟岂不可设一中文学校，以自教其子弟乎？"

婚姻　　张振勋原配妻子是陈氏。她和张振勋是下南洋之前，在父母的操办下结婚的。对于一心持家的陈氏，张振勋始终心存感激。功成名就后，每年春节，他再忙都要回老家，有时只有一两天时间，他也抽身回来拜候父母，并跟陈氏恳谈。每次张振勋回家，陈氏总是亲手制作酸芋头和酒糟粑两道大埔农村的传统食品给张振勋品尝。酸芋头和酒糟粑其实并非佳肴，张振勋夫妻在团聚时刻品尝它，有着富不忘本的特殊的含义。

1902 年，就在张振勋奔波于南洋之际，陈氏却因操劳过度染病不起，过早地离开了人世。

每每想起安息于故乡青山绿水间的陈氏，张振勋都有一种锥心之痛。夜梦低回，他往往能梦见倚门盼归的发妻，仿佛听见等郎妹们那深情忧郁的歌声：

阿哥当年下南洋，阿妹寻哥洗琉琅，白天烈日当头晒，半夜想哥被窦凉。

哥在远方多保重，你系家中大栋梁，几时盼得阿哥转，阿妹相伴好还乡。

张振勋在 18 岁的时候因为家里饥荒，坐着猪崽船逃到了印度尼西亚去。他在那里居无定所，不知何去何从之际，看到一家商铺在招工，他就到这个商铺去当工人，负责打扫环境等杂役。在他当工人的时候，商铺主人温老板的女儿就在窗帘后面看到了他，看他从小就这么勤奋努力，爱苗就滋生了，心头小鹿蹦蹦乱跳，然后温小姐就怂恿她的爸爸，给张振勋加薪升职；最后，温小姐干脆向父母挑明心思——自己看上了这个小伙子了。

于是，温老板再次给张振勋升职，让他担任账房，这已经是将他当自家人看待了。不久，看张振勋表现得依然可圈可点，温老板终于决定将自己的独生女儿许配给他。

好事从天而降，娶了温小姐意味着至少可以少奋斗十年。但张振勋却兴奋不起来，毕竟他已经是有妇之夫，他不能抛弃家中望眼欲穿的陈氏，也不能耽误温小姐的花样年华。当温老板一提起亲事，张振勋就坦陈了自己的婚史，希望温家另择佳婿。

听说张振勋家有贤妻，温老板很失望。奈何温小姐已经深坠情网，非君莫嫁。温老板只得顺应女儿的心意，劝说张振勋笑纳温小姐做偏房。既然人家都说到这个份儿上了，再不同意那就是太不识抬举了。于是，21 岁那年，张振勋在温家纸行举办了平生第二次婚礼。随着张振勋的发迹，志在四方的他，在南洋各地又娶了多位姨太太。因此，后来他至少还要举行7 次类似的婚礼。在入赘温家之前，虽然还没有能力大把大把地往老家寄钱，但张振勋一刻都没有忘记家中年迈的父母，没有忘记盼归的娇妻。那时，他在为生活而奔波忙碌之余，不时托水客带些牛油、面粉甚至砍柴用的钢锯和挑水用的铝制水桶给家中亲人。父母在家收到这些物品后，村里人都说张振勋有出息，陈氏也觉得脸上有光，因此，虽然独自一人在家，但再苦再累她也心甘情愿。

自立门户后，随着生意日渐兴旺，张振勋可以给家中定时寄钱了。这时，他在南洋再娶的消息也传回家乡，家中父母唯有叹息，而陈氏在伤心之余也能理解：毕竟那年头男人三妻四妾不算什么，何况张家父子始终视她为正房，家庭主妇的地位在家族中已经确立，有名分、有依靠、有希望，女人一生图的不就是这个吗？于是便安心在家侍奉公婆。

后来，张振勋的老丈人去世之后，就把所有的家产给了他的女儿和张振勋。张振勋有自己的想法，他拿了所有财产中的一半跑去开酒厂，还到印尼很多小岛去弄烟酒税。张振勋能够有以后的成就，和他的这段婚姻有着密不可分的关系。

轶闻　　清朝末年，朝廷想发动华侨投资兴办农业。当时张振勋已是华侨中鼎鼎有名的人物，朝廷想极力争取他。有一回，清朝驻英国的公使昭瑗路过槟榔屿，有意试试张振勋。昭问："红毛人何以使南洋商业繁荣兴盛？"张答："彼此货殖传之。"昭又问致富何来？张随答："地尽利、观时变。人弃我取，人取我与；征贵贩贱，操其致赢。人行勤俭，择人任时。"昭听后紧握张的手激动地说："君非商界中人，乃天下奇才也！"遂推荐朝廷封张振勋为首任槟榔屿领事，后又升为驻新加坡总领事。

光绪十七年，著名红顶商人盛宣怀奉命在海外招商引资，他找到了张振勋，要他到烟台去开矿、建铁路。但是张振勋是以卖酒出身的，所以对酒很有感觉，对做铁路、开矿他也不是不可以干，就是没有什么感觉，感觉不是很强烈。盛宣怀请张振勋到宾馆住下来，然后带他四处参观，结果张振勋看后心想：在烟台要做港口的话，生意恐怕不会好，开矿呢兴趣也不是很大。他突然问了一句话："我可不可以在这里种葡萄？"盛宣怀愣了一下："你再讲一次。"他说："我可不可以在这里种葡萄？"盛宣怀说："可以。我可以给你一千亩的荒山种葡萄。我想请问你，你种葡萄想干吗？"他说："我想酿葡萄酒。"盛宣怀愣了一下说："好吧。你既然不想开矿，不想做实业，那你就酿葡萄酒吧。"盛宣怀的一句话，成就了一代酒王，也给了张裕葡萄酒一个出世的机会。

那时，张裕公司北边的海上停了不少外国军舰。张裕人自然不会放过这些"识货"的顾客，于是就摇着舢板，先送一些酒免费尝试，士兵们很欢迎。等他们习惯张裕葡萄酒的口味后，停止免费尝试。此时，士兵们的酒瘾发作，自然舍得掏腰包，这样酒的销量一下子就上去了。当年有个士兵贪喝白兰地，迷迷糊糊地掉进海里，同伴们连忙救人，一时间乱作一团。谁想这个士兵一会儿就扶着舢板爬了上来，还直冲大家做鬼脸。士兵们虚惊一场，就送给张裕白兰地一个绰号——难醉易醒酒。

这种体验式营销，张振勋本人也亲力亲为，甚至不失时机地客串一下推销员的角色。

张振勋在北京任职期间，经常带着侍从到东交民巷酒楼餐馆，每每指名要喝张裕酒。当侍者把酒送到餐桌上，他便缠着侍者问："你喝过这种酒吗？我走遍天下从没喝过这样的好酒，真是举世无双的好酒！来一杯，尝尝看！"说着他斟满一杯递与侍者，要侍者连称好酒才放人家走……

当然，在今天司空见惯的媒体广告宣传在当时也被张振勋应用得淋漓尽致。报纸上登广告，车站、码头书画巨幅广告，特制酒杯分赠茶楼酒馆。

上海一家报纸曾悬赏 500 大洋公开征集对联，上联是"五月黄梅天"，而重金悬赏的下联就是"三星白兰地"。谜底揭开时，人们才恍然大悟，这下联竟是一种酒名。这背后其实正是张裕的炒作。

1915 年 4 月，年逾古稀的张振勋，应美国总统威尔逊的邀请，率团赴美签订中美银行合约和筹备在北京、上海与美国纽约、三藩市成立中美合资的第一家国际金融机构。张振勋还带领中国代表团出席了在美国旧金山召开的"巴拿马太平洋万国博览会"。在这次博览会上，由于当时中国葡萄酒在国际上还没有名望，在法国、德国等展厅里参观的人群熙熙攘攘，摩肩接踵，而张裕葡萄酒的展厅里却门可罗雀，冷冷清清。有一次，几个外国人经过展厅时，在展厅工作的一个小姐灵机一动，故意"不小心"把一瓶葡萄酒打翻在地，结果，酒香四溢，不但这几位外国人留下了脚步，其他展厅的外国人也闻香而来。小姐喜笑颜开，请客人品尝。

受此启发，张振勋决定主动出击。一天，张振勋倒了一杯张裕可雅白兰地，向一位名叫莫纳的法国商人走去。莫纳先生在法国葡萄酒业很有影响，他漫不经心地摇晃着酒杯，不料那琥珀色液体弥漫出的酒香扑鼻而来，令他十分惊讶；抿上一口，醇厚的味道使他更觉陶醉。回味再三后，莫纳询问道："此酒产自哪里？"张振勋悠然一笑，吐出四个字："中国烟台。"

就这样，张裕白兰地非常好喝的消息四处传开，很多人前来品尝，有时候，一天多达万人，人们端着酒杯，聚在一起，细细地品味。

趣事　　张振勋出生在大埔县西河黄堂村车轮坪的一个穷苦家庭，父亲张兰轩是个心肠善良的教书先生兼医生。振勋乳名兆燮，小时叫燮子，只跟随父亲读过三年书。相传，小时候就人小志大，人穷志不穷，常在牧牛时唱着不甘贫穷的山歌，如：

满山树子背虾虾，莫笑穷人戴笠麻，

慢得几年天地转，洋布伞子有得擎。

满山树子笔笔直，莫笑穷人无饭食。

慢得几年天地转，饭炊端出任你食。

　　燹子有个胞姐嫁在下马湖饶屋，因为家穷燹子13岁便替姐夫牧牛。人还小，牛又蛮，难免有时会出事，牛损了人家的菜呀、禾呀等等，姐夫小气，动不动就发脾气，结果就惹出一场是非。

　　有天下午，牛已经吃得差不多饱了，燹子也累了想喘喘气，便用蹲牛的木桩把牛蹲在草地上，可，刚转脚，木桩便被牛弄脱了，牛溜到田里食了禾，被人抓到当场牵到姐夫家来闹，弄得姐夫难顶难当。燹子回头发现牛跑了，急急东寻西找直撞到天黑了，无处可找了才不得不摸回家来。未料，门尚未进即遭到姐夫的巴掌，啪、啪乱劈。燹子不吭声任其打，可姐夫打了又骂个不停，甚至骂燹子连死人都不如，死人都能守住四块板（棺材），你却一头牛都管不住。燹子无法再忍就当即顶了起来说："好吧！我就不如死人吧！可将来有一日我发了财，看你……"。"你怎样？燹子你都会发财，咸鱼也会翻生，姐夫的灯笼倒头吊！"姐夫冷言冷语地奚落，燹子就宁愿饿死也不再为姐夫牧牛了，改学竹篾和打什工，18岁单身闯出南洋，不到十年的功夫成为当时华侨中的大富。某年，兆燹返乡，姐夫真的把门前挂的灯笼倒转来吊，兆燹见了忙叫姐姐把灯笼反正过来，又十分诚恳地对姐姐和姐夫说："过去的事过去了就算了，往日吗？若不是姐夫一番奚落，那也可能不会有我的今日。再者，村子里大家都姓饶，你把写着饶字的灯笼倒翻挂，可不得罪全村人。"姐夫和姐姐被兆燹这么一说，立即把倒吊的灯笼反转过来。

张振勋：人行勤俭，择人任时。备历艰辛，不负初志。

盛宣怀：可联南北，可联中外，可联官商。

传略　盛宣怀（1844—1916），出生于江苏常州府武进县龙溪，字杏荪，又字幼勖、荇生，号次沂、愚斋、补楼、止叟。清末杰出的政治家、企业家和福利事业家，官僚买办。

出身于官僚地主家庭。1866年，应童试，补县学生。父亲盛康是清朝的官员，与李鸿章有交。盛是六兄弟之长。1870年盛被李鸿章招入其幕府，受到李的赏识，第二年就已升到知府的官级。1871年畿辅大水，父亲盛康捐助衣物粮食，由盛宣怀购买并运到天津散发，这是盛宣怀第一次从事福利事业。1872年他建议李鸿章用建造商船来提供建造兵舰的费用，被李采纳，李委任盛办理中国第一家轮船航运企业轮船招商局，这是盛办理轮船航运的开始。1873年，轮船招商局正式营业，盛宣怀担任会办，从此他开始正式成为清末洋务运动的核心人物之

盛宣怀

一。1875 年李又委盛办理湖北煤铁矿务，从此盛又开始办理矿业。1879 年，盛建议李建立电报事业，李采纳之，又命盛督办，1881 年盛宣怀被任命为津沪电报陆线的总办，从此进入电讯业。1882 年为了阻止外国人在中国沿海建立电报网，李委任盛建立上海至广东、宁波、福州、厦门等地的电报线。1883 年，督理天津海关，因挪用海关钱粮来资济电报事业，混淆各个部门的经费，受到处分，但因多方说情未被降职。1884 年，赴粤办理沙面事件。1885 年，任招商局督办。1886 年，任山东登莱青兵备道道台兼东海关监督。次年，在烟台独资经营客货海运，1891 年春，在烟台设立胶东第一广仁堂慈善机构。次年，任直隶津海关道兼直隶津海关监督。通过直隶总督王文韶，禀奏光绪皇帝设立新式学堂。光绪帝御笔钦准，成立天津北洋西学学堂。后更名为北洋大学，此为中国近代史上的第一所官办大学，也是天津大学的前身。1896 年起开始督办铁路。接办汉阳铁厂、大冶铁矿，并在上海创办交通大学的前身南洋公学。1902 年，任正二品工部左侍郎。1905 年，在上海创设了中国红十字会。同年将他手下的铁路大权让给唐绍仪，这是以唐为首的、在北洋政府初期权力巨大的交通系的开始。1907 年，盛宣怀奉召进京，次年任命为邮传部右侍郎。1910 年，袁世凯被免职后，盛宣怀受到重用。1911 年，升为邮传部尚书，次年为皇族内阁邮传部大臣，他建议将各省自己建立的铁路、邮政转为中央领导。这个措施遭到了许多地方的反对，四川、广东、湖南和湖北发生了保路运动，他命令各地加以镇压。1911 年 10 月 10 日武昌起义爆发后，他遭到了各方的谴责，许多人责怪他的收路政策导致了动乱，他因此被革职，永不再用。之后，他逃亡日本神户。

　　1912 年中华民国建立后，盛宣怀回到上海，在上海租界中继续主持轮船招商局和汉冶萍公司。1915 年，日本曾试图拉拢他，但遭到他的拒绝。1916 年 4 月 27 日，盛宣怀病逝于上海。他的葬礼极其盛大，耗资 30 万两。著作有《愚斋存稿》及《盛宣怀未刊信稿》、《常州先哲遗书》、《经世文续集》、《林胡曾三公奏议》存世。

盛宣怀：可联南北，可联中外，可联官商。

提携　　在李鸿章的手下工作是盛宣怀一生中最重要的转折点，是识才和惜才的李氏把盛宣怀推上了历史舞台。促成这一转折的机缘，主要是李鸿章与盛宣怀父亲盛康的交谊。

盛宣怀和李鸿章之间一开始就包含了种种复杂的联系，这种联系既是情感上的，也是权力上的。作为千万个希图在大清的官宦序列中谋求一席之地的读书人之一，盛宣怀深深知道，这种情感和权力相交织的关联是帝国官僚体系的老传统。他并非出身科举"正途"，这使他加倍珍惜追随李鸿章的机会。终其一生，他都对李氏保持着紧密的权力和情感联系。

史学家陈寅恪的父亲、学者和诗人陈三立为盛宣怀所作墓志铭中说，盛宣怀"最受知李文忠公（李鸿章）"，原因是，"时文忠为直隶总督，务输海国新法，图富强，尤重外交、兵备。公则议辅以路、矿、电线、航海诸大端为立国之要，与文忠意合"，陈认为是挽救帝国危亡的洋务事业将二人的命运联系在一起。

1870 年，盛宣怀开始在陕西协助时任湖广总督的李鸿章"防剿"回民起义，实际担任李鸿章的秘书，他十分勤勉，据说"盛夏炎暑，日驰骋数十百里"而不畏劳苦，其才能也开始崭露头角，据说草拟文稿有"万言立就"的功夫。不久，天津教案发生，列强陈兵海上威胁清廷，李鸿章及其所部淮军从西北调往直隶拱卫海疆。盛宣怀亦步亦趋，随李氏赴天津。熟知军务的他很快被李鸿章任命为会办陕甘后路粮台，又在淮军后路营务处工作，往来天津上海等地采办军需。在李鸿章控制的庞大事业中，盛宣怀参与最多的是筹办洋务企业和外交事务。

1874 年，盛宣怀在李鸿章指示下参与买回吴淞铁路的谈判。英国人修建一条自上海到吴淞的全长 14.5 公里的窄轨轻便铁路，这是中国第一条商用铁路，但英人不告而修引起清政府的不满，进而与英国展开外交干涉，最后由盛宣怀等人出面办理，以 28.5 万两白银将这条铁路赎回拆毁。这种行径在现在看来十分古怪，盛宣怀也觉得十分可惜。这一外交交涉的结果无疑显示了清政府当局的颠顶，其过程却颇能显示盛宣怀的才干。李鸿章由此给他"心地忠实，才识宏通，于中外交涉机宜能见其大"的评价。

从此，但凡李鸿章办理外交，盛宣怀多随侍在侧。1884 年中法两国爆发战争，李鸿章上奏要求派盛宣怀署理天津海关道。天津海关是李鸿章办洋务的主要参谋力量集中之地。在为盛宣怀的任命制造舆论时，李鸿章颇多"精明稳练"、"智虑周详"、"洞悉症结"和"刚柔得中"等赞美之词，且认为盛氏并非只通洋务，对吏治也有才干和经验，是皇朝首都门户所在的天津海关道的不二人选。

盛宣怀在帝国官僚体系中的上升势头不可谓不快。1879 年署天津河间兵备道，1884 年署天津海关道，1886 年任山东登莱青兵备道兼烟台东海关监督，1892 年调任天津海关道兼海关监督。1896 年后更是扶摇直上，历任太常寺少卿、大理寺少卿、办理商务税事大臣、工部左侍郎、邮传部右侍郎、邮传部尚书等职。外事与洋务既是盛宣怀的晋身之阶，又是李鸿章在 19 世纪末权倾朝野的基石。1870 年，盛宣怀在湖北主办煤铁矿，李鸿章寄望甚殷，一方面要求他徐缓图进，不要贪功躁动。另一方面，当盛氏发生动摇时，李鸿章立刻给盛宣怀写信，点破事情的利害：湖北煤铁矿的成败利钝关系到洋务大局；在举世瞩目的情形下，如果兴办不力，势必为对洋务心怀不满的官僚所笑话，并使洋务派大吏们在政治上陷于被动；李氏警告盛氏，湖北矿务是他北上为官的"立足之地"，不可不竭尽心力。

李鸿章既了解盛氏的才能，更希望他能在巩固洋务派势力的过程中有所作为。1884 年盛宣怀主掌轮船招商总局，李鸿章曾去信说，希望他将这个洋务标本"做成铁板模样"，使"来者确不可移"。在信中，李鸿章说道，"至于寂寞身后之名，不知谁何之誉，一笑置之可耳"——这关于身后毁誉的猜测，是文人出身和自负道统的帝国官僚笔底常常可以看见的文句。但从李盛的相互关系看，这番话显然并非仅是李鸿章自我牺牲和自我陶醉的悲情意识的发酵，亦是互为知交的盟友之间的秘密谈话。

盛宣怀毕生感念李鸿章的发现和提携之功，他在给李氏的信中剖白自己说，"竭我生之精力，必当助我中堂办成铁矿、银行、邮政、织布数事"；

然而，对未来历史的评价，盛氏似乎比李氏要乐观，他谦恭地说，未来的历史如果能将他的名字附列在李鸿章的后面，得以传世，自己就足慰平生了——也许是怕留名史册的愿望过于操切，他笔头一掉，自嘲说，"中堂得无笑我言大而夸乎？职道每念督抚姓名得传后世者几人哉？遑论其下。"

1901年冬天，晚清重臣李鸿章与盛宣怀在位于上海的盛家大宅促膝交谈了两个昼夜——两天之后，李鸿章将奉慈禧之命，赶赴北京与列强谈判。

临别时，李鸿章留给盛宣怀六个字："和议成，我必死。"1901年9月7日，李鸿章代表大清帝国与11国签订了中国近代史上最为臭名昭著的不平等条约《辛丑条约》。两个月之后，李鸿章在京郊贤良寺郁郁而终。

死敌　　盛宣怀与胡雪岩是一对实业界的死敌，各依自己的后台争斗不休。胡雪岩的后台是左宗棠，盛宣怀的后台是李鸿章，而左宗棠与李鸿章有极深的矛盾。这就是胡、盛争斗的缘由。

19世纪60年代，英、美、法等国数次要求在中国建立电报线，清政府一次次加以拒绝。到了70年代，清廷对列强的设线要求，无论如何也招架不住了，只得同意他们设线，但做了个"电线沉于海底，其线端不得牵引上岸"的规定。然而英美等国对清廷的规定置若罔闻，不仅设海底线，而且架设了岸线。建立中国自己的电报线——盛宣怀与胡雪岩的心中不约而同地都有了这个念头，而他们的后台，分别是李鸿章与左宗棠。此时，左宗棠已被朝廷委派为两江总督。在他即将赴任时，胡雪岩乘机提出："左公可知李鸿章打算办电报的事？左公不日将去两江，何不也试一试，压一压他的气焰也好。"胡雪岩接着解释了电报的用途："我们传送公文，由一个驿站送往下一个驿站。若是架上电杆用电报线，这头发，那头就能收到，速度非常快。那电报不仅在战时派上大用场，还有许多商务上的花样，架好了不尽财源一定滚滚来。"左宗棠听了急忙送上奏折，提出开办电报和通商救国的要求。李鸿章从李莲英那里探得风声，十分生气，盛宣怀宽慰道："太后对此事一直犹豫不定，一些王公大臣和各地巡抚都表示电报必惊民扰众，变乱风俗。左宗棠一咋呼，大家会把反对的矛头对准他。等他们都争得疲了，我们的准备工作已经就绪，然后争取太后同意，在最短的时间内架成电报线。"没多久，盛宣怀悄悄地带着李鸿章的亲笔信来到上海，请太古轮船公司总经理郑观应出山，共商办电报之事。正如盛宣怀之料，在皇宫里，为办不办电报的事，大臣们吵个不停，慈禧认为当务之急是迫使日本归还琉球群岛，电报之事还是从长计议。左宗棠只得两手空空地南下两江。胡雪岩暂时办不成电报，也将全副精力投到他的茶叶、丝绸生意上去了。而郑观应看了李鸿章的信，大受感动，离开太古，与盛宣怀一起，开始了办电报局的准备工作。盛宣怀请示李鸿章后，先在大沽北塘海口炮台与天津之间架一条电报线，而这里正是李鸿章的防务区。

盛宣怀早年在创办轮船招商局时，就因胡雪岩的暗施手段而遭到弹劾，丢掉了督办之职。1878 年盛宣怀到湖北勘查铁矿，开办荆门矿务总局，又遭到胡雪岩暗中诋毁，中途被调回京城。在创办电报局的交锋中，胡雪岩也让左宗棠利用手中权力设置了重重障碍。天津电报总局成立后，盛宣怀任总办，任命郑观应为会办，着手在紫竹林、大沽口、济宁、清江、镇江、苏州、上海七处设分局，一切都很顺利，唯独郑观应把架设长江电线的计划呈请左宗棠批准时，遭到拒绝——后者要在两江卡盛宣怀的脖子。

与此同时，胡雪岩托熟人混进了盛宣怀办的电报学堂，弄了几套密码出来。接着通过左宗棠上奏朝廷，开始架设长江之线。盛宣怀自然不甘心，先后邀请丹麦大北公司和英国大东公司的负责人密商电报线之事，表示只要他们不向胡雪岩提供电线器材，愿以三倍的价格收购。他还警告他们，胡雪岩大量收购丝茧垄断原料，也严重威胁了洋商的在华利益。如果为胡雪岩提供电线器材，等于为虎投食。胡雪岩曾多次和洋商斗法，大北公司和大东公司的负责人对他并没有好感，何况盛宣怀又肯出三倍的价钱。双方于是暗中结盟，共同对付胡雪岩。胡雪岩行事也很有韧性，他不断派人与大东公司的负责人腾恩和大北公司代表道森交涉，并提高了购买价格。

盛宣怀知道以后，就和大北公司商定了一个计谋。一晃一个月过去了，道森才给胡雪岩运来一批器材。胡雪岩喜出望外，很快动工安装。谁知由于电线器材质量低劣，工程进行不到三分之一就被迫停工了。盛宣怀得信后，迅速把胡雪岩架设电线失利的消息告诉李鸿章，并要李鸿章在朝廷上予以弹劾。不久，李鸿章上书弹劾胡雪岩，说他办理不力，给朝廷带来不少损失，要求改派盛宣怀前往办理。朝廷中许多大臣也纷纷上奏，要求撤换胡雪岩。不久，朝廷下令长江电线速由盛宣怀办理架设，左宗棠只好拱手把长江电线架设一事交给盛宣怀。

盛宣怀主持电报局后，实力大增。由于与胡雪岩在很多生意上争端日多，他谋划着要给胡雪岩更沉重的一击。这个机会终于被他等到了。

盛宣怀为了打压胡雪岩先来了个"掐七寸"。胡雪岩每年都要囤积大量生丝，以此垄断生丝市场，控制生丝价格。越依靠某种东西时，就越受制于它。盛宣怀恰恰从生丝入手，发动进攻。他通过密探掌握胡雪岩买卖生丝的情况并大量收购，再向胡雪岩客户群大量出售。同时，收买各地商人和洋行买办，让他们不买胡雪岩的生丝。致使胡雪岩生丝库存日多，资金日紧，苦不堪言。

紧跟着，盛宣怀开始"釜底抽薪"。打现金流的主意。胡雪岩胆大，属于敢于负债经营的那种人。他在 5 年前向汇丰银行借了 650 万两银子，定了 7 年期限，每半年还一次，本息约 50 万两。次年，他又向汇丰借了 400 万两银子，合计有 1000 多万两了。这两笔贷款，都以各省协饷作担保。

这时，胡雪岩历年为左宗棠行军打仗所筹借的 80 万两借款已到期，这笔款虽是帮朝廷借的，但签合同的是胡雪岩，外国银行只管向胡雪岩要钱。这笔借款每年由协饷来补偿给胡雪岩，照理说每年的协饷一到，上海道台就会把钱送给胡雪岩，以备他还款之用。盛宣怀在此动了手脚，他找到上海道台邵友濂："李中堂想让你迟一点划拨这笔钱，时间是 20 天。"邵友濂自然照办。对盛宣怀来说，20 天已经足够，他已事先串通外国银行向胡雪岩催款。这时，左宗棠远在北京军机处，来不及帮忙。由于事出突然，胡雪岩只好将他在阜康银行的钱调出 80 万两银子，先补上这个窟窿。他想，协饷反正要给的，只不过晚到 20 天。

然而，盛宣怀正要借机给胡雪岩致命一击。他通过内线，对胡雪岩调款活动了如指掌，估计胡雪岩调动的银子陆续出了阜康银行，趁阜康银行正空虚之际，托人到银行提款挤兑。提款的都是大户，少则数千两，多则上万两。但盛宣怀知道，单靠这些人挤兑，还搞不垮胡雪岩。他让人放出风声，说胡雪岩囤积生丝大赔血本，只好挪用阜康银行的存款，如今，胡雪岩尚欠外国银行贷款 80 万，阜康银行倒闭在即。尽管人们相信胡雪岩财大气粗，但他积压生丝和欠外国银行贷款即是不争的事实。很快，人们由不信转为相信，纷纷提款。

挤兑先在上海开始。盛宣怀在上海坐镇，自然把声势搞得很大。上海挤兑初起，胡雪岩正在回杭州的船上。此时，德馨任浙江藩司。德馨与胡雪岩一向交好，听说上海阜康即将倒闭，便料定杭州阜康也会发生挤兑。他忙叫两名心腹到库中提出两万两银子，送到阜康。杭州的局势尚能支持，上海那边却早已失控。胡雪岩到了杭州，还没来得及休息，星夜赶回上海，让总管高达去催上海道台邵友濂发下协饷。邵友濂却叫下人称自己不在家。

胡雪岩这时候想起左宗棠，叫高达赶快去发电报。殊不知，盛宣怀暗中叫人将电报扣下。第二天，胡雪岩见左宗棠那边没有回音，这才真急了，亲自去上海道台府上催讨。这一回，邵友濂去视察制造局，溜之大吉了。

胡雪岩只好把他的地契和房产押出去，同时廉价卖掉积存的蚕丝，希望能够挺过挤兑风潮。不想风潮愈演愈烈，各地阜康银行门前人山人海，银行门槛被踩破，门框被挤歪。胡雪岩这才明白，是盛宣怀在暗算他。他毫无气力地坐在太师椅上，脸如死灰。府内乱糟糟的，不时有人跑来报告新的坏消息。胡雪岩听着听着，忽然仰起头，大吼道："盛宣怀，我和你没完。"随即喷出一大口鲜血，昏了过去。不久，一代红顶巨商胡雪岩在悲愤中死去。

盛宣怀：可联南北，可联中外，可联官商。

婚姻　　盛宣怀妻妾成群，其中最著名者为继室大夫人庄氏和刁、刘、柳三妾。她们为盛共生了八个儿子、八个女儿。

盛宣怀的第一位夫人姓董，名舜畹，小名探梅，是盛宣怀的同乡。在清代，董氏是常州的大族，董夫人的父亲董似毂曾做过江西粮道，盛家与董家称得上门当户对。董夫人在同治元年（1862 年）嫁给盛宣怀，和盛宣怀共同生活 16 年，1878 年因病去世，只有三十来岁。她为盛怀宣生了三个儿子：长子昌颐、次子和颐、三子润颐，还有三个女儿，是盛宣怀妻妾中生育最多的女人。董夫人生于大户人家，是典型的大家闺秀。她读过私塾，有文化，会写信，字迹秀丽，上海图书馆收藏的盛宣怀档案中保存了不少董夫人写给盛宣怀的亲笔信。

咸丰十年（1860 年）太平军占领了常州，为了躲避战乱，盛宣怀和祖父母、弟妹合家逃往湖北，在父亲盛康任职的湖北粮道衙门暂住，董夫人嫁给盛宣怀后，也在湖北与盛家合族生活。结婚后的最初几年，虽然战乱频仍，生活动荡，小夫妻俩仍然你恩我爱，感情甚笃，盛宣怀的长子昌颐就是在湖北出生的。

同治四年（1865 年），盛康想在苏州置办房产，就让赋闲在家的盛宣怀去苏州，负责房屋修建之事，一去就将近一年，这是盛宣怀与董夫人结婚后第一次较长时间的分别。盛宣怀去了苏州后，董夫人耐不住相思之苦，不断给盛宣怀写信。董夫人的信除了问暖嘘寒，叙说家事之外，还常述对夫君的思念之情，语气委婉，十分口语化。曾在一信中称呼盛宣怀为"红杏书农"，想来是小夫妻之间约定的昵称，这在盛宣怀所有书信中是仅见的，亲昵之状可以想象。

明清两代，苏州向来是个商业大埠，人文胜地，比常州要繁华的多，董夫人生怕盛宣怀流连花街柳巷，沾染不良习气，信中偶有告诫，盛宣怀回信发誓赌咒，表示绝无此事，董夫人却又心软不忍，回信自责："前信恐你沾习气，此原我过虑，因听旁人所说，我甚发极（急），故写信与君，望勿见怪，亦不用如此发誓，真令我不安，不胜悔恨心粗，不应惹我主人动气。"盛宣怀生怕董夫人不放心，想让她带着儿子去苏州住在一起，董夫人又觉得妇道人家远行不便："至于令我与昌颐搭轮船归吴之事，此时若来，路上无自家人照应，兼之携带小孩十分不便，恐昌颐怕洋鬼子，我又路上不好料理。再一切收拾停当，到苏亦要三四月内，那时想屋事亦妥，料君亦当回署，此事甚算不来。"最终还是没去苏州。

1867 年，盛宣怀祖父盛隆在湖北病故，盛康辞官送盛隆棺木回乡，董夫人也和盛宣怀回到常州故居定居。盛氏家族在常州的房产主要有两处，一在周线巷，一在青果巷。董夫人回常州后，与盛宣怀居住在周线巷，那是一栋前后九进的大宅院。回常州后，盛宣怀帮着父亲盛康开办和管理典当、钱庄，倒也过了几年安稳日子。1870 年，盛宣怀入李鸿章幕府，此后便经常在湖北、河北、天津等地为公差奔波，忙于湖北煤铁矿、轮船招商局的创办，参与赈灾工作，在外的时间多，回家的时候少，周线巷故居大部分时间只有董夫人带着几个孩子居住，常感寂寥，但除了写信抱怨一通之外，也无可奈何。董夫人在周线巷故居一直住到她去世，那一年是 1878 年，盛宣怀在天津做候补道，农历十月，得知董夫人病重后，他急急忙忙请假赶回常州，总算在董夫人临终前见了一面，圆了她生前最后一个愿望。

董夫人去世后，遗下三子三女，最大的 15 岁，最小的还在襁褓之中，养育子女的工作十分繁重，盛宣怀的爱妾刁氏承担起了家政。刁夫人名刁玉蓉。盛宣怀七个夫人中，能在盛家宗谱里列有专传的仅她一个，连盛的原配夫人董夫人都没有专传，可见其地位之重要。她又是和董夫人一样，享有进入盛宣怀墓地主穴的两位夫人之一。盛家宗谱上如此记载，而江阴马镇老旸歧村的村长也这样说。因为他们亲眼看到了，1958 年盛氏墓穴被盗时，盗墓者从墓中掘出三具棺材，一男两女，两女想必就是董夫人和刁夫人。据盛昌颐的孙子、盛毓常的儿子盛承宪讲，当年庄夫人曾向盛毓常提出过，能否在她身后与董夫人的墓中位置换一下（因为盛毓常是长房长孙），倒是没有提与刁夫人换一下。毓常虽未同意，但也足以说明董夫人墓是可以动一动的，而刁夫人的地位是不容动摇的。

盛氏宗谱中对这位传奇女性，极尽誉美之辞。说她从十八岁时就开始服侍盛宣怀，娘家是安徽合肥望族门户，后经战乱流离失所，故"不能详其系"了。而盛家后代人却说，刁夫人原系青楼中人，为盛氏赎出，在董夫人去世前四年就已来到盛家了。她聪明伶俐，十分能干，对长辈和董夫人均非常有礼，于是在盛府上下很得人缘，董夫人竟也不吃醋，以妹妹视之。至于两人的"分工"，似乎董夫人是压寨夫人，坐镇盛府，生儿育女；而刁夫人则跟随盛氏走南闯北，朝夕服侍在侧，倒像个"外勤夫人"。

有一年盛宣怀奉旨北上赈灾，朝夕驰驱于风霜之中，劳累过度加上露宿受寒，于是哮喘病大发，以至于不能平卧床上，一躺下就喘不上气来。刁夫人服侍在旁，衣带不解，终日为之按摩，以至于臂痛不能抬举。有一段时间，盛宣怀和他的父亲盛康碰巧都在河北、山东一带做官，刁夫人问安视膳，曲尽妇道，"公深嘉其孝"。董夫人见刁夫人聪明贤惠，又深得丈夫宠爱，不仅不吃醋，在临去世前，还对丈夫说："刁氏贤，我死，请即升其为继室吧！"但盛宣怀却未置可否。

董夫人去世后十余年间，盛宣怀未再续娶，大家庭里里外外均由刁氏操持，亲戚、邻里往来也极周到。但是盛宣怀始终没有把她"扶正"，这到底是为什么，谁也讲不清楚。

刁夫人不仅擅长"内政"，于"外交"上亦极有魄力。盛宣怀到山东赈灾时，自己带头捐款捐物，刁夫人看在眼里，亦掏出私蓄千金不吝。先是为山东赈银一千五百两，后又为江苏赈银一千两。两地巡抚闻知甚为感动，都上报朝廷为其请功，结果奉旨赏给她"乐善好施"以旌表建坊。

1878年，整个北方连续两年大旱（史称"丁戊奇荒"，死人无数，慈禧、慈安带着年仅六岁的光绪连夜祈雨），盛宣怀又奉命北上赈灾，刁夫人也随之前往。盛氏见灾情严重，首倡捐款捐物，费金巨万，刁夫人亦不示弱，再次拿出一笔私蓄，授衣周食，拯救无依儿童数以百计。

刁夫人抚恤孤独出了名，"寒者衣之，饥者食之，无依者周之，历久不倦"。以至于在她去世举殡之日，"东海贫民以至于乞丐，皆长跪塞途痛哭失声，盖感之深者"。

刁夫人与盛氏共同生活了十五年，如上所述，对盛家已是情周意至，无可挑剔，盛家族规姨娘必须生男孩后方能扶正，况且刁氏出身低微，故而她的身份始终未被"扶正"。碍于自尊，盛氏宗谱中说，她从未"干嫡正之礼"，但是她在盛家人心目中究竟是个什么地位，她还是极为敏感的。终于有一天，她看到了一个孩子写来的家信，那孩子在信中称她为"姨娘"……这下她明白了，她在人们心目中永远是个"姨娘"！于是自觉无趣，把心一横，竟然"自挂东南枝"了！

这下可苦了盛宣怀！他后悔自己没白没黑地忙于实业，在外面大举进取，却没注意到重帏深处的细微变化；自己在困难的时候得到刁夫人的鼎力相助，而在功成之后却没顾及到她的自尊心，起码在孩子面前，没有教育好孩子如何尊重刁氏……他痛心疾首，呼天不应，自觉非常对不住她，尽管在她生前未能"扶正"，那么只好死后"追认"了。于是就以继室夫人的规格予以安葬。后人亦遵其嘱，在盛氏本人下世之后，将刁氏与董氏，共同安葬在盛氏身侧，刁氏只能在阴间里享受正式夫人的地位了。

刁氏去世后，盛宣怀十分悲痛，加之那几年正在山东登莱青兵备道任上，忙于小清河水灾的治理，一时也没有心情再找一个夫人。这一耽搁就是两年，父亲盛康认为盛宣怀必须再娶一位正式夫人来主管家务，敦促盛宣怀续弦，他的兄弟姐妹也四处为他张罗，托媒相亲，目标仍在常州门当户对的大户人家，最后相中了常州另一个望族庄家毓璎的女儿，1891年秋天，庄小姐成了盛宣怀的第二任夫人。

庄夫人名畹玉，又名德华，生于1866年，比盛宣怀小22岁。庄夫人出嫁时，盛宣怀已是一方道台，并使轮船招商局、中国电报局、大冶铁矿等大型政府企业的督办，实业蒸蒸日上，在号称远东第一商埠的上海置办了房产，庄夫人嫁给盛宣怀后，住在上海的盛公馆中，接触新鲜事物多，人又聪明，不久就显出与众不同的特点来。

庄夫人知书识礼，有主见，有远识颇有经济头脑，和董夫人性格迥异，

盛宣怀：可联南北，可联中外，可联官商。

她行事果断，有时候有点严厉，是个女强人，盛宣怀的孙女盛佩玉在回忆录中称她"有王熙凤的手段"。庄夫人对外爱用"德华"这个中性化的名字，给盛宣怀写信都是如此。很少用"畹玉"署名。由于盛宣怀常年在外，庄夫人也常给盛宣怀写信，她对含有家族事务特别是与人事有关的信件处置十分谨慎，在信封上特别写明"老爷亲启，旁人莫拆"，不许盛宣怀的幕僚代拆信件。有时还在信尾加上一句："此信看过，速付丙丁。"要盛宣怀看后烧掉，以免被人看到，遭人忌恨。

盛宣怀整天和企业、商业打交道，庄夫人耳濡目染，对近代资本主义的市场经济渐渐熟悉起来，盛宣怀主持上海华盛织布局的时候，上海的机器棉纺职业已经相当发达，纺织业的主要原料棉花有可观的市场，庄夫人拿出了一些私房钱，自己做主，做起了棉花生意，同时还做半成品面纱的生意，低价吃进，高价抛出，赚了不少钱。

庄夫人不但有经济头脑，还十分关心盛宣怀的政治前途。光绪二十五年（1899年）秋天，盛宣怀被慈禧太后招进宫中"垂询"国家大事，这对一个官员来说是十分荣耀的事。庄夫人对此十分关心，接连给他写信，要盛宣怀在京城多活动活动，趁此机会谋个好点的职位。九月十三日的一封信中，庄夫人迫不及待地询问："阅报纸，得悉召见两次，奏对六刻钟之久，未识所询如何？颇称旨否？"九月二十日，庄夫人又去信："接连来电，均收，一切知悉。吾想你在京要自想门路。闻说皮小连虽是太监，荣宠非凡，若要升迁，须走伊门路。前者黄花农得此天津海关之缺，亦走皮之门路，用去七、八万两银子，又有一副晋于皮小连一同去奏，皇太后故放津海关道，此话陈永韶来向吾说及。望你须要费些小钱去巴结。"信中又不厌其烦地开导盛宣怀："再□□二人亦要巴结巴结，彼处门上人等，亦该花些小钱，使人欢喜，不说坏话。吾闻知你未送人家门包，故此人家不说你好话，即吾家门上亦要人之门包，何况京内各衙门。"大概是庄夫人写的太露骨了，这封信中不少人名被盛宣怀涂掉，"皮小连"、"太监"被涂成墨团，整封信让人看得云里雾里，一时不明白指的是谁。笔者端详了半天，又多方考证，才知道原来庄夫人是要盛宣怀去联络大太监李莲英！民间有传说，说李莲英当太监前因私贩硝磺入过狱，出狱后改行修皮鞋，被称为"皮硝李"，因此信中以"皮"指李。不过盛宣怀对巴结李莲英似乎有点不屑，盛宣怀有李鸿章这样的大靠山，有必要去巴结一个宦官吗？

这是庄夫人为盛宣怀政治前途着想的一个方面，另一个方面，庄夫人也曾多次向盛宣怀提出：做官要顾及名声，不要为小利坏名声，那就划不来了。就在上述信件来往期间，盛宣怀透露在京城搞到一批买米的护照，庄夫人几次在信中追问，这批护照你打算怎么使用？因为当时报纸披露了一位官员利用买粮护照贩卖粮食出洋，从中牟利，社会一片哗然。庄夫人在信中千叮万嘱："吾家买米，利息小事，况要别人先赚，还要被人说邱话（常州方言：坏话），也犯不着耽此名声。吾想你即办此护照，可作办赈米之用，不作赈米，寻钱小事，名声大事，望为斟酌。"那一年庄夫人才33岁，就俨然做起盛宣怀的管家婆了。

辛亥革命以后，盛宣怀下野在上海做起了寓公，盛家大大小小口都住在盛公馆里，盛宣怀年老体衰，已经没有了精力，盛公馆中一切事物都由庄夫人一手操办，家中吃闲饭的多，社会上打秋风的多，而能赚大钱的几乎没有，这种已开始走下坡路的大户人家，没有相当的手段，是很难管理的，庄夫人凭其精明的才干承担起整个家族事务的管理和运作。1916年盛宣怀去世，庄夫人遵照遗嘱，以盛氏遗产的半数，计580万两银子，成立名为愚斋义庄的基金会，规定不动本金，只用利息，用于家族事务和慈善事业，试图以这样的方式维持盛氏家族的延续和发展。

1927年庄夫人去世，时年62岁，她是盛宣怀的妻妾中寿命最长的一个。庄夫人去世以后，盛氏众多的子孙再也没有人具有管理家族的能力，没过几年，有人提议分掉愚斋义庄的本金，得到不少人的呼应，于是家族财产全部被瓜分，盛氏家族就此分崩离析，再也不复当年的繁华了。

盛宣怀：可联南北，可联中外，可联官商。

家族 盛宣怀先后共有七房妻妾，生有八子八女。儿女们又各自与豪门联姻，互相依附，富上加贵，成为清末民初一支颇为庞大的家族体系。可谓近代上海滩最大的豪门显贵。他的后代，绝大多数人都吃老太爷留下的家业，成为一事无成的纨绔子弟，却也不乏热衷于实业，经历丰富的成功人士，延续着这个百年家族的未完传奇。

1916 年 4 月 27 日，盛宣怀撒手人寰，家业由其遗孀庄德华夫人接管。庄夫人出生于常州大户人家，并善于理财治家，精明过人。当时她的账房叫"太记账房"，所管理经营的盛家产业，从上海、苏州、常州，直到南京、九江、武汉，极为雄厚。1927 年秋天，庄夫人突然患病去世。台柱子一倒，盛家子孙顿时慌做一团。而最敏感的问题，莫过于老太爷的遗产分配。

盛宣怀到底留下了多少遗产，一直是众说纷纭。他在去世之前，曾有遗嘱，将其遗产的一半拿出来建立"愚斋义庄"，救济盛氏家族贫苦人家，并从事社会慈善事业。盛宣怀指定的遗嘱执行监督人，是他的恩师李鸿章的长子李经方。经过两年半的清理，最终统计出盛氏财产至 1920 年 1 月止，总额为银元 1349 万余两，除去偿款等，实际应分财产为 1160 余万两。其

盛宣怀之女——盛关颐（中）、盛爱颐（右）、盛方颐（左）

中五成分给五房盛氏子孙,每房各得遗产116万两。另五成捐入"愚斋义庄"。

1927年11月,老四盛恩颐无视父亲遗嘱,突然向法院提出,要将早已归入"愚斋义庄"用于慈善基金的遗产,由盛氏五房分掉。这一下,在家族内部引起了轩然大波。盛宣怀的女儿甚至为此告上了法庭。江苏省政府趁此机会,赶紧插上一手。1928年10月,省政府委员会主席钮永建下令,限时将义庄的资金股票一律冻结,由省政府派员来接收。这个结果是盛恩颐始料不及的,但对此也无可奈何。

盛宣怀的儿子们,大多无一技之长。其中,老大老二老三都是鸦片鬼,老四更是花钱如流水,曾有过一夜间输掉一整条弄堂的"豪举"。唯独老七盛萍臣,倒是做过件大事。上海足球史上队龄最长的球队——东华足球队,在上世纪30年代曾有过颇为辉煌的战绩,史称"上海足球史上的黄金时代",使上海一跃成为远东的足球重镇,而这支令华人扬眉吐气的球队的老板,正是盛宣怀的七公子盛萍臣。作为球队的发起人,盛萍臣不仅具体操办了球队的建立,还负责主持队中的一切事务,更把盛家老公馆中靠西侧的一幢小洋楼腾出来,供球队作队部。

同为上世纪初叶的豪门望族,宋氏家族(宋子文、宋霭龄、宋美龄、宋庆龄)与盛氏家的渊源极为深厚。两家的关系,以宋子文与盛家七小姐爱颐的恩怨苦恋流传最广。宋子文从美国留学回来,担任了盛氏汉冶萍公司的英文秘书,常常出入盛府,由此结识了"惊为天人"的七小姐。宋子文不仅主动担任了七小姐的英语教师,还经常向她讲述大洋彼岸的景色和风土人情,充分显示他的博学,很快便赢得了七小姐的倾心。但七小姐的母亲庄夫人硬是不允许这门婚事。

1923年2月,宋子文由其二姐宋庆龄引荐,被孙中山起用,电报催其火速南下广州,但他放不下七小姐,就力劝七小姐跟他同赴广州。七小姐内心深处对婚姻自由充满了向往,而宋子文要她离家出走,却又是她无法接受的。饱受情感煎熬的盛七小姐最终掏出一把金叶,给宋子文作路费。1930年,宋子文再次返沪时,已带来了夫人张乐怡。盛七小姐为此大病了一场，从此二人很少来往。中华人民共和国成立后，七小姐留在上海参加了里弄工作，宋子文则跑到美国当了寓公。1971年，宋子文在美国旧金山去世。七小姐则活到1983年，享年83岁。

盛宣怀四女儿盛樨蕙的大儿子邵洵美，是上世纪三四十年代很有名气的诗人、翻译家、出版家和社会活动家，还曾被誉为"民国美男子"。在上世纪二三十年代的文坛上，邵洵美有"孟尝君"之美誉。为文艺，为朋友，他最肯花钱，甚至卖房卖地。当时能把实业与文学结合起来的最好办法，就是开书店，办杂志，出新书，这正是邵洵美极乐意全身心投入的事业。回国的第二年，他就在静安寺路斜桥老公馆的对面，开设了一家"金屋书店"，出版《金屋月刊》。之后又专心致力于"新月书店"的经营。这时"新月"的成员有胡适、林语堂、罗隆基、沈从文、潘光旦、叶公超、梁实秋、梁宗岱、曹聚仁、卞之琳等文化名人，更出版了享有盛名的《论语》、《诗刊》、《新月》等杂志，在上世纪30年代的文坛，可谓风头独健。1934年，他在平凉路21号开办了时代印刷厂，从德国引进了当时最为先进的影写技术设备（即照相版设备），这是中国人自己经营的第一家采用影写技术的印刷厂。

盛毓度是盛家老四恩颐的二儿子，20来岁时留学日本。盛毓度不仅是个成功的实业家，还是中日邦交史上有贡献的政治家。他经常出席各种社团的演讲会，为中国与日本恢复邦交大声疾呼，故而享有"国士"之誉，成为日本最受欢迎的政论家之一。1975年，周恩来总理邀请盛毓度全家回国参观、探亲。1993年盛毓度在东京逝世，遵其叶落归根的遗愿，归葬上海归园墓园。

轶事　　盛宣怀以搞洋务而家资巨万，富甲一方，生活奢华，尝遍山珍海味，尤其爱吃火腿。火腿乃中国名产，最出名的首推浙江金华火腿，与之相伯仲的便是云南的宣威火腿，也是遐迩闻名。盛宣怀长驻上海，浙江为近邻，常吃金华火腿不足为奇，宣威火腿远在边陲，交通不便，反觉名贵。有人拍他的马屁，知他爱吃火腿，便特意托人从云南买来两条宣威火腿，敬献给盛宣怀，礼帖上写着："奉上宣腿一双，请笑纳。"盛宣怀一看礼帖，触动忌讳，很不高兴，心想：我盛宣怀的双腿，何劳你奉上？当即命听差拿下去，可是第二天，他又想起了那双"宣腿"，很想尝一尝，便问听差："我的腿呢？"听差忐忑不安地回道："大人的两条腿，我想到您好像不喜欢，已让下人们吃掉了。"盛宣怀虽不高兴，也只好作罢。

因盛宣怀拍上压下，待人刻薄寡恩，得罪了不少人，人们恨他而找不到报复的机会，听说他的"宣腿"被下人吃掉的事，便想捉弄他以泄愤。有人就送了一份礼去，礼单上也写着"奉上宣腿一双，请笑纳"。盛宣怀打开礼盒一看，见那两条"火腿"又黑又小，根本不像宣威火腿，又弄不明白是什么东西，便叫来专管膳食的饭司务来看，饭司务一看就明白了，回道："大人，您的两条腿是狗腿。"这是讽刺他当李鸿章和庆亲王奕劻等人的狗腿子，差点没把盛宣怀气晕过去，他暴跳如雷，但送礼的人不具名，无法弄清是谁的恶作剧，也只得咽下这口闷气。

评价 慈禧太后对盛宣怀的评价："盛宣怀为不可少之人。"
李鸿章对盛宣怀的评价："志在匡时，坚韧任事，才职敏瞻，堪资大用。"
张之洞对盛宣怀的评价："可联南北，可联中外，可联官商。"
孙中山对盛宣怀的评价："热心公益而经济界又极有信用。"

盛宣怀：可联南北，可联中外，可联官商。

孟洛川：心里有着无限隐痛的儒商情怀

孟洛川

传略 孟洛川（1851—1939），山东省章丘市刁镇旧军人，著名商人。

祖辈为地主兼商人。1869年18岁开始经商时，即到北京负责庆祥、瑞生祥等企业的经营，从此一生掌管孟家企业。他在涉足企业的最初20余年间，生意有较大发展。1893年（光绪十九年）和1896年，先后在北京大栅栏和烟台开设"瑞蚨祥"，经营绸缎、洋货、皮货、百货。1900年八国联军入侵北京，前门一带被焚，瑞蚨祥成为一片瓦砾，不得不迁至北京天桥设摊营业。1903年，北京瑞蚨祥新营业楼落成。后又在北京增设瑞蚨祥鸿记绸缎店、西鸿记茶店、东鸿记茶店、鸿记新衣庄。1904年（光绪三十年），在青岛设立瑞蚨祥缎店。次年，在天津增设瑞蚨祥鸿记缎店。1924年，济南瑞蚨祥增设鸿记分店。所经营的瑞蚨祥、泉祥等"祥"字号商号，遍布京、沪、津、济、青、烟等大中城市。至 1934 年，已分别在北平、天津、济南、青岛、烟台、上海等地设立商号达 24 处，有员工 1000 余人，房产 3000 余间。1900 年资本总额约 40 万两银子，到 1927 年时，年利润即达 300 万两白银。他除投资于企业外，还广置田宅。在章丘有田产 2300 余亩，另在山东沾化、利津、泰安、莱芜置有庄田。章丘之住宅为六进院落，前厅后楼、左右厢房共近 100 间。为当时中国知名的民族商业资本家，京津及济南等城市报纸皆以"金融巨头"称之。

孟洛川善于结交权贵，在他的每次捐赈之后，清地方大吏必为其奏请封赏。1891 年（光绪十七年）—1894 年，福润任山东巡抚期间，为他奏准江苏即用候补道之职；1899 年（光绪二十五年）山东受灾，巡抚毓贤委孟洛川为平粜局总办，孟洛川与其兄孟继箴认赈巨款，毓贤为其奏准知府补用道二品顶戴；1905 年参与组建济南商务总会。1908 年（光绪三十四年）山东劝业道成立后，被任为济南商务总会协理；1906 年—1909 年端方任两江总督期间，为其奏准头品顶戴；朝廷还诰封其为奉直大夫、诰授为光禄大夫。晚年，因无力驾驭诸代理人，各店号走向萧条。1939 年 9 月 7 日病逝于天津。

天资　　孟洛川尚幼，其母立志教子成人。曾延聘章丘名儒李青函先生为师。但孟洛川"性颇顽皮，不善读书，常以数砖计瓦为游戏"。一次，老师找其母数落孟洛川逃学之事，其母于当日令其在中厅罚跪。一管家婉言规劝他，孟洛川置善导于不顾，却拉着管家的手说，你当大管家，可知营造这座厅堂用了多少砖瓦？需要多少工日？管家摇头回答不出，孟说他已算好了，砖瓦、木料、工日多少、多少。管家甚奇之，遂将这事告诉了他的母亲和三伯父孟传珽。后来孟家凡房院营建，年终结账，孟洛川都要参与。当时常有这种情况：当管家、经理、账房对某一问题一时难以确定之时，孟洛川便胸有成竹地提出精辟见解，使众人折服。

他 18 岁时，孟传斑见其颇有心计，便令其掌管企业。从此，他便以东家身份常驻济南，有时也去北京、天津等地巡视，成了瑞蚨祥、庆祥、瑞生祥的资东兼经理。孟洛川聪颖睿智，遇事沉着冷静，善于动脑，一般事情难不倒他。他的生活哲学是既不吃亏也不沾光，来往公平；你的是你的，我的是我的，你给我服务，我给你报酬；你干不好，我辞掉你，你为我兴业有功，我对你破格奖赏。在经济上是寸利必争，毫厘必清。

有一回，当时的巡抚丁宝桢乔装成一个乡间村老，只唤一名随从，直奔瑞蚨祥。一进店门，前柜一名伙计站起来，招了礼，即由后柜另走出一名伙计，若即若离随到丁宝桢身后，却不忙着搭话，只是神情专注地陪着看货。楼下楼上浏览得差不多了，身后那名伙计未语先笑，神态极是可亲："大爷，您老看了一遍，觉着哪样布料合适？"

"哦，就扯这种吧。"丁宝桢随手指指眼前的一疋皂色布料，说道。

伙计又问："大爷，请问您要几尺？做什么用？""十尺，十尺吧。"丁宝桢应道，"我自己做件衣服穿。"伙计道："大爷，依您老的身材，做件衣服只要九尺就够了，买十尺要断一尺料子呢。""好，那就给扯九尺吧。"

伙计向柜内招一招手，遂有柜内一名伙计走过来，问了尺寸，展开布疋，用尺量好，便要下剪子。这时丁宝桢突然叫道："哎呀！我差点忘了，俺老伴是最见不得皂布的，你另给我换这种蓝布吧。"

"好吧，大爷，这就给您老换扯蓝布。"刚要下剪子，"老大爷"却又要换成白布。刚倒开白布，"老大爷"又说还是蓝布好。终于要定了九尺灰布，剪子从尺寸外三指余处剪下来，仔细卷好，放到"老大爷"手边。要付款了，丁宝桢将胸前的褡裢往柜台上一翻，倒出一堆散乱的制钱，说道："你们数数够不？"内外两名伙计，快而不乱，一会的工夫就将一堆散钱数码成列。柜内的伙计认真报了账，说道："大爷，这两码是余下的钱，您老收起来吧。"

丁宝桢原是有意作难他们，这时把手边包好的布卷儿往里一推，说道：

"哎呀，俺老伴再三叮嘱，让我把钱全扯成布，这样剩下钱，我咋回家交代？这样吧伙计，您看共有多少钱，咱计钱吃面，给俺换成九尺相当的料子吧。""这……"伙计尽管脸上仍是一团和气，嘴上却不如先前那样痛快了。

"快按大爷说的办！"说话间，从柜内走过来一位十七八岁的英俊青年，这个青年就是孟洛川，他看一眼码在柜台上的钱码，目光左右一扫，指着另一宗灰布对丁宝桢说："大爷，您老看看这种布料，合不合心意？"

"好，好，就要这种灰料子吧。"

孟洛川对柜内的伙计道："你给大爷算算钱。"

伙计打了一遍算盘，脸上掠过一丝诧异，再打一遍，惊喜地说道："少东，真神了！不多不少，九尺布料正合大爷的现钱！"丁宝桢也不由得暗暗称奇。

丁宝桢回到衙府，将适才去瑞蚨祥的前后经过道与师爷。这才知道那位少东叫孟洛川，是个经商奇才，天赋极高，又得济南异士李士朋真传，闻道他司掌旧军孟氏十几家商号以来，励精图治，使原本已显暮气的孟氏家业大有起色。"他今年也就十七八岁，前途不可限量。"

传统　孟洛川深知为了瑞蚨祥的发展，不得不攀附权贵、结交官府，袁世凯任山东巡抚时，孟洛川和袁世凯深相结纳。袁父死后，他作"三多九如"贡席，亲往路祭。后袁母出殡，他又任治丧总管，并以为袁母成功治丧而得到袁的赏识。袁世凯出任北洋政府总统后，于 1914 年 7 月 18 日任命孟洛川为参政院参政。此外，孟洛川还吸收许多官僚的个人存款，用以发展企业。

孟洛川还教导其子侄与北洋军阀王占元、靳云鹏、吴佩孚等交往，还叫其侄子孟觐侯攀交张作霖，成为换盟兄弟，并被张作霖委任为直鲁联军总司令部顾问，从而排除了张宗昌对孟家的威胁。他还善于用联姻攀结权贵。他的长女，是济南高官沈延杞的儿媳，二女儿嫁入大总统徐世昌之门为妇，三女儿与南洋大臣张之洞之后结缡；法部侍郎王垿的女儿是孟洛川三子孟广址的续弦，济南大官僚何春江的女儿是孟广址的再续弦；他的孙女（孟华峰之女）是张宗昌军法处长白荣卿的儿媳，白的女儿又进孟家为妇，军阀曹锟、官僚陈钦等也都先后与孟家联婚为亲。

孟洛川不肯送子女上洋学堂，虽然身住在租界里，却仍然家里开私塾，直到上世纪20年代，孟家小姐仍然裹着小脚。最后孟家两位公子不成气候，抽大烟、玩女人、捧戏子，将家产败得七零八落，与孟洛川本人失败的教育不无关系。

孟洛川的骨子里其实就是个地主。他的血液里流淌着孔孟之道的精华，但也有糟粕。更可怕的是，他从没变过，他没接受过新思想，也没接受过现代文明的任何东西。他思想非常保守，瑞蚨祥发达之后，他住在天津的英租界，跟张勋、曹锟等旧派军阀过从甚密。在袁世凯做山东巡抚时，孟洛川便与其子袁克定的私交甚笃。袁世凯复辟时，他还是忠诚的保皇派，复辟典礼上袁世凯的一身龙袍据传就是瑞蚨祥做的。孟洛川也不同于那些近代资本家，他从商业中的赢利从来没有投入过再生产，而是全部用来购置田地，然后收取佃租。在瑞蚨祥最兴旺发达的时候，烟台、德阳所有的地几乎都是孟家所有。孟洛川年老后染上了挥霍的习惯，加上洋布倾销入中国，而孟本人又誓死不卖洋布，布店的经营变得十分糟糕，几乎所有的铺子都在赔钱。他便开始卖地，终于在贫病交加中死去。孟家再无力经营瑞蚨祥，只能将它转手易主。瑞蚨祥的故事仍在继续，孟洛川的故事则彻底完结。

忠恕　孟洛川立下的店训是"货真价实，童叟无欺"。瑞蚨祥的绸缎呢绒都在苏州定织，并在每匹绸缎的机头处织上"瑞蚨祥"字样。瑞蚨祥的花色布匹，都是用上好的棉纱交给作坊定织定染的，这种布缩水小，不褪色。

在孟洛川长达 60 年掌管瑞蚨祥大权的时间里，对内部各层人员的管理是严格有序、铁面无私的。他在同经理掌柜闲谈时，常告诫说："生财有大道，生之者众，食之者寡，为之者急，用之者舒，则财恒足矣。"用生、食、为、用作为治店宗旨。他还告诫店员：欲治其国者先齐其家，欲齐其家者先修其身，欲修其身者先正其心。要规规矩矩做人，诚诚恳恳相待。一旦有违背店规店训者，一律从严处理。

孟洛川虽是商贾，但举止言行，待人接物，唯孔孟之道是遵。他常说，为人要做到"忠恕"，"忠恕违道不远，施诸己而不愿亦勿施于人"，尽己之心，推己及人。他特别反对打架斗殴，因此在铺规中的第 15 条明文规定：同仁之间，不得吵嘴打架，如有违犯，双方同时出号。另外，瑞蚨祥在员工教育方面，特别强调，所有员工一定要尊重顾客，将顾客当做财神一样敬奉起来。瑞蚨祥要求所有员工对每一位顾客都要从良好的愿望出发，从善意的角度去同顾客沟通，从言行举止方面给顾客留下美好印象，这样，顾客从感情上认可了瑞蚨祥，便有了成交的心理基础。

瑞蚨祥极为重视员工的形象教育，要求员工以企业利益为重，用个人形象来塑造企业良好的商业形象。良好的商业形象源于顾客的第一印象。而第一印象的好坏又源于员工的仪表与对顾客的态度。因此，瑞蚨祥在这方面的要求是十分严格的。瑞蚨祥规定，无论是什么季节，无论春夏秋冬，所有售货先生都要求一律穿长衫，不能吃那些会发出异味的食物，如大葱大蒜之类。不准在顾客面前摇扇子，对顾客要谦逊、温和、忍让、礼貌，不得与顾客吵架，不准聊天，不准吃零食，不准吸烟。

孟洛川善于经营。进货注重质量，经常研究市场需求，不断更新货物品种；销售做到货真价实，童叟无欺，礼貌待客，服务周到；用人注重能力，管理十分严格。各店号按旬报告，重大事项亲自决定，从不假手于人。孟洛川不嗜烟酒，不喝茶，不修边幅，食宿穿戴不甚讲究。书房内不摆书籍，闲暇以翻阅账册自娱。而对理财却一丝不苟，锱铢必较。企业利润按东七

孟洛川：心里有着无限隐痛的儒商情怀

西三分配，购置修葺房产和设备从管理费中开支，不列资产，既不需东家投资，又可成为东家财产；对代理人的使用不签订任何合同，随时有被辞可能，因此被称之为"水牌上经理"。

在八国联军侵占北京时，孟洛川在北京大栅栏门把他店里经营的洋布全部焚之一炬，并宣布当时全国的18家分店只卖国布，在全国引起了轰动。他曾经遇到了来自本家族的竞争，长期以来，在济南有一个孟洛川的瑞蚨祥鸿记，另一个则是出自同一孟氏家族孟庆轩的隆祥西记，两家一直在暗中较劲，竞相降价，让许多同行业的小店受不了。"七七事变"后，为了应对外国商家，两家祥字号握手言和，停止了恶性竞争，订立价格同盟，共同遵守。

善举　　在经商的历程中，孟洛川遵循"君子爱财，取之有道"的原则，奉行"见利思义，为富重仁"的信条，其经世济民的儒商风范，广为百姓称颂。

孟洛川一生多次举办慈善和公益事业。清光绪年间，黄河章丘段屡次决口，居民深受其害，孟洛川在章丘城立社仓，囤谷对灾民进行救济。孟洛川的故乡旧军镇西临绣江河，绣江河水涨决口，孟洛川出巨款治理，受到乡人感激。此外，每年腊月他都要让人做200套棉衣，并用大锅煮粥进行冬赈；夏季做200套单衣，备好茶汤进行夏赈。同时，他还施舍医药，帮助穷人治病。这些善举让他博得了慈善家的称号，被人们誉为"一孟皆善"。

隐痛　　1928年，土匪张鸣九抢占章丘，虎视旧军。孟洛川、孟扬轩叔侄见势不妙，遂率全家出走天津，定居在外国租界。出走前，孟洛川曾和"东陵大盗"、军阀孙殿英商定，由孙殿英出面剿匪，孟家给报酬。他将用他的余生来为这次愚蠢的决定忏悔——他请错了人。孙殿英剿完匪，孟洛川没有向孙殿英支付报酬，孙殿英一怒之下佯装退兵，派军队冒充土匪扰民，又派两个团杀回了旧军镇，顺势将孟家的金银细软劫掠一空，并一把火把孟家的房产付之一炬。半年之后，他又盗了慈禧太后的墓，落得万世骂名。

据史料记载，孟洛川属孟子的第 69 代孙，作为儒家的后代，他却没有恪守儒家"重农轻商"的道德律令，尽管他素来秉承儒家和为贵、仁爱、礼教等道德规范，并且做到真正"以德盛金、雄踞天下"。这导致他曾数次到孟子故里邹城认祖归宗，却都以违背祖训、弃读从商而被拒之门外。这似乎并没有给他带来精神上的创伤，却毫无疑问地带给他持久的隐痛。这一隐痛被这次遭劫，失去家园所冲淡，却并未消失，并将伴他终生。尽管从财富上而言这次抢劫并未伤到瑞蚨祥的元气，孟洛川仍深受打击。10年后，已经走近垂暮之年的孟洛川悲哀地发现，命运对他的打击并未结束。1937 年日本侵华战争全面爆发，这次灾难来得更加沉重，10 年前他失去故土，现在是他的祖国陷入炮火和硝烟之中，这是否意味着他将彻底失去归属感——祖国的沦陷和末世的精神劫难加重了他内心的隐痛。

嗜好　　孟洛川喜欢茉莉花。所以他的书房窗外天井里就种着上百棵茉莉，花开时节，成片的白色花朵散发出诱人的清香，一直飘到村外。

孟洛川对土地有着一种迷恋：他赚了钱以后马上回到家，到烟台去买地，到德州去买地，到济南府去买地，统统的变成土地。在烟台流传着这样一个故事，说你骑马从章丘县城出发，跑到烟台，一路上全是孟家的土地。他一辈子没有忘记买地，他最大的嗜好就是买地。每天晚上，他喜欢干的一件事情，就是拿出许许多多的地契来看。

孟洛川不喜烟、酒、茶，唯好女色，私生活非常荒唐，在秦楼楚馆中有无数红颜知己。在现今济南市榜棚街上，有一栋豪宅，就是孟洛川在山东的家。这栋老房子对面是至今仍未易名的芙蓉巷，也就是当年济南最著

孟洛川：心里有着无限隐痛的儒商情怀

名的花街柳巷。孟洛川少年时就逛妓院，嫖暗娟。一次，他和友人游千佛山，见一漂亮姑娘，便尾随其后，直至其家门口，记下牌号，托媒买下，给其二哥做妾。说成之后，为了与女家一刀两断，不作亲戚来往，在婚契上写"粥（暗示"鬻"，即卖）费银××两"，表示是花钱买的，女方父母不能反悔。以后，孟洛川又以同样手段将此女的妹妹买来做自己的姨太太。不久，孟洛川去周村，又买了第二房姨太大。他的原配王氏，出于失宠气急而疯，孟洛川不予医治，旋即死去，他的两个儿子也因思母暴病身亡。上行下效，自孟洛川始，孟家凡男子成丁后，都是一妻、二妾、三姨太。

轶闻　　民国初年，"砥德堂"堂主孟学防因家道落魄，要把靠近"进修堂"主宅的一所砖瓦房卖掉，要价为5万元。"进修堂"堂主孟扬轩认为自己是近邻，房子非落到他手中不可，却又不想多出价钱。于是故意刁难，只出一万元。

这时，孟洛川暗中为孟学防撑腰，想排挤"进修堂"，就诈称愿出5万元买下。孟扬轩知道后慌了手脚，忙去问孟洛川原委，并说自己所买的房宅地基狭小，孟洛川买去了恐怕不合适。孟洛川却说，把房子买了之后，要在地基上开铁匠铺、石匠铺。

孟扬轩一听肝肺几乎气炸，但在长辈前又不能发作，只得忍气吞声。孟扬轩回到家中后，立刻命管家找中间人，表示愿出6万元买下房子。谁知道，孟洛川又把房价加到7万元，最后，孟扬轩被逼无奈，不得不花8万元的高价将房子买下。

据说，京剧名伶孟小冬曾专程登孟府叙家族之谊，非常想见孟洛川。当家人禀报后，孟面沉似水，说孟小冬虽是族人，毕竟是戏子，我若见她，成何体统？便避而不见，孟小冬乘兴而来，败兴而归。

孟洛川要对外扩展店面。经一朋友推介，到某县进行考察，他对当地的地理条件、基础设施，较为满意。当地的县令得知是赫赫有名的瑞蚨祥要来办分号，急忙亲自接见了孟洛川，二人交谈甚欢。县令承诺，瑞蚨祥声名在外，给予方便。在用地、税费上给予优惠。孟洛川听后大喜，立即回去筹集资金，拉起人马热火朝天地干了起来。干着干着孟洛川觉得不对劲了。县令原承诺的优惠条件大多没落实不说，就连最起码的官府批文都没有发。没有批文，不能开业。孟洛川也是知道潜规则的人，对要害部门自然是一番打点，也借师爷的渠道给县令太太送了红包。

时间一天一天过去，孟洛川又去拜见县令，可总未见到。现在人力财力都已经落实下去了，看不到成效，还这么耗着，股东们可不干了，已开始有了怨言。孟洛川心里窝火又无奈。恰在此时，县府的师爷来了。孟洛川直白地问他为何批文还未批下来。那师爷不正面回答，却强调一番困难。又暗示，希望孟洛川再做一番贡献。孟洛川心里正窝着火，听他这么一说，当即拒绝。那师爷没料到孟洛川不买账，很是尴尬，脱口拼出一张"牌"，说本县令是本省巡抚的干儿子。那意思是说，你所做的贡献是给巡抚的。孟洛川听他这么一说，心里火更大。指着师爷的鼻子骂道："狗屁，什么干儿湿儿，少跟老子玩这套。你去打听打听，我瑞蚨祥是什么来头，我孟洛川还是太后老佛爷的侄子呢！"那师爷讨了个没趣，哭丧着个脸，回到县府，向县令添油加醋的作了汇报。县令当即拍了桌子摔了杯子，大怒，这打狗还得看主人呢，欺人太甚，还抬出了太后老佛爷，我就不信，你给我查清楚，如不是，凭这条就是欺君之罪，他死定了。师爷也是一个劲儿的扇风，恨不得一下子把孟洛川往死里整，出口恶气。可县令发了通火，想了想就没了下文。

再说这边孟洛川也醒过神儿来，知道自己把事情闹大发了。骂了师爷就是骂了县令，还顺带着骂了巡抚。自己又硬"编"出了太后老佛爷，查出真相是要掉脑袋的。就算瑞蚨祥名气再大，根子再深，也强龙难压地头蛇。自己要死，拉着县令做垫背，这点胆量也有，可毁了自己一生的事业，毁了一生的名声，砸了瑞蚨祥的牌子，还有自己已投入下去的白花花的银子也将血本无归，会坑死已有10多年交情的那些股东们。自己在商场上拼打这么多年，一直奉承"至诚至上、以和为贵"的原则，怎么能为这么一点事就怒发冲冠呢。想到这里，孟洛川为自己的一怒之举懊悔不已。他赶紧派人快马加鞭到京城给自己的族侄孟觐侯送信，做好应急准备，又找朋友从中斡旋。孟洛川在焦急不安中熬了半个多月。这天，有人捎话过来，说批文已办好。

批文下来了，危机也转过来了，股东们很高兴。庆贺间有人问孟洛川："怎么从没听你说过你是太后老佛爷的侄儿这事。"他笑答："她老人家母仪天下，咱老百姓都是她的臣民，我说我是她的侄儿不算错啊。"此话一出，无不喷饭。有人说是不是县令让你给唬住了。孟洛川叹口气说："我哪能唬得住他，这县令道行深着呢。等着吧，好事在后头。"

孟洛川没说错，这县令是个心计很深的人，沉得住气。他当然不会相信老孟是太后老佛爷的侄子。但给他提了个醒。瑞蚨祥名气大，在京城背景肯定很深。脾气可发，但要行事就得谨慎。他也暗中托人打听，收到信息也让他头上有了一圈汗。京城有一首歌谣："头顶马聚源，身穿瑞蚨祥，脚踩内联升"。瑞蚨祥有朝廷的专供权，没有很大的能耐是做不到的。孟洛川有一族侄孟觐侯，在北京交友众多，出手大方，出入王府犹如进自家门。那王府的一年四季的着装由他一条龙包办。与贝勒爷们也都兄弟相称，在京城是个吐口唾沫都有回声的主儿。就是他那做巡抚的干爹的力量也不一定能与之比项。毕竟他远离京城这个权利中心的地方。朋友也回信相嘱，从大局着想，不要小瞧瑞蚨祥的力量。

孟洛川是何等精明的人，赶紧跑到县府，拜谢县令。县令说："我是君子动口不动手。"他心里明白，这话意思是，只要我想办你，你死定了。孟洛川回答："我这人是你给我桃，我就回报梨（礼）。"孟洛川从县府出来时，感到后背凉凉的，一摸，湿湿的全是冷汗。

张謇：天地之大德曰生

传略　张謇（1853—1926），字季直，号啬庵，祖籍江苏常熟，生于江苏海门市长乐镇（即今常乐镇），清末状元。中国近代实业家、政治家、教育家。中国棉纺织领域早期的开拓者。

1869 年科举考中秀才，1874 年（即同治十三年），前往南京投奔原来通州的（今南通市）知州孙云锦。1876 年（光绪二年）夏，前往浦口入吴长

张謇

庆军幕任文书，后袁世凯也投奔而来，两人构成吴长庆的文武两大幕僚。1880 年（光绪六年）春，吴长庆升授浙江提督，奉命入京陛见，张謇随同前往。同年冬，吴长庆奉命帮办山东防务，张謇随庆军移驻登州黄县。1882 年（光绪八年），朝鲜发生"壬午兵变"，日本乘机派遣军舰进抵仁川，吴长庆奉命督师支援朝鲜平定叛乱，以阻止日本势力扩张。张謇随庆

军从海上奔赴汉城，为吴长庆起草《条陈朝鲜事宜疏》，并撰写《壬午事略》、《善后六策》等政论文章，主张强硬政策，受到"清流"南派首领潘祖荫、翁同龢等的赏识。1884年（光绪十年）随吴长庆奉调回国，驻防金州，袁世凯留朝鲜接统"庆字营"。不久吴长庆病故，张謇离开庆军回乡读书，准备应试。1885年顺天府乡试考中举人，1894年（光绪二十年）慈禧太后六十大寿，特设恩科会试，考中状元，授翰林院修撰。1904年，清政府授予他三品官衔。1909年被推为江苏咨议局议长。1910年，发起国会请愿活动。1911年任中央教育会长，江苏议会临时议会长，江苏两淮盐总理。1912年南京政府成立后，任实业总长，后任北洋政府农商总长兼全国水利总长，1914年兼任全国水利局总裁。后因目睹列强入侵，国事日非，毅然弃官，走上实业教育救国之路。1926年7月17日病逝，享年73岁。著有《张季子九录》、《张謇日记》、《啬翁自订年谱》等，今有《张謇全集》传世。

求学　　张謇的求学之路可谓是一波三折。那还是张謇刚入学堂不久，有一天，老师见门外有人骑白马走过，脱口而出："人骑白马门前过。"但一时想不起下联，便让学生应对。张謇的三哥张詧抢着说："儿牵青牛堤上行。"张謇沉吟道："我踏金鳌海上来。"

老师一听大喜过望，逢人便夸张謇是神童，志向远大，将来肯定有出息。从那时起，张謇就成为家族的希望之星，被父兄寄予蟾宫折桂的重望。

清朝科考与现在高考最类似的一点就是考生资格审查，不过现在高考重视的是户籍，而清朝重视的是家庭出身，如果三代以内没有读书应试的人，就会遭到公开的歧视。"三辈不读书，一家赛过猪"，是之谓也。这样的家庭，在当时称为"冷籍"，家中子弟如果要参加科举考试，经常会受到地方学官和保人的多方刁难、勒索，稍稍应付不当，就可能误了考期。

不幸的是，张謇恰恰是出自这样的冷籍家庭，15岁那年，张謇首次参加童试就面临着这样的境况。张彭年对儿子的才能满怀信心，他不想儿子的成绩因家庭出身而受到影响，因此，就想方设法避开这种困难。

这时，张謇的老师宋琳出了个冒籍赴考的主意。他多方活动，找到了如皋人张驹。经过磋商，双方商定，张謇冒充张驹的孙子张育才，在如皋参加县试，如果县试考中，张彭年必须付给张驹一定数额的酬金。作为中人，宋老师当然也有提成与酬金。

冒籍考试就是古代的高考移民，被揭发的后果同样很严重，但为了儿子能顺利考中，张彭年甘愿冒险。

童试分为"县试"、"府试"及"院试"三个阶段。张謇参加这年的如皋县试，一考得中；随后参加通州州试，成绩却不理想，名列百名之外。但同乡中与张謇同年的孩子却考中了第二名，因此，乡里人都嘲笑张謇，说神童也不过如此。

最恼火的还是张謇的老师宋琳，他本想张謇顺利考中秀才好名利双收，不料张謇州试成绩竟如此之差。恼羞成怒之余，他当众嘲笑张謇说："如果有 1000 人应试，取 999 名，不取的那一名一定是你！"

当众受奚落，张謇泪流满面。从这一天起，他在自己卧室的窗户、蚊帐顶上、床头、案头等处都写上"九百九十九"五个字，警示自己要用功。这年 10 月，张謇在院试中考取第 26 名，顺利获得生员也就是秀才资格。

儿子考中秀才，张彭年也信守承诺，如约向如皋张家付款，张謇也以如皋生员的身份入如皋县学读书。孰料张驹是当地的无赖，他不仅要张謇父子再交学官所派的其他费银 150 两，还以其他借口让张彭年再拿 200 两白银作为酬谢，不然就要向官府举报。

与此同时，知道张謇冒考的人越来越多，许多人以类似的理由进行敲诈。如此下去怎么得了？张彭年就请宋琳出面疏通，让张謇修改学籍，回家就读。哪知宋琳也是局中人，利益攸关，哪里肯去拆骗局。他斥责道："归籍等金榜题名之后申请不迟。现在申请，张謇的功名就要立即被革除，你们家出一个秀才容易吗？"

自此，张謇一家成了待宰的羔羊，谁都想来讹一把。

有一次，如皋张氏诬告张謇，如皋县衙便派人来捉。张謇得悉后连夜逃往朋友家躲避。出门不久，狂风暴雨就劈头而来，一不小心，他掉进了烂泥深达3尺的护城河里，险遭灭顶之灾。张謇挣扎着爬出来，这时外雨内汗，衣服已经湿透，到朋友家的路不过3里路，他竟走了三四个时辰才到，一双脚磨得血泡连连。

张謇一生坚忍不拔，耐力超人，这些性格品质的底色都是从冒籍风波而来。正是这人生的第一碗苦酒，让他在未来的人生中，不管遇到什么困难，哪怕是斯文扫地，也依然能挺住！

为了彻底摆脱纠缠，张謇主动向学校申诉，要求革除自己的秀才，让他到南通重考。海门书院的院长王崧畦和海门训导赵菊泉看到张謇的才学，十分同情他，他们四处为张謇说情。后经与知州孙云锦、江苏学政彭九余等人的多方交涉，1873年，礼部终于同意让张謇重填履历，恢复原籍。

张謇此时已年近不惑，不愿意再去赶考。为动员儿子赶考，父亲连哄带劝："孩子啊，赶考固然很辛苦，可你毕竟还年轻；我今年76岁，才刚步入老年，身体没问题，你就放心大胆地去再试一把吧！"父命难违，落榜专业户张謇只得收拾行李，打起精神上路。3月底，张謇才磨蹭到京。这时候入场时间也到了，张謇借了朋友的考试用具，仓促入场。发榜之前，他不抱任何希望，连录取消息都懒得打听，可这一次他竟取中第60名贡生。4月，在礼部复试中，他又取中一等第10名，从而获得了参加殿试的资格。这样好的运气，大出张謇的意料。从16岁考中秀才以来，25年了，他还是第一次离状元桂冠这样近，这让那颗早已冰冷的心又活泛起来。

事实上，科举本是个高难度的活儿，不仅要学问好，还要运气正，更要人脉旺。越往上考，人缘越重要。所谓状元，从来都不是一般人想象中的考分第一名，而往往是多方博弈的结果。对于张謇本人来说，能否蟾宫折桂完全是未定之数。但这对于以协办大学士、军机大臣兼户部尚书翁同龢为首的清流集团来说，却是志在必得。

这些年翁同龢很郁闷，虽然贵为光绪帝的老师，眷倚隆重，领袖清流，但在与太后支持的北洋大臣兼直隶总督李鸿章集团的争斗中却屡居下风。老战友李鸿藻（协办大学士兼吏部尚书）垮台后，清流派人才凋零，青黄不接，在日趋激烈的朝廷纷争中，急需培植人才。因此，早在光绪八年（1882年），张謇就开始进入翁同龢的视野。

无奈张謇学运不佳，10年来竟然始终未能入围，让翁老十分沮丧。这一次恩科会试，得知张謇获得殿试资格后，他老人家非常欣慰。亲自参与阅卷的翁老，对张謇的卷子评价甚高："文气甚老，字亦雅，非常手也。"他与7位阅卷大臣磋商后，将张謇定为第一名。

贡献　　张謇在南通所做的实业众多，大多是与民生相关的各类工厂，逐渐形成工业区，还建了码头、发电厂、公路，成为中国早期民族资本主义的基地之一。为了培养科学等方面的人才，他又积极兴建师范学校，培养师资，1905年，张謇与马相伯在吴淞创办了复旦公学（复旦大学前身）。1907年创办了农业学校和女子师范学校，1909年倡建通海五属公立中学（即今南通中学）。1912年，创办医学专门学校和纺织专门学校、河海工程专门学校（河海大学前身），并陆续兴办一批小学和中学。同年还创办邮传部上海高等实业学堂船政科（上海海事大学前身）。1912年，张謇在老西门创办江苏省立水产学校，1913年全校迁往吴淞，故称"吴淞水产专科学校"（上海海洋大学前身）。1917年，在张謇支持下，同济医工学堂（同济大学前身）在吴淞复校。

光绪三十一年（1905年），张謇在通州建立了国内第一所博物馆——南通博物苑。1915年建立了军山气象台。此外还陆续创办了图书馆、盲哑学校等。据统计，张謇一生创办了20多个企业、370多所学校，许多学校与事业单位的兴办在当时都是全国第一。他为民族工业和教育事业的贡献，被人们称为"状元实业家"。张謇在当时对南通的建设已经有很清晰而前卫的规划理念，包括与西方建筑理念相结合的花园城市。这些理念的实践使得南通被现代建筑学家、清华大学教授吴良镛誉为"中国近代第一城"。胡适认为张謇在建设南通的过程中"养活了几百万人、造福于一方、影响及全国"。

节俭　在一些人看来，节俭仅是生活小事，关乎微蔑，简直不值一提。但张謇认为，节俭看似无关宏旨，其实大谬不然，它是养成高尚道德品质的基础工程。

张謇自幼受民族传统文化熏染，其中儒家伦理对他影响最大并成为其伦理观的主体。儒家伦理以完善自身、成就理想人格为依归，提倡积极入世，以"立德"、"立功"、"立言"。"立德"是儒家人生观中"三不朽"之首。但是"九层之台，起于垒土，合抱之木，生于毫末"，高尚的道德品质既不能与生俱来，也不可骤然幸致，而必须经过长期磨炼和点滴积累。节俭本身是一种美德，同时又是道德修养的一个十分重要的方面，对能否养成高尚的品格关系极大。张謇曾剖析俭啬与高尚道德间的关系，说"俭何以是美德？俭之反对曰奢。奢则用不节，用不节则必多求于人，多求于人则人不愿，至于人不愿则信用失而己亦病，妨人而亦妨己，故俭为美德。苟能俭则无多求于世界，并无求于国家，即便适然为官，亦可我行我意，无所贪恋，而高尚之风成矣。"在张謇看来，俭就是节用，对个人来说，它能克服过多的物欲，从而不为物所役，保持高尚的操守，所以要"立德"就必须节俭，"勤俭之广义，虽圣人之成德亦由之"。他意识到质的飞跃来自量的积累，强调"功不必期其速，事不可遗其小"，要求学生不要好高骛远、眼高手低，而从节俭等实实在在的身边琐事做起，切实加强个人修养，即"不以功德为口号，而基础从能俭做起"。张謇崇尚节俭不仅出于"立德"的考虑，而更主要是为了"立功"。儒家的"立功"原来多指出将入相、治国安邦，出则驰骋疆场保家卫国，入则辅佐明君，施行仁政。

而张謇则将其升华。他顺应了发展生产力的社会要求，紧扣救亡图存的时代主题，赋予传统儒家人生观以新的内涵，把"立功"具体成了"立国自强"而学习西方资本主义先进文化、兴实业、办教育、广慈善的实践活动，使"立功"带有鲜明的时代特色。张謇有着拳拳爱国之心以及强烈的社会责任感和历史使命感，同时又不满宋儒的"尽是说而不做"，决心要"力矫其弊，为书生争气"，做出一番有益于国家和社会的事业。他认为"立国出于人才，人才出于立学"，"欲富强吾国，舍实业无由也"，即兴办实业和教育是救国的最重要手段。而节俭则是这些事业成功的必要条件和重要保证。首先，节俭可使人养成高尚之节，而高尚的人格、良好的形象，无疑可增强自己的凝聚力、号召力，赢得人们的信任与爱戴，这样在兴办事业时就能登高一呼，应者云集。反之，"用不节"就会失去信用，就无法取得社会的理解和支持。其次，不节俭就难以维持和发展事业。在实践中，张謇目睹了一些企业家由于不注意节约，生活奢侈而"倏尔即败"的现实，深感"勤勉节俭任劳耐苦诸美德为成功之不二法门"。他认为，节俭"可以立实业之本，可以广教育之施"，只有节俭才能为实业的进一步发展奠定坚实的基础，也才能在民智未开、财力支绌的条件下实现普及教育的目标。再次，节俭也是抵御外来侵略的客观要求。列强侵略的重要方式之一就是商品倾销，凭借其商品低廉的价格来挤垮中国的民族企业，占领中国市场。因此，通过节俭可降低产品成本，从而改变民族资本企业在"商战"中的不利地位。他曾明确表示"各工厂制造之货，非减轻成本，不足以敌外国进口之贷"。

张謇不仅自己崇尚节俭，"独善其身"，而且还多渠道、全方位地大力提倡。节俭被他列入家训、校训及企业的规章之中，成为他对学生、家人和职员的重要要求。他还把节俭具体到饮食、服饰、家庭支出等方面。这使张謇的节俭具有了要求上的严肃性和具体性。张謇把节俭列入许多学校的校训，如盲哑学校为"勤俭"，女子师范学校为"学习家政，勤俭温和"，南通大学农科为"勤苦俭朴"，商业中学为"忠信持之以诚，勤俭行之以恕"。通州师范是我国第一家师范，也是张謇创办新式教育之肇始。他对师范学校的学生要求尤为严格，他认为师范为教育之母，师范生作为未来的教育者自应养成节俭的习惯，否则将来就不能言传身教，去感染和要求学生。他建议学生降低伙食标准，省出钱来赈济灾民，以实际行动奉献爱心，体现"民吾同胞"的儒家信条。他说："多得钱一千，即多救一命"，"念彼道馑，何独非人？仁义何常，践者君子。诸君倘有民吾同胞之真意乎？"他在《家书》中叮嘱其夫人："在家加意管理，加意节省，每日一腥一素已不为薄……衣服不必多做，裁缝即可省……"，强调"须一切谨慎、勤俭"，做到"能少奢一分好一分"。张謇45岁才得一子，自然视若掌上明珠，但他对这棵独苗也没有忘记进行节俭教育。他在给张孝若的信中一再嘱咐他注意节约，"除书籍外勿浪用"，还让他在由海门返回南通的路上带点心，到茶馆买开水就食。这对身为总长之子的张孝若几乎有些苛刻了。他还让孝若转告其母亲晚上早些就寝，因为这样"可省灯火"。在生产经营中，张謇更强调要强化管理、努力节能降耗，杜绝和减少浪费。在订立大生纱厂《厂约》时，他以勤俭办厂为原则，对一些开支作了明确的规定，使节约制度化。如他将职员的伙食标准分为平常、休息日和年节（或客至）三种，要求职员严格遵守、不得逾越。在《大生纱厂章程》中，他要求工人清扫飞花洞及车底，捡拾地面花衣、油花，甄别归类，上色留用，次色仍交花栈，以防浪费。

张謇崇尚节俭不仅宣之于口、著之于文，而且施之于行，公私活动莫不如此，从不因为不是自己个人的而放松节俭的要求，这使其节俭具有了普遍性。在实业、教育和社会活动中，他总是精打细算、厉行节约、反对浪费。对图纸设计、工程概算等，他总是亲自审定、严格把关，力争少花钱、多办事，把有限的资金用到刀刃上，使之产生最大的经济效益和社会效益。晚年巡视河工，作为水利局总裁且已年过花甲，他完全可以坐轿子，但他却有时乘牛车，有时步行，甚至一天步行一百多里。身教重于言教，榜样的力量是无穷的。张謇特别注意以自己的行动影响身边的人，帮助他们养成节俭的习惯，这使其节俭又具有示范性。他注意从自己做起，要求别人做到的自己首先做到，较好地发挥了表率作用，收到了良好的效果，也因此赢得了人们的称道。日本人驹井德三就说他"人格高洁，奉己薄，粗衣粗食，持己甚严"。他建议学生降低伙食标准以救济灾区，自己与学校的管理人员及年方十岁的儿子与师范学校学生吃同样的饭菜。他平时生活十分俭朴，张孝若说乃父"穿的衣衫有几件差不多穿了三四十年之久，平常穿的大概都有十年、八年，如果袜子、衣服破了，总是加补丁，要补得无可再补，方才换一件新的。每天饭菜不过一荤一素一汤。没有特客，向来不杀鸡鸭。写信用的信封都是拿人家来信翻了过来，再将平日人家寄来的红纸请帖裁了下来，加帖一条在中间。有时候用包药的纸或者废纸写稿子、写便条。他用空酒瓶做了一个塞子，寒天当汤婆子，告诉人家适用得很。有时候饭后吃一支小雪茄烟，漏气了就粘一纸条再吃，决不丢去。平常走路，看见一个钉、一块板都捡起来，聚在一起，重新使用。"其俭朴不仅令那些挥金如土的豪门巨室为之汗颜，也让普通百姓耸然动容。

张謇身为状元、总长，拥有巨额资本（1921 年驹井德三估计达 3400 万元），是全国屈指可数的大生企业集团的掌门人，张謇自不似那些贩夫走卒、升斗小民非节衣缩食就不能度日，他既有条件又有理由过奢侈生活。因此，他的节俭就格外引人注目。然而，他的节俭既非沽名钓誉、哗众取宠之举，也不是一时的心血来潮，而是他汲取传统文化中的精华、结合自己深刻的人生体验和丰富的创业实践进行理性思考的结果。节俭成为他一以贯之、终身不改的自觉行为。他对清苦的生活甘之如饴，对自己这一生活方式的选择自信自得、无怨无悔，从而在坚持节俭时表现出难能可贵的一贯性和坚定性。值得一提的是，他厉行节俭，做到我行我素，不在乎别人的道短论长，绝无丝毫的自卑与怯懦。相反，他理直气壮地把自己的观点明白地昭示于天下。在争豪斗富、奢靡成风的年代，他无视世俗的偏见，特立独行，崇尚并力行节俭，并堂而皇之地以"啬庵"、"啬翁"为号，其胆识鲜有出其右者。从某种意义上来说，这也是对上流社会纸醉金迷、一掷千金行为的鄙视和嘲弄。

张謇总是把"勤"与"俭"相提并论，密切结合。事实上，他的节俭是与不断开拓进取紧密地联系在一起的，都从属于造福社会这一终极目标。这使张謇的节俭带有崇高的公利性目的。张謇不是那种只进不出的土财主和守财奴，更耻于做金钱的奴隶。他一方面恪守"君子爱财，取之有道"的信条，宁愿光明磊落地失败也不愿靠不正当手段去取得成功；另一方面又继承了传统文化中刚健有为、社会本位、先义后利等宝贵遗产，提倡奉献精神，强调个人的社会义务。他认为，衡量一个人人生价值的标准不在于其拥有物质财富的多少，而在于其为社会做贡献的大小。因此，不必过多地追求物质享受，而应树立远大的理想，为天地立志、为生民立道。他曾表示："吾人之享用，不可较最普通之个人增一毫；吾人之志趋，不可较最高等之古人减一毫也。"他在生产经营中精打细算、在日常生活中节衣缩食当然可以聚财，但其目的不是为了个人发家致富，而是为了强国富民。张謇曾经说过："人单单寻钱聚财不算本事，要会用钱散财"，又说"应该用的、为人用的，一千一万都得不眨眼顺手就用；白用的、消耗的，连一个钱都得想想、都得节省。"他较好地协调了俭啬与慷慨之间的关系，达到了聚财与散财的完美结合。他对自己要求严格，节衣缩食，而对有益于国家和民族、能促进社会稳定和发展的文教、慈善等公益事业却出手大方、毫不吝啬。张孝若则说其父"一生的家产都为利人利地方而一齐用完"，他把几乎自己所有的财产都用于地方建设上去了。自 1902 年创立通州师范到 1925 年，为了地方事业，张謇捐献了自 1895 年秋创办大生纱厂起的全部工资、红利共 150 万元。他还将自己原有的及别人赠与的古董器物等无偿送给南通博物苑，又拿出家藏国书中的三分之二送给南通图书馆，作为其进一步发展的基础。这一切有力地促进了南通地区文化教育和社会事业的发展。

忘年　梅兰芳和张謇的相识相知是一段令人难忘的忘年之交。

1914 年 12 月 6 日，张謇跟熊希龄、梁启超和诸宗元在北京天乐园观看梅兰芳的演出，并至后台道乏，由此而初晤。他当时 62 岁，任北京政府农商总长兼全国水利局总裁，梅兰芳年仅 21 岁。在这之前，张謇早已从友人处得知其祖父梅巧玲为人憨厚侠义，因此对这位义伶的后裔格外看重。当然，主要还是由于张謇先生具有深厚的文学造诣，热爱祖国的古典戏曲，并爱惜人才，乐于奖掖后进，才使这两位建立了深厚的忘年之交。

1919 年春，梅兰芳在蚌埠大舞台演出结束后，正准备去济南演出，安徽省督军倪嗣冲因他母亲的寿诞，欲留梅兰芳演唱堂戏祝寿，先送包银 500 元。梅兰芳从未演出过堂戏，何况要如约去济南演出，岂能延期误事，坚决不允。这事触怒了倪嗣冲，他派人拘拿梅兰芳，企图妄加民党分子的罪名交军法处逼供后处以枪决。情况十分危急，剧团的人员忧心如焚，幸亏王凤卿（著名京剧老生）急中生智，先打电报给梅夫人，叫她在京设法托人说情，同时给德高望重的张謇发去加急电报，请他设法去营救，张謇接电报后思量，如果按照和梅兰芳的一般交情从中斡旋恐怕效果不大，于是他在给倪嗣冲的电报中直说梅兰芳是他的干儿子，请倪督军宽恕。张謇考虑到这一招还不稳当，又打电报给总统黎元洪，请他立刻致电倪

张謇与梅兰芳

督军放人。果然倪嗣冲接到两份电报，不得不卖个人情释放梅兰芳，使得他得以虎口脱险，转危为安。所以梅兰芳深感张謇救命之恩，对他格外尊重。

张謇先生虽年长梅兰芳40余岁，却从不以长辈自居，在此后所赠诗画中对梅兰芳总以小友或贤弟称之，且在梅兰芳于上海初获盛誉时，首先告诫他要有清醒的头脑，鼓励他学习书法绘画，提高自身的文化和艺术修养，以更高标准要求自己。他拿出自己珍藏的刘墉书联和汤乐民画梅寄赠，并在这些书画上题诗，以梅兰为喻，勉励梅兰芳高标绝俗。他还建议梅兰芳把字"畹华"改为"浣华"，说明这是从北朝宫嫔之官婉华、唐代诗人杜甫之里浣华中各撷一字而成的，祝愿他"始于春华之妍而终于秋实之美"。这种种亲切的关怀爱护，使梅兰芳深受感动，对张謇先生倍加景仰。

张謇认为"实业可振兴经济，教育能启发民智，而戏剧不仅繁荣实业，抑且补助教育之不足"，于是他基于"改良社会措手之处，以戏剧为近"和振兴京剧艺术的目的，于1918年和1919年先后在南通创建现代化设备的更俗剧场和我国最早的新型戏剧学校——伶工学社，以培养人才，实行戏剧改良。当时一般人往往把戏曲视为一种娱乐，演员被称作"优伶"，社会地位低下，张謇则强调戏曲的社会功能，并把戏曲升华到艺术的高度来肯定它提倡它，实际上是对戏曲和演员社会地位的肯定。他以"更俗"冠命剧场，自在"更除恶习旧俗，树立文明新风"，通过演出优秀剧目，传授艺术文化，寓教于乐以教育民众。

在创办伶工学社时，他曾多次致函，就师资、学员、经费、教育等方面跟梅兰芳反复商讨，其中一信提到办校的目的："世界文明相见之幕方开，不自度量，欲广我国于世界，而以一县为之嚆矢。至改良社会，文学不及戏剧之挺，提倡美术、工业不及戏剧之便，又可断言者。"他希望梅兰芳"当知区区之意与世所谓征歌选舞不同，可奋袂而起、助我成也"。但是梅兰芳由于为人谦虚，且正忙于首次赴日访问演出，实难到南通协助办学，张謇遂聘请欧阳予倩先生筹办剧场主持伶工学社，1919年，梅兰芳曾就此事致函道歉：

啬公先生钧鉴：秉初、予倩先生掷下手谕，敬悉更俗剧场、伶工学社均已有成，乐极。忆去年蒙谕代组学校，本应勉效绵薄，只以知识短浅未克如愿，实深愧歉。有予倩先生出来办理，甚妙。久知予倩先生品学兼优，艺通中外，将来剧场、学校均必尽美尽善，较澜为之胜万倍矣。澜自日本归来，有感触，亦拟办一精致剧场及学校，但人微言轻，未悉果能如愿否。蒙谕于九月间到通一节，闻命之下，欣幸无似。届时倘无他故，定当前往。兹奉上化妆照片六张，伏望哂存。敬请钧安。

梅澜谨禀

随后梅兰芳便于1920年至1922年三次赴南通，演出于更俗剧场，为伶工学社延请教师，并收高材生李斐叔为徒。正是通过张謇的介绍，梅兰芳与欧阳予倩相识而成为挚友，共同为祖国的戏剧事业奋斗了一生。

张謇为纪念梅兰芳和欧阳予倩先生同台演出，在更俗剧场门厅楼上特辟一室，题为"梅欧阁"，由他自书匾额，并撰书楹联："南派北派会通处，庐陵宛陵今古人"，还作一诗来说明命名的意义：

平生爱说后生长，况尔英蕤出辈行。
玉树谢庭佳子弟，衣香荀坐好儿郎。
秋毫时帝忘高岱，雪鹭弥天足凤凰。
绝学正资恢旧舞，问君才艺更谁当。

从此诗可以看出，张謇强调的是劝勉戏剧界不应分派别互相倾轧，优秀人才应该团结一致，共图中国戏剧改革，光大祖国优秀艺术。

上世纪20年代初，梅兰芳开始编排歌舞剧，融民族舞蹈于京剧，张謇大加鼓励，甚至愿为之编写《舞谱》，后又闻梅兰芳拟赴美访问演出，对他旨在把祖国优秀古典艺术介绍给海外深表赞同支持，当即拟定一份出行要点，举凡出行宗旨、组团名称、成员、剧目选择、京剧沿革介绍、化妆、音乐、演出时间、剧情翻译以及平常衣着、资用等方面无一不细致周详地提出建议，供梅兰芳参考，张謇这些宝贵意见梅兰芳都认真采纳了。遗憾的是张謇于1926年病故，未能闻得梅兰芳1930年访美演出成功的盛况。

值得一提的是，张謇多年来寄赠的诗文、信函和名贵礼品，梅兰芳虽在战乱中多次迁移，却一直珍藏在身边。从那些信函中可以见到张謇先生的戏剧理论和实践，以及对梅兰芳所演各剧提出的精辟的修改意见，不少诗赋实际上是对各剧所做的涵义深邃的点评。

1916年，他称赞梅兰芳在古装新戏《黛玉葬花》的表演通体"婀娜绰约，隐秀无伦"，但也指出黛玉看《西厢记》，接口说"有趣儿"一句应改为，黛玉以微笑来表达，这样便会使"剧情似尤超妙"。1924年，他对《霸王别姬》这出戏，提议"项羽歌，须按工尺，排成高下疾徐舒促文音节，以写激昂沉郁悲愤之心情，庶可免二黄调歌诗之弊。唱此歌时，手眼肢体之动作，亦须与歌文音节意思相称"。张謇对《洛神》神话歌舞剧就排场、歌舞、服装、道具、布景和角色处理等方面所提出的宝贵意见，梅兰芳后来都加以采用而予以改进了。张謇还曾为此剧欣然作了一首《后洛神赋》（载于《南通报》附刊"文艺"甲子第一号），赞扬梅兰芳的表演："其舞也，状与赋融，凌波罗袜，轻若乘空……其歌也，体甄后之停辛伫苦，烦冤闷伤，欲诉仍咽，荡气回肠。"梅兰芳精彩绝伦的表演和张謇深邃透辟的佳文珠联璧合，真可谓艺坛一段佳话。

才情　张謇爱好书法，其书法落款謇字写得看上去像繁体"宝宝"两字，又被人们戏称为"张宝宝"。张謇一生练字极为勤奋，尤其在青壮年时期，如同一位武林高手练武——夏练三伏，冬练三九，从不间断。1873年阴历十一月十三日，他在日记中写道："雪，入冬以来，是日为最寒。

读《三国志》。写字。"十四日他在日记中写道："雪霁、更寒。读《三国志·魏志》终。写字。"十五日他在日记中写下："寒如故，砚池水点滴皆冻，写不能终一字，笔即僵。"1874年阴历六月初三，日记中有"返舟、写字、看书。是日甚热。"是年阴历七月初四日记中则有："苦热，每写一字，汗辄雨下。"如此苦练，张謇的字自有一种独特的挺秀之美。张謇的字，带有颜体笔意。他曾习临颜真卿的楷书《告身帖》，此帖真迹流入日本，国内仅有印本行世，书法端朴，苍秀，被明代书论家詹景凤誉为"了不经意，而规矩自成方圆，亦是千秋独步。"他曾重点习临颜真卿的楷书《郭家庙碑》，此碑书

疏瀋分北喟
蕈木見南山

张謇书法

势朗畅，张謇颇喜欢，一度以临此碑定为晨课。颜真卿的楷书《麻姑仙坛记》、行书《争坐位帖》，也为其重点习临之作。张謇的字，也时显褚遂良、欧阳询、欧阳通等余韵。他曾习临褚遂良的楷书《雁塔圣教序》、《伊阙佛龛碑》、行书《枯树赋》、欧阳询楷书《九成宫醴泉铭》。何绍基（清代诗人、画家、书法家）曾强调，欲学欧阳询必当先从其子欧阳通所书楷书《道因碑》问津，若初学执笔，便模仿《醴泉》、《化度》等，"譬之不挂帆而涉海耳"，张謇至1887年感觉到了此点，该年日记中有："临《道因碑》。日课惟此能行也，日定五十字不闲"，直至1915年仍在习临此碑。张謇的字，更得力于晋楷、汉隶。他曾习临传为王羲之所书小楷法帖的《曹娥碑》、王献之所书小楷法帖《洛神赋十三行》。笔势开张、点画飞动、多有篆隶遗意的摩崖楷书石刻《瘗鹤铭》；恣肆奇崛的东汉隶书碑刻《礼器碑》，张謇皆花过一番工夫习临。张謇行草，多学文徵明、包世臣，曾悉心临写文徵明行草书两年有余，得其"遒逸婉秀"韵味，由于他推崇包

世臣的诗句"安吴晚出独精绝"、"雄强洞达始平实",其挺秀的字中又蕴涵着一种雄强、洞达与平实浑然统一的美。

诗作

《屡出》

屡出真成惯,孤怀亦自遥。

小车犹择路,独木已当桥。

鹳影中霄月,蛙声半夜朝。

无人能共语,默默斗旋杓。

《从孙观察公奉差淮安纪行》

湖田处处鸭阑遮,一片菱花间藕花。

养得鸭肥菱藕足,一年生计抵桑麻。

情事　　张謇的原配夫人徐氏是一个典型的传统家庭妇女。在张家吃苦耐劳、任劳任怨,但徐氏为张謇仅生过一个女儿,而且很快就夭折了。在"不孝有三、无后为大"的传统观念的影响下,徐氏亲自主持为张謇连续纳了四个妾。其中,吴氏的肚子争气,为张謇生下了他唯一的儿子张孝若。

但是张謇的心中,始终隐藏着一份遗憾。张謇是个状元之才,按中国传统的观念,自古以来是才子配佳人。而他身边呢,始终没有一个能够让他释放浪漫情怀的红颜知己,直到后来江南才女沈寿的出现,张謇这种内心深处的孤独才得以释怀。

沈寿原名沈雪君，江苏吴县人，自小跟姐姐学习刺绣。她心灵手巧、悟性极高，她在 17 岁的时候，被许配给了当地的一位举人余觉。婚后的沈寿和余觉共同研究刺绣艺术，后被美誉为"绣圣"。

1912 年，清廷退位。久闻沈寿盛名的张謇把沈寿请到南通建立了女工传习所，聘请沈寿为所长，为张謇的实业培养苏绣人才。

沈寿的身体不好，经常生病，再加上专心刺绣，养成了她清心寡欲的性格，在夫妻生活上不能满足她的丈夫余觉的要求。而余觉是个风流才子，绝对耐不住寂寞，于是他一连娶了两房姨太太。这让生性好强、性格上又有洁癖的沈寿绝对不能够容忍，夫妻关系早已名存实亡。

而张謇虽然已经年近七旬，却一点也不显老，他与沈寿非常谈得来，可以说是心灵相通、精神默契。为了把沈寿的刺绣技艺发扬光大，张謇动员沈寿写一部刺绣的书。《绣谱》完成后，张謇亲自作序。张謇在给沈寿的诗中用"比翼鸟"、"比目鱼"和"鸳鸯"这些情人间互用的词汇大胆而直露地表达了自己对沈寿的爱慕之情，而沈寿毕竟只是一个弱女子，她惧怕外间悠悠之口，不敢把对张謇的爱情吐露出来。她只在诗中写道："本心自有主，不随风东西"。事实上，当时沈寿对张謇的情怀有过一次含蓄而大胆的表露。沈寿长期卧床养病，后来她开始慢慢地掉头发，于是她就用自己很细柔的长发绣出了张謇的手迹《谦亭》。落发不够用，她就用剪刀剪下自己的头发，以此绣品很含蓄地表达了自己内心的情感。

完成了《绣谱》后的沈寿已经耗尽了自己人生的最后一丝气力，在与张謇神交 9 年后，于 1921 年 6 月 8 日与世长辞，时年 48 岁。此时年已 72 岁的张謇全然不顾自己的身份、地位、名声，扑倒在沈寿的遗体上号啕大哭，老泪纵横。沈寿去世后，张謇按照沈寿的遗愿把她安葬在能望见长江和苏南土地的马鞍山南麓，墓门石额上镌刻着张謇的亲笔楷书：世界美术家吴县沈女士之墓阙。墓后立碑，碑的正面镌刻着张謇撰写的《世界美术家吴县沈女士灵表》。张謇为沈寿所做的这一切，甚至连沈寿的丈夫余觉也不得不被深深地打动。

伤逝　张謇曾说过："人生要经历三个时期：三十岁以前是读书时期，三十岁至六七十岁是做事时期，七十岁以后又是读书时期。"

退出大生的管理后，劳碌一生的张謇真正开始有了一些空闲，他从濠南别墅搬到西林梅宅小居，坚持每日临怀素帖，读《左传》。

1926 年，张謇已是 73 岁高龄的老人，精力虽然有限，但依然热心公益。这年 8 月初，张謇冒着酷暑，拄着拐杖，与人一起在江堤上走了 10 多里，观察分析了主要危险地段，并筹备护江保堤的石料。一连几天，张謇筋疲力尽，适逢气候闷热，他再也支撑不住，倒下了。

自此，张謇病势转重。儿子张孝若跟三伯父张詧商量，将张謇接回城里濠南别墅家中，商请著名西医诊治。但毕竟年事已高，张謇病情愈发严重，不时陷入昏迷之中。

8 月 23 日子夜，雷电交加，大雨滂沱。次日，张謇在床已奄奄一息，处于弥留之际。上午 10 点过后，各方面有关人士都聚集到濠南。张詧扶杖含泪而至，移步至乃弟病榻旁，俯身耳语说："汝来有所自，去有所归，看来时机已到，要把定神志，好好地归去吧！"张謇微微颔首，这位不知疲倦的老人终于带着遗憾的神情闭上了眼睛。

1926 年 12 月，张家出殡，南通万人空巷，远近的民众都来送行。

那天清晨，天气异常晴爽，朝阳渐升，光芒四射。蔚蓝的天穹，明净到一片云都没有。霜露凝盖在树上，愈觉澈亮，寒肃之气，侵入肌骨。上天好像有意给他一个光明而又冷峻的结局。

轶事　张謇谦虚谨慎，平易近人。考中状元后，衣锦还乡，乡亲们扶老携幼，聚集街道，夹道欢迎。张謇对乡亲们一再作揖道谢，并劝告说："我们都是一镇上的人，非亲即友，何必如此排场！"乡亲们尊敬他，称他为"大人"、"老爷"。他说："你们原来怎么称呼，现在仍然怎么称呼。叫'大人'、'老爷'反而见外，感到疏远了。"乡亲们见他说得恳切，在他面前显得随便多了。后来，大家亲切地称他为"张四先生"。

清末民初，常乐镇东头匡河畔的农家，出了一名种田能手，他就是名闻遐迩的刘旦诞。刘旦诞潜心农业，精选良种，勤耕细作，创造了很多优质高产纪录。由于张謇把创办工厂和发展农业，看做是相辅相成的立国之本，自然对刘旦诞很重视，曾几次登门造访。一年秋天，张謇前往访问，看到刘旦诞在菜地里操劳，就在田间与他研讨起植物生长规律来了。张謇问："香芋藤上棚是右转还是左转？"旦诞笑着说："状元公考起我这个农夫来了！"于是，他认真地讲述了香芋藤、山药藤都左转（反转）的科学道理。张謇听了深表钦佩，赞扬他说："你也是状元嘛！是个'田状元'"。从此，"田状元"刘旦诞的名声，就在乡里传开了。

张謇每次从外地回家，总要到学校、社仓、酒厂等处了解情况。一次，来到社仓，见一个衣衫褴褛的少年，出劲地把社场上的麦子扫得干干净净。张謇看在眼里，随即向管理社仓的曹善同问起这个少年的身世。原来，这个少年叫陆思成，是个孤儿，家住常乐镇东南农村，年幼无人照顾，生活困苦，从未上过学校，靠做帮工维持生活。张謇知道了他的不幸遭遇，给予热情照顾，先让他上学念书，待其成年后，又把他安排到南通做事。

常乐镇西边有个黄石青，父亲早年病故，家境清寒，为人老实，张謇安排他到自己办的学校敲钟。他一生善良勤恳，张謇从心底里喜欢他。黄石青病故，放在五福寺入殓，张謇写了一幅挽联悼念，上联是："司钟一童子"，下联为"辛勤二十年"。

常乐镇西北官公村的陆志涛，24岁时受聘到常乐镇初等小学任教。他备课认真，工作负责，时常工作到深夜。积年劳累，身体虚弱。

一次，张謇先生回乡接见他时，发现他脸色不佳，便询问黄雨臣主任："这位年轻教师是否有嗜好（吸鸦片）？"黄回答道："他不吸鸦片，脸色不好，可能有病。"张謇随即把他带到南通医院，请名医给他诊断，确诊为肝炎。于是，马上叮嘱医生给予精心治疗，四个月之后，陆志涛完全恢复了健康。张謇后来又把他安排到残废院、盲哑学校等做负责人。

每逢过年，张謇总要书写大门对联，在大年三十，请人裱上门去。然而他写的对联与众不同，即上联不变，下联年年变换，人们常从变更的下联里见到张謇的愿望和心事。如头年的一副对联：

上联——且喜两家共平善（两家指张詧、张謇家）

下联——但闻六合靖风云（六合指上、下、东、西、南、北）。

次年，欧洲大战爆发，只见他家新门联纸红墨香，下联换上了"欲倾四海洗乾坤"。几个肚里藏墨的人，望着下联这七个字，略加思索，对呀，是年正值欧洲大战，战火纷飞，亿万人民遭受灾难。张謇挥笔抒怀，想倾四海之水，把硝烟战火洗涮干净，表现了他憎恨帝国主义发动的世界大战，努力实现世界和平的心志。

张謇名登金榜，高官显赫，并兴办了许多事业，很有威望，得到广大群众赞扬。但他不以功臣自居，时时处处虚心谨慎。一次，张謇外出归来，途中和车夫谈家常，问车夫："可认识张謇？人家对他有何反映？"车夫讲："我虽不认识此人，但他名气很大，大多数人说他是好的。但为开河、做马路损失了不少农田，议论较多，甚至还有人骂他的。"张謇听了没有作声。到了常乐镇，车夫眼看他走进状元府，才知他就是张謇。一会儿，家人追出来，车夫见状，吓得面如土色，急忙推车欲逃。家人拦住车夫，付给他数倍的车钱。车夫呆呆地望着手上的钱，自言自语地说："状元肚里好撑船啊！"

张謇的长房侄子承祖，自恃叔父的状元声誉，不仅在本地胡作非为，而且竟胆大妄为闯至崇明县闹公堂。知县碍于张謇，不敢得罪承祖。但知道张謇为人清正，便小心翼翼地将此事禀告张謇，张謇听后，觉得侄儿平素确有为非作歹之劣迹，便断然说："依法惩办。"周围群众为之奔走相告，都称张謇是"秉公执法，不讲私情"的清官。

一天早晨，张謇在大门口沿河散步，见一群小学生自西向东走来，走到他的门前时，他欣然吟诗一首：

风吹池面开，一群金鱼摆。

小鱼摆摆尾，大鱼喁喁鳃。

我投好食不需猜，

和和睦睦来来来。

小学生听了笑着跟唱："和和睦睦来来来。"张謇拍着手，高兴得连声说："好！好！"

评价　毛泽东："谈到中国民族工业，我们不要忘记四个人……轻纺工业不要忘记张謇。"

胡适："张季直先生在近代中国史上是一个很伟大的失败的英雄，这是谁都不能否认的。他独立开辟了无数新路，做了三十年的开路先锋，养活了几万人，造福于一方，而影响及于全国。终于因为他开辟的路子太多，担负的事业过于伟大，他不能不抱着许多未完的志愿而死。"

范旭东："南方的张季直先生，在科举施毒那种环境之下，他举办的工业，居然顾虑到原料与制造的调和，运输、推销，兼筹并重，确是特色。"

丁文江："数年前余在美时，美前总统罗斯福死后，凡反对之者，无不交口称誉。今张先生死，平日不赞成他的人，亦无不同声交誉。"

章开沅："在中国近代史上，我们很难发现另外一个人在另外一个县办成这么多事业，产生这么深远的影响。"

周学熙：误染缁尘又一年

传略 周学熙（1866—1947），字缉之，别号止庵。安徽至德（今东至）人。北洋政府财政总长、实业家。

周学熙的父亲周馥曾任山东巡抚、两江总督、两广总督和袁世凯幕僚。是清末民初实业家，政治家。开滦矿务局、启新洋灰公司、华新纺织公司、耀华玻璃公司的创办人。山东高等学校（山东大学前身）校长。周学熙16岁中秀才，1894年中举，最初在浙江为官。1898年报捐候补道，派为开平矿务局会办，次年升总办。1900年为山东候补道员，入袁世凯幕下，后随袁来天津，主持北洋实业。1901年任山东大学堂督办，次年转往直隶候补，7月经直隶总督袁世凯委派总办银元局。1903年赴日本考察工商业，归国后任直隶工艺总局督办，并创办北洋工艺学堂（今河北工业大学）兼任督办（校长）。1905年，出任天津道，办商品陈列所、植物园、

周学熙

天津铁工厂、滦州煤矿公司、天津造币厂、唐山启新洋灰公司、天津高等工业学堂等。其中1906年创办启新洋灰公司、滦州煤矿公司，获利颇丰。1907年任长芦盐运使，后升任直隶按察使。1908年创办京师自来水公司。袁世凯窃国后，任1912—1913年陆征祥内阁和1915—1916年徐世昌内阁财政部长。1916年4月脱离政界，任华新纺织公司总理，先后创办华新所属的天津、青岛、唐山、卫辉四家纱厂。1919年创办中国实业银行，任总经理。1922年与比利时商人合办耀华玻璃公司。1924年成立实业总汇处，任理事长，管理所属各企业。周以兴办实业成绩卓著，与南方实业家张謇齐名，有"南张北周"之说。1925年周学熙以年高引退，晚年以读经、赋诗和念佛自遣。1947年9月26日卒于北平寓所。

传闻　　后世罕有人知周学熙。他极偶尔会被提及，却是因了一则戏剧"八卦"。1934年，出生于天津的清华大学学生曹禺创作了四幕话剧《雷雨》，因鲜明的反封建主题和浓烈的悲剧色彩而轰动一时，曹禺成了中国最杰出的话剧家之一。《雷雨》的故事地点发生在天津，主人公是个大实业家，名叫周朴园，而其居所就叫"周公馆"，因此很多人猜测该剧讲的就是周学熙家族的故事。一直到很多年后，曹禺才在一篇短文中"澄清"说："周家是个大家庭，和我家有来往，但与事件毫无关系。我只不过是借用了一下他们在英租界一幢很大的古老的房子的形象。"

曲折　　1880年，15岁的周学熙独自一人，肩背书籍行囊，翻山越岭，徒步到池州府去应童子试。当时的池州督学孙毓汶是一个饱学之士，曾任翰林院编修。孙翰林十分喜欢这个自己走了一百多里路来的学生，得知他的父亲是一个很有政声的道员以后，更对这个丝毫没有纨绔之气的官宦子弟有了好感，经常给他开小灶。

1881 年，周学熙赴省城参加科考，轻易取得了科举资格。这个大山深处走出来的少年秀才不由得踌躇满志，以为青云直上指日可待。不料天意弄人，此后，他竟然连续 5 次落榜，直到 1893 年第 6 次应试后，才递补为顺天乡试第 18 名举人。

看起来，这科举之途竟然比当年的山路还要崎岖。此时已是 12 年过去，历尽磨难的周学熙以为今后应该是否极泰来，进士及第为期不远，不料世事无常，苍天偏负有心人。

1894 年，周学熙第一次"会试既中，仍以额满见遗"。1895 年再次高中，却被心存偏见的主考以"书经题文有两句引用《说文》"为由，把他从榜上除名。

榜单出来后，周学熙非常寒心，科场的风风雨雨真的让他受够了。落榜第二天，他就离京还乡。一路上，他都在琢磨如何说服望子成龙心切的老父放自己一马。

受父亲周馥洋务思想影响，周学熙平时并非一心只读圣贤书。多年来，他对天文、地理等格物之学及声、光、电、化等先进科技知识也兼学并读，这也让他决定放弃举业时多了几分底气。

回家不久，父子二人即进行了一场人生对话。

"父亲，孩儿不打算再赴京会试了！"周学熙郑重地告诉老父。

"为什么？"周馥猛听此言，大吃一惊。

"如今，国是衰微，官场黑暗，纵然中了进士，又当如何？目下中国缺少的不是进士，缺的是干实事的人。况且，孩儿现在已有五子一女，家累渐重，我打算用分家所得的银两，弃举业而改习实业，这样于国于家都有好处。"

沉吟半晌后，周馥说道："也罢，你毕竟已年近而立，该是当家做主的时候了。但搞实业非常艰难，李中堂及为父的遭遇，你都看得很清楚，只希望你今后好自为之，不要半途而废。"

时过不久，周学熙写信给儿女亲家张翼，在张主管的开平矿务局谋了个监察的差事。凭着这个台阶，周学熙开始了自己一生的实业之旅。

儒情 周学熙骨子里似乎又是个文人，曾作诗《感怀》喟叹："误染缁尘又一年"！无奈也好，纠结也好，恐怕只有他自己知道。一次，启新公司股东开会，身为大股东之一的袁世凯家族也派人参加。会上，周学熙与袁家八公子、自己的妹夫意见不合，竟然掏出手枪来拍了桌子。

这件事让周学熙很受伤，不久他就宣告引退，不再过问北洋实业的事务了。

这年夏天，身心疲惫的周学熙到北戴河避暑。年近花甲的周学熙参透了人生的起落浮沉，面对着奔流不息的海浪波涛，回想自己几十年的流转生涯，突然顿悟"世间万物空如洗"，心中油然而生隐退之念。下面这首写于北戴河的小诗，真切地反映了他当时的心境：

"昔营小筑东海上，倏忽寒暑已十更。数椽茅屋虽云陋，千树槐柳午荫清。问余胡为甘寂寞，自来幽趣无人争。放眼不触尘埃障，侧耳不接市井声。槛外凌波沧溟小，杯中倒影星辰倾。"

他的儿子周景良回忆说："我记忆里的周学熙可不是你们想象的那个样子，他退休以后变得非常保守，就是一个穿着蓝布袍子、信仰程朱理学的老头子。他甚至反对子孙上新式学堂，他的孙子上学都是瞒着他的。他在家里设了一个师古堂，专门请老师来家里讲国学。"

退隐后，周学熙为家乡做了大量的好事，如捐资兴建农校，发展家乡教育事业；出资让乡民开发荒山，种树种茶；开办商业讲习所，学员学成后送到他亲手创建的北京自来水公司工作；开办医院，免费救治乡民。这些善事义举，让东至人至今受益。也满足了他想要积德远功的理想。

这位常常"着蓝袍，信仰程朱理学的老头子"在去世前，还曾写了一首这样的诗："祖宗积德远功名，我被功名误一生。但愿子孙还积德，闭门耕读继家声。"看来他晚年时回归了中国读书人的耕读理想，从中国儒家理想中找到了精神归宿。

帮助　　1901 年，周学熙投奔山东巡抚袁世凯。周的父亲周馥与袁世凯曾共过事，二人关系甚好，而周学熙同父异母的八妹嫁给袁世凯第八子袁克轸，因此袁世凯对周学熙特别客气，委任他为山东大学堂督办，相当于现在的山东大学校长。

袁世凯在山东一面镇压义和团，一面积极推行教育改革。周学熙的到来，无疑帮了袁很大的忙。他在督办山东大学堂期间，采取了中外结合的教学方法，一方面以中国的传统道德约束学生，另一方面大量教授西方科学知识，决心培养一批现代高级人才来为国效力。袁世凯非常赏识他办学堂中表现出来的才干，不久袁升任直隶总督兼北洋大臣，同时也将周学熙调到天津。

袁世凯刚上任就赶上了物价混乱、无钱可使的局面，幸好周学熙没日没夜带着人调查市场分析物价，接着开厂铸钱，总算将局面暂时稳定下来。过了几个月，袁世凯又给了他一个新的任务："这天津的市面上的铜元是足够了，可银子还是远远不够啊，要是老百姓想买点高档货，还得用车拉钱，你看能不能想点办法铸出银元，同时将民间的银子给收上来啊？当然，咱可不能抢！"

"可以办银行啊，核算物价、产值，用白银制成银元发行，将铜元收回一些。"周学熙建议道。

"如果我手上没银子，咋办呢？"袁世凯再问。

"这个，只有和缙绅、富商们合办，让他们先拿银子出来，入股分红。"周学熙道。

"好主意，就这么办，"袁世凯恍然大悟，不就是空手套白狼么？"核算物价啥的你去弄，看需要发行多少钱就行了，入股开银行的事，老夫亲自来抓！"

不久，袁世凯以"整顿金融、稳定物价"为名奏请朝廷，得到允许在天津建立了一个官办金融机构——天津官银号，准备联合绅商合股开设"天津银行"，并以此为基础管制金融市场。

袁世凯的算盘打得贼精：老子一毛不拔，让商人们出钱。可谁都不傻，一些人嘴里打着哈哈，就是不给。袁世凯请了几次客都不了了之，很是郁闷，心想自己还真不是这块料子，只得让周学熙再想想办法："你说说，怎么才能让这些人出钱，咱们来办事啊？"

"既然他们不愿意投资，咱不如先办钱庄，在官银号设立储蓄业务和商务柜，吸引社会上的人都来存款？哪怕是小笔款子，汇集多了也能成事，只要咱手上有了银子，铸银元就简单了。"周学熙回答。

袁世凯还是不怎么相信："要是百姓们不干，咱能拿枪杆子逼着人家存钱？"

周说道："大人，咱不是还有商务柜么，我们开通异地存储、汇款业务，另外发行银票，在天津存的钱全国都能取，就凭着您的面子，这银票流通全国官方钱庄估计问题不大吧。"

袁世凯一听眼睛都笑没了："高明，高明，先把银子弄到手再说。这样吧，天津官银号总督办就是你了，你要把这事情办好。"

"感谢大人栽培。"周学熙正想好好大干一场，这一下，袁世凯无疑给他提供了良好的平台。

天津官银号立马挂牌开张，周学熙一上任首先整顿人事制度。不讲资格，全看效益，银号自上而下都有存款任务，奖金与个人业绩挂钩。这样一来，职员们在利益驱使下，将各种远亲近邻都劝来存银子，关系网一张开，效率大大提高。

接着，周学熙又编订了银号各项规则，人人都得遵守。例如在办公时不许聊天、不许迟到早退等。还规定每年"官本所得息银，除准允督宪提用外，其余一切官本、护本、公债及各项存款，无论何次公用，永不能提支。"意思是除了总督袁世凯，提督、巡抚、道台之类来借钱一律不给！即便是其他公司、商号前来借款，周学熙都先派人调查对方有没有偿还能力，如果对方入不敷出，一律不借。对方能赚钱，周学熙就上门主动投资，劝人家扩大规模，自己好收利息，人家要是亏本了，马上追债！说白了就是只会锦上添花，不会雪中送炭。虽然不近人情，却杜绝了人情贷款，也避免了大量的呆账、坏账。慢慢的，天津银号变成了治直隶重要的金融枢纽。

气节 八国联军入侵华北后，英德军队占了唐山矿区。在混乱中，英国商人和天津海关税务司官员德国人德璀琳联合，连吓带骗，从总办张翼手中，以极低的代价"买"去了开平矿务局和唐山细棉土厂，其中包括唐山、林西两座煤矿，承平银矿，天津总局的房屋，天津塘沽、上海、香港、广州等地的运煤码头及运河、轮船等。他们转手又卖给了英商墨林，墨林又转手将之卖给"东方辛迪加"，"东方辛迪加"于1900年底组成开平矿物有限公司，并在英国注册，承接了开平矿务局的全部产权。

周学熙接替张翼任总办后，英国商人为了手续完备，又企图诱骗他在卖矿契约上签字。周学熙不顾威胁，断然拒绝签字，愤而辞去总办职务，表现了一个正直的中国人的民族气节。

1905年起英商变本加厉掠夺中国矿权，他们不仅采了开平矿区所属的矿坑，还虎视眈眈地注视着与开平矿区毗邻的滦州的矿源。周学熙认为如不先开采滦州矿源，该地区矿权势必旁落，北洋一切资源将被外国人掠夺。1907年他向袁世凯呈递"陈开滦矿界文"的建议，请求创建滦州煤矿，通过开发资源，收回权利，即"以滦收开"，最终得到袁世凯的同意。袁世凯以北洋大臣的名义，转咨农工商部准予注册，并下令"滦州地方三百三十方里矿界以内不准他人开采"，使滦矿比开平大10倍，还明确该矿系为北洋官矿，为北洋军需服务，以后他矿不得援以为例。

由于直隶各界人士对英国人以卑鄙手段骗取开平煤矿十分愤怒，所以对中国人自办的滦州煤矿都积极支持，纷纷投资入股，几个月的时间，"滦州煤矿有限公司"成立，周学熙担任总经理。他不等新式采煤机械运到，就先以土法上马开采，最先建成的是陈家岭矿井，随后又在印子沟、桃园、赵各庄、狼尾沟等地开挖了矿井，并在各矿之间建成专用铁路，安装电话。

他还派人到德国订购适合滦州煤矿使用的最新式采煤机械，使煤炭质量大大超过了开平，在市场上大受欢迎，对开平煤矿构成了很大的威胁。

1909 年冬天，在新任直隶总督陈夔龙的支持下，周学熙再次主持收回开平煤矿的事务。由于滦州煤矿已将开平煤矿紧紧包围住，而开平煤矿本身的蕴藏也快要开采完了，经过与英国外交部和英国公司长达半年的交涉，双方终于达成协议：英国把开平煤矿交还中国，中国付给英商 178 万英镑。当时开平煤矿的股票市价已达到 170 万英镑，加上公司拥有的其他产权，实际上已超过 178 万英镑，可见收回开平煤矿不仅维护了国家主权，经济上对国家也是有利的。由于当年出卖开平煤矿的张翼从中破坏，掌握国家大权的摄政王听信了张翼的胡话，不同意由国家支付这 178 万英镑，而滦矿也无力承担这笔费用，收开一事功败垂成。

周学熙对张翼的卖国行为十分痛恨，他下决心和英国商人斗争到底。针对开平煤矿蕴藏将开采完的情况，他决定首先开采开平附近各矿的煤层，使开平的矿井无法向外延伸。面临着即将无煤可采的困境，英国商人多次对周学熙威逼利诱，周学熙都不予理睬。英国商人又通过英国领事向直隶总督施加压力，陈夔龙也都顶住了。英国商人在无可奈何之际，施出了最后一招，凭借着经济上有英国财团的大力支持，挑起一场煤价大战，把每吨煤的价格降低几乎一半，而且还根据销量，附赠礼品，企图以此压垮滦州煤矿。周学熙果断地接受了挑战，也采取相同的降价措施。两家公司争相降价，最后每销售一吨煤，两家公司都要倒赔很多。在这种情况下，清政府对周学熙的斗争却不给一点财力上的支持。经过了近一年的价格大战后，双方处境都很艰难。最后英国商人改变了策略，开始大肆鼓吹"开滦合作"。他们在天津、上海的报纸上大造舆论，还专门花钱在天津办了张《北方日报》为"开滦合作"摇旗呐喊。同时，他们又从滦州煤矿内部进行分化瓦解，收买滦州煤矿的股东，要他们在董事会上提议放弃斗争、与开平煤矿合作。而滦州煤矿的一些股东，也因为公司亏损、无利可图，赞成与开平合作。

面对着重重困难，周学熙还是咬牙顶住了各方面的压力，准备与开平煤矿斗争到底。1911年辛亥革命爆发了。滦州煤矿的股东们唯恐因为革命失掉自己的既得利益，纷纷主张向开平煤矿投降，企图靠外国势力保住自己的利益。周学熙势孤力单，最后只得痛苦地接受了与开平煤矿合作的谈判。当股东们一致推举他担任合并后成立的开滦矿务局总局督办时，周学熙坚决地推辞了。收回开平煤矿是周学熙的心愿，但在他的有生之年却未能实现。1948年，唐山解放，开滦矿务局终于回到了人民手中，周学熙却已于此前一年逝世了。

用人　　周学熙筹建唐山水泥厂时，曾经聘请了一位德国技师，名叫汉斯。周学熙经过考察，感到汉斯确有真才实学，所以对他非常信任，并给予较优厚待遇。汉斯是个正直的工程师，工作非常出色。他看到英国商人骗取开平煤矿，对这种卑鄙行径十分痛恨，便主动果断地将唐山水泥厂的资料文件全部保管起来，拒不交给英国人。面对英国人重利诱惑，他明确地答复说："这是中国的企业，所有的文件资料属于中国人。我受周学熙先生的礼聘管理这个企业，决不能做背叛雇主而谋取私利的事！"后来，他又将这些资料全部交到了周学熙的手中。所以，英国人虽然占据了唐山水泥厂的地盘，但一直没有取得这个厂的产权。经过一再交涉和斗争，到1906年农历七月初七，唐山水泥厂终于回到了中国人手中。周学熙带着工人在厂门口大放鞭炮，庆祝这一胜利。

福荫　　清朝末年，随着人口增多，北京城里的用水和消防问题越来越棘手，许多绅商市民纷纷呼吁，要求兴建自来水厂。

1907年夏天，时任军机大臣的袁世凯，在觐见慈禧的时候，报告宫中缎库失火等事情。慈禧太后便问："防火有何善政？"袁世凯道："自来水。"

随后，袁世凯推荐了直隶按察使周学熙来办理自来水一事。

1908 年 4 月，慈禧太后批准了农工商部奏请建京师自来水的奏折，谕允成立官督商办的京师自来水股份有限公司，性质为招商集股的官督商办的企业，专招华人股份，每股 10 元，共 30 万股，总额为 300 万元，任命周学熙为公司总理。

资金到位后，周学熙勘察了一下北京周边的水资源的情况，在孙河和东直门把两座水厂很顺利的就建设起来了。但是接下来就是铺设这些管道到城里边的街巷当中，这是一项浩大的工程。

过去北京城外都是菜地、坟地，还有一些达官显贵的花园。周学熙在铺设自来水管道时，有些地方绕不过去，必须从这些花园或者坟地内穿过去，这样就遇到了一些人，特别是一些有钱有势的人的阻挠。

有一次，周学熙刚到公司，工地就派来差役告诉他，说是东直门外铺设水管工地上来了一伙人，气势汹汹的，阻止施工人员挖沟铺管子，并且还把施工的工头给打了。周学熙问这伙人到底是干什么的？差役低着头说了三个字，说是黄带子。所谓黄带子指的是当初清朝努尔哈赤的直系子孙们。这些人自以为是皇亲国戚，所以一贯横行霸道，就连外姓的满族贵族都惹不起他们。周学熙感到遇到了大麻烦，他只好放下手中的工作，随着差役赶到施工工地，进行调解。然后自己亲自登门去和几家有关的宗室贵族去商量解决的办法，求得他们的理解。

1910 年 2 月，京师自来水的工程终于全部竣工了。这个工程建设的速度之快，工程效率之高，花费之节省，在当时都是绝无仅有的。

周学熙主张能够省工时省工时，能省开销省开销，从来没想着要把建厂的钱放一部分到自己的口袋。当时所有的自来水器材都只能进口，周学熙决定向洋商招标。消息一传出，天津、上海的几十家洋行蜂拥而至。他们有的通过当朝权贵，以势压人；有的试图行贿，收买经办人。周学熙最后选定瑞记洋行，因为他认为这家德国公司的报价比较公道，并且曾经办理过天津的自来水业务，对中国北方的情况相当熟悉。当然，瑞记洋行为了赚取更大的利润，也在工程预算中做了手脚，企图提高工程费用。但是他们没有料到，周学熙对各个环节的事情都相当清楚，每次都以精确的数字额、准确的行情，打消对方的非分之想。

自来水公司开始供水的那一天，张灯结彩，公司里的职工都换上了崭新的衣服，有官职的人也穿上自己的官服，大家喜气洋洋的聚集在大门口，周学熙拨通了自来水厂的电话，命令水厂开始供水，于是在大家的欢呼声中，一股清凉的自来水从水龙头喷涌而来，众人齐声欢呼，有的人放起了鞭炮。从此开始，北京城有了自己的自来水。

开始的时候，老百姓并不认可自来水，因为他们对自来水有许多误解，比如说自来水一放出来，有好多小气泡，人们就误以为这是洋胰子（肥皂）水，说这水喝完了对人身体不好，甚至还有人胡说能断子绝孙。

为打消百姓的疑惑，公司在报纸上大做广告，并各处散发传单数万份。这段辩白文字，今天读来颇为有趣：

"但有一宗事须向大家声明的，因为这龙头乍放出来的水，拿着显微镜细细的瞧，全是极小的水泡儿。因为这个水，起孙河汲上东直门的水楼子，借水楼子上的压力，然后再送到各街市龙头。水楼子高，压力大，又遇着这个冷天，那水管子里面有些冷气，被水的压力催的紧，一时散不尽，就跟着水一块儿出来了，所以水里面有些白泡儿。不过一分钟的时候，那水泡儿就化的干干净净，这个水就全变清了，有不知道的以为是管子洗不净，又有说跟洋胰子水一样，殊不知这个道理。一说便明白了，大家就不致误会啦。"

营业之初，为了开拓市场，京师自来水公司还向居民免费送水两个月。免费试用阶段结束后，京师自来水公司正式向北京市民售水。市民凭水票到水龙头处购水。每张水票合 0.25 枚铜元，可以买一挑水，使用期限为一年。还有一种特别水票，"专为清道用水而设，水价比照普通定价八折实收"。

水龙头由水夫看管。一年四季，除了每天中午休息外，从早上六点到晚上六点，市民均可持水票购水。后来针对无力挑水的人，又推出了一种可以送水到家的"特别水票"。最早的送水范围在棋盘街以西至宣武门内大街以东，北至西单沿长安街向东到南长街口，后来便推广到全市。直到解放以前，北京市民家里一般都有一口大水缸，就是用来存放自来水的。

拍档　周学熙与陈一甫的关系源于他们父辈的故交。陈一甫的父亲名叫陈序宾，他协助李鸿章总理粮饷后勤二十年，一生兢兢业业、廉洁克己，《清史稿》曾对陈序宾专门记述。同在李鸿章门下，陈序宾与周馥又是同乡（两人家乡相邻），因此结为世交。正是因为这样的关系，陈一甫成为周学熙开展近代北方实业的"最佳拍档"。

1903年，周学熙赴日本考察工商业。1905年，陈一甫也到了日本。他"昼则参观探讨，夜则详密记录，于机器制造之法，尤所深究"。1906年，北洋劝业铁厂开办，由北洋银元局划出，陈一甫被周学熙委任为坐办，成为陈在实业界崭露头角的开始。1889年，李鸿章创办海军修建船坞，需要大量水泥，于是创办了唐山细棉土厂（启新洋灰厂前身），后被英商占有。

左起周学辉（学熙之弟）、陈一甫、周学熙、陈西甫（一甫之兄）、周学渊（学熙之弟）

后在周学熙倡议、陈一甫赞襄下，细棉土厂才被收回。细棉土厂收回后，因原本亏折净尽，急需大量资金，陈一甫遂"募商款，增机械，制品日益精美，行销远于南洋"。1907年周学熙将细棉土厂改组为启新洋灰公司，陈一甫成为该公司最早的三位董事之一。

周学熙与陈一甫等人闲来无事组织了诗社，常常在家中吟诗作对，对时政也颇为关心。有一天，周学熙、陈一甫等一帮老头儿在土山公园聊天，聊着聊着就说到了日本人如何作恶，民生如何困苦之类的话，正好让日本特务给听了去。于是，几个老头儿被抓到了日本宪兵队，周学熙、陈一甫这对老朋友一起做了大半辈子实业，没想到老了还要一同尝一下坐牢的滋味。

雅好　　周学熙不仅是大实业家、金融家，还是一个大收藏家。

1908年，周学熙获得了一部南宋孝宗年间的坊刻本《王状元集百家注编年杜陵诗史》（简称《杜陵诗史》），周学熙爱之如子，以红木匣子精心收藏，并在红木匣子上刻上得到本书的经过以及自己的考证心得。这部《杜陵诗史》具有极高的版本价值，属宋版宋印，而且汇集了宋代文学家王禹称、王安石、沈括、苏轼、秦观等70余人的注释和评语，遍钤明清两代藏书大家的收藏章和鉴赏印，以其资料之珍贵令学界震惊和欣喜。况且印本本身确为"字大如钱，纸洁如玉"，是藏书家心中的极品，又是孤本，所以视之为"价值连城"并不为过。后来，这部书几经折腾，"文革"时期转手到了苏州市图书馆善本室，成了该馆的镇馆之宝。多亏周学熙当年识货，将其收下，成就一段藏书佳话。

除此之外，周学熙最主要的事情就是闭门念佛，他曾自称"松云居士"。

周学熙最早的佛缘，来自母亲早年的教诲。那一年，周学熙第4次落第，心情极为失落。27岁的周学熙自觉前程无望，平日里未免有些浮躁不安。

一天，周老夫人把周学熙叫到跟前，开导他不要急于求成。不料，周学熙脱口答道："娘说得极是，可儿子担心德浅福薄，无法光耀门楣。圣人云，'生死有命，富贵在天'……"

话还没说完，就被老娘一声喝断："胡说，圣人这句话可不是让人什么都不做。德和福都不是天上掉下来的，是靠自己修来的。你这样说就是心还没静下来，不静就无法空，没有空就没法悟。我看你现在最要紧的不是死读书，倒是随我念念经，等有所悟的时候，再去读书也不迟。"

从此，周学熙除读书外，又多了一门随母亲诵经的功课。

周学熙最大的一次佛缘，结于安庆迎江寺。一次，周学熙乘船去武汉，船过安庆，想起老母亲的嘱托，便信步上岸，一路寻访到迎江寺。住持月霞盛情留餐，周学熙无法推辞，只得入席就座。两人交谈时，听见远处客轮鸣笛离港。不得已，周学熙当天只好在寺中住下。

第二天，电报发了过来，那艘客轮当夜在九江附近触礁沉没，船上乘客多有伤亡。周学熙惊出一身冷汗，对迎江寺对月霞方丈也更多了一份感激。1918 年，周学熙回到家乡，自己带头出巨资，并动员地方官员及绅商捐助，对迎江寺进行了大修。

正式隐退后，周学熙在家中专设佛堂。在木鱼声中，伴着缭绕的香火，周学熙享受着独处带来的孤独与快乐。他的后人似乎也追随着他归佛的脚步。20 世纪 30 年代，周学熙让自己的三儿子周叔伽去武汉办机器厂、学做生意，结果这个同济大学化学系的毕业生在 3 个月内赔了几十万银元，干得一塌糊涂，从此在青岛闭门三年，通读《大藏经》，后来，成为著名佛学家，并创建了中国佛学院。

虞洽卿：三分运气、七分苦争的上海闻人

传略 虞洽卿（1867—1945），小名瑞岳，名和德，后字洽卿，并以行，人称阿德哥。浙江镇海龙山镇（今属慈溪市）人。清末民初知名企业家和社会活动家。

虞洽卿

出身贫寒，曾读私塾。15岁赴沪，初为颜料店学徒，工余自修，能英文会话。1892年，经族人虞芗山介绍，被聘任为德商鲁麟洋行跑街，旋即升买办。由于可以抽取高额佣金，收入颇丰。同时，他兼做进出口生意及房地产买卖，设立升顺、顺征等地产公司和通惠银号，购进闸北顺征里全部房产和浙江路等多处房地产。1896年，花了400多两银子，向清政府捐得"道台"官衔，具备了绅商的身份。1905年，虞洽卿等人领导上海总商会发起创办了华商体操会，并带头操练。1907年3月，华商体操会正式加入上海公共租界万国商团，是为"万国商团中华队"。每当政局动荡不安，"中华队"就随"万

国商团"出防维持秩序。当时五大臣考察回国，载泽、端方等人途径上海，虞洽卿率华人队前往接受了他们的检阅，受到他们嘉奖。以后上海华界也效仿组织了"上海商团"，在辛亥革命期间，参加攻打江南制造局，成为光复上海的一支武装力量。1911年辛亥革命时，他资助同盟会经费，沪军都督府成立后，任顾问官、闸北民政总长。1919年五四运动期间上街劝说开市。1925年五卅运动中曾支持罢工、罢市等活动。1927年支持北伐，反对孙传芳，后又支持蒋介石发动"四一二"反革命政变。在南京国民政府统治的10年时间内，他曾任上海特别市参议会参事、中央银行监事、国民政府全国经济委员会委员、上海公共租界工部局华董、上海公共租界纳税华人会主席。1931年，他宣布与日本经济断交。抗日战争时期，在上海组织中意轮船公司，并任上海难民救济会会长，从西贡、仰光运来平粜米，解决租界内难民拥挤而缺粮的危机。1941年日军占领租界前，他转道香港去了重庆，组织三民运输公司。1945年4月26日在重庆病逝，安葬于故乡龙山。

债王 虞洽卿虽然长期做买办，积累了一些财富，但在经营三北轮船公司的过程中，他还不得不利用一切机会举债，以扩大经营规模。1920年，虞洽卿得知他的旧相识、同乡、北京政府财政次长李思浩正在上海参加南北和平会议，便决定向他借债。但虞洽卿并未直接找李思浩，而是秘密指使心腹陈良初向李思浩献计说："南北议和期间，北方代表团应广泛联络南方有声望的地方人士，制造舆论，压制南方。"接着把话题引到虞洽卿身上，说虞洽卿在上海十分有势力，若得虞洽卿相助，势必有成。李思浩对虞洽卿的能力自然相信，连忙请陈良初找虞洽卿帮忙，陈良初说："虞先生因调拨头寸，正在大伤脑筋。恐怕无暇及此。倘能为他介绍交通银行总经理钱新之贷些款项，他一定能够为你奔走。"就这样，虞洽卿从交通银行贷到20万元。

为了借债，虞洽卿挖空了心思，甚至不惜"老虎嘴里拔牙"，动起了杜月笙的脑筋来。虞洽卿对杜月笙说道："月笙，在上海滩，武数你，文数我。如果我拜你做老头子，你得拜我做先生，你说这岂不是好事一桩。"杜月笙知道这是戏谑之言，但经虞洽卿一捧，马上引虞为知己。谁知虞洽卿转身就向杜月笙的银行调款，拆了一堆烂账，杜月笙不得不自叹不如。

一年除夕，上海兴业银行地产部经理黄延芳到三北公司办公室找虞洽卿聊天。刚坐下，虞洽卿笑着对黄延芳道："你来得正好，我现在差 5 万元的款子，你能不能帮帮我？"黄延芳情面难却，道："咱们公事公办，你用什么作抵押？"虞洽卿说："我的船，你随便拣一只。三北公司借，鸿安担保。"黄延芳摇头，道："你太高明了，谁不知道这两个公司都是你的。自己借钱，自己担保，这哪成。"虞洽卿说："都是老朋友了，抵押和担保只是一种手续，能向银行交代就行了。"黄延芳没办法，只好带虞洽卿的财务人员到银行办手续。办完手续，又回来找虞洽卿聊天。

不料，刚进办公室，就见虞洽卿坐在里面，眉头锁得更紧了。黄延芳奇怪地问："怎么啦？手续都办好了，还发什么愁？"虞洽卿说："实不相瞒，还差 5 万元。"黄延芳生气地说："刚才为什么不讲？"虞洽卿道："实际上，今天需要 20 万元，顺恩、顺慰两兄弟解决了一半，你来时还差 10 万元。我不好意思狮子大开口，因此只借了 5 万元。正在想别的办法，谁知四处碰壁。你来得正好，我也只有一客不烦二主了，你就好事做到底，再借 5 万元如何？"黄延芳之所以肯如此帮虞洽卿渡过难关，全因两人关系极为密切。黄延芳心想，如果不借他，他过不了年关，三北公司搁浅了，刚借走的 5 万元也泡汤了。虞洽卿在上海声大势大，只要他稳住了，这笔款以后还能收回，只好又为虞洽卿张罗另外 5 万元去了。

虞洽卿还通过购买旧船而大举借贷。每购买一次旧船，他可以贷两次款。先是在买进旧船后，以此为抵押，向银行贷款。然后，用购买的旧船另组建一个小公司，再以此公司的名义向北京政府借款，其实，新组建的公司只是挂名而已。同时，每购买一次旧船，虞洽卿就向新雇员收一次押金。

因此，随着三北轮船公司的发展，虞洽卿已是负债累累了。又加之一战后，外国商船卷土重来导致航运业的竞争空前激烈。三北公司的轮船又大多是旧船，运行成本高、速度低、质量差，无法与外商竞争，不久就濒于破产境地。

债务越积越多，虞洽卿整天生活在举新债、还旧债中。由于债务多、数额大，很多债务虞洽卿根本无力偿还。于是，每逢债主上门时，他便想尽办法敷敷衍衍、东躲西藏，渐渐地，人们送了他一个"躲债大王"的绰号。在虞洽卿创办三北轮船公司最初的十几年里，几乎每天都有人进他的办公室催债。他每天都像过年关一样向人赔着笑脸，请求延期偿还债务，或者答应更换票据。当催债的数额巨大时，虞洽卿便装腔作势地喝问儿子虞顺思"他的款子准备好了吗？"儿子说还没筹齐，他便破口大骂儿子，说他早就交代过了，为何还没办好。次数多了，虞顺思也就不堪忍受了，当着催债人的面拆穿虞洽卿的小把戏，父子俩往往因此当场大吵大闹起来。催债人在旁边看着过意不去，反而要为他们父子调解，并答应延期。当一些小债主上门纠缠不休时，虞洽卿就避而不见。

债务缠身的虞洽卿不得不想尽一切办法偿还债务，有时甚至不择手段。1929年，他提前知道南京财政部即将发布命令，非银行业不得兼营储蓄业务，他还了解到上海永安百货公司并没有银行营业执照，但照样经营储蓄业务。于是，他灵机一动，立即向南京财政部申请设立"上海永安储蓄银行"，并很快得到批准，领到了执照。当禁令发布后，永安百货公司向财政部申请银行执照时，被告知上海已有了这家银行的备案，要想继续经营银行业务，要么更名，要么买回原名。没办法，永安百货公司只得出重金向虞洽卿购回了执照。虞洽卿虽然百般钻营，但债务依然很多。即使到了1937年，73岁的虞洽卿还是债台高筑，仅欠四明银行款就达300万元之巨。

头脑　虞洽卿14岁到上海谋生。他在南市瑞康颜料行当学徒时，听说有家颜料批发店有一款德国进口的颜料在大贱卖。虞洽卿前往一看，始知贮装的铁罐因遭海水浸泡而锈迹斑斑，"卖相"全无。虞洽卿自掏腰包买了一桶回店试用，发现质量完全不受影响。于是，他极力建议老板全都吃进，再施行"整容术"：全员突击，去掉铁锈，更换包装贴纸。老板依计而行，小学徒此举使他获利丰厚！

过了些日子，虞洽卿又获知一信息：一位上海最负盛名的德国大颜料商突然要回国，急于脱货求现。虞洽卿分析：德商如此急切地大抛售，短期内不可能复返，他所独家经营的品类定然随之短缺，日后一定会暴涨。为了抓住这一转瞬即逝的商机，这位还未满师的小学徒竟然不顾老板外出无人拍板，毅然先斩后奏，倾囊进货。不多时日，原先怒气冲冲斥责他冒险的老板笑开了颜：这些颜料价格一路飙升！

虞洽卿25岁在德商鲁麟洋行当买办，一天，听朋友说，一位北京军界要员将来沪采购大宗白布，染色后做军装。虞洽卿马上意识到，这是出清本行仓库中大量积压的白坯布的天赐良机。不料，这位大员不喜欢跟陌生人打交道，虞洽卿几次上门都遭严拒。一天，他发现那位大员正坐马车兜风，于是，急雇一辆高大马车，许以重酬，追撞上去。结果，大员的车被撞得歪斜难行。大员大发雷霆，虞立即诚惶诚恐地"赔罪"，答应赔偿一应损失，送大员回家，再为他置酒压惊，又殷勤伴其游览邑庙名胜。几番来去，彼此终成知交，当然，虞出清库存白坯布兼带染料的大宗合同也就水到渠成了。

又一次，虞洽卿接待了一位外地来沪的购颜料的大商人，因价格不合，买卖不成，那商人去别户颜料行接洽，发现价格比鲁麟还高，而又碍于面子不肯"吃回头草"，虞洽卿探得这个情况，想去接近那位大商人，但苦无机会，一天晚上，他上戏院看戏，恰巧坐在他前排的正是那位大客商，他眉头一皱，计上心来，点上一根纸烟吸起来，故意仰头看戏，把香烟火触在对方西装背上，一会儿，漂亮的上等西装被烧了一个小洞，那商人闻到衣服焦味，摸摸背上西装烧了个洞，放下脸正欲发作，虞洽卿连忙赔罪，要了对方一张名片，说明天一定登门道歉，又问了对方西装的尺码，那商人见虞洽卿如此谦虚认错，心也软了，连声说："终究是件衣服而已，不过以后吸烟要小心些。"虞洽卿连连点头赔礼。第二天虞洽卿按照商人告知尺码，买了一套新的高级时尚西装送上门作赔偿，对方不肯收，虞洽卿坚持让他收下，那商人见虞洽卿如此大方谦和，也请虞洽卿上咖啡厅喝咖啡。在咖啡厅，虞洽卿亮出自己的身份，并把上海滩上颜料市场情况介绍给对方。那商人知道虞洽卿是颜料界中的"行家"，鲁麟洋行又直接从德国进口颜料，其价格之公道，质量之上乘，执上海颜料业之牛耳，自然成就了这宗大买卖，一套西装，换来一笔巨额利润。

较量　　虞洽卿曾经几次同洋人抗争，为中国人争取了不少公正的机会。1898年7月，法租界公董局谋筑马路，要求毗连法租界的专为旅沪宁波人办理丧葬事宜的四明公所让地，被公所拒绝。法国领事白藻泰便派法兵强行拆毁公所冢地的围墙，企图以武力夺地。这一举动激起了宁波人的愤怒，他们纷纷采取各种方式进行抗议。四明公所董事严筱舫、叶澄衷、沈仲礼出面向法方谈判交涉，但这三位董事年事已高，皆老成持重，素来不敢为难官府，见到洋人更畏惧退缩。

1898年6月中旬的一天上午，天气炎热，虞洽卿正在住宅大厅，摇着大芭蕉扇，看《申报》上登载的有关"四明公所案"的新闻，新闻说四明公所董事严筱舫、叶澄衷代表四明公所向法租界洋人交涉，畏缩不前，严、叶两人有负宁波帮人重托云云。这时，一个叫虞三宝的年轻人来到了虞宅。虞三宝是宁波人，在法租界为法人驾马车的，年方25岁。他母亲是法租界一个倒垃圾的工人，上月也参加了四明公所案罢工，法国巡捕开枪打死两个宁波人，其中一人就是他母亲，法国人对虞三宝有杀母之仇，于是，虞三宝便身藏尖刀，要与洋人拼命。虞三宝前天去找董事严筱舫，严家的人对他说："严老病了，另请高明。"另请高明？请谁呢？他想起同乡虞洽卿。去年他刚来上海时，找不到工作，一日三餐不继，他找到虞洽卿借钱，虞洽卿立即摸出两块银洋送给他，叫他去找工作，此人急公好义，我去找虞公去。在虞宅，虞洽卿见了三宝说："找到工作了吗？"三宝点点头，又把四明公所董事严、叶两人害怕洋人，畏难不敢管的事说了一遍，虞洽卿说："那么依你说怎么办？"三宝亮出尖刀来说："我与白藻泰这洋狗拼了，为我娘报仇。"虞洽卿夸奖了三宝不畏强暴，不畏洋人的精神，但对他的报仇方法却提出了不同意见。正说着，外面人声喧闹，十多个在法租界做工的短衣工人闯了进来，齐声要求虞洽卿先生为四明公所作主，为宁波帮撑腰，团结起来，不斗倒洋人决不罢休，虞洽卿向工人们拱了拱手说："承乡亲们瞧得起我，我一定出来顶住，与大家齐心协力与这些横蛮无理的洋人较量。"

三宝与工人们走后，虞洽卿内心升起一股正义之火。"我决不退缩，决不辜负宁波乡亲们的重托与信任。"第二天，虞洽卿开始奔走于上层与基层劳工群众之间，决定通过宁波劳工领袖沈洪赉发动甬藉劳工做其他劳工的工作。虞洽卿答应沈洪赉，凡参加这次罢工的工人、佣人、职员工资一律照发，钱由他负责向上海工商界筹募，沈洪赉听到虞洽卿为此案政治上出力、经济上负责，便大胆发动劳工罢工罢市。不久，法租界内的洗衣做饭师傅、马车夫、清洁工纷纷罢工，罢工从法租界扩展到公共租界、从宁波帮扩大到所有华人，那些洋人们吃不到饭，坐不到车，马桶满了没人倒，垃圾堆满门口。外国人生活困难，日子难过，饿肚子、穿污衣，便抱怨法租界当局闯了祸，法国当局骑虎难下，自愿与清政府上海当局谈判，答应保留"四明公所"，承认其土地所有权，抚恤赔偿案件中死伤劳工。虞洽卿领导的这次斗争获得了胜利，事后有人以为虞洽卿是侥幸成功，虞洽卿笑笑说："这不是运气，而是民气压倒洋气也。"

四明公所事件的解决，使虞洽卿成了宁波同乡中的知名人物。事后，沈洪赉被众人推举为四明公所经理，虞洽卿也成为旅沪宁波人的领袖之一。

1905年底，又发生了会审公堂案，调解此案使虞洽卿成为上海滩妇孺皆知的新闻人物。事情的起因是，广东籍妇女黎黄氏丈夫在四川做官，夫死，她带着15名婢女返回原籍。路过上海时，英租界巡捕房探子怀疑她贩卖人口，将她抓了起来，解至会审公堂审讯。审讯中，承审官华人金巩伯与陪审官英副领事德为门意见产生了分歧，前者判令羁押再查，后者硬要叛贩卖人口罪。德为门蔑视中国法律，当场辱骂中国人是野蛮民族，值庭的英籍捕头也拒不听从金巩伯的命令，反而气势汹汹地持棍上前打了金，将金的马褂外套也撕裂了。旁听的中国人见此情景，无不激愤，群起殴打英捕头，于是会审公堂里华洋双方互相大打出手，一片混乱。

消息传出后，上海市民极为愤怒，反响强烈。第二天发生了罢市风潮，多处出现英国巡捕被群众殴打之事，有一巡捕房被群众放火焚毁，德、比两国领事也在街上遭人袭击。英租界巡捕为保全性命，纷纷罢岗。为了向上海人民报复，英租界当局派兵大肆抓人，被捕群众达五六百人，不少人还被英巡捕开枪打死打伤。上海工商界人士在事件发生后的次日举行大会，对肇事的英副领事和捕头表示极大愤慨，强调"万不可不有策以抵制之"，同时又认为"中国对付之策，仍须和平"。

虞洽卿、徐润等19人代表上海工商界致电清政府，称"华官敝昨侮辱，商民之受辱必日甚一日"，要求政府据理力争。上海道台袁树勋、会审公堂正会审官关炯之，屡次向英方交涉，提出释放黎黄氏、惩办肇事英捕头等一系列要求，以平民愤，但英方态度十分蛮横，不肯接受这些要求，双方互不相让，谈判陷入僵局。此时适逢出洋考察的载泽等五大臣途经上海，与袁树勋几度磋商，担心风潮继续扩大会一发不可收拾，故主张派请"公正绅商"出面调停。

朱葆三、周金箴、施之英和虞洽卿4人被选中，前往工部局与英方商谈。开始时英方还是不肯让步，几个回合下来，朱葆三等三人有些心灰意冷，不想再多过问，只有虞洽卿仍照常奔走，坚决干到底。他一方面支持上海市民的罢市斗争，发动为外国人服务的厨师罢工，以给英方施加压力；一方面持续与英国人谈判。他几乎每晚都邀集各行各业领袖二十多人聚会，商议调停办法，白天就去工部局与英人"争持磋议"，力争实现中国方面的条件。经过反复交涉，终于迫使英方作出让步，商定善后办法五条，包括对肇事英捕头撤职查办，释放黎黄氏和因罢市而被捕的华人，由工部局向中国官方道歉等，谈判的成功，使上海市民欢欣鼓舞，大放爆竹，以示庆祝。

谈判结束后，为了劝喻商人开市，作为商界代表的虞洽卿和官方代表袁树勋、关炯之步行整条南京路，向路旁所有商家逐一打躬作揖，解说劝导开市。渐渐地市场重开，一切都恢复了正常。这件大闹公堂案由于虞洽卿的全力奔走，多方游说，总算得到了解决。人们纷纷称赞虞洽卿在处理重大问题时能干，摆得平，他的声望在上海市民中更加提高。工部局的洋人也觉得他头脑灵活，处事得体，从此对他刮目相看。

会审公堂案使虞洽卿认识到中国商民没有自己的武装，就会不断遭欺压。于是，他发起组织了"中华商团"（万国商团中华队），开始时叫"中华体操会"。虞洽卿亲任体操会会长，邀请各界领袖做会董。考虑到华商对军事技术一窍不通，虞洽卿先在闸北辟出一处操场，聘请中外懂军事操演的人担任教练，训练志愿参加体操会的青壮年华商。

一开始热心加入体操会的商人很多，报名踊跃，但一看到操练时需脱下平日穿的长袍马褂，换上黄布做的紧身操衣，就不大情愿了。虞洽卿见状便以会长身份，与会董胡寄梅、袁恒之等人带头穿戴起操衣操帽，参加操练。这样一来，队员们折服了，都换上操衣操帽，定期参加操练。一年以后，入会人数增加到500名。

1906年3月，虞洽卿向工部局申请在万国商团中设立中华队，费了许多周折后，工部局才勉强答应试着办，但定下一些歧视性的规定。对这些规定，队员们极为不满，虞洽卿力劝大家暂时忍耐，要以自己的表现树立信誉，逐渐争得与别国商团同等待遇。在他的带动下，全队上下齐心，刻苦训练，不断取得好成绩，射击测试成绩尤其突出，几次名列第一，令万国商团中的洋人各队折服。虞洽卿见时机已经成熟，便再次与工部局商量，要求获得与洋人各队同等的待遇。几经波折，终于达到了目的。

交道　　早年，蒋介石在上海依靠的白道人物具有代表性的，那就是虞洽卿。蒋介石投靠陈其美，在上海搞武装起义时，还不认识虞洽卿，当陈其美被刺身亡时，蒋介石因失去靠山而苦恼，一下子由一名革命志士沦落成上海滩上的小混混。他本是一个想干一番事业的人，现在却连一口饭都难吃上，万般无奈之下，急于寻找新靠山。在他走投无路时，遇到了陈果夫，陈果夫是陈其美的侄儿，这时在上海证券交易所当差。他建议蒋介石到股票交易场去"淘金"。虽然此建议很好，可此时贫困潦倒的蒋介石身无分文，建议对他来说，只不过是望梅止渴而已。陈告诉蒋介石，要带他去拜见巨商虞洽卿。

蒋介石初见虞洽卿时，虞洽卿对他并不好感。只是有碍于陈果夫的面子，给了一个小差事让蒋介石做，纯属打发应付。蒋介石请虞介绍他与黄金荣见面，他顺水推舟，将蒋介石介绍给黄金荣。

蒋介石联系上白道，又通过白道转入黑道，本可在上海商界和黑道大干一番，但自幼都有极强的权利欲望的蒋介石既看不起商人，更看不起黑道。后来，他又投靠孙中山，继续与革命党人为伍。中间因为筹措革命经费，曾以敲诈的手段要求虞洽卿资助，得到经费后南下广东。虞洽卿曾因此气愤极了，吩咐手下人警告蒋介石，要他不要再到上海捣乱。

谁知蒋介石这个曾被他嗤之以鼻的落魄者，几年后竟然成了位高权重者。虞洽卿这时才意识到自己对蒋介石看走了眼，为此而后悔，虞洽卿虽然不一定想走仕途之道，但还是要高攀权贵，为自己留条后路。他急忙找黄金荣商量对策。1926年7月，北伐前夕，广东国民政府电邀上海商界派代表赴粤参观，虞洽卿派自己的女婿前往广州，结果受到蒋介石的热烈欢迎，盛情款待。不但专门陪同吃饭，而且还陪伴游山玩水，言谈之间对过去在上海所受到的照顾多有谢词。回沪后，虞洽卿得知此事称赞蒋介石是一个重乡谊，重感情的人。

遇险　虞洽卿对上海滩上流社会已有所认识了解，但对上海基层统治中青红帮的黑恶势力，尚未领教。寒冬一天，虞洽卿买了一顶高价兰呢大帽，戴在头上，讨了黄包车，过外白渡桥去北四川路公干，黄包车行到外白渡桥中间高处，迎面来了一个彪形大汉，他举手拦住虞洽卿坐的黄包车，顺手飞来一个耳光，把虞洽卿的那顶新买的花呢大帽打落在桥上，虞洽卿摸摸滚烫的脸，正想与那大汉讲理，那顶大帽已被另一个小流氓抢走了，抬起头来，大汉也不见了，虞洽卿高呼"警察警察"，桥上巡逻的那个警察对虞洽卿说："乡下佬，尝尝上海滩的味道，这叫'抛顶宫'，你那顶帽早已给几个流氓卖了作点心钱了，下次小心些。"虞洽卿吃了这个小亏，回来与老板说了，老板笑笑说，这种事外白渡桥上一天要发生几十次，我托一个朋友给你去讨讨看，不过要花一条香烟做小费。不几天，那顶大帽完好无损回到虞洽卿手中，这次给虞洽卿上了一课，上海滩上的青红帮，是上海基层的实际统治者，谁得罪了他们没有好果子吃，老板还说了一句惊人的话："平时不给青红帮烧香，说不定哪一天会大祸临头。""那么政府呢？""政府官员与青红帮穿同一条裤子。""啊——"，虞洽卿倒抽了一口冷气。

慈母　每个成功的男人背后总站着一个伟大的女人，虞洽卿背后也站着一个伟大的女人，她就是母亲方氏。

这是一个出身贫寒，相貌平平的女子。粗糙黯淡又加上点点雀斑的脸，使她在江南秀气美丽的众多女子中如鸡立鹤群。然而生在骨子里的智慧却让她通过计谋获取了相对美满的婚姻。

在女大当嫁的年岁里，她如意地嫁给了山下村的那个心仪已久的聪明人虞裁缝，并生下了一个天庭饱满、煞有福相的男孩，取名瑞岳，又名和德，字洽卿。只是天不遂人愿。虞洽卿5岁时，父亲因病离世。一家人的生活顿时陷入困境。一个家庭的顶梁柱倒了，也许会摧毁家里其他人的生存意志。然而，灾难并没有击垮这位坚强的女子。她化灾难为坚强，毅然用自己薄薄的肩膀和灵巧的双手支撑起了家。有人说，上天更是给这个陷在贫困中的家以眷顾和庇护。眷顾和庇护的结果是虞洽卿出落成了一个聪明懂事、孝顺勤劳的孩子。

方氏的细致入微、勤劳持家、身传言教和眼光长远，濡养着孩时的虞洽卿，并将他铸成大器。

且不说方氏的一言一行、一举一动对幼小的虞洽卿有怎样具体而深刻的影响，单看这位母亲在培养儿子读书和闯世界上的胆魄，就足以让后人敬佩。

看着儿子在风雨里长高，方氏极想让儿子去私塾念书。无奈家境贫寒至极，地痞流氓长期欺压，靠她替人缝补赚来的一点小钱，连吃饱穿暖都不够，怎么可能让儿子读到书呢？虞洽卿已经11岁时，还没有上私塾读书。方氏知道，错过这一时，就是错过一生，儿子将成为目不识丁的人。而一个连字都不识的人，是不可能出人头地的。于是，一咬牙，她恳求同族塾师虞民世，在雨天不干活时，免费收他跟读。留下了读"雨书"的佳话，成就了贫苦人家执意求学的样本。虞洽卿读了三年书。短短的三年读书生活，在别人那里是不起眼的，在虞洽卿的一生中却是至关重要的。按着"师傅领进门，修行靠自己"的俗语，这三年的私塾老师的领路，为他后来自学成才，成为上海滩里赫赫有名的大佬级的人物，连蒋介石都拜他为爹的显赫地位奠定了第一块基石。

虞洽卿15岁了，出落成了一个翩翩少年，但裤腿里挂满了补丁，棉袄上破絮飘飞，腊月里赤脚下地，没一双鞋穿。公子王孙们摇着扇子，纷纷笑话虞洽卿的穷酸。笑话变成了剪刀，直剪得方氏心窝发痛。总不能让聪明乖巧的儿子在偏僻落后的山下村穷苦一辈子吧。唯有把儿子送到大城市里，让他在惊涛骇浪中经受考验，获取宝贵而先进的经商经验，丰厚人生的履历，才能让儿子由小鱼儿成长为劈波斩浪的大鱼。方氏又咬咬牙，托族人把儿子带到了上海的瑞康颜料行当学徒。临行前，方氏给儿子做了生平第一双布鞋。这双包含了拳拳母爱的鞋，少年虞洽卿哪里舍得穿，而是常常夹在腋下，以致雨天乍入瑞康颜料行时，老板竟把天庭饱满、生相富贵的他当做赤脚财神的化身呢！

在花花世界般的十里洋场，虞洽卿深深感受到了国际化的大都市里才有的机会、挑战和刺激。他牢记母亲"勤快节俭，出人头地"的叮咛，在老板手下干得机巧卖力。同时，对文化知识的渴求，又促使他利用业余时间不断"充电"。在精通了英语之后，他开始去荷兰银行等供职，因智慧高超、仗义执言、善于斗争、敢于弘扬民族正气，渐渐在上海滩出名。后独立经营航运等生意，赚足了黄金白银，并任上海总商会会长和全国商会副会长，又断然拒绝日本人授予他的伪"上海市市长"之职，表现出了一个民族资本家的胆魄与铁骨。

在人生道路崎岖坎坷时，时刻想着母亲的叮咛；在商界海阔天空后，不断思考如何感恩母亲，这就是虞洽卿。发迹后，对站在背后，生他，养他，送他，爱他的母亲，他始终抱着极大的孝心。

有一次回到浙江龙山的山下村，他替母亲建起了气魄豪华、中西合璧的建筑"天叙堂"，希望辛苦了一辈子的母亲能安享晚年。并问母亲有什么心愿。这位看似平凡的母亲，却说出了一番落地有声的话：你在外面发达后，应想到回报桑梓，造福乡民。我提三个愿望——在龙山造铁路，开码头，办学校。

虞洽卿听后，立刻应允。从此，这样一个偏僻落后的东海边的小渔村，就有了铁路和轮埠码头，村里的孩子们全部免费进入山下小学就读。虞洽卿的女儿亲自担任校长。为了鼓励孩子们读书，山下小学还对每个来读书的学生提供奖励和经济补贴。送孩子读书，竟成了村里那些贫困家庭增加家庭经济收入的一种途径。

虞洽卿从儿童到少年，从少年到青年，从青年到中年乃至老年的一次次超凡脱俗的成熟，与始终站在背后的母亲的调教和指引是分不开的。方氏作为一个母亲，不仅仅是停留在为儿子进行的物质操劳，而是升华为精神的引渡和理性的超拔上了。她从闭塞的小村庄里走出来，却能拨开落后的思想雾霭，为将来儿子的大有作为奠定磨砺的基石。

婚姻　虞洽卿 16 岁时在瑞康号当学徒，家中的母亲不盼他挣钱多少，只望他能尽早了却婚事，她做母亲的就不用日夜牵挂他了。虞洽卿和妻子奚梦竹的结合有朦胧的爱情，也有利益的因素。适逢望平街东头的天翔号老板来暗中请虞洽卿去，不仅高薪，而且许诺把他的婚姻大事一块包办了。他虽没答应他，但心里却很踌躇，便去找好友、万泉号老板舒三泰叙谈。舒三泰是个很机警的人，不及虞洽卿说完，便已明白他的用意了。他拍拍虞洽卿的肩说："阿德呀，你的事就是我的事，凡老兄我能为你办到的，你尽管放心就是了。"话虽然说得含蓄，但虞洽卿已听得明白。眼下的事就是想办法和奚家的小姐联姻，舒三泰话中的意思也就在此。至于奚家那边的情况，舒三泰了如指掌，估计问题不大，因而大包大揽下来。

一天，舒三泰请瑞康号的老板奚汇如喝酒。刚一坐下，便将天翔号老板来"挖"虞洽卿的事同奚老板说了，惹得奚老板勃然大怒。这时，舒三泰见酒菜全上来了，奚老板还余怒未息，就绕其道而行之，把他那天同虞洽卿叙谈的话一一复述给奚汇如听。末了，他由衷地赞叹说，"奚老板慧眼识珠，善待重用一个小孩子，着实好眼法，瑞康号的财源滚滚，怕是挡也挡不住了。"

奚汇如这人爱听好话，听到舒三泰这么说，才放下心来。两个颜料行的老板已谈得十分投机，彼此称兄道弟的，有了些许醉意。舒三泰这才把话题绕回来，说那虞洽卿精明强干，会做人，善经商，固然是可遇不可求，但人心还是不可测。就算他舒某人不挖瑞康号的墙角，也难保别人不来挖的。据他所知，仅望平街上，就有好几家铺子对他们瑞康号的小赤脚财神虎视眈眈的了。他本人虽然没能用高薪动摇虞洽卿，可保不住他在更惑人的诱饵面前，也不动摇的。

"更惑人的诱饵？"奚汇如的心里刚有所放松，闻言又戒备起来，吃惊地说，"什么更惑人的诱饵？"舒三泰故意不答，只是吊起他的胃口，把话题岔开了说："不知膝下令爱年方几何？"

奚汇如越发吃惊，不知舒三泰此言何出。只照直回答了他的话，说："小女适龄二八"。舒三泰就说："这就对了。俗话说男大当婚，女大当嫁。令爱业已到了出阁的年纪，我们当前辈的理应早做安排。而虞先生在贵行劳苦功高，你这个当老板的，不想为他操办一桩婚事么？"

奚汇如机警地问道："舒先生的意思是？""奚先生是明白人，"舒三泰笑望着他，讳莫如深地说："自不需要舒某饶舌的。但如果别人设计把虞先生挖走了，我可是要为老兄叹惜的哟！"奚汇如当然是明白人，他不仅明白了舒三泰话中的意思，还想起了近来的一些奇怪事：夫人方氏及女儿梦竹，本是两个向来不问家事生意的女人，却忽然关心起虞洽卿来，常有事没事就向自己打听他的消息。至于虞洽卿本人，无论业务多么繁忙，只要夫人或小姐吩咐，他都会欣然前往，或购物或买书，忙得不亦乐乎。他刚有所警惕，准备阻止，孰料舒三泰就又提出这件事。难道他们早已有了某种默契，只瞒着自己？

这时，只听舒三泰说："奚先生的隐衷，舒某当然也心里有数。令爱乃名门淑女，大家闺秀，配阿德委实屈就了。但人应该往前看。三五年后，没准你我还要仰仗虞先生的面子而脸上有光呢。"

虞洽卿的潜力如何，奚汇如当然更清楚，不然他何以会如此地怕他走？只是小女梦竹向来视如掌上明珠的，就这样许嫁了一个店伙计，别人会怎么说？一时很犯难，低了头喝闷酒。

舒三泰见时机已到，这才拿出他的杀手锏来，一边给奚汇如斟酒，一边说："据传言，东头除天翔号，兴旺号也在打贵行的主意。他们见别人高薪聘请虞先生无效，遂另生一计，要用美人来蛊惑了。"

"有这等事？""太有这等事了。"舒三泰肯定地说，"不仅他们如此，别处也在想着更损的招数。我真替老兄捏把汗，真该提高警惕了。当然，如果奚先生另有把握，就当我什么也没说。来，咱们喝酒。"

"不！"奚汇如说，"舒老弟的警告太及时了。"舒三泰一听有谱，话已有了转机，便知自己这个月下老是当定了，自然欢喜。为给奚汇如造个台阶，面子上过得去，他表示情愿出资帮虞洽卿，先买瑞康号两个股份，从伙计跃升为股东再联姻，也姑且算是门当户对了，别人说不出什么的。

奚汇如显然已到了穷于应付的境地。同行系冤家，自古如此。如今他瑞康号财源广进，别人早就眼红了，对此他最清楚不过。只没料到人家不只是眼红，还要使这么多绊子。当然不能让那些小人的阴谋得逞。事已至此，哪还能有那么多顾忌，况舒三泰所说，也句句在理，不如让他落了这个人情去。至于股份的事，既然虞洽卿就要成为自己家的人，索性还是自己出让的好，何必再让外人插手？所以他举起杯子，半带酒意地说："舒先生美意，奚某不敢辜负。小女的事，就全靠贤弟操心了。"舒三泰自是窃喜。

事情果然顺利，不日虞洽卿就成了瑞康号的股东。稍后又请了命理先生，看了两位小新人的生辰八字，初步订下婚期，来日交换了帖子，静等黄道吉日。这桩婚事于年初提起，至年终就张罗出眉目了。光绪九年12月26日那天，舒三泰以证婚人的身份主持了虞洽卿与奚梦竹的婚礼。奚汇如人缘不错，虞洽卿亦善于处世，因此前来贺喜的人络绎不绝，酒席摆了几十桌。

洞房就在奚老板的后院，是靠东边的几间房子。有几个小学徒半晚上去听他们的壁脚，惊得咋舌不已。原来新娘子问新郎官，如果万泉号的老板舒三泰不撮合，两个人是不是就没有了缘分？新郎官却笑说：哪里呀！是他自己拜托舒三泰的。又说天翔号和兴旺号的老板请过他倒是真的，但谁也没说过要用什么美人计，这也是他自己编出来，让舒三泰去对奚老板讲的。洞房里传来新娘子嗔怪的笑声。

虞洽卿夫妇情投意合，婚后恩爱融洽，次年他们得了一子，取名顺恩，是个虎头虎脑的小子，颇讨奚汇如夫妻的欢心。

虞梦竹既温柔又贤惠，又识文断字，无一不让虞洽卿爱之敬之。这样，

虞洽卿：三分运气、七分苦争的上海闻人

虞洽卿就真正成了奚家一个成员。奚汇如老板的一颗心也就落到了实处，平时除了逗逗外孙子、看看戏外，概不过问商务。瑞康号的大小事宜，全权委托给乘龙快婿，自己做起甩手掌柜了。他这样对虞洽卿说："老夫老了，奚家家业就全靠你去撑了。"

爱好　虞洽卿 15 岁辍学从商（8 岁至 15 岁读"雨书"，合起来约读 3 年书），读书不多，然而到 40 岁，却能下笔成文，电报、公文、公函均能起草，问其原因，说是得益于新闻报刊，自学而成材。英语会话，全仗夜校学习而成，虞洽卿对"读报可以学文化"之说有独到之经验，他曾对人说："吾幼年失学，要是没有报纸的话，则一辈子只识几个字，没有进步了。报纸的好处，就是文字浅显畅晓，不像书本上所载的文章，艰深难懂，只识几个眼头字的人，便可看报，便可知道世界大事，灌输一切知识。一般人，以为办学校要紧，我却以为办报纸和办学校一样要紧。你看社会上四五十岁以上的小商人，他的童年只读过一本百家姓、一本三字经，识字不多，什么也不懂得，但是后来居然会谈国事、会写书信，这分明是他们每天看报纸得到的成绩。"他又说，"有人办成人学校，我说不如办通俗报纸，让这些年幼失学之人，随时随地可以自修，成效比办学校更好。"

虞洽卿爱看报、读书，对报人倍加尊敬和爱护，他一生多次保护报人，在沪上传为佳话，上海报人乐志华，被西探踢伤一事，商报著文揭发西探劣迹，租界里外国人爱活孙要拘捕商报撰稿人，商报社长李、傅两人奔走无效，束手无策，求之虞洽卿，虞洽卿挺身而出，力保报人，与爱活孙力争，结果移交公堂调解，各罚 99 元了事。他在与爱活孙谈判中，爱活孙蛮不讲理，虞洽卿"掼纱帽"力争，终于使大事化小、小事化了。上海《申报》为沪上第一大报，其宣传效应，影响商界、政界甚巨，该馆董事长原为宁波帮人朱葆三，朱病后，大批股权落入别人之手，虞洽卿闻讯，即出钱购进《申报》股份，一度被选为《申报》馆董事长，使《申报》在沪商界不变原来作风。

虞洽卿理想中的商报，要"以报养报"，商报如果依赖政客出钱办报，往往会导致商报成为政客政治斗争的工具，失去商界信仰，商报要以商人为立场办报，才能公道、持久。虞洽卿非报人，但"爱屋及乌"，对办报能发表如此真知灼见，受人钦佩。

趣事 虞洽卿在颜料店学徒三年，虽然对颜料能分得了红黄蓝黑，但对外国颜料箱子上包装的洋文却一字不识。因此跑洋行进货就轮不到他。他眼看师兄弟当跑街、赚回佣，白花花的洋钱分得不少，心中十分羡慕，就抽空到青年会补习英文，以便日后有机会能当跑街。

有一天，老板吃过午饭，正坐在店堂后进的房间里吸水烟养神。

忽然门一响，虞洽卿推门进来，叫了一声"先生！"便立在旁边不讲话。

老板知道他有事，便问道："阿德，你有什么事找我吗？"

虞洽卿嗫嚅半晌，才嘟起嘴说："先生，和我差不多时间进店的师兄弟，你都派他跑街到洋行里进货，我知道他们懂得洋文，只好让他们去，如今我已抽空在青年会学了半年洋文，也能和洋人打交道了！"

老板晓得他想当店里的跑街，碰巧原来那个跑街被另一家洋行高薪雇用，空缺倒是有一个，不过是不是用阿德呢？老板有点踌躇了：这是出去与外国人做生意，非比一般啊！但当他看到阿德胖胖的脸儿，不觉想起他初来上海时"赤脚财神"的往事……是啊，"财神"赏赐发财，发财要靠"财神"。于是决定让他去。主意一定，便好言安慰说："阿德，你莫急，你师兄已另有高就，下次外国船到，你就接手，现在可先去找他，熟悉一下进货手续。"

阿德听说派他当跑街，心中自然高兴，谢过老板，就赶快去请教那个师兄。师兄问他："你懂得德文么？我们做的生意主要是和德国洋行打交通。"

阿德不知道英文和德文到底有什么不同，他呆了半晌，就说："洋文反正是爱皮西地，英国话和德国话恐怕就像我们家乡宁波话和绍兴话，也大致差不多，我想不要紧。"

那位跑街师兄一听，知道他是外行，心里暗暗好笑，但这个人门槛精、滑头，再加上与原来的老板有意见，有心想捉弄他一下，就对阿德说："你讲的也有道理。其实做这行生意也没有什么了不起，待洋行的颜料船一到，你就随着买办大班到船上，用粉笔在颜料箱上标明店号，就算你订下了。洋行自然会开账单过去收账，等店里付了款，就可提货了！"阿德信以为真。

不到两月，德国洋行通知有一条颜料船已停靠在十六铺码头，各家可前去看货订购，老板就吩咐阿德去办理。

阿德到了洋行，买办知道是新来的跑街，就把他介绍给德国人。德国人一开口，阿德竟没有一个字听得懂，这下子他着了慌，为了面子，又不好说自己不会德文，只是乱点头，德国人弄得莫名其妙，买办看出阿德对看样购货是外行，决定趁机会把船上那些难销的大红、乌青、深紫颜料都叫他号了去，只要他号上，就不怕不付钱。于是带阿德到十六铺码头船上装那些滞销货的舱位里，也不言明那些颜料的色泽，只说："这都是老牌德国货，请虞先生挑选，要的请用粉笔标明宝号，敝行就开单发货。"

阿德看看箱子上的德文，也不知是红是蓝，他想，反正内行充到底，就接过买办递给他的粉笔，将这舱内的颜料箱标了三分之二。买办心里暗喜，表面却不露声色，恭维道："虞先生真是做大生意的气派，出手不凡，将来宝号肯定财源茂盛！"阿德也不回答，就匆匆告辞。一路上，他边走边想，越想脚下越虚，寻思道：这次肯定闯祸了，反正老板饶不了我，还是趁早滚蛋！

却说老板不见阿德来报告标货经过，正在纳闷，账房却送进一张订货单子，是洋行通知付款提货的。老板一看进的颜色只有红、黑、紫三色，而且数量大得惊人，价近万元，差点气昏过去。但这是跑街订下的，做生意要讲信用，岂可反悔！他回头去找阿德，谁知阿德竟不告而别，偷偷逃回乡下去了。

阿德逃回乡下，也不对母亲说明事情真相，每天只吃饭睡觉。这样过了三四个月，上海也没有信息来。这天他吃过午饭，觉得有些疲倦，便爬上床打个中觉。朦胧中，只听得门外人声杂乱，有人说："阿德就住在这里！"接着又有人喊道："阿德，上海老板带人来看你了！"阿德瞌睡未醒，还以为是上海老板抓人来了，不禁大惊失色，想逃，已来不及，只好爬起来在屋中坐着。但见屋门开处，老板和店中管账先生一齐进来。老板满面春风，笑容可掬，十分亲热地叫声："阿德，你在家！"阿德看看老板脸色，心里捉摸不定。

老板坐下以后说："阿德，你确实有胆量！以前我错怪了你。这次店里发了一笔喜财，所以我回家修祖坟，顺便邀你回去。今后店里要多多借重你了。"

阿德一听，疑惑不定。账房先生就将经过情形详细地告诉他。原来从阿德标货以后，欧洲发生了战事，外国轮船停止向远东行驶，颜料一下断档。尤其红、黑、紫染料是染布的底色，有些店由于进货不多，几乎很少有存货。只有他们这家店存了几百箱，一下子成了紧俏商品。老板就趁此机会，把颜料的价格翻了两倍，脱手半数，竟然大获其利，不但欠债还光，还赚了个对本对利转弯。现在他手头还有半数，暂时刹车不卖。他要借此来垄断市场，赚更多的钱。正因为这样，老板喜出望外，一切归功于阿德，真的把他当成了"活财神"，于是决定趁这次修祖坟之便，把他恭请回店。

阿德听了账房先生的话，才恍然大悟，连忙杀鸡宰鸭，款待老板，并约好日期和老板同船回上海。

简氏兄弟：我们中国人要为中国争口气

传略　简氏兄弟——简照南、简玉阶（1870—1923、1875—1957），
著名实业家和爱国华侨。

简照南原名耀东，字肇章，照南为其号；简玉阶为照南之弟。魁岗黎
涌人（今属广东佛山禅城区）。家境清贫，兄弟读书甚少。简照南17岁

简氏兄弟

便到香港谋生，在其叔父开设的巨隆瓷器店学做生意。由于营商得力，被派驻日本收理账款。1893年，18岁的简玉阶也到了日本，在兄长指导下抄写电文和记账工作。1894年，巨隆号因受中日战争影响而歇业。兄弟在神户自设东盛泰商号，经营瓷器和布匹批发。随后又在香港开设怡兴泰商号，由简玉阶主持，贩运杂货于日本、香港地区和暹罗之间。简照南则独自经营航运业，创设顺泰轮船公司，租船来往于越南和缅甸之间。后又购置广东丸汽轮一艘，为了向日本政府注册，于1902年入籍日本，取名松本照南。不久，广东丸失事沉没，于是放弃航运业。鉴于卷烟是列强输入中国的主要商品之一，不忍市场为外烟独占，利益外溢，于是与越南华侨曾星湖等在香港创设广东南洋烟草公司，与天津的北洋烟草公司，同兴国货，共挽利权。1905年开业后，招致了英美烟公司的打击，业务一蹶不振，被迫于1908年亏本歇业。但简氏兄弟并不气馁，马上求助于南洋华侨，并由其叔父多方奔走，设法筹得现款十多万元，重振旗鼓，鼎力再起，于1909年再度开业，更名为广东南洋兄弟烟草公司，向香港当局注册，简照南任总司理，简玉阶任副司理。自1911年起，公司由亏损转为盈余。

辛亥革命后，华侨爱国心大受鼓舞，国货畅销，南洋"飞马"牌烟，仅爪哇一地，便月销1000箱。仅三四年间，港沪两厂积累资本即超600万元。1918年3月，改为股份有限公司，改上海厂为总厂，香港厂为分厂。1919年"五四"运动发生，公司因简照南是日本籍而被认定是日资企业被吊销执照，简照南当即宣布脱离日籍，9月恢复中国籍，10月再成立新公司，照南被推为永远总经理，玉阶为协理。改组后，于上海、香港两地共设五厂，同时开办宝兴锡纸厂，并在河南许昌、安徽凤阳、山东潍县及坊子等地设立烟草收购处，新建扩建焙叶场。全国各大城市如汉口、济南、南京、广州、杭州、辽宁、天津、福州、厦门、汕头等地及东南亚各地，几乎都有销售和供销机构，职工从原来的百余人增至万余人。其间，在与英美烟草公司的对立竞争中，战胜了对手的收买、合并和威迫利诱，讲究质美价廉，薄利多销，不断增强与外资的抗争能力。1922年7月，简照南与刘晓齐等发起创办上海东亚银行，任该行董事，并曾任上海总商会会董和上海华侨联合会董事。1923年10月28日，简照南在上海病逝。

简氏兄弟热心国内和家乡的慈善和教育等公益事业。广东历次风灾和水灾，均认捐粮食赈济，捐款遍及鲁、豫、湘、鄂、秦、陇、苏、浙、滇、黔等省。捐助复旦大学、南开大学、武昌大学、暨南大学、市北公学和资送欧美留学生等。其他创设族学、女学、孤儿教育院、贫民教养院、残疾人收养院等更不可胜数。而且每举一事，捐输动辄以万元计。照南认为："金钱者多取为厉，须能聚能散，自社会取之，当为社会用之。"

简照南去世后，简玉阶继续经营其兄开创的实业，接任公司总经理，致力于公司的发展并兼上海康元五彩花铁印刷制罐厂、联合影业股份有限公司及中国油灯公司董事。1925年，"五卅"惨案发生后，烟草公司再度扩大，在汉口、浦东两地分设新厂。1928年12月简玉阶兼任国民政府两粤赈灾委员会委员。1929年3月派为行政院赈灾委员会委员。1936年4月，公司财务周转不灵，宋子文官僚资本乘虚而入，取得了企业的半数股权。1937年4月，公司改组，宋子文取得董事长的职位，公司实权落入官僚资本手中，简玉阶转任董事和设计委员。抗战期间，公司资产四分五裂，工厂处于日敌军事管制之下，港沪及内地厂务多为官僚资本所操纵，生产陷于窘境，简玉阶依然一直关心着公司的发展，在经营上力求革新，使生产的"双喜"、"飞马"、"白金龙"、"红金花"、"大长城"和"大喜"等牌子的卷烟备受顾客的欢迎。抗战胜利后，公司在官僚资本集团的控制下，设备残旧，机构臃肿，流动资金减少，简玉阶面对公司有倒闭危险的惨淡局面，还是竭尽全力，把南洋兄弟烟草公司维持到新中国成立。

1949年5月，上海解放。是年9月，简玉阶作为全国工商界代表，出席中国人民政治协商会议第一届第一次会议。因公司股份资本官私不清，在上海、重庆、汉口和广州等地的分厂，先后实行军事管制。1951年2月，公司实行公私合营，简玉阶出任合营后的副董事长，简照南之子简日林被聘为总经理，生产日有起色。简玉阶先后出任中央人民政府经济委员会委员、广东省人民政府委员、中南军政委员会委员，并被选为第一届全国人民代表大会代表。1957 年 10 月 9 日病逝于上海。

信义　　有一年，梅雨季节马上到了，按往年惯例，烟商为防香烟受潮霉变，都减少批量。今年却有些反常，好几家平时主要销售"英美"烟的烟商，大宗去批"南洋"烟。简氏兄弟感觉有异，急忙派员去市面上探摸究竟，探员回来报告：这几家批进的"南洋"烟，都转手给了"英美"职员。"英美"为何要收购"南洋"烟呢？简氏兄弟心生怀疑，以为必有文章，令继续打听，并密切注意市面动向。

阴雨连绵，简照南冒雨准时去公司办公。车到门口，被几个人拦住，都说买到的"南洋"烟发霉了，内中一个破口大骂："你们标榜国货，实是以国货骗我们的钱，良心黑透，今后再买'南洋'烟就不是爷娘生的！"

简照南从他们手里接过烟验看，果然都是霉变了的"南洋"货，暗暗思忖：是"英美"嫁祸于人，他们收购"南洋"烟的奥秘原在于此。简照南当下许诺道："各位批的既是本公司的烟，可退货还款，或是另调好烟。至于出现霉变的原因，我将负责调查，一有结果，即公之于众。请各位相信，本公司一定维护国货的信誉，绝不做打着国货招牌损害同胞的丑事。"

此后不久，"南洋"驻印尼雅加达仓库主任发来电报，大意谓：仓库保管员阿甲受"英美"重金收买，在库里喷水，使香烟发霉后出库，引起华侨烟商强烈不满，群起诘责。现经盘查，阿甲已交代全部事实，具结了悔过书，特电告总经理，请示处置办法。

"无耻之尤！"简照南以拳击掌，决定利用此事，给"英美"狠狠一击，使海内外同胞看清"英美"的卑劣面目。于是草拟了电报一份，发往雅加达仓库主任处，作指示云：将事情经过各节，连同阿甲的悔过书一并宣示报端，向侨胞及南洋各埠申明，英美烟草公司不择手段，欲陷本公司于不仁不义，不过枉费心机而已，本公司恪守信誉，神明可鉴。凡批发本公司霉烟的，包括往来运费，均由本公司负责偿还，未出库的霉烟当众焚毁。

南洋群岛各报，均以大字标题刊登了此项消息，人证物证俱在，铁证如山，"英美"烟商成了众矢之的，狼狈万状。

机智

为了与"英美"烟商斗法，简氏兄弟想出了许多奇招：简氏兄弟的叔父简铭石有一朋友叫陈景华，时任香港警察厅长。简照南利用这一关系，约请他帮忙，并出了个极狠的杀招，请陈景华勒令将死刑犯人临刑前押着顺大街转几圈，并给这些死鬼每人送几支"英美"的"老刀"牌香烟，给公众造成"老刀"牌是"犯人不二选择"的印象。此外，简家兄弟还利用国人讲迷信、图吉利的心理，每逢有人举办葬礼的时候，就暗中让人大量派送英美烟。长此以来，英美烟的形象就与"犯人"、"葬礼"等深深结合在一起，严重引起国人的反感，在香港、广州一度滞销。

"南洋"还派出二十名推销员分赴各大城市作公开演说，动员群众自觉抵制洋烟，他们还广泛散发各种纪念品，并在每件纪念品上都印有一只乌龟，嘴里叼着"英美"的"哈德门"牌洋烟，图案上印有醒目的一行字："乌龟才吸英国烟！"

为进一步唤起烟民的爱国热情，简氏兄弟加大宣传抵制洋货、振兴国货的力度，组织国货宣传广告队，向烟商、烟民散发揭帖。揭帖上写道：纸烟利权损失以数千万计，本公司宗旨，盖为振兴国货，杜塞漏卮，由此引起外商某公司妒恨，屡施奸计，欲致本公司于死地，实现其垄断我烟业之阴谋。我各界同胞应奋起共进，以民族之力与外商对抗。振兴国货，人人有责，中国实力愈增，为民族挽回利权益大。本公司之香烟，价贱物美，实驾于舶来品之上，诸君一试便知。

几个回合下来，洋鬼子们狠招损招都用尽了，"南洋"却搞得越来越像模像样，一派"我辈岂是池中物，一遇风雨便化龙"的气魄，让英美烟商们又恨又怕。看来硬的不行只能来软的了！"英美"公司派人给已经在上海租界定居的简氏兄弟送来大红请柬，请兄弟俩赴宴叙谈，消除隔阂，增进合作。

面对这突如其来的橄榄枝，简玉阶以为，洋人总是和我们针锋相对，几度陷我们于绝境，这回又来设个"鸿门宴"，恐怕其中有诈，还是不去为好。简照南却认为，应该去，正可探听对方虚实，看看他们到底要打啥算盘，好提前采取对策。

兄弟俩按约赴宴，"英美"经理与一伍姓买办早已在门前等候，客客气气地请兄弟俩先去参观各车间，说是"谨听指教"。然后进入宴会厅，简单的寒暄过后，"英美"经理要客人谈谈观后感，简照南发自内心称赞了几句。

"英美"经理听了，频频点头说："简先生慧眼识货，一语中的。"接着他便大吹了一通自己公司的资金雄厚、设备先进、销售量惊人，然后说："在时下上海滩，你我两家实力最强，以往有过误会，我们应忘记不愉快的过去，该是握手言和的时候了。"伍买办紧接着说："我们总经理有个建议，就是两家公司合并，可包揽全中国的卷烟业，一定打遍天下无敌手。"

原来"英美"公司想用合并的手段，吃掉"南洋"。因为凡是股份公司，都以资金即股份分配权力，"英美"的股份多于"南洋"，合并后，握有实权的总经理必是"英美"烟商。上海滩上的一些华商公司，就是被外商以合作的名义吞并的！

简氏兄弟看破了"英美"的诡计，倘若与其合并，不只有违实业救国的初衷，且公司大权旁落，会使提倡使用国货的民众丧失信心，那对于公司可是毁灭性的打击。明着拒绝场面上也不好看，简家兄弟于是婉言道："尚有债务未曾偿还，过几年待还清后再作计议吧。"

伍买办又打出了事先定好的第二计，接着简照南"还债"的话茬说："简先生说有债务要还，鄙人倒有个主意，我们总经理也有过设想，愿意出高价把贵公司盘过来。""英美"公司经理伸出一个手指晃动："我可以出100万，贵公司资产不过50万，你可是净赚50万。"简照南听罢，心生一计。

便先是故作心动，继而双眉一扬，沉吟道："100万实在是少了点儿。"简玉阶明了兄长的心思，附和道："太便宜了，不能卖。"

双方免不了一番讨价还价，"英美"公司经理再三加价至150万。简照南做终极判决，伸出三个手指，口气十分坚定："非300万不卖。有了这300万，我可再办更大的实业，规模比你们公司大得多。"

谈到这里，只见"英美"公司经理一脸沮丧，连连摇头："太贵了，我们出不起。"兄弟俩迅速交换了一下眼神，嘴角露出一丝难以察觉的微笑。

善举　　简氏兄弟在生意上是十分精明的商人，却将钱财看得很淡。他们多次向外界宣告，营业所得利润取于社会，亦当用于社会。少年时代简照南曾经身受因家贫而失学的痛苦，后来在振兴实业过程中，又深深感到技术的重要，所以认定"兴学育才"是国家富强的根本。在他的倡导下，南洋公司曾经捐巨款资助暨南大学、南开大学、武汉大学及复旦大学建造校舍。此外，他还在香港、上海开设职工子弟学校、残疾人收养院和孤儿教养院等。由于这些事业，简照南赢得了社会各界人士的尊敬和爱戴，人们甚至把他称为"商界师表，南洋菩萨"。

1915年，广东遭特大洪水灾害，佛山、石湾、澜石及珠江三角洲其他多处地方皆成泽国。人民流离失所，粮食短缺，苦不堪言。简氏兄弟获悉灾情后，马上在广州捐出巨资和数十万斤大米，以公司名义组织赈灾。由于家乡族人的房屋被洪水冲毁，简氏兄弟还捐出巨资在村内兴建了50套青砖瓦房送给族人居住，不分贫富。这条100多米长的街道由于多为简氏族人居住，故被称为简地街，又称简地村、简地坊。

1920年母亲潘氏病故后，简氏兄弟为纪念母亲建了一座绿瓦亭。据村中长者介绍，以往亭旁的道路是顺德通往佛山的必经之路，为了方便路人，怜贫恤苦，简氏兄弟在路旁修建了这座茶亭，内设石台石凳，设有茶水，免费供路人憩息时饮用。另在茶亭后面建一诊所，聘请医师为乡民免费赠医施药。在亭旁，有一座书有"义风可行"的石牌坊，牌坊的题头上有"大总统题颁"字样，落款有"简潘氏"、"中华民国九年四月十八日"字样及印章图刻。

知遇　　1902 年，日本靠着甲午海战中的中国赔款迅速发展起来，俨然以发达国家自居。日本也代替西方成为国人学习的榜样，许多进步人士纷纷东渡，留学日本。革命党人的领袖孙中山也于同年来到日本。

一天，"东泰盛"来了个穿西装的中年人，田字脸，短发，蓄着八字胡，手拿着顶洋礼帽，他个子不高，但天然自有一种异于常人的风采，年纪大概三十五六，此人双目炯炯，浓眉高鼻，脸上始终洋溢着笑意，让人一见便生亲切之感。

简照南见此人仪表不凡，待要问询，那人爽朗一笑："真的是中国同胞啊，呵呵，我适才在外面看见你们店铺的招牌，就想进来会一会主人啊。"

"哦，幸会幸会！在下在此地做点小生意。"简照南笑着对来人拱拱手。叫伙计上茶。

"听口音，你是广东人吧？我也是广东人啊，广东香山。"来人显得愈发高兴。

"我是佛山人，小姓简，名耀登，来这里已经有几个年头了，您也是做生意的？"简照南看他也不像留学生。"呵呵，是简先生！你看我像做生意的吗？"那人笑呵呵地答道，其实，简照南也猜不透他是什么人，做生意的，见的人不能算不多，这样的人，却不多见。

"不大像。"简照南也哈哈一笑。

"我姓孙，大家都叫我孙中山。"来人自我介绍。

"孙中山？阁下就是……"简照南吃了一惊，这个人难道就是前两年在广东闹革命的孙中山？

"哈哈哈，是不是觉得很面熟啊？"孙中山丝毫不避讳地调侃自己，他的照片上过各地的报纸，简照南确曾见过。当时就觉得此人是个英雄，敢跟腐朽的朝廷作对，眼下，却是更加佩服此人够胆量，他不怕有人告密么？

"久仰先生大名，在下实在是佩服，今日一见，果然神采飞扬，只是先生孤身一人，不怕危险么？"

"危险？革命哪能不危险？只是中国朝廷腐败，内外交困，千千万万的百姓处于水深火热之中，吾辈壮志未酬，但能赴汤蹈火而救中国，虽死何憾？"孙中山的话如一道闪电，在简照南的脑海里划过一道光芒，这样的人物以前从不曾见过，这样的话语以前也从未听过。

"是啊，我们这些中国人在海外，也同样被人看不起。"简照南听闻不禁想起这些年在海外经商的经历，感慨颇多。

"如果国家强大，国力昌盛，何人敢小觑我中华子民！这就是为什么要革命，要推翻清政府。只有革命，才能建立起一个真正造福天下苍生的政府啊。"孙中山的一字一句无不震撼着简照南的身心。

"先生雄心壮志，我等懵懂，是不曾想过革命救国，不过在下也深感如今朝廷腐朽，只是我这样的生意人，也帮不上什么忙，实在是惭愧得很啊！"

"此言差矣，国家兴亡，匹夫有责，先生是生意人，一样可以救国。"

"我们也能救国？"简照南疑惑地望着孙中山："还望先生不吝赐教。"

"国家、民族要强大，一定要自强不息，如今封建朝廷昏聩无能、帝国列强鲸吞我中华大地，掠夺我中华资源，榨取我中华民众血汗，我等岂能坐而视之？革命需要革命者捐命，也需要商界同仁的支持啊。"

简照南点点头，若有所思："先生的意思我明白了。我简某人若能为先生效劳，先生只管开口，我简某一定竭尽所能。"

孙中山笑着点点头："简先生也是个热血之人，若商界同胞能如简先生，革命有望矣！"

孙中山的偶然来访，使简照南豁然开朗，这些年来，他四处经商，遭遇各种冷眼和不平，他愤然，却无能为力，他不知道怎样才能改变一切，现在，他明白了，国家不富强，国民就要被欺凌，要想不被别人欺侮，只有自身先强大，而首要的，则是要有经济基础做后盾。

一个星期之后，孙中山带着简照南等的资助远赴越南，酝酿下一次起义。

简照南的人生从此有了另一个目标，伴随着国内革命的进展，这个目标则越来越清晰。他计划将生意做得更大，他要赚钱，做大事。他愈来愈感觉到，人活着，如果单只为了自己，算不得什么，如果还能为了其他人，则善莫大焉。

1921年4月7日，国会非常会议参众两院联合会在广州举行，通过《中华民国政府组织大纲》，选举孙中山为非常大总统。5月5日，孙中山就任非常大总统职，设总统府于广州观音山南麓。简照南在上海得知孙中山就任大总统，十分兴奋。当时总统府要成立卫队，一时找不到可靠人员，照南即通过吴公干（"南洋"上海烟厂副工务长，国民党员）发动"南洋"工人，从中挑选十人，其中一人是简照南夫人潘杏浓的族人，名叫潘天。这十人立即动身，南下广州参加总统府卫队，投身革命。

孙中山与简照南个人之间也过往甚密。在上海期间，孙中山曾手书《博爱》条幅送给照南。条幅右上首书"照南先生"，中间大书"博爱"两字，下题"孙文"。简照南把此条幅珍藏于上海住宅的书房里。后来，此条幅为其族人简满收藏，"八·一三"事变后遗失。

佛缘　1919年，印光大师由普陀山去扬州刻经，途经上海，高鹤年居士陪同大师到南园与简照南及其弟会晤，印光大师开示净土法门及因果报应事理。简氏兄弟及诸居士，遂发意供养千余圆，正好填还刻经之贳。简氏兄弟聆听印光大师开示之后，笃信净土法门，虔诚奉佛念佛。此后在其私宅南园之西设立佛堂，题名"菩提精舍"。早暮诵经念佛不辍。

1921年，简氏兄弟的母亲去世，汇编亲友送的诔词挽联为《哀思录》，又刻印《金刚经线说》，印数千卷，与《哀思录》同赠吊奠亲友，以追荐母亲。印光大师撰《金刚经线说》铸版流通序，阐明《金刚经》要义。开示："或疑《金刚》无相，净土有相，二法如何相融。予曰，《金刚经》令度尽一切众生，而不见度相。不住色声香味触法而行布施。布施乃六度万行之首。既令不住相布施，则持戒忍辱精进禅定智慧，以及万行，莫不皆然。然则金刚经乃令人遍行六度万行，普度一切众生之规矩准绳也。遍与一代时教一切法门而为纲要。盖是即相离相，何得谓与净土不相融通乎。夫度生之法，唯净土最为第一。欲生净土，当净其心。随其心净，则佛土净。以不住相之清净心念佛，则是心作佛，是心是佛。其往生西方，证无生忍，乃决定不易之理事也，又何疑乎。"

简照南1923年在上海病逝时，临终助念没有处理好，印光大师在给高鹤年居士的信中表示惋惜，信中说："简照南居士于九月十九日去世矣。临去时尚有江味农、赵云韶、欧阳石芝念佛。至断气时，其子一叫而昏，遂致乱其正念。惜哉！"简家特请印光大师来沪参加葬礼，举殡说法。印光大师亲撰《简照南居士祭文》：

五蕴炽然建立时实体毕竟不可得

际此四大分离后一照直下度苦厄

恭维照南简居士，宿根深厚，赋性慈祥。白手成家，无殊当日。陶朱赤心护法，直是今时须达。而且备修世善，恪受戒归。净业仗福力以圆成，故当高超极乐。临终由眷属之悲恋，或恐留滞娑婆。须知佛无虚愿，己具佛心，但能打破情关，自然真心彻现。尚祈三心圆发，一念单提，直下感应道交，即得顿登九品。

咦！

一条荡荡西方路直下归家莫问程

自是不归归便得故乡风月有谁争

古莘常惭愧僧释印光

简照南逝后，其弟简玉阶秉承其生前遗愿，将南园及其中之佛堂、假山、水池、亭榭、楼阁等全部布施捐送给佛教界，作为佛教公共功德地，更名为"觉园"，成为上海佛教净业社社址。佛教界常在此举行盛大法会。1936年11月，净业社和菩提学会联合发起护国息灾法会七日，特请印光大师赴会说法，大师专程自苏州出关莅沪，每天登座开示法要，圆满日并接受在家居士皈依。

孝顺　在事业上坚忍不拔的简照南，还是一位出名的孝子。他经商在外，每年必归家乡探视母亲，即使远在日本，也毫不例外。母亲之命，照南必从，若赈济，若兴学，稍一启齿，照南立即去办。1915年广东水灾，黎涌乡被浸，祖祠和族居屋皆毁。母命捐资，照南即奉母命先建复祖祠，后把其族居屋皆一一建复。1920年母亲病逝，临终遗训修谱建祠，照南兄弟随即捐出修谱银1万元，建祠银10万元。平时照南也经常济贫救急，同乡和族人多受其惠，对他十分敬重，称之为"简老先生"。

轶闻　早年简照南经营顺泰轮船公司时，为了船舶在公海上航行方便，自己加入了日本国籍，取名松本照南，但同时保留中国国籍。这个也是不得已而为之，没半点要背叛国家的意思。没想到"英美"公司在简照南日籍问题上大做文章、兴风作浪，在1919年向"南洋"发起毁灭性的攻势。

洋人雇佣了个"流氓商人"黄楚九，给了他40万元，20万作为劳务费，20万作为活动经费，令他按预定计划行事。黄即日动身去北京"活动"，到北洋政府农商部买通上下，诬告"南洋兄弟"为日籍资本，所出卷烟均为"日货"，应撤销其登记注册，不准以国货名义出售。农商部收下好处费后，勒令吊销"南洋"执照，停止营业。

不日，上海发行量最大的报纸《申报》，在显著位置以粗体黑字刊出"全国国货侦查会"公告，题为《证明南洋兄弟烟草公司简照南虚伪之铁证》。主要内容为："南洋"生产经销之香烟并非国货，农商部受其欺蒙而接受其注册。简氏曾与日本人订有密约三条：一、总经理简照南入日本国籍，取日名松本照南；二、须购日本原料；三、聘用日本技师。故该公司之烟叶、纸张、锡纸、香料、铁罐等各物，均购自日本。

当时，刚经历五四运动，国内反日浪潮波涛汹涌，老百姓恨透了日本人、日本货，对经销日货的厂商尤为痛恨，斥其为卖国狗。"国货侦查会"又是全国性侦查真假国货的权威机构，故而公告一经刊出，引起群情激愤，一些单位、团体赶热闹似的发表声明和函电，谴责简氏兄弟冒名国货，欺骗同胞；更有十余家商号联合登报宣布：即日起停销"南洋"烟。

此事发生时，简照南正在美国订购烟叶，听到消息大受刺激，一气之下，肝病发作，家人赶紧送去医院治疗，病还没有痊愈，他早在病床上待不住了，快马加鞭、日夜兼程地回到国内。他对简玉阶斩钉截铁地说：就算倾家荡产，赔上性命，也要为公司讨个清白。这也不只是为咱"南洋"，而是事关整个国货大业，我们有义务不让邪恶势力得逞，让民众得知真相！

兄弟俩立即采取行动，分三步走。先是在《上海新闻报》上声明从未脱离中国国籍；又办妥了脱离日本国籍的手续；接着简照南强支病体，先后四次起草了《敬告国人书》，在《申报》连续刊登："国货侦查会"某些人诬陷本公司，以摧残民族实业、效忠外国公司为乐事。须知本公司经十余年艰难经营，乃至今日，自问无愧于国人。本公司将检齐各种证据，陆续登报，藉明真相，以待公众评价。

针对"国货侦查会"公告中的两点要害，即简照南是日本籍人，"南洋"系日本资产并非国货，分别作如下澄清：在日本经商时，为使购买的"广东丸"轮船取得日本各埠的航运权，曾办理了寄籍日本的手续，取日本名松本照南，但并未脱离中国国籍；回国创办"南洋"时，又办理了撤销寄籍日本的手续，有民国初年的一份出国护照为准，护照上写着：中华民国国民简照南，并公布了资产来源、技工姓名、籍贯、各种原料的采购地点、货主商号及过往账目。以此证明"南洋"是地地道道的"国货"，与日本没有关系！

简照南又通过报章，严斥"英美"的无耻行径："所谓简某与日本人达成协议之三条'铁证'，是不折不扣的伪证。某外商公司为置本公司于死地，实现其垄断我烟业之阴谋，曾屡施奸计，如商标案、霉烟案等，咸记忆犹新，今日之事件，亦与外商某公司有关"，提醒人们不要忘了英美烟商的过去种种劣迹，别被他们制造的烟幕弹蒙住双眼。

简氏兄弟的反击很有成效。闻知真相后，许多有识之士纷纷出面声援"南洋"，中华国货维护会、报界联合会等十多个团体和一百多家烟业同行也对"南洋"表示支持。

在舆论的强大压力下，内务部也扛不住了，恢复了简照南的国籍，农商部也随之恢复了简照南的营业执照。

荣氏兄弟：择高处立，就平处坐，向宽处行

传略　荣宗敬（1873—1938），名宗锦，字宗敬，江苏省无锡荣巷人。荣德生之兄，前国家副主席荣毅仁之伯父，中国近代著名民族资本家。

7岁入塾读书，1887年到上海源豫钱庄习业，1896年在其父与人合资开设的上海广生钱庄任经理。后兼营茧行。1901年与弟荣德生等人集股在无锡合办保兴面粉厂，后改名茂新一厂，任批发经理。1905年，兄弟俩又

荣氏兄弟

与张石君等7人集股在无锡创办振新纱厂，1909年任该厂董事长。1912年，荣氏兄弟与王禹卿等人集股在沪创办福新面粉厂，荣宗敬任总经理。1915年4月兄弟俩退出振新纱厂，在沪招股创建申新纺织厂，荣宗敬自任总经理。1917年3月起，荣氏兄弟又先后在上海、无锡、汉口创设申新二至九厂。并在沪设立茂新、福新、申新总公司，自任总经理。至1931年，荣氏兄弟共拥有面粉厂12家、纱厂9家，分别约占全国民族资本面粉总产量的1/3，纱布总产量的1/5，被称为中国"面粉大王"、"棉纱大王"。在实业有成的同时，荣氏兄弟还致力于家乡教育、公益事业，先后在无锡创办了公益小学、竞化女子小学、公益工商中学（后改为公益中学）、大公图书馆，还集资在无锡和常州共建造大小桥梁88座。1929年又在无锡小箕山购地建造锦园。1926年后，曾历任南京国民政府工商部参议、中央银行理事、全国经济委员会委员等职。抗战初，为维持企业生产曾参加"上海市民协会"，不久即移居香港。1938年2月10日在香港病逝。临终，他仍以"实业救国"告诫子侄后辈。

荣德生（1875—1952），又名宗铨，江苏无锡开源乡荣巷人，前国家副主席荣毅仁之父，中国近代著名民族资本家。

他9岁入塾读书。15岁进上海通顺钱庄习业。19岁随父至广东任三水县厘金局帮帐。3年后回无锡，任广生钱庄无锡分庄经理。1899年农历10月，应邀任广东省河补抽税局总账房。1901年与兄荣宗敬等人集股在无锡合办保兴面粉厂，一年后改为茂新面粉厂并任经理。1905年与兄宗敬等7人集股在无锡创办振新纱厂，先后任经理、总经理。1912年与兄宗敬等人集股在沪创办福新面粉厂，任公正董事。1913年当选为全国工商会议代表，提出扩充纺织业等3项议案。又在无锡西郊购地辟建梅园，修筑开原路，重修南禅寺妙光塔等。1915年4月起，与兄宗敬先后在上海、无锡、汉口等地创办申新纺织一厂至九厂，并任无锡申新三厂经理。至1931年，他与兄宗敬共拥有12家面粉厂和9家纱厂，与其兄宗敬一起有"面粉大王"和"棉纱大王"之称，成为中国资本最大的实业家之一。期间，曾当选为江苏省第二届议会议员、北洋政府国会议员。1938 年起主持荣氏企业，先后在重庆、成都、宝鸡、广州等地兴建 6 家新厂，支援抗战。1945 年 11 月在无锡成立天元实业公司，并创办天元麻纺织厂、开源机器厂、江南大学。1949 年 9 月被推选为新中国第一届全国政协委员。1950 年任华东军政委员会委员、苏南人民行政公署副主任，并被选为中华全国工商联筹委会委员和苏南各界人民代表会议协商委员会委员。1952 年 7 月 29 日在无锡病逝。

坚定　　1937 年冬，日本侵略军占领上海，江南国土相继沦陷。荣氏企业，有的被日军炸毁，有的被日军占据，只有租界内的工厂维持生产。次年 5 月，荣德生由汉口来沪，深居简出，唯以搜购古籍、字画自遣，亟盼时局好转。1941 年，日商觊觎荣氏纱厂，由汪伪实业部派员与荣德生商谈，要他将申新一、八厂卖与日本丰田纱厂，荣德生当即严词拒绝。日伪不肯善罢甘休，汪伪外交部长褚民谊亲自出马，在国际饭店邀请荣德生面谈。荣德生的儿子荣尔仁代父前往，在一群荷枪实弹的日伪分子面前不卑不亢地对褚民谊说："家父不变初衷，不同日本人合作，不出卖工厂和人格。"听到这样的答复，褚民谊冷笑一声，厚颜无耻地说："中国的半壁江山都给日本人了，何患小小申新两个厂。"并凶狠地威胁荣尔仁说："回去转告荣德生，不要敬酒不吃吃罚酒！"一场谈判不欢而散。事后，听到荣尔仁的转述，荣德生气得拍案而起，凛然言道："我荣德生是中国人，决不把中国的产业卖给外国人！我宁可玉碎，不为瓦全，决不同日本人合作！"他丝毫不惧怕日伪的威胁，眼瞅着日军把企业搬空、摧毁，也毫不屈服！其铮铮铁骨，为整个家族作出了榜样，荣氏子侄和亲属中，没有一人向日伪屈服，没有一家荣氏企业同日商"合作"。

抗战胜利后，荣德生两次遭绑架，被勒索款项达百万美元。发生在高恩路（今高安路）荣德生住宅门前的一次绑架案，是在 1946 年 4 月 25 日。那天，荣德生准备去总公司，离家门不远即被数名穿制服匪徒架上汽车而去。他们使用的是国民党第三方面军司令部的"逮捕证"和淞沪警备司令部的汽车。当时，舆论哗然，认为是军事机关与匪徒串通作案，上海当局被迫出动军警"侦破"。结果，荣德生被放回，并退还部分被敲诈的款项。据说还枪决匪首8人。荣家为"酬谢"军警当局和有关方面，先后付出60余万美元。

解放在即，荣尔仁劝荣德生去香港。荣德生却认为，那块不挂中国旗的中国领土，其实是洋人的天下，哪会是最佳"避难所"。再说，提起香港，他就伤感，当初长兄宗敬避难香港，客死异地，连鬼魂都是孤单寂寞的啊！"我荣德生，决不做荣宗敬第二！"他坚定地摇摇头，"不去香港"。

不去外国，不去香港，那么去台湾吧？荣尔仁等人又劝荣德生去台湾。荣德生笑了，坚定地说："中国大陆国民党都守不住，台湾'弹丸'之地，国民党在那里会长治久安？即便它能守得住，也不是我荣德生居留之地。我的祖籍在大陆，我的祖坟在大陆，我的事业在大陆，我的根在大陆，人过古稀了，我还漂洋过海向外逃？台湾也不去。"

"无论如何，也要'避一避'风头，您愿意到哪儿去都成，我陪您去。"荣尔仁恳求着父亲。

"我为什么要跑、要躲、要藏、要避？""生平未尝为非作恶，焉用逃往国外。"荣德生十分坦然地说道。

众亲人朋友见他坚持不走，万分焦急，七嘴八舌，苦口婆心地劝他："国民党兵败如山倒，已经山穷水尽；共产党汹涌而来，势不可挡。中国，将是共产党的天下。共产党可是要'杀富济贫'、均平'共产'的呀！你德公赫赫有名的大富翁，共产党来了会有你的好果子吃？"

荣德生沉默半晌，没有作声。说实在的，正是在这个问题上，他心里有点打鼓。他没有见过共产党，没有和共产党打过交道。按照国民党的宣传，共产党是一帮专跟富人过不去、杀人不眨眼、放火当儿戏的"赤匪"。那么国民党说的话能当真吗？他见过的国民党太多了，打交道也不是一年两年了，眼瞅着国民党一天天坏死，名曰"国民"党，从上到下，有几个是真心实意为国民的？分明是"刮"国民的，无怪乎人们叫它"刮民党"。国民党到底给了荣家企业什么好处呢？左一个"统制"，右一个"限价"，又是"劫收"，又是"戡乱"，高征税，高捐输，加上一个个永远装不满口袋的官员们的敲诈勒索，荣家企业损失的钱财还少吗？荣家人吃过的苦头还少吗？没有官匪勾结，他荣德生会被绑票受1个多月的折磨和苦痛？会损失60多万美金？……越想，他越气愤，竟脱口而出："我不信共产党会比国民党还坏！"是呀，如果共产党比国民党还坏，还不得人心，那它又怎么会打败了国民党呢？如果共产党真如国民党宣传的那样像洪水猛兽一般，那中国可真是没希望了。中国如果无望，作为中国人，谁都"在劫难逃"。他下定决心留下来，见识见识共产党。

见德公执意不走，焦急万分的荣尔仁扑通一声双膝着地，跪在了父亲面前。在旁边的其他子女侄婿，也纷纷跪下。荣尔仁泪流满面，哀求父亲离开上海，离开大陆，离开战乱之地，以免晚辈们担惊受怕。

荣德生也动了感情，两行老泪一直流到嘴角。他拉起荣尔仁，紧紧握着尔仁的手不放，声音颤抖但字字千钧地说道："尔仁，要理解爸爸，爸爸一生拼搏，不仅仅是为了发家致富，荫福子孙，爸爸追求的是富国强国呀！关键时刻我若连国家都不要了，那我一辈子所追求、所致力的不是都成泡影啦！不要勉强爸爸，爸爸不愿改变初衷，爸爸的根在中国，在大陆，爸爸哪儿也不去了，就留在家里。我也劝你们都不要走，留下来与爸爸在一起，与咱们的事业在一起。"

1948年，在一片离沪声中，荣德生专程从无锡来到高恩路住所，明确表示"不离开大陆"，并阻止三子将申新三厂拆迁台湾。

倔强　　1927年，蒋介石在南京成立国民政府后，企图通过对民族工商业的搜刮来维护自己的政权，由财政部明令发行"二五库券"，开始了对工商金融界的大肆搜刮。他眼红荣宗敬的财产，点名要以荣宗敬为首的纱厂认购 50 万元的库券。可荣宗敬以"无力负担"为由拒绝认购，让蒋介石大为恼火。5 月 15 日，蒋介石密令：荣宗敬甘心依附孙传芳，平日拥资作恶，劣迹甚多，着即查封产业，并通令各地军警侦缉逮捕。

无锡县政府接到命令后，立即召开紧急会议，决定查抄荣宗敬的所有产业。警察局的人九点半进纱厂，把厂房、栈房、公事房甚至连煤堆上都贴了封条。整个荣宅也到处贴满了封条，荣德生一家十数口以及荣宗敬的妻子、儿女共近三十人，挤在厨房和汽车库内，荣宗敬的妻子陈氏号啕大哭，荣德生则垂着头，坐在一张往日是佣人坐的板凳上。全家都被这突如其来的打击吓呆了，人人脸上一片愁云惨雾。

荣德生十分担心在上海的荣宗敬的安危，次日一早便赶往上海。见到荣宗敬，才知道了他被通缉的前因后果。荣宗敬一直躲在租界里，才没有被蒋介石逮捕。两兄弟在荣公馆商谈解决的办法，荣宗敬脾气倔强，死活不愿意认购这 50 万元库券。荣德生正急得没办法，这时，荣公馆来了几位客人。

第一位是纱联会副会长穆藕初，他带来的消息是：上午纱联会又召开了临时会议，提议只要蒋介石先取消通缉令，本会各厂便愿意认购库券 50万元。

荣宗敬听过后，倔脾气上来了："藕公，我谢谢你和各同仁的好意。但此次临时会议并非由我主持，这决议是无效的。姓蒋的要通缉我，连他带卫士出入租界还得工部局发给通行证哩，看他能把我怎么样！"

穆藕初劝导说："宗公！你不要糊涂。现在是什么人的天下？外面军队在杀人，警察在杀人，杜月笙手下的流氓帮会也在杀人。我有个族侄在报馆工作，我敢担保他不是共产党，也被不明不白地杀害啦！你能永远不出租界吗？就是在租界里也不见得就安全呀！"

荣宗敬在鼻子里哼了声，没有辩驳，但仍不服气。

第二位客人是中国通商银行总经理傅筱庵，蒋介石派给他所属银行、公司的库券是 1000 万元，他干脆既不讨论也不答复，直接躲进了公共租界。

荣氏兄弟：择高处立，就平处坐，向宽处行

他一走进书房就惊惊乍乍地说："宗敬兄！我已经秘密地买好去大连的船票了，劝你也到香港或者外国去躲避一阵吧！"

"有那么严重吗？"荣宗敬不以为然地说。

"嘿嘿！蒋介石的为人，你我都很清楚。他一只手砍共产党的脑袋，一只手抢资本家的钱袋。"傅筱庵从桌上拿起纱联会的决议看了一眼，又说："迟啦！要他先取消通缉令再购库券，他绝不会答应的。"

这时又来了两位客人：一个是中国银行总经理宋汉章，一个是上海银行总经理陈光甫。蒋介石向宋汉章所在的中行也派销了 1000 万元库券，宋汉章没有答应，蒋介石来电严词斥责，他索性就辞职了。

"敲诈勒索！与绑票有什么两样？"荣宗敬愤愤地说，"身为国民革命军总司令，理当体恤国民，保护实业，如此强征暴敛，孙先生'天下为公'的公理何在？！有这样一个总司令，我们这些人的出路何在？！中国的出路何在？！"

傅筱庵又火上浇油："段祺瑞是军阀，张作霖是土匪，蒋介石是流氓，一个比一个坏！"

陈光甫现在是"二五库券"劝募委员会主任委员，已成为金融界和政界的显贵，作为荣氏兄弟多年的好友，他说："宗敬，今天德生也在这里，希望你们能冷静地听我一句话。好汉不吃眼前亏，50 万元就认了吧！'二五库券'的分派，不必讳言，我是参与了的。纱联会才分派 50 万，与各行各业比较，并不算多呀！"

一直一言未发的荣德生此时终于说话了："宗敬，我们权当碰上了一场火灾。认了吧！"

"火灾？火灾是意外不测！"荣宗敬的犟脾气一来，怎么也不肯买账，"强迫借款开了头，以后还有个完吗？各家纱厂营业不振，雪上加霜，就更挣扎不起啦！"

"可是宗敬兄，是纱锭子厉害，还是枪杆子厉害？孙悟空有七十二变，也逃不出如来佛的手心啊！"宋汉章也劝道。

"我荣宗敬不怕蒋介石的枪杆子！这家业是我和德生兄弟俩自己拼回来的，姓蒋的一句话就要我送钱上门，这不可能！有种的他就抓了我去，要了我的命！"

宋汉章急得直跺脚："宗敬，你跟我不同，我可以辞职不干，你却是离不得总公司的。倘若蒋介石给你动真的，那就不可收拾了。你自己不要命，德生呢？你的妻儿呢？你荣家的产业呢？你的命没了，这些还能留得住吗？到时候别说50万元，整个荣家都成了他蒋介石的！"

荣宗敬沉默了许久，依旧咽不下这口气，但在大家的一片规劝声中，终于挺直身子，傲然说："我要是愿意，别说是纱联会共摊，就是独捐50万，也不在话下！"

见荣宗敬终于被说服了，客人们便都起身告辞。荣氏兄弟把他们送到门口，待客人上车后，荣德生便与荣宗敬商量，要让蒋介石收回通缉令，还是请蒋的亲信吴稚晖出面调解最为妥当。荣德生对哥哥说："宗敬，吴老先生那里，我们一起去走一趟好吗？"

"还是你去吧。"荣宗敬依旧有些不顺气，不愿意为了这事求人。荣德生找到吴稚晖先生，由他去见蒋介石，从中调解，最终将此事摆平。蒋介石也收回命令，不再通缉荣宗敬。

乐善　荣德生"大家大业"，生活却十分俭朴。他喜穿长衫，戴瓜皮帽，吃便饭，晚年喜素食，不吸烟，不喝酒，除非不得已，很少出席宴会。过着恬淡、清静的生活，除收藏书画、古董外，别无他好。自己练字，也总在一张纸上先写小楷，再写中楷，然后写大楷，直到把一张纸涂得墨黑无法再用时才肯把它扔掉。扔时也不乱仍，而是一张张攒起来，积少成多，积成一大捆子让仆人拿出去换烟吸。他在无锡居住时，经常便装简从四处走动，对穷人不摆架子。

荣宗敬经常教育孙女荣海兰说："你在吃的时候，不要忘记没有吃的人。"荣海兰的母亲则告诉女儿:"不要浪费,现在很多人没有东西吃。你要是浪费,就会把自己的福气折了。"荣家的这一朴素的财富分享观和回馈社会的家训,是慈善事业的萌芽。他坐黄包车时总要多付一倍车资,遇到乞丐总给买碗面吃。每逢春节,他总要从米店买一些"米票",分送给荣巷及附近街区的穷苦人家。平时谁家出现天灾人祸,揭不开锅,只要告知荣家,荣家总会给予一些周济。他还尽量吸收荣巷及附近街区贫苦人家的子弟到工厂做工,领取固定工资以改善家境。

荣氏兄弟对社会各方发起的"社会募捐",积极响应,捐款次数及款项之多,是世人公认的。有时他们自己捐款的同时,也发起募捐筹集捐款。捐款有用于灾区难民的,有用于抗战将士的,有用于建设学校等社会公益的,也有迫于"达官显贵"之"情面"而"应景"募捐的。如1946年6月,荣德生一次募捐苏北水灾赈款1325万元。

仁厚　　还是在荣氏兄弟创办面粉厂的初期,有位壮年汉子兴冲冲地敲着一枚铜元向人宣传:"茂新的面袋里还装有铜元哩!我买了一袋白吃面粉不说,还赚了一块响当当的铜元!"壮年汉子又买了几袋面粉,说是再碰碰运气。不但这位汉子,其他消费者也有得到装有铜元的面粉。于是,茂新面袋里有铜元的佳话纷纷传开。原来,这是荣德生的一种促销手段,他特意吩咐按一定比例数在面粉袋中放置铜元,作为"彩头"来吸引消费者。面粉袋里放"彩头"足以证明荣德生不乏企业家的精明,而本质上,他也是仁厚的。

有位账房先生来到荣德生门下不几年,就给自家造了一栋很阔绰的楼房。有人揭露他有贪污行为,有的董事要求调查和处理他。荣德生特意驱车到他的住所看了一下,却说出这样一番话:"他拿了我的钱,不是去吃喝嫖赌,他造起房子,我也光彩,外人认为他是跟我荣某做事赚了大钱,这不等于是为我做广告吗?"

"有这样做广告的吗？德公真能容忍。"同车前往的同仁很不理解。

荣德生又说："东山老虎吃人，西山老虎也吃人。我荣家赚了这么多钱，谁看都会眼红。东山老虎一直跟着我，吃饱了就不会再吃。我与其用西山的饿老虎，不如用东山饱老虎，用西山饿老虎也许把我的肉甚至骨头都吃光的。"

"噢，原来如此！德公高见，德公高见。"同仁至为佩服。

此言传到那个账房先生耳中，他深知自己理亏，从此对荣家感恩戴德，尽心效忠，不敢再做半点儿越轨之举。

有一年夜间，申新三厂失火，下班在家的一些员工闻讯赶往厂里去救火。荣德生却对门卫说："不要放这些员工进厂救火，但请把他们的名字一一记下来！"门卫看一眼越来越大的火势，惊讶地望着他的老板。荣德生如此说道："这些人都是厂里的忠臣。厂烧了，可以再造，忠臣烧死了，就不好再找了。"

此话在员工中传开，员工感到他们的老板爱兵如子，工作更加卖力。后来，前往救火的人都得到了厂里的提拔或重用。

家教　　1916 年，在荣家事业蒸蒸日上的时候，荣毅仁出生了。他是荣德生最疼爱的儿子，荣德生希望四子毅仁能成为他衣钵的继承者，管教很严，荣毅仁童年时，晚上常陪着父亲乘凉或烤火，听父亲讲述自己的创业经过。

荣毅仁的生母程慧云同样严格管教儿子。虽然她自己不识字，但从来没有放弃对儿子的教育。"你将来长大了一定要做个顶天立地的男子汉，像你父亲一样做一番大事业。"母亲的话，同样在荣毅仁幼小的心灵里留下了烙印，虽然那时年幼的荣毅仁并不知道什么是"顶天立地的男子汉"，也并不知怎样才能做一番大事业。

闲暇的日子里，荣德生的最大乐趣其实是在家里看书，和自己的孩子聊家常。少年时的荣毅仁非常调皮，经常逗得荣德生开怀大笑。荣德生是个严厉的父亲，平时哪个孩子淘气了，屁股上总免不了被揍得通红，荣毅仁却是个例外。

荣德生对这个四儿十分偏爱，总是和颜悦色的样子。荣德生有个书斋，名字叫"戒欺室"。有一次，荣毅仁问父亲："父亲，什么是'戒欺'啊？"

"'戒欺'，即不要欺侮人，要做老实人。"

"那别人欺负我们怎么办？"荣毅仁忽闪着大眼睛问道。

"呵呵，"荣德生假装被难住了，"那你说怎么办呢？"

"那我们也欺负他。"

"那可不行。你祖父在世时，曾经留下遗言叫我们讲信用，这'信用'二字就是'戒欺'，你想要别人怎么对待你，自己就要做到怎么对待别人。别人欺负人，是他们的不是，我们可不能学。"

"知道了。"

少年的荣毅仁对父亲的教诲铭记在心，这些话也影响了他的一生。

在荣毅仁小学毕业准备升中学时，受军阀战争影响，时局动荡不安，公益工商中学被迫停办。荣德生便在自家的梅园豁然洞旁，建立了一所学校，主要让自己的子女、亲属和一部分公益工商中学还没有毕业的学生继续读书。开始学生只有二十多人，所有的学生都住学校，后来增加到几十人。学校改变了学制，把初高中各三年改成了两年。课程也相对减去了图画、手工等，改为专授国文、英文、算术等课程，同时规定：甲组高中生读两年就可毕业，乙组初中生则需要读四年。荣德生把荣毅仁送到了乙组读初中。

1931年，15岁的荣毅仁读完高中，到镇江参加全省中学毕业考试，不知道出于什么原因，结果只考了59.5分，不批准毕业。荣德生只好托人找到省教育厅负责人、无锡教育家侯宝山，恳请通融一下准予他的四儿毕业。但是侯宝山脾气怪得很，还十分死板，他认定荣毅仁就是不及格，差零点五分也不行。无奈，荣毅仁只好再次进省立无锡中学补读半年，当时的省立无锡中学，是江苏一所名校，包括薛暮桥、钱伟长、孙冶方、钱俊瑞等著名人物都是这所学校的毕业生。荣毅仁在这里补取了高中毕业资格，成为该校第 32 届毕业生。

孩子大了，该为他的终身大事着想了，荣德生开始叫家人给荣毅仁留意个好姑娘，其实早在荣毅仁 10 岁时就曾经订过婚。女方是茂新面粉厂一位主任的女儿，后来那位小姐病故了。以后，尽管来荣家说亲的人踏破了门槛，却一直没有将婚事定下来。

荣德生并没有想到，自己的四儿已经长大，有了自己的是非观，也有了自己的意中人。这一切，还要从荣毅仁进省立无锡中学补读说起。

那一天，荣毅仁在操场上散步遇到了无锡名门出身的杨鉴清，这个以后和他度过一辈子的人。荣毅仁走到校门口，驶过来一辆面包车，从车上下来一位楚楚动人的女学生，她一身淡雅的装束，短发乌黑，长得十分俊俏，大眼睛忽闪忽闪的。荣毅仁的心狂跳得厉害，过了好久才平静下来，他对这个姑娘一见钟情。他偷偷找到看门的门房，才知道这个姑娘是杨干卿的二女儿杨鉴清。

杨干卿同样是无锡有名的大户人家，杨鉴清 1917 年出生，小荣毅仁 1 岁，刚从上海圣玛利亚女中转回省立无锡中学读初中。荣毅仁喜欢踢足球，杨鉴清喜欢打排球，这样两人经常在操场上见到。荣毅仁发觉悄悄爱上了杨鉴清，无法自拔，但是他又不好意思和家人说，每天就这样偷偷地看着这个心爱的女孩子。

或许是上天注定的缘分吧，一天，荣氏竞化小学的施校长，拿来了一家小姐的"八字"，专来荣家替荣毅仁做亲说媒。荣毅仁漫不经心地打开一看，原来这位小姐，正是自己看中的杨鉴清，他马上转怒为喜，甚至有些迫不及待地对父母说："母亲，我喜欢这家的小姐！"

程慧云见到儿子有了中意的对象也很高兴，荣德生也没有什么异议，不久就上门去求亲。杨干卿也十分愿意和荣家结亲，但对荣毅仁还不太放心，后来他干脆和媒人约好了时间看一下未来的女婿。

第二天，在媒人和仆人的陪同下，荣毅仁带了好多礼物去拜见未来的岳父岳母。杨干卿夫妇见了荣毅仁不停地点头，对荣德生教育出来的优秀儿子很是满意。

劫难　1946 年 4 月 25 日，71 岁高龄的荣德生在上海家中吃过早饭，又休息了片刻，大约 10 点钟，和三儿子荣一心、女婿唐熊源一起，乘自己的黑色福特轿车去江西路的总公司办公。轿车刚驶到高思路转角处，突然，斜刺里蹿出三个身穿军装的人，拦住了汽车，挥舞着手枪向车里的人吼道："下来，赶快下来！"荣德生和儿子、女婿都吃了一惊。坐在司机旁边的保镖把头伸出车窗问："你们是干什么的？"为首的一个军官取出一张红色逮捕证，在他们面前晃了一晃，荣一心眼快，看到上面盖有"第三方面军司令部"的大印，还有淞沪警备司令部二处处长毛森的签字，不禁目瞪口呆。保镖也吓得不知该怎么办才好。军人们乘机将荣一心和唐熊源拉下车来，那军官大声宣布："荣德生是经济汉奸，请他到局里去一趟！"另外两个人不由分说，硬把荣德生拉下福特轿车，不顾他的反抗，强行将他架上了早就停在旁边的小汽车。三个军人紧跟着钻进了汽车，汽车立即发动，一溜烟开走，整个过程不到 3 分钟。荣一心这才醒悟过来，明白是遭到了匪徒的绑票，不禁失声大哭。细心的唐熊源一边劝慰荣一心，一面告诉他，看那汽车的牌照，是淞沪警备司令部的车！二人当即乘车赶到淞沪警备司令部，哪知淞沪警备司令部矢口否认有逮捕荣德生的事！此刻，坐在军人车中的荣德生，从车窗中望出去，只见汽车转了几个弯后，沿着中山路直向上海西郊驶去，马上意识到不是去警察局的方向。荣德生年纪虽大，头脑仍十分清醒，他的心中很快掠过一个念头：莫非是遭到绑票了？他不禁想起当年他儿子荣尔仁被绑票，也是在上班途中被人劫持的。而且，最近上海一再发生绑票案，被绑者都是有名的大富翁，像号称"钻石大王"的嘉定银行总经理范回春、号称"五金大王"的唐宝昌、广东巨商陈炳谦的两个儿子先后遭歹徒绑架，勒索去巨额赎款……吓得富商大贾胆战心惊。荣德生一向做事谨慎，认为自己平时乐善好施、待人宽厚，没有什么仇人，所以才不太在意这种事，哪知道灾祸还就当真落到了他的头上！事到如今，他也只好任由绑匪摆布了。

几经转折到了一条小船，他只能蜷伏在里面，大小便都不能自由。第一天只给了他一块硬饼干，知道他牙齿不能咀嚼，第二天给了他三块软饼干、一块蛋糕，夜里转到一个石库门楼上，没有窗户的小黑屋，硬木铺板，白天也没有光线，不准点灯或点蜡烛（只有写信等必需时才点）。在黑屋的伙食还比较优待，早上给他两个鸡蛋，中午和晚上一碗饭、一碗粥，菜是豆腐、咸菜、黄豆、鲫鱼、鲥鱼、炒蛋，周而复始。

他回忆，在这一个多月里，"除了我有痔疮毛病，每天不能换布和睡硬木床不舒服外，其他一切还可以"。最让他感到痛苦的是，绝对不许咳嗽吐痰，绑匪说"痰咽到肚里去，可以收到润肠的效果"。这一招果然见效，他后来对记者笑着说："我原来患着便秘毛病，在那里天天一堆恭，痰能润肠，这倒是我在匪窟里生活得到的教训和收获。"

他身上带的东西都被细细检查，5个图章的用途被再三盘问，他逐一解释，一个是应酬文字用的，一个刻着"往生是寿"是喜庆文书用的，一个刚铸了不久，有年月可证。他们问得最细的是一个小银章，他回答："这印章是重要的，但并不能单独领钱用，厂里要向银行支钱，协理、经理盖了章，还要我盖了这个章才发生效力，但单有我的图章，根本是领不到钱的。"

荣德生这样的大实业家被绑架，顿时引起了全国的关注。1946年8月4日的《大公报》、9月7日的《文汇报》、9月10日的《新闻报》都曾公开报道。荣德生在黑暗世界中34天，不能看书，也没有纸笔，终日无事，吉凶未卜，思潮翻滚，从世界、国家、社会到事业、家庭，一一想过，念平生经验，如万一不幸，未能传至后人，至为可惜。时值蒋介石60岁，他在黑暗中，生死关头还拟了一副寿联："战绩空前廿四史，胜利联盟五大洲。"他想自己如果能脱险，要刻两个印章，一是"曾入地狱"，一是"再生之德"。午夜睡不着，他说自己多次看见白光，所以他心里很安定，觉得有神护，不致无救。匪徒住在隔壁，只隔一层薄板，他骗他们自己耳朵不好，重听，其实都听得清清楚楚。大约第19天，警察、宪兵检查，已敲开大门，绑匪也子弹上膛，预备警察一上楼，就采取最后手段，结果化险为夷。因为绑匪组织严密，有女人，有小孩，警察敲门，女人在小孩屁股上一拧，小孩就哇地哭了，女人装着叫骂，开门的装得泰然，对警察说：我们是住家，将警察哄了回去。第24天，有人敲开门，高声问："三厂袁世凯在里面吗？"结果也被开门的应付过去了。（"三厂"就是申新三厂，"袁世凯"是指荣氏。）

他在小黑屋给家人共写了5封信，家人只收到2封，字句都经过绑匪逐一研究，连最后"灯下"两个字都被涂了。

绑匪最初开价勒索百万美金，他回答："我是一个事业家，不是一个资本家，我所有的钱全在事业上面，经常要养活数十万人，如果事业一日停止，数十万人的生活就要发生影响。所谓资本家，是将金钱放在家里，绝对不想做事业……诸位这次把我弄来，实在是找错了人，不信你们去调查。"

绑匪的调查结果和他说的大致吻合，他身上带的一个手折也可证明，他家庭和个人收支都记录在上面，绑匪详细核算过，每月支出600多万，收入400多万，虽然表面上富可敌国，实际上当时每月入不敷出。经过反复的讨价还价，最后赎金降到50万美金。他作了最坏打算，向绑匪要来纸笔立下遗嘱，要求他们无论如何送到荣家，内容共四点：一是叙述兄弟创业的艰难经过；二是绑匪要50万美金，这笔钱照他的事业而论，本来无所谓，但企业流动资金不多，如果拿了这笔钱将影响整个生产，使大批工人失业，所以他宁可牺牲个人保全事业；三是告诫子弟要绝对重视先人所创事业；四是嘱咐家庭琐事。这个遗嘱对绑匪震撼很大，简直就是"原子弹"，有一个看守竟在最后关头知难而退，借故脱逃。这是他本人脱险后的自述。

他以为，这次绑架是有黑心商人起意，利用匪徒，本意想将他灭口，因为匪徒爱钱，他才能生还。警备司令部破案后，说是荣家派人把款秘密交给绑匪，荣德生才获释，这完全是谎言。此案扑朔迷离，从各种迹象看，无疑有着更深的背景，后面有军警特，是一次警匪勾结的绑票案。绑匪出示的逮捕证，赫然是"第三方面军司令部"的，绑架用的汽车是向淞沪警备司令部副官处借的，而且司机直接参与，破案后缉获的罪犯就有第三方面军第二处处长毛森手下。交款地点就选在警备司令部隔壁，5月25日，荣家派人送钱时被警备司令部拦截，随即发还，27日，又是警备司令部标记的车把两大皮箱美金取走，车上只有一个司机。第二天晚上，荣德生被系住双眼，由绑匪雇车（先三轮车、再汽车、再人力车），送到其女婿唐熊源家。

荣德生发现，绑架他时，撑篙的"船工"一天看完《宪法草案》、《政治协商会议记录》，看守他的人眉清目秀，写一手好字，两天看完《青城十九侠》，不同于一般绑匪，估计有初中以上程度。警备司令部稽查处的知情人回忆，是毛森下令逮捕荣德生，时值毛人凤新任国防部保密局局长，授意毛森和稽查处处长陶一珊一起破案，向社会宣传，又将敲诈的巨款做赏金。毛森和陶一珊除了自己拿奖金，还送了毛人凤和司令宣铁吾各一份，替宣铁吾买了一辆豪华的美国轿车。被缉捕的都是从犯，共15人，处决了8人。

荣德生归来后发还的十二三万美元赃款，先给警备司令部送去破案赏金两笔共8万。剩下的钱又被警备司令部索要走了，还不够，荣家只好到市上收了10多万美元，前后总共付出了60多万美元，由申新各厂按纱锭数分摊。

鬓发全白的荣德生死里逃生，骨瘦如柴，腿软不便行走，在家休养。令他意想不到的是，慈善机构、学校、社会团体要他捐款、借款的函电雪片般飞来，光上海就有50多个团体，外地的更多，有许多都是各路军政

荣氏兄弟：择高处立，就平处坐，向宽处行

要人出面，得罪不起的（包括江苏省主席、无锡县长、国民党江苏省党部书记长），还有自称"失业军警人员"的，带有恐吓勒索性质的有数十起。有人多次找上门来，起因就是他脱离险境后对记者说的那句话——领回勒索余款捐给慈善机构。威震商界数十年的荣德生几乎成了惊弓之鸟，他在1947年2月的私信里感叹说，即使得到金窟也难办。

评价　毛泽东："荣家是中国民族资本家的首户，中国在世界上真正称得上是财团的，就只有他们一家。"

中国人民大学经济学院教授高德步："从近代开始，荣家三代对中国经济的发展做出了巨大贡献。荣宗敬和荣德生兄弟创办的企业是中国民族企业的前驱；解放后，荣毅仁支持中国政府的三大改造，对我国经济的发展起到非常积极的作用；改革开放以后，荣家第三代荣智健等人对中国市场经济、新兴民族企业的发展做出了重大贡献。"

北京大学社会学系教授马戎："荣家是爱国资本家的典型代表，解放后，获得执政地位的共产党对于这样家族重视有加也是理所当然。"

穆藕初：手散黄金培国土，堂堂豪举惊流俗

传 略　穆藕初（1876—1943），名湘玥，上海浦东人，祖籍苏州洞庭东山。上海工商界名流，昆剧票友，昆剧传习所的创办者之一。民国时期著名的棉花专家。

6岁入塾。清光绪十五年（1889年）入棉花行学徒，光绪二十三年进夜校学英文。光绪二十六年，进上海江海关任办事员。光绪三十年，与马相伯等人组织"沪学会"，声援上海各界的反美爱国斗争，从事资产阶级改良活动。光绪三十三年，任江苏铁路公司警务长。宣统元年（1909年）夏赴美国，先后在威斯康星大学、伊利诺斯大学、德克萨斯农工专修学校学习农科、纺织和企业管理等。1914年，获农学硕士，学成归国。1915年，与胞兄穆湘瑶共建德大纱厂，自任经理。他曾几次拜访过被后人尊称为"科学管理之父"的弗雷德里克·温斯洛·泰罗，是唯一跟这

穆藕初

位伟大的管理学家有过切磋的中国人，1916 年 11 月上海中华书局出版了由他翻译的泰罗著作——《工厂适用学理的管理法》，并将该管理法在厂内推行。此后，创办了上海厚生纱厂、郑州豫丰纱厂，分别任总经理及董事长兼总经理职。其间，还办植棉试验场，著《植棉浅说》，致力改良棉种和推广植棉事业。1917 年，参与发起成立中华职业教育社，任中华职业学校校董会主席。1918 年当选上海总商会会董，2 年后连任。1920 年，发起组织上海华商纱布交易所，被推为理事长。同年又被聘为北京政府农商部名誉实业顾问，次年，集股在上海办中华劝工银行。1921—1925 年，担任公共租界工部局顾问。1922 年秋由上海总商会推派，北京政府农商部任命其为首席代表，出席在美国檀香山召开的"太平洋商务会议"。1923 年，辞去厚生纱厂总经理职务。1924 年，豫丰纱厂被迫由美商慎昌洋行接办。1925 年，辞去德大纱厂总经理之职。1927 年，当选上海总商会临时委员会执行委员。1928 年以后，出任国民政府工商部常务次长和实业部中央农业实验所筹备主任。1932 年一·二八事变发生后，他和史量才、黄炎培等人组织地方维持会，支持抗日。抗日战争爆发后，任上海市救济委员会给养组主任、国民政府行政院农产促进委员会主委、经济部农本局总经理。1943 年 9 月 16 日，在重庆病故。

节俭　　1918 年 6 月 27 日，厚生纱厂开工之日，穆藕初因操劳半年，累坏了身体，一睡 48 小时，起不了床。德国名医福医生对他说："你用脑过度，最好请假到外地静养一阵，否则一两年后即将成为废人。"有一日复诊，福医生问他回国几年了，他回答已四年。问他办了几家厂，他答已设两家纱厂。问他月薪多少，他答约 400 元。问他每月伙食费多少，他说伙食费约 6 元，另外房租 24 元。福医生笑着对他说："你自视太轻，自奉太薄。400 元月薪不算少，而你用的不足 1/10，你不要认为欧洲人崇尚奢华，入门有亭园花木，屋内陈设精美，起居舒适，那是工作后用以怡情养性、恢复脑力所必需的。你回国才四年，组织的两个厂已先后开工，你的建设能力不小，信用也厚，有几个留学生能做到？希望穆先生爱惜自己，为国家社会效力。"穆藕初的回答是："月薪虽不少，但家用和子女教育费为数也不少。我正当盛年，即使有积余，也应当以血汗所得之财，供社会正当用途，怎么能以一人的怡情养性，来消耗有用的财力？"

当时，穆藕初家住在德大纱厂对面简陋而拥挤的里弄，周围孩子都是工厂子女，大家以穆家孩子为中心，他感到特殊待遇只会增加孩子们的傲慢之气，不利于培养进取心，所以就送他们上学校住读。不知道是不是福医生的话触动了他，当年他就在德大、厚生附近买下一块地，开始造一幢西式住宅，1920 年 11 月迁入。留学美国之前，他在海关、龙门师范和铁路工作的月薪都有百元，但在德大最初只拿 80 元，有朋友为他抱不平，他却说："人生处世，唯当自问能力、精神、才识如何，及处事之勤奋如何，薪水可不计。"他常引用西方谚语"世界不问你是何人，只问你能做何事"来自勉。

1922 年 4 月 6 日，他接替王正廷出任中华劝工银行董事长。第二天，他写信给经理楼恂如、副经理刘聘三，不要每月的车马费："愚者一得，苟于行务微有裨益，自应竭诚。其每月车马费 120 元，务请停给为盼。"

穆藕初办事一向公私款项分得很清楚，往来巨款，交割手续毫不含糊。办厂之初，他就拿定主意，凡账房、栈房、物料，都请股东选派合适的人分别主管，但由他监督，由他决定去留。特别是他没有股份的厚生纱厂，总账房 1 人、花纱布栈房主任 3 人、物料主任 1 人、批发所账房 3 人，都由大股东介绍信赖的人担任。他在辞去总经理时，只是将账房、栈房、物料房点验清楚，将 32 把钥匙交接即可。他说："大丈夫磊落光明，财色生死关头，尚须打破，何况此区区小事哉！"

即使从政时，穆藕初对公私也分得很清，公物公款，一丝不苟。他说用公家的钱，"要和用自己的一样爱惜，一样节省，一样斤斤计较，一样文文打算"，"不宜吝啬，要用得得当，用得恰如其分"，"公私要分得

穆藕初：手散黄金培国土，堂堂豪举惊流俗

清楚，不得假公济私，不得以私损公"。曾在其手下任职的吴麟鑫说他是一个非常好的人，工作起来仿佛不要命，常常通宵达旦，连年轻人也比不上他。他平常写自己的东西从来不用公家信笺，私人书信往来，决不用公家的信封、邮票。

抗战期间，穆藕初慎重地向行政院提议颁发院令，劝告四川人改长衣为短衣，以节约布料。他在重庆担任的官职不少，经济收入还算宽裕，但依然过着十分简朴的生活，经常穿的是旧衣衫。老友黄炎培评价他"黄金满筐，而君萧然"。

1943年9月16日，病重的穆藕初从医院回张家花园寓所。并对家人云："我一生从事棉纺织事业，棉纱事业为我心之所归，我死之后，只需为我穿土棉织之物，不需丝绸之物，不宜厚葬。"他一再告诫家人，将来一定要把他的灵柩运回故乡，葬于苏州，并用陆游的两句诗叮嘱儿女："王师北定中原日，家祭无忘告乃翁。"

穆藕初的财产，在他生前就差不多已经散尽。这些钱财，千丝万缕地融化在中国的教育和文化事业中。有人问穆家修，他父亲有什么遗产留给他。穆家修笑道："什么遗产也没有，我们兄弟姐妹中，无人经商，也没有一个是富翁，都是自食其力的普通劳动者。这也是父亲的愿望。他把自己的钱都花在了他认为该花的地方。"

乐观　　即使在艰苦的处境中，穆藕初仍保持着乐观。在他身边工作的倪传钺回忆，穆藕初晚年在重庆，"经济大不如前，有一次，唱曲结束后，先生带我们到饭店吃饭，改善伙食，每人点一样菜，规定必须要全部吃干净。吃完后，先生拿起一个空盘子放在面前，很幽默地说这叫照镜子。"1926年，商务印书馆曾出版过一本英文版《现代之胜利者》，其中有两个中国内地的实业家，一个是张謇，一个是穆藕初："穆先生是乐观的，在这样一个动乱时代，如此一个乐现主义者就像中流砥柱一般……穆先生的才干和性格是中国的一种幸运，我们为有更多的穆先生而祈祷！"

穆藕初素来坚持体育锻炼，身体强健。1942年12月，穆藕初突然被蒋介石"撤职查办"后，原本不太严重的痔疾突然加重起来。1943年3月19日，穆藕初入中央医院检查。后被确诊为肠癌。有一次，好友黄炎培、杨卫玉等到医院探望，见他谈笑如常，十分感动，特意作诗一首，戏云："老爱吟成癖，闲将病带来。客稀诗境静，医去笑颜开。浩气仍摇榻，刚肠易若灾。明朝君勿药，且漫醉千杯。"

重教　穆藕初认为，国家要富强，重要的前提是要提高人的素质，要大量的人才。而要提高国民素质，培养真正的人才，则必须注重教育。一个不重视教育、没有优良教育的民族，绝不可能是一个进步强盛的民族。穆藕初对教育的赞助，可以说是倾尽了心力。

在"五四"运动前夜，他参与发起成立了中华职业教育社，并为此捐巨款。他无偿捐银5万两给北京大学选学生赴美留学，在当时曾产生深远的影响。他的举动，无论是对那些唯利是图的商人，还是对那些急功近利的政客，都是一个深刻的教育。位育小学和位育中学在开办之初，也曾得到他无私无偿的援助。

教育成功的试金石，在于能否培养有用之才。穆藕初在《惜人才》一文中这样说："国无人才，国将不国，才而不才，或用违其才，非爱惜人才之道"，"人才为国之元气，惜才为培养之原。"

穆藕初选择人才的标准，也是不拘一格。当年出资北大资助学者留美，在挑选留学者时，他不主张用死板的考试，而是请北大校长蔡元培和蒋梦麟、胡适、马寅初三位学者推荐，不限地域，不限学科，只要道德、学问、能力诸方面都出类拔萃，得到这四位大学者认可便可通过。结果选送的五位学者果然都是第一流人才，其中有经济学家，也有法学家和文学家。

令人感慨的是，穆藕初出资送人才出国留学，不求任何回报，既不要

穆藕初：手散黄金培国土，堂堂豪举惊流俗

他们为自己评功摆好，也不要他们回来后为他工作，连一个"谢"字也无须说。只要他们学成后报效国家和民族，便算达到了目的。

有一回，穆藕初收到企业中的一个年轻的勤杂工的一封信，信中提出向穆藕初借阅有关棉纺工业技术的书籍。第二天穆藕初便在自己的办公室会见了这个小勤杂工。他问神情紧张的小勤杂工，为什么要借这些书。小勤杂工回答，想自学。穆又问："你为什么不去上学？"小勤杂工答："家里没钱，只上到初一，便辍学来当学徒。"穆藕初想了想，说："明天，你不要来上班了。"小勤杂工一惊，以为老板要解雇他。穆藕初笑道："放你三个月假，你准备一下考高中吧。如果你能考上，不要担心学费，都由我来负担。"三个月后，这位小勤杂工很争气，以第二名的成绩考上了南洋模范中学高中部。第一个学期结束，穆藕初检查了他的学习情况，发现他的各科成绩优异，便决定在第二年暑期后送他去美国威斯康星大学深造。七年后，这个年轻人在耶鲁大学取得经济学博士学位后归国，成为闻名世界的经济学家。这位勤杂工出身的经济学家，就是方显廷。方显廷感激穆藕初的知遇和提携培养之恩，毕生把他奉为恩师和慈父。

1943年，穆藕初在成都治病期间，穆藕初的夫人与儿子家麟及伯华先后辗转来到成都。虽身患重病，他仍然十分关心子女的教育。据穆伯华回忆："一日，我走进先君病室，先君正向家麟弟讲述欧阳修《陇冈阡表》之精要语，'祭而封，不如养之薄也。'我忽然冲口而出'俭朴所以居患难也'亦是精要语，先君视我而不言。继而我暗思先君殆自知病况难望好转耶。……是安慰我们而已。"7月19日，穆藕初给刘聘三信中还提到家麟的婚事，"麟儿订婚，将来拟请兄与超然兄作冰人。"在病逝前，他安慰伯华"不要灰心"。为人之父，穆藕初对子女们充满真挚的爱，寄予深厚的期望。

莫逆　上世纪的前四十年间，在上海乃至中国，一个教育家与一个企业家之间，相濡相挈之友情，能达到"四十年交好，到老犹新"的，恐怕无出于黄炎培与穆藕初之右者。从 1901 年他们相识，到 1943 年穆藕初辞世，历四十三年。他俩在各自不同的领域中奋斗，却又时时携手，相互支撑。一个声名显赫的企业家与一个著名教育家之间如此深沉的友谊，从一种具体的、独特的角度反映了近代中国（上海）企业界与教育界之间的紧密关系。

黄炎培与穆藕初是同乡。他们都出生于江苏省川沙厅（即以后的上海市川沙县，今上海市浦东新区），滚滚黄浦水和江边冲积平原的沃土养育了他们。他俩的家乡川沙，紧挨着正在形成中的，远东最大的经济、文化、信息中心，繁华的大上海。

由于哥哥抒斋（湘瑶，又称恕再）是公学特班的学生，穆藕初常去该校，一方面在这里可以接受到各种新事物、新思想，另一方面还可结识新朋友。黄炎培说："当清光绪辛丑、壬寅之际，恕再共余读书南洋公学，日常称道弟藕初不去口。某日，一白皙少年入恕再室，就而询之，恕再扬其手以答曰'此即余弟也。'余之识藕初自此始。"

1904 年黄炎培刚从日本流亡归国，住在南市竹行弄杨士照家，致力于创办城东女学。穆藕初则恰好由镇江关回到上海，一边在江海关工作，一边在夜馆学习英语，也住在南市。他俩"朝夕过从"，"相与话食贫况味"交换人生感受，同时讨论读了《天演论》等书籍后的体会。1905 年，黄炎培在着手创办浦东中学的同时，已经在蔡元培的介绍、推荐之下参加了同盟会，并且担任了同盟会上海干事，从事秘密的革命活动；他还与沈恩孚、袁希涛等发起成立了"江苏学务总会"（即江苏教育会的前身），担任调查干事。穆藕初在江海关则被选举为海关总会华职员董事，自发地出来组织江海关与邮电华人职员，举行抗议美国政府迫害华工的集会。工作之余他俩又经常聚在一起探讨如何才能推进中国"人才辈出"、如何实现"国家昌明"的理想。共同的理想、共同的斗争、共同的认识促使他俩携手发起并积极地参与了沪学会的读书活动、体育操练、民族音乐演奏、爱国演讲活动。期间，由于在海关带头抗议美国政府迫害华工，穆藕初遭到美籍副税务司的忌恨而被迫辞职。但是，他并未面临失业的威胁，而是立即受到龙门师范学校的聘请，出任英语教习兼学监。这件事办得如此迅速、顺当，黄炎培在其中出了不少力。这一段早期的相濡相携共同奋斗的生活，大致一直延续到1909年穆藕初赴美留学。

此后，他俩在振兴中华与教育培养人才的关系，以及培养教育人才必须从修养、常识、体魄等多方面同时着手等问题上，形成了共识。如：黄炎培刚从日本流亡回上海，就着手兴办城东女学、丽泽学院、浦东中学，穆藕初在沪学会活动中，同样在"兼办义务小学"；黄炎培在这些学校中，不仅讲"文学"而且"特重武术"；穆藕初在办学及沪学会活动中，同样既重视"增进知识"的"名流演说"，又"力倡武学"，专门组织"体育会"。

情忆

《追忆穆藕初先生》

黄炎培

我与藕初先生从二十岁左右订交，迄今四十余年，先生或出或处一切事功，我几无一不参与，今未暇详叙，仅就先生为人特异者若干点略述如下：先生一生事业，盖无不持自身力量，苦干猛进而成。早年学习商业，若非立志上进，入夜馆苦读英文，终其身不过一商人而已。其后考入海关，同时入沪南体育会，习体操，为队长。海关关员终身职，若无远志，则终其身为关员，未尝不可循序上进，但先生志趣高远，因投身社会，声誉卓著之故，被聘为最著名师范学校之学监，又被聘为惟一民营铁路（即后来京沪沪杭路）公司铁路警务长。而先生犹以为未足，承其夫人卖却首饰，赠充学费，遂赴美留学。时先生年事已长，在留美学界，被称为三老中之一老，终以苦学获得学位以归，然并未专习纺织也。归未久，而欧战了，中国幼稚期之棉纺织工业，接受至急迫之时代要求，而大动企业家之兴趣。先生则遂由农而转入纺织。出其苦心毅力，研究机械图样，研究工场管理，而亲身执役，为同时侪辈所望尘莫及。其时先与乃兄恕再先生合创德大纺织厂，继乃受若干企业家之聘约，陆续创建，最后乃手创规模更大之豫丰纺织厂于郑州。其时先生乃如苏季子之身佩六国相印，卓然为纺织工业专家。而先生进取之心未已，复手创上海纱布交易所，中华劝工银行。同时仍经营棉种试验场。其物由棉而纱而布，其事由农而工而商而金融，其地由海疆而中州，行将进规西北。苟无战事为之梗阻，与年寿为之制限，直不知其事业之所底止。至先生之服官从政，实非其志趣所在。此则非识先生较深者不能知也。抗战既作，先生自上海冒绝大艰险以来后方，与余朝夕相处，对战后复兴纺织工业，抱有完密而伟大之计划，专待战事结束，立即发动。至现时服务于农产促进会与农本局，诚亦发于赤心为国，效忠抗战之热忱；然先生认为以其专家专业之立场，为效忠建国计，他日贡献，尚须有大于此者，而不意一病不起，读"出师未捷身先死，长使英雄泪满襟"之句，先生其有遗憾矣。先生一度督修吴淞口抵松江间海塘工程，恃其致力之勤，工坚而费转省。其猛进之精神，随处表现。其修学美国伊利诺大学也，于实习农事特勤，喂刍豆，钉马蹄，无不身亲其役。余以一九一五年游伊利诺，先生离校既二年矣，同学犹盛道先生以老学生而习勤乃若此。中年忽爱好昆曲，师事昆曲名家，收藏曲谱多种，朝夕习奏，既卓然成家。乃以起衰救敝自任，捐资立社传习，至今昆曲界犹多先生门弟子。先生且袍笏登场，播为一时佳话矣。公余，亦尝蓄金鱼，则搜集关于金鱼书籍，穷其种类，究其蓄养之方，游其庭园，鱼缸以百数，莫不叹为观止。最近数年，乃学为诗，遍读名家诗集，模拟推敲，遇友好之能诗者，虚心求益，以其流亡入蜀，与少陵放翁身世相类，乃仿为两近家诗，先近体，后古风，进步之猛可惊也。余尝戏语先生，君之多能，由于君之多欲，而其有触必入，有入必深，苟非限于天年，其所穷治，殆无一不可以名家者。当先生事业

穆藕初：手散黄金培国土，堂堂豪举惊流俗

最发皇，经济最宽裕时，对社会事业，未尝滥施资助，而独被发见为意义远大，虽未着效绩，或并未为时人见重，先生辄奋全力为之倡，如是者不可以数计。我国尝两度公推国民代表赴欧美，其一华盛顿会议，又其一则为庚子赔款退还运动，而皆有所成就以归。此类事先生每乐助其成，虽斥巨资，非所惜也。又尝斥巨资选送北京大学高材生出国留学，今学成以归，负重望于朝野者若干人，先生从不暴其事于人前，而人亦不尽知水源之所自，真所谓公子有德于人愿公子忘之矣。余交先生深且久，聊举一二，未足当其美行之什一也。追悼会之日，成诗一首，录如下：

> 琐尾相携忍息肩。一生一死两苍颠。
> 将身自致青云远。有德能忘浊世贤。
> 合坐笙歌常醉客。万家衣被不知年。
> 巴窗凄雨弥留际。捷报遥闻尚茫然。

原载重庆《新华日报》，1943 年 10 月 6 日第 3 版

知音　　穆藕初嗜习昆曲，办昆剧传习所和昆曲保存社更是不遗余力，为当时社会各界所赞誉，并结识了许多曲界名人，其中，他与吴梅就有着一段密切的交往。

吴梅（1884—1939），字瞿安，号霜崖，江苏长洲人，近现代著名曲学大师。吴梅一生主要从事于戏曲创作、研究和教学工作。在制曲方面共创作了 14 个剧本，在曲史研究上，是与王国维齐名的曲史大家。在唱曲方面，他继承昆曲正规，言传身教，为昆剧的振兴贡献了毕生力量。他在北京大学、中央大学、金陵大学、中山大学、东南大学和上海光华大学等大学任教 20余年，培养了一大批词曲专家。吴梅还是位藏曲家，编有《百嘉室曲选》和《奢摩他室曲丛》。吴梅对昆剧的谱法十分熟悉，而且唱昆曲是他一生

的嗜好。穆藕初同样嗜好昆曲，对于吴梅这样的曲学大师，穆藕初是如得良师，受益匪浅。

1920年春，穆藕初由著名书画家冯超然介绍至苏州请"江南曲圣"俞粟庐教昆曲。俞因年事已高，就让儿子俞振飞到上海教唱昆曲。吴梅与俞粟庐也是至交好友，由此，穆藕初结识吴梅。1920年5月3日，穆藕初应北京徐世昌之召赴北京会晤。其时，吴梅正应北京大学校长蔡元培之邀，在北大教授戏曲课。穆藕初专程去北大拜访了吴梅，共同探讨保存昆曲之事。对这次拜访，穆在给吴的信中是这样写的："此次到京，期至匆促，乃天假之缘，得亲道貌，私衷庆幸，莫可名言。先生德学双粹，造诣深邃，于发扬国学，掖进后起之至意，至诚挚，至谦仰，至慷爽，风尘中所罕见。昔贤相见恨晚之语，不啻为此次展拜我词学大家作也。"此次穆吴相见还促成了穆藕初为俞粟庐先生由法商百代公司灌制唱片，并由俞老书录13支曲牌，由穆藕初编成《度曲一隅》一书发行。

对于穆藕初资助创办昆剧传习所，吴梅也给予很大的帮助。1922年2月10日，穆藕初为筹集传习所的经费，举办了江浙沪昆曲家义演，当时，梅兰芳、俞振飞等参加了演出，吴梅及社会名流黄炎培、沈信卿、哈同夫人等参加。穆藕初也登台唱曲。对此，吴梅有《观昆剧保存社会串感言》三篇发表在《申报》1922年2月15日、16日、17日上，其第一篇感言云："余别海上四年矣。穆君藕初来电，知有此盛举，飚轮南下，烂醉均天，洋洋乎，关雎之乱也。偶有所触，捡杂记之。首折：沈君梦伯酒楼，余仅听尾声，无从评论。犹记尾声末句，肩担日月，手把大唐扶，颇极圆亮，全折当必相称。"

对于穆藕初亲自扮演范蠡，吴梅作如下感言："《拜施》、《分纱》二折，冷热调匀，极是好戏。惟全视演者何如也。紫东之越王，藕初之范蠡，绳祖之西施，祥生之越夫人，真可谓集贤萃秀矣。黄莺儿、簇御林二曲，本是快唱，重在二郎神数段耳。绳祖口齿清晰，固不待言。最可钦佩者，独有藕初穆君。君习曲止有二年有余，至演串，则此番破题儿也。而能不匆忙，不矜持，语清字圆，举动纯熟，虽老于此道如祥生、紫东辈，亦不难颉颃上下。信乎天授非人力矣。且集贤宾、莺啼序诸牌，皆耐唱耐做之曲，魏良辅《曲律》中亦以为难。而藕初搜剔灵奥，得有此境，乃知天下事，思精则神明，意专则技熟，独戏曲云乎哉。"从吴梅对穆藕初演唱的评价可知，穆藕初对昆剧的钻研之深。而吴梅在《申报》上连续 3 天发表观后感言，也可见吴梅对穆藕初办昆剧传习所的支持之力。

1934 年 2 月，穆藕初还举办了一次筹款义演，是由上海昆剧保存社假宁波路新光大戏院演出两天，梅兰芳、俞振飞、庞京周、顾传玠等主演，吴梅为此次义演撰写序言。当时昆剧传习所已经培养了一批"传"字辈艺人，他们组成了剧团，在上海演出，吴梅经常顾问他们演出，是昆剧的热心爱护者，艺人们也都乐于演吴梅所创作的作品。

穆藕初还多次与吴梅合唱昆曲，如 1934 年 5 月 12 日，两人与钱昌照、顾荫亭等在钱家谈论昆剧并各唱一支昆曲。9 月 16 日，两人在王伯雷设立的曲社合唱《定赐》一折。1935 年 1 月 6 日，穆藕初与吴梅及吴梅四儿在南京吴园吃面点，后去云间同乡会，穆藕初与吴梅四儿合唱《琵琶·盘夫》一折。在 1934 年一年间穆与吴交往十分频繁，当时两人均在国都南京，两人同游南京名胜古迹，并与吴湖帆等社会名流尽兴共饮。而且，穆藕初的兄长穆湘瑶对昆剧也十分关心。吴梅在 1934 年 10 月 17 日的日记中云："顾荫亭云，二十八日上海穆杼斋（湘瑶）来，欲改进昆剧，整齐歌谱，方知初三日王伯雷云，有人欲刊曲谱，就余商酌者，即是此公。杼斋为穆初之兄，前清孝廉，其人不知曲者也。犹记藕初习曲，杼斋笑之，何以十年后，亦善此艺，真不可解矣。"吴梅在 12 月 3 日的日记中又记载道："紫霞社沈仲约来，云穆杼斋在京将整一曲谱，坚约晚饭，即于四儿同车去。共两桌。杼斋捐二千金，欲邀余主编。余因略谈曲理，十二时返。"穆湘瑶从最初对弟弟学昆曲觉得可笑，到为整理昆剧曲谱而捐款 2000 元，可见昆曲的艺术魅力。

吴梅与穆藕初由昆剧而成为至交。1929 年 11 月 10 日，穆藕初夫人金氏 50 岁生日，王一亭、黄炎培、叶恭绰、马寅初、徐志摩、陆小曼、邹韬奋等皆制寿文、寿联、寿画，吴梅也制寿诗一首，并为《穆金氏五十寿之寿言汇录》撰序谓："吾友穆君藕初，有贤妇曰金夫人。归藕初三十年，始约而继泰，怡怡然如一日也。藕初因贫，少时从事海关，得微赏自给，而夫人不以为苦。及自瀛海归，以商业雄沪上，踔力风发，名日益振，而夫人亦不以为荣。藕初好栽植后进，尝以巨赀十万，派遣游学欧美生十四人，夫人复力赞之。又为藕初纳簉室许氏，躬为治妆。有樛木螽斯之风。论妇德之美，无如夫人者矣。夫人五十寿辰，宗族亲旧皆制诗文，为先人冈陵之颂，于是藕初汇录成册，而征序于余。余尝谓古者妇人之职，不过治丝茧、议酒食、供祭祀耳，一若无关于大政者。不知一国之盛衰，视乎一家之良窳；而一家之良窳，又视乎妇人之劳逸。古今贤妇若鲍宣妻、若王良妻，皆能辅翼其夫为一时文人。今夫人之行义何愧夫前哲？宜朋旧中称道不弗置，而又非世俗谀辞可拟也。辱承垂绥，因就听知者述之如此，吾知藕初必展然笑曰：有是哉！有是哉！"1935 年 6 月 16 日，吴梅为穆藕初作《六十自寿诗》，诗曰："瀛海归存已溺心，绸缪牖户比商霖。壮怀甘作蚕桑计，痡口谁听药石箴。方早圆卿人事改，寸丝尺布隐忧深。天元周甲鱼龙沸，青眼高歌孰赏音？"从吴梅的诗和序言中，我们可以看到穆藕初夫妇那种"手散黄金培国土，堂堂豪举惊流俗"的实业救国之举和体现中华民族美德的家风。

雅好　穆藕初尚武，对锻炼身体很是重视。每年暑假，就请拳师到家里教家菁、家麟两兄弟打拳，穆藕初自己也会舞剑，还善使一根手杖，抡起来呼呼作响。在杨树浦老宅最南面的三间被穆藕初开辟为体育活动室，"室内罗列威武架两座，十八般武器齐全。"1917 年，穆藕初曾当选为霍元甲创办的精武体育会副会长。

穆藕初喜欢昆曲则为众人知，除了昆曲，他还喜欢饲养鱼鸟，写字作诗自娱。

穆藕初养鱼也是一绝，据穆藕初子女回忆：父亲几乎搜遍了金鱼书籍，在当时寓所里，鱼缸以百数计，最盛时期拥有名贵品种十七八种之多，后迁移到台拉斯脱路（今太原路）时，除留下小部分外，就把大部分鱼缸和金鱼捐献给南京明孝陵。

1943 年，穆藕初去世时，幼子穆家修只有 10 岁："在我的记忆里，父亲的藏书特别多，他的书房就如同现在的小小超市，柜柜相连很是紧凑，是捉迷藏的好地方。在我印象中，书房里有一本书特别大，八开本、真皮烫金包装，足有好几斤重，书名叫《中华近代名人传》，里面有 200 位人物，每人一页，配有正面半身照及中文、英文小传。半个世纪后我专门到北图去查找这本书，发现它仍然是我所见的书中最大、最重的一本。"

很多年以后，穆家修在纪念父亲诞辰 130 周年时说，印象最深的就是美国人勃德等编的这本大书，这是 1925 年上海一家传记出版公司出版的，翻开第 61 页的穆藕初中文小传，最后有这样几句话："以外貌言，无有知其为中国之棉业大王者。君为人和蔼，交友以信，举止正大，见识宏远，中西人士无不乐于相处。噫！如君之才高德备，诚可谓中国第一人物矣。"

在中国的艺术中，穆藕初最喜欢的，是古老的昆曲。然而他的喜欢，绝不是富豪的附庸风雅，也不是普通票友的痴迷。在中国的昆曲艺术家们的心目中，穆藕初是一个响亮而亲切的名字。他喜欢听昆曲，也学着唱几曲。在剧场里，他和一般的观众不一样，除了听戏，他还关心着这个古老剧种的未来。他发现，唱昆曲的演员都是鸡皮鹤发的老伶工，而且听众寥寥，一片惨淡之相。如果不培养新人，这古老剧种必定难以为继。于是，他在1921 年做了两件事。第一件事，由他出钱，为昆曲大师俞粟庐（俞振飞之父）录制三张唱片，使一些传统名曲能够传之于后人。在出唱片的同时，还印制昆曲的唱词和曲谱。

第二件事情，由他出资，创建昆剧传习所。为了办昆剧传习所，他先联合江浙两省的昆曲名家，组织"昆曲保存社"，然后由他亲自张罗，在上海筹划了一次大规模义演,以筹集经费。这样既能为昆曲传习所集资,又能在社会上扩大昆曲的影响。

那时,因为昆曲衰微,加上登场的多是业余曲家,在上海竟租不到戏院,"笑舞台"、"大舞台"等老板一听就摇头,推说没空,婉拒出租,穆藕初知道后很生气:"自己中国戏院不肯借演,去向外国戏院借!"他亲自找到外商雷玛斯在静安寺路的夏令配克影戏院,对方要看演员名单,他说"我就是演员"。对方一听有他这样的大名人上台,肯定有吸引力,就一口答应。《昆剧保存社敦请江浙名人大会串》启事刊登在《申报》上,1922年2月10日晚正式开演,他在压轴戏中演的是商人始祖范蠡。这是他一生第一次也是最后一次参与"彩串"。之后,在1934年2月又组织过一次义演,当时他亲自向沪上绅商推销戏票,票价每座3元、5元,包厢200元,场外另有捐款,义演三天,票房收入8千多,全部作为昆剧传习所经费。

1920年以后,穆藕初在兰路的家里,花园的人工湖种有荷花,湖边有专为唱曲而建的亭子,每到荷花开时,他会邀请曲友来度曲。他家专门请了一个笛师金寿生,晨昏月夕为家人唱一曲,他引以为赏心乐事。他的工作场所也成为业余昆曲的基地,1926年中华劝工银行的劝工大楼落成后,昆曲"粟社"和留美同学会便经常在大楼的三楼活动。

穆藕初每次到苏州,总是抽空去看望昆剧传习所学生。当时社会习俗,艺人对有地位的人都称呼"老爷",他却关照学生不许称他"老爷",只叫"先生"。称呼看起来是小事,可是让年轻的艺人感到温暖,甚至可以温暖一辈子。经过讨论,他们将学生的艺名以"传"字排行,含有昆曲艺术薪传不息的意思。

1923年起,穆藕初经办的企业出现危机,倪传钺回忆:"穆先生事业受挫,资金困难,仍然负担传习所的费用。我曾听孙咏雩所长讲,约在1925年,传习所没钱了,孙到上海纱布交易所找穆先生,先生二话没说,当场叫毕云程开了张支票,交孙带回。这笔钱其实是穆先生自己在交易所的薪水。"类似情况并非一两次。1926 年"传"字辈年轻艺人们在传习所学习了 5 年，照理要毕业了。但经济还不能自立，虽然有实习演出的补贴，不足之处仍须穆藕初负担。有一段时间，他个人无力承担经费，他便关照他的学生杨习贤（交易所经纪人）出资支持。到 1927 年，他实在无力再维持经费，但也没有撒手不管，他把张传芳等部分学员请到家里，含泪说："我破产了，没有钱来支持昆曲事业了，好在你们已经长大，以后自谋出路吧。"

1931 年，部分"传"字辈演员组织"仙霓社"，派倪传钺到上海向穆藕初求助，他通过社会关系为他们找到"大世界"、"徐园"等演出场所，经常鼓励他们安心演戏，做一名有出息的演员。1932 年，他们在上海演出时，他利用昆曲保存社名义，自费印刷大批介绍"仙霓社"昆班的宣传资料。遇到停演时，社里的十几只服装箱子便都寄放在纱布交易所的空屋里。

与他同龄的作家包天笑回忆，1935 年穆藕初过 60 岁生日，本来只想和"同庚会"朋友举办一个"花甲庆祝同乐会"，不发请帖，不请宾朋，不收礼物，不挂寿幛，结果被"仙霓社"同仁知道了，一定要义务贡献一台戏，为他祝寿。他说，"那是不可以的，这是你们的职业所在，未可牺牲。"坚持要送他们一百元，并另开一席，请他们吃一顿。1941 年春天，他在重庆偶然遇见已改名倪宗扬的倪传钺，知道倪传钺在"仙霓社"管过四年多财务，就安排他到农本局做出纳股长。

在杭州灵隐寺后面的北高峰山腰上，修竹万竿，远隔红尘，他专门建了一幢"韬庵"，作为雅集避暑之所，从 1921 年落成到抗战爆发前，几乎年年夏天都是丝竹管弦、笙歌不绝。"韬庵"是俞粟庐的别号，他组织研习昆曲的曲社，就直接取名"粟社"。

俞粟庐之子俞振飞后来回忆说："民国九年间，（穆）先生以嗜习昆曲，钦慕先君子粟庐公之名，下征余为其记室。先生初由笛师严连生拍习，殊未能领略曲中三昧，及识先君子后，始憬悟昆曲之有关国粹文化之重要。而先君所传叶堂正宗唱法，夙为曲界所重。余谬为识途之马，于退之暇，悉心研讨，先生益觉兴味隽永，勤习之至，……"穆请俞振飞当他的秘书，实际是为了与这位权威之后一起研习昆曲。俞振飞说，穆虽事务繁忙，"但每日必以曲为课"。中饭罢后小憩，即与振飞度曲一小时。其时，不治事、不款客，数年如一日，从无间断。最初，他研习的是《西楼记》"玩笺"一折，每喜于当筵歌之。由于他习曲时，已届不惑之年，口齿嗓音，难期圆满，尤以嗓嫌紧细，缺乏亮音。他曾请医生诊治，于其引吭高歌之前，以喷雾气射治声带。又自病按板之难于匀准，便找来西洋拍子机，置诸案头，以助按拍。其用心之专、用力之勤如此，他终于渐渐地深入了昆曲的堂奥。

俞振飞在怀念穆藕初的文章中曾这样说："我国戏剧自清末皮黄崛兴，昆曲日益式微，经先生竭力提倡，始获苟延一脉，至于今日。"传字辈的昆曲艺术家们则发出如此感叹："热心昆曲，使此一线不绝如此缕之雅乐，不致湮没失传者，舍我穆公其谁！"

佛友 穆藕初比弘一大师长 4 岁。他俩自幼受儒家教育，都有较深的传统文化功底。弘一堪称一代儒僧，穆藕初堪称一代儒商。两位同处清末民初社会转型期，又都怀有一颗雪耻兴邦的炽热爱国心，20 多岁时就相识，后来虽然选择的人生道路不同，但是没有影响到他们友谊的发展。前后 20 余年的交往中不论是出家前博学多才的李叔同还是出家后虔治律藏的弘一大师都对穆藕初的思想有过许多影响

1901 年，李叔同进上海南洋公学（今交通大学前身）特班求学。当时穆藕初已结束花行学徒和小职员生涯凭借自学的英文基础考进江海关任职。穆藕初的哥哥也在公特班求学，他也常去看望哥哥，由此认识了李叔同在内的其他同学。

后来穆藕初发现李叔同也居住在许氏的城南草堂，而穆氏已"世居"大南门外几代了。两人同住一隅，可称"邻居"，又有穆藕初哥哥南洋公学同学这层关系，他们后来在沪学会里共事才加深了两人的交往与友谊

穆藕初：手散黄金培国土，堂堂豪举惊流俗

沪学会是清末上海重要的教育团体之一，1902 年时由叶永蓥、叶永锡所发起，1904 年定名沪学会。会所初设于城内俞家弄，后迁至小南门外曹家湾董家渡天主教堂西。会内除定期集会，敦请名流演说各种致富图强之策外，还设有义务小学、体育会、音乐会，以及开演文明新戏等。穆藕初与李叔同都是沪学会的重要骨干。穆藕初曾对沪学会有满怀激情的追忆：他"力倡武学，举办兵式体操，为自强之起点"。体育会成立后，"广招同志，延聘教习，请领枪械，募集经费"，虽经历种种困难，终于靠众人"竭诚尽智"，"迎刃而解"。"自是以后，南北商团接踵而起，市民起任保卫地方之风气由此而大开"。报道没写李叔同名字，但穆藕初在《藕初五十自述》中专门有一段关于李叔同的文字，其中就提到李在沪学会抵制美货时的情况"有某君（指李叔同）者，二十年前创办沪学会之老友也，性聪颖而耿介，书、画、琴、歌、地理、金石靡不精通，……律己谨严，待人谦和。当抵制美货时，慷慨激吊，于激发国民爱国天良，非常殷切。"穆藕初当时在江海关组织华籍职员集会，声援抵制美货运动，当然也会参加沪学会的活动，因而对李叔同慷慨激昂的演说留有极深的印象。穆藕初演说才能很好，尚且如此称赞，足见李叔同演说之成功。

1905 年秋，李叔同东渡日本留学，1910 年学成归国时穆藕初已在美国学习。1914 年穆藕初回国创业时，李叔同正在浙江一师任教职，因李家在沪，所以两人偶然有机会见面。不久穆藕初听说他要出家，颇不以为然。他写道："（李）回国后任教多年，余虽不常见，然私心甚钦崇之。越若干年，忽闻某君将出家，来申与诸故旧话别。余时方兴高采烈，从事于实业。闻君发出世想，心窃非之。而君竟毅然决然脱俗出家，作苦行僧。"这是他刚听到李叔同要出家时的心情。当然后来他理解了大师的这一抉择。

1918 年夏，李叔同在杭州虎跑定慧寺正式剃度，拜了悟上人为师，取法名演音号弘一。行前以平生艺术作品、书物等分赠诸友，内有赠穆藕初的一幅条幅"视大千界知一诃子戊午仲夏演音将入山书奉藕初先生"，三年后穆藕初一场病，似乎让他领悟了大师的教诲。

穆藕初与弘一大师的友谊，是以共同信仰为基础的。早期各自以爱国强种、开启民智为原动力，走到了一起。后期穆藕初经历了事业跌宕起伏的大挫折后，痛定思痛，向高僧太虚法师、印顺法师等求教，咨询佛法，经开示，加深了对佛教的认识。穆藕初信仰佛教，家中设有佛堂。他说："佛教自可以纠正人心，安慰人心，使人提起精神，服务社会。本诸恶莫做，众善奉行之主意，做许多好事于世间。故余深信佛教于人生有大益。但余喜在家自修，不愿向热闹场里造因，而取烦恼之果。"他对佛教有独到见解，出世又入世。这是与弘一大师有所不同的。

铁闻　　穆藕初平时事务繁忙，公余时间提倡正当的娱乐，及身心上的修养。1936 年左右，他开始饲养一种叫黄头的鸟。曾说每"玩"一样东西，都要"玩"出名堂，养鸟、斗鸟也一样。

黄头，又叫黄脰，属鸟类鸣禽科，形似麻雀，羽毛色泽黄润，嘴小而尖，趾爪锐利，刚毅坚强，力猛善斗，因此常被人们当作博弈的工具。穆藕初喜欢上黄头，是冲它的"尚武精神"而来。辛亥革命前，他参加沪学会，任体操队队长，积极提倡"武学"，开展体育活动和军事体操，目的是健身强体，磨炼意志，报效祖国。为了增强鸟的足力，穆藕初请大隆机器厂经理设计一种特殊的鸟笼，装上一个小马达，开动马达，架子会左右摇摆，鸟笼也随之徐徐而动。黄头在颤动中要保持平衡，爪子由此得到锻炼，足力渐渐增强。

斗鸟要有伴。穆藕初结识了不少斗鸟的朋友，一起切磋，一起交流。1937 年春天某日，他们结伴到无锡一家花园集体斗鸟，上海《晶报》发了新闻。穆藕初兴致更高了，他联合蒋福田、王大镕等爱鸟的朋友，发起组织"适存社"，自任社长，蒋、王二位任副社长。"适存社"社名取自"物竞天择，适者生存"的意思。大家商议后决定举办一场"斗花会"，即斗黄头鸟比赛。接着，社友们分头到沪宁、沪杭铁路沿线各乡镇茶馆酒肆，散发"适存社"缘起和一份《黄头竞赛小启》。为了扩大影响，穆藕初亲自写了一份信给《晶报》编辑包天笑："上次到锡斗鸟，承《晶报》采登新闻，深感兴趣。斗鸟虽小事，然以区区黄头而富有斗争精神，较之其他无聊之娱乐，实不相同也。"包天笑是民国年间著名报人、小说家。他与穆藕初同岁，都生于1876年（丙子），1925年时他们发起成立"丙子同庚会"，先后有20多位丙子年出生的上海友人参加，每年聚会一两次。1935年4月，丙子同庚会举行过一次规模不小的"花甲庆祝同乐会"，集体祝寿，到会同庚会会员25人，连家属共有200余人参加。聚餐后还请来仙霓社演出昆剧，十分热闹。

　　1937年3月19日，包天笑以微妙笔名在《晶报》上发表《穆藕初斗鸟寄深意》一文："此次藕翁约集饲养黄头之同志数人，组织一斗鸟之会，名曰适存社，定于国历四月二十五日，在上海南市半淞园，举行公开友谊竞赛，胜者赠花，不含金钱赌博性质。""其所以曰适存社者，亦取赫胥黎《天演论》中之优胜劣败、适者生存之意欤！"同时刊发了穆给他的信，以及《黄头竞赛小启》全文。《小启》云："慨自蝮蛇肆虐，既尽东封；胡马成群，还窥北塞。已迫鲸吞之境，忍为鱼烂之民。苟惕厉而有资，何妨法下；果观摩以化俗，愿与同群。是故志沼吴宫，式道旁之蛙怒；心存晋室，舞前半之鸡声。从来激越之情，多半感兴于物。粤有黄头小鸟者，紧毛突眼，顾盼生姿，啸侣呼群，樊篱共固。虽仅一拳之大，而具万夫之雄。倘来异族侵凌，不惜空群抵拒。当其振族高翔，众非鸟合，乘风竞越，气壮鹏搏。恃爪喙为戈矛，被羽衣为甲胄。纵使断胸绝脰，不胜无归；几曾铩羽垂头，曳兵而走。同人等痛鹑首之归秦，同仇共赋；盼龟阴之返鲁，我武维扬。趁兹婪尾春浓，恰喜苍头力健，定期竞赛；看谁家壮翮凌空，触目兴怀。冀或有懦夫克立，嗟！嗟！恨海难填，大风已起。点龙睛于画壁，终见升天；市骏骨于金石，卒收失地。会心别有，丧志何曾；傥表同情，惟希赴约。"联系此文刊登时间，可以说早已超出养宠物或游戏娱乐的范畴，实在是一篇不可多得的鼓舞人们斗志的抗日檄文。

1931 年夏，穆藕初辞去南京国民政府实业部常务次长之职，回到上海，除继续担任华商纱布交易所理事长外，主要从事社会公益事业和抗日救亡运动。他自"一·二八"事变以来在报刊上发表了一系列论著，如《挽救国难之我见》、《最后之胜利属谁》、《如何使暴日屈服》、《和与战》、《中日经济提携之商榷》，等等，还翻译出版了《军火商人》一书。唤起民众抗日救国的热情，揭露日本帝国主义经济侵略、军事侵略的罪行，始终是穆藕初这些著译的主题。即使一些纵论中国经济或世界经济的经济论文，也离不开二次大战前夜帝国主义集团之间的矛盾冲突等现状，切中时弊，令人深思。上述"适存社"的骈体文小启，与这些抗日文章精神是一脉相通的。

　　黄头竞赛定于 1937 年 4 月 25 日在上海南市半淞园举行。前一日，"适存社"邀请各乡镇鸟友 100 余人于浦东同乡会聚餐。第二天清早，半淞园内一片热闹景象，携鸟参加"斗花会"的爱鸟族不下数千人，登记处记录下的黄头有 3000 多头。园内临时搭起了竞赛台，可谓鸟语喧哗，人气旺盛。"斗花会"开始，主持人宣布竞赛规则和奖励办法。

　　据当时在现场采访的《大公报》记者陆诒后来回忆，比赛前穆藕初发表了简短的演说："斗黄头，是我们家乡的一种民间娱乐，现在我们重新来提倡这种古旧的娱乐，乃是希望大家在此国难日深的时候，应当摒弃赌博、烟酒、跳舞等不良嗜好，学习黄头鸟的合群、团结和战斗精神，以共赴国难。这次比赛，胜的负的，都可以获得奖品，没有赌博的意味在内。只是希望你们看一看这种鸟类，当两者交锋的时候，拼命战斗，绝不中途妥协，更不会见了对方气势稍壮，而就退缩不前，喊'不抵抗'。看了鸟，还应该再来反省反省自己。"穆伯华在场照料，目睹了"斗花"全过程。他说：竞赛分几只台进行，鸟主人持鸟笼相对立于台的两侧，两笼靠拢，打开笼子门，两鸟相遇即开始搏斗。评判员在旁裁决，全场秩序良好。据说过去斗鸟场上常常会发生主人间的争吵甚至斗殴，而这一场规模如此之大的"斗花会"却始终无混乱现象。只有比赛者和观众的热烈掌声和叫好声，伴随着阵阵鸟鸣声此起彼伏，在滔滔不绝的黄浦江边回响……

据事后《晶报》所刊《半淞园黄头竞赛记》一文记比赛场面说："有一斗即败者，有虽至羽毛纷落，翼折睛破，而不肯自己者。鸟主人每见其奋不顾身，必至两败俱伤者，则当战酣之际，不得不拆开，以各保全其势力。""凡战而胜者，奖以插花一枝，但凡于斗时以和平解决者，亦各得赠插花一枝。"所谓插花，都是纸花而已。奖品由"适存社"六七位成员捐赠。这次竞赛所费三四千元经费也都是大家凑起来的，而穆藕初一人便承担了一半以上。从参赛者来说，大部分来自上海附近江浙一带各乡镇，也有远道来自汉口的，自贴旅费、栈房钿，除兴趣外，只能说被穆藕初"适存社"的宗旨所感动，显然并非为价值仅一元的插花奖品而来。"适存社"为大伙儿提供了一个发扬民气、激励斗志的场所。

严裕棠：聪明又自负的沧浪商贾

传略 严裕棠（1880—1958），号光藻。原籍江苏吴县，沪西严家宅人。民国著名实业家。

19岁进英商开办的老公茂洋行当学徒，继任洋行主皮文斯私人助理，后进公兴铁厂当跑街、副经理。清光绪二十八年（1902年）在杨树浦太和街与人合办小作坊，取名大隆铁工厂，从事纺织机器修理。光绪三十二年独营大隆，并承制上海英商等自来水厂水管闸门，并仿制农业机械。1912—1914年改以修配纺织机件为主，代制美商恒丰洋行纺织机、面粉机的传动装置，迁厂于平凉路。第一次世界大战期间，大隆机修业务兴旺。继建厂房于大连湾路，由子庆祥任厂长。工人300多人，资本为开办时的20倍。1924年在光复

严裕棠

西路购地 60 余亩（大隆机器厂现址），建造厂房，业务也由纺织机件修配向机器制造方向发展。1926 年迁入新厂时，有工作母机 200 余台，职工 1300 人。1925 年春，合伙租办苏州苏纶纱厂，建立光裕公司，总管大隆、苏纶 2 厂，实施棉铁联营。1930 年又在苏州建苏纶第二厂和织布厂，同时向国外订购全套发电设备，自办发电厂。翌年其六子庆龄自德国学成回国，主持大隆业务，并聘请外国专家治厂，生产成套棉纺机。1934 年，收购上海隆茂纱厂，改名仁德纱厂，并投资常州民丰纱厂、戚墅堰通成毛纺厂和郑州豫丰纱厂，成为上海、苏南著名实业家。1937 年上海沦陷后，大隆厂被侵华日军占用，改名大陆铁厂。1938 年，严庆龄以大隆库存器材在租界开设泰利机器厂，并投资常熟开设小型纱厂。1947 年赎回由国民党政府接收的大陆铁厂，复名大隆。同时合伙开办苏州纱厂、香港怡生纱厂。1949 年大隆、泰利等厂部分机器由其子严庆龄、媳吴舜文运台湾，开设裕隆铁工厂，以及台元纺织厂，逐渐形成拥有汽车、纺织、机器、金融等业的裕隆集团，为台湾十大财团之一。

严裕棠热心地方公益。先后兴建小学 3 所，免费吸收同姓及职工子弟入学，资助静安小学和同德医学专门学校。举办上海正养中学清寒助学金和圣约翰大学教师补助金，捐款修复上海中国科学社明复图书馆。1923 年捐赈湖北水灾。1929 年建苏州甘棠桥，被当地命名为"裕棠桥"，还资助彭浦董家桥、吴淞江造币厂桥等筹建。

1948 年，严裕棠迁居香港，嗣后侨居巴西。1958 年 9 月在台湾定居，同年 10 月 18 日病逝于台北。

聪慧　　少年严裕棠生着一张聪明俊秀的脸。他的笑容虽然很甜，但是显得有些调皮；他的眼神虽然流露着愉快和坦率，但是有点过于凝重，咄咄逼人。他身穿长衫，看上去非常合体。

严裕棠从小在父亲的影响和熏陶下，对买办这一特殊职业也产生了兴趣。叔父们凑在一起经常谈论洋行中的种种事务，他感到非常好奇。他经常缠着叔叔严小坪、严赓庸、严延龄问这问那，问得叔叔们不知说什么好。他还经常自己编织着美好的梦，幻想着有朝一日自己也能成为其中的一员。他自小对英语就有特殊的天赋。这些，作为父亲的严介廷，看在眼里，喜在心头。

随着形势的变化，严介廷看准了气候，便为儿子请了外籍教师，专门传授他英语。

严裕棠聪明，接受能力强，老师非常喜欢他。他很快和老师成了知心朋友，两人无话不说。老师对中国的古典文化很感兴趣，于是两人互相取长补短。严裕棠给老师讲古典文学，讲唐诗宋词，外国教师听得津津有味。严裕棠便见缝插针地询问有关外国人的生活习惯与秉性特征。

就这样，严裕棠逐步地掌握了外国人的生活习惯和特点。随着知识的增长，严裕棠的心也长上了翅膀。他整天跟叔辈们混在一起，想让叔叔们为他在洋行找个差事做。叔辈们心里明白，小机灵鬼是有用意的，便极力回避他。可严裕棠做的事是无人能阻止得了的。功夫不负有心人，在严裕棠的努力下，终于感动了叔叔。叔叔严小坪经不住他的"蘑菇战术"，只好答应他在洋行里为他谋个仆欧做。仆欧是外国叫法，其实只是个听差的，在洋行里的地位较为低下。严小坪以为小机灵鬼不会看上这个职位的，没有想到严裕棠闻听后眼睛里顿时闪起了异常欣喜的光芒。

严小坪一言既出，却又有些后悔。心想：这小子鬼头鬼脑的，怎么愿做这种差事？给洋人做事可不是闹着玩的，稍有不慎是要吃亏的。就是这小鬼头想去做，大哥也未必同意。于是，便带他来到严介廷面前。严介廷听了，心想：儿子年纪轻，但头脑灵活，还未涉足社会，不知世道的险恶，先让他吃点苦头也未尝不可。让他对人生和社会有所认识，不是没有好处的，自己也是这样过来的，自从父亲因为参与"小刀会"起义之事而荡尽家产，自己先后走南闯北，吃尽苦头，饱尝世间辛酸，熬至今日成了个小买办，不知经受了多少周折。今日儿子自己提出来，理当让他自己出去闯一闯，让他品尝一下什么叫生活。

父亲的应允更增添了严裕棠的信心。他兴奋得一夜未眠，天放亮才睡着。次日，他跟着叔叔来到洋行。从此，他开始了新的生活。

严裕棠进了洋行，不仅手脚勤快，而且肯动脑筋，仔细观察各方面的事物，一一记在心上，就连大班所抽的雪茄的牌子他都了如指掌。没有多久，严裕棠已熟悉了洋行上上下下所有的业务和人员。有时大班不在，一些事他都能应酬。解决不了的他就认真用英文记下来，待大班回来交给大班，这使大班非常惊讶，他发现这个中国仆欧非同一般。有一次，在传送业务单据时，严裕棠发现有几处差错。他权衡利弊，考虑再三后提了出来。这可非同小可，这需要有一定的业务水平和心理素质。从此，大班对他便刮目相看，经常派他办一些重要事务，并且给他一些额外报酬。

胆量　　公兴铁厂有个叫朱顺生的跑外，因与上司徐福寿有隙，被辞退了。朱顺生一直怀恨在心，总想找机会报复昔日的仇。自严裕棠来厂后，公兴越来越发达，徐福寿的腰包越来越鼓，朱顺生的气不打一处来。他盘算来盘算去，都无处下手。猛然间，他突然想到了严裕棠。心想：此人虽然聪明能干，但还很幼稚。只知道傻干，不知赚钱。只要我把他开导好，便可借他的手为我报昔日之仇了。朱顺生越想越得意，便选了个良辰吉日在路上将严裕棠拦住，软硬兼施把严裕棠拉进一家酒店。严裕棠无奈，只好奉陪。酒桌上朱顺生异常热情，推杯换盏，把严裕棠灌得迷迷糊糊。朱顺生见时机已到，便劝他绕过老板自己做私生意。开始，严裕棠觉得这样做不够义气。可经朱顺生再三开导，终于不再坚持。

严裕棠和朱顺生敲定后，便私下联系了一些私活，交给了朱顺生手下一帮专门做私活的师傅。

这样一来，利益均沾，自己手头也宽裕了许多。严裕棠逐渐尝到了甜头，便越来越胆大起来，对公兴的感情也淡薄了。

令严裕棠做梦也没有想到的是，没过多久，朱顺生为了打击徐福寿，又走出第二步棋子，他把严裕棠的所作所为暗地里派人告诉了徐福寿。

徐福寿从此开始留心观察，果然发觉严裕棠在揽私活，气得险些昏过去。他冷静下来后，经过周密思考，觉得严裕棠人才难得。小伙子一口流利的洋话，头脑灵活，办事能力强。全厂上下找不出一个能与他相比的。小伙子年轻，难免有点过失。也许手头紧，迫不得已而为之，也是情有可原的。思前想后，他决定找严介廷谈谈，要他出面对严裕棠予以训导，严裕棠定会改邪归正的。于是，他前去拜访严介廷。

严介廷见徐福寿突然来访，有些丈二和尚摸不着头脑。他估计定是严裕棠有事，便问道："仁兄，可有事？"

"无事。多日不见很是想念，故来看看严兄。"

"犬子近日如何？"

"贤侄聪明能干，只是滑头，还请严兄予以训导。"

闻听此言，严介廷心里以为儿子不曾犯有大的过错，不禁微微含笑，然后开始装聋作哑。

徐福寿三番五次暗示严介廷都不见成效，无奈只好决定当面教训教训严裕棠，警告一下，以免他胆子越来越大。没有想到，自己刚开口，严裕棠早有准备，反而指责徐福寿管理不力，无力承接更多的活。还没等徐福寿反应过来，严裕棠早已扬长而去。

计谋 褚小毛是铁匠出身，精通手艺，处事粗中有细。他是严裕棠的合伙人，二人打算一起办厂。当初合议时褚小毛便坚持账房由他找人，严裕棠心里明白褚小毛的用意，非常爽快地应允了。心想：公兴老板也算是常混社会的人了，都被我玩于股掌之中，何况你一个粗人呢？今日能与你共事，只是借你一用罢了，岂有他哉！

一切进展顺利。严裕棠出面租赁了杨树浦太和街梅家弄的两间平房，用作临时厂房。同时，招收了 7 个熟练工人、4 个学徒，与穆湘瑶所办的益泰轧花厂和德商老湖丝厂建立了业务关系。最初因没有设备，从事的无非是一些简单的零星修理。

不久，由老公茂洋行向国外订购的机器到货，计有：8 部车床、牛头刨床和龙门刨床各一部，20 匹马力的水门汀炉子引擎设备一套。

严裕棠和褚小毛各负其责，对外的一切事物均由严裕棠经手，他招揽来的生意交与褚小毛组织工人干。

如何承揽外国船的修理业务，严裕棠始终将目光盯住了黄浦江。来沪的外国船只，若不是有特殊情况，一般都不停靠码头，因为一来停靠码头要纳税，二来也没有那么多场地供所有船只停靠，所以大多数在黄浦江抛锚。机器出现问题，一般是上岸找中国厂家修配。如今，严裕棠主动服务上门，外国船家免去了到处奔波之苦，便很痛快地将修配活儿交与这个年轻人去做。

与洋人打交道，对严裕棠来说已是轻车熟路。他从小跟随洋老师，刚一涉足社会便在洋行做事。对洋人的脾气他了如指掌，知道航海人的脾气，无非是吃喝玩乐。于是，每当租船运载修配的轮船机件时，都要捎带些洋酒、洋烟上船，与洋人喝上数杯，与他们载歌载舞。一通胡闹之后，他便信口开河，漫天要价，外国人自然不加计较，稀里糊涂地签了字。严裕棠心中暗暗好笑，马上便可去轮船公司取款，百八十两赚到手，而所花费用却只有微乎其微的几两。

大隆的兴盛，又使严裕棠生起许多想法。他逐步感到合伙经营互受牵掣，多有不便。当初合伙是因资金短缺，条件不成熟，暂借褚小毛一用而已。如今一切条件具备，完全可以独家经营了。严裕棠眼珠一转，便计上心头。

不久，褚小毛心中大为困惑，他总觉得有些不对头，平日里厂里活计非常忙，到了年终一结算，除了一些开销，却不赚钱，有时甚至还有亏损。

褚小毛哪肯吃这种哑巴亏，于是，他找严裕棠想问个清楚。不料这一问，却惹了一身臊。严裕棠倒打一耙，反而数落了他的一身不是，并说账房先生是他自己的人，还要他自己将此事说明白，并提出让他退股，褚小毛一气之下，一纸诉状将严裕棠告上公堂。

严裕棠接到传票，先是吃了一惊，马上又冷静下来。几年来，严裕棠在外面已建立了许多社会关系，既通洋人，又通地痞流氓，只是与官府没有联系。但他深信钱能通天，常言道：有钱能使鬼推磨。何况人乎？于是他通过熟人，将上上下下打点一番。官方筹划完毕，又私下里将账房先生找来说：

"褚老板把我告了，你准备如何？"

账房先生听了，忙点头哈腰说：

"一切听严老板吩咐，不敢妄言。"

严裕棠听了，点头说：

"我知道先生是聪明人，聪明人好办事，只要先生守口如瓶，将账面文章做好，我想该是万无一失了。"

此时的账房先生哪有不从的，自跟了严老板后，进账十分可观，远非昔日可比，他哪肯把吃进去的再吐出来。何况，他深知严老板的厉害，怎得罪得起呢？可一想到打官司，不免有点胆战心惊，自己的身家性命全押在严老板身上了，现在只能死心塌地跟定严老板，才能保证全家老小平安度日。想到这里，他咬紧牙关说：

"请严老板放心，这场官司绝对没有输的道理。"

做好账面文章，这是起码关节。办案人的心中非常清楚，他们见多识广，哪里会不了解暗中的勾当。当时机器厂很少，修配生意多，本来就是一项好买卖；为外国船作修配，更是利市百倍。另外，中外生活水平相差悬殊，外国船来华运输又可大发其财，因此，只求如期修好，可心满意，并不计较价钱。他们的小出手，放到机器厂已是大利钱，利润少则百分之五十，多则百分之二百。不赚已经讲不过去，哪里还谈得上亏损这一说法呢？要不是严裕棠有点背景，要不是严裕棠里里外外都已塞饱、摆平了，他们便要随意重判了。现在当然不得不睁一只眼闭一只眼，拖一拖再说。

就这样官司从 1905 年拖到 1906 年，褚小毛几乎跑断腿，终归毫无结果。最后还是：事出有因，查无实据。

褚小毛也明知这场官司打下去实在没有意思，自己总算领教了严裕棠的本事，虽然恨得咬牙切齿，但也被拖得筋疲力尽，已无心再打官司了，有了早点了结的愿望，只是无人来搭这个台阶。

此时，有人已看出火候，便出面做和事佬。这个人名叫穆湘潢，是益泰轧花厂的老板。

益泰轧花厂与大隆业务往来很密切，自大隆开业之日起，益泰轧花厂便将机器修配业务交给了大隆。自从严、褚两人打起官司以来，机器修配便受到影响。即便他与严裕棠的关系很好，可他也不愿得罪褚小毛。因此，对此事他一直抱着回避的态度，不想介入。但是，他心里非常明白，即使从自己的利益出发，他也应该出面。当前，事有转机，严裕棠和褚小毛的态度都已明朗化，何不顺水推舟呢？

于是，穆湘潢出面将此事了结。褚小毛同意按目前总资产的三分之一退股，严裕棠三日内如数付清。就这样，长达一年多的持久战便告结束。

矛盾　严家事业上的成功，导致内部矛盾爆发。严裕棠一共有六个儿子。长子严庆祥此时羽毛丰满，对两个弟弟弃而不用，极力提拔自己的嫡系。严庆祺忍不下这口气，便找二哥严庆瑞发泄："大哥存心不良，为何将我弃之不用？"

严庆瑞闻听，说道："我何尝好过，在大隆，虽说经理是我，但厂长黄朴奇是大哥找来的，副厂长唐志虞是大哥的亲信。我这个经理是有其名无其实，你以为我很滋润吗？"

"严家的财产本应兄弟们各有其份，为何大哥一人独揽？父亲难道不晓得吗？"

严庆瑞低头不语。庆祺见二哥不语，继续说："大哥这样做是想独吞家产。我看他每日的花费甚大，财路从何而来？这其中一定有鬼。"

严庆瑞说："这话算说到点子上了。你我兄弟若占据这些位置，大哥如何营私舞弊？他能瞒过父亲一人，能瞒过我们兄弟吗？"

严庆祺瞪大眼睛问："真有此种事？"

"你何时见我扯过谎？"

严庆祥真的有私弊吗？一点不错，严庆祥对父亲一直执掌财政不肯放开是极度不满的，甚至是愤恨的，所以在暗地里也不时做一些手脚，隐匿下一些资财来，以应付自己的额外开销，以图自己日后的发展。起初不免瞻前顾后，后来也就满不在乎，觉得理所当然。

兄弟两人越说越觉问题的严重性，便双双来到父亲面前告严庆祥。

听罢两个儿子诉说的种种迹象，严裕棠也感到问题的严重。但怎样来解决呢？严裕棠也感到踌躇。这些年来，自己致力于经营房地产，疏于对厂务的具体管理，如果再统管起来，一则没有这么多的精力，再则也未必能一一管好。而严庆祥这些年来，驾轻就熟，一呼百诺，已是一把行家里手。此事尚需慎而又慎，免得影响生产，也免得人心不服而导致人心不稳，况且，事出有因，总得有个缘由。严裕棠背着手，在房间里踱来踱去，一言不发。

严庆瑞、严庆祺见父亲如此烦躁，便屏住呼吸，不敢出声。

不料，严裕棠却说："你们回去吧，全当今天什么事也没发生，此事我自会处理。"

几天后，严裕棠威逼唐志虞坦白他的所作所为。唐志虞额头上沁出汗珠来。他知道大祸临头了。有关严家父子之间的矛盾，他是有所了解的，但是他没有想到会弄到自己头上来。唐志虞回忆了一下严裕棠所说的话，觉得严裕棠不过是想诈自己。什么暗账？为了隐瞒盈利和保守营业秘密，以及偷税漏税，哪一家企业不搞两套账册，大隆岂能例外？严裕棠是内行，不会不懂。至于暗账之外的账，只要当事人不松口，连神仙都无法搞清楚。归根结底，倒霉的总归是自己！事到如今，是武大郎服毒——吃是死，不吃也是死。于是，他断了一截手指，挥指写道：苍天可鉴。并辞职而去。

严庆祥当时在场，他心里再清楚不过了，父亲明明是敲山震虎，表面威逼唐志虞，其矛头所指的正是他自己。唐志虞做了他的牺牲品。

事后，严庆祥打听到唐志虞的下落，遣人送去一笔钱，以此作为补偿。唐志虞便集资开设了一所机器厂。严裕棠得此消息后，十分无奈，只能是把严庆祥一顿训斥了事。

偏爱　　严裕棠的几个儿子中，他最疼爱小儿子严庆龄。严庆龄自德国学习机械工程归来，意气风发，决意要大显一番身手。他中等身材，头发乌黑而厚，额高而聪明，鼻孔轩豁，富有热情，气度诚挚稳重，仪表英俊颇具魅力。严裕棠看着小儿子，分外喜爱。他对小儿子说："龄儿，你看咱们的大隆如何？"

严庆龄毫不掩饰地说："父亲，您是让我说真话，还是说假话？"

"何出此言？"

"父亲若是让我说真话，儿子可要开口了。您千万不要动气。"

严裕棠望着儿子，眯着笑眼，默不作声。严庆龄见父亲没有动气的意思，便说："我对大隆的发展极度不满，它由始至终贯穿着封闭、守旧、缓慢、落后。中国工人的工资只及德国工人的四分之一，若将生产技术和工艺组织加以改进，提高对工人劳动的有效管理，则中国制造的机器至少在价格上可以与外国机器竞争，有希望向南洋一带的经济落后地区行销。这样，就可以放开手脚大干一场了。"

严裕棠听了大喜，心想：看起来只有龄儿的想法与我如出一辙。于是说道："你有把握吗？"

"父亲若信得过我，儿子敢与您老立军令状！"

"好！一言为定，自明日起，大隆就交与你管理。有事父亲为你兜着。"

严庆龄办纱厂的时候，严裕棠让严庆禧与严庆龄联手筹备。这两兄弟同在德国留过学，都堪称机械方面的专家。严裕棠认为，严庆禧为人随和些，肯礼让三分，配合较为骄纵的严庆龄，又是最适当的人选。这样他也能安心一些。

泰利的一切进展，都令严裕棠十分满意。一年后，严裕棠满面春风地站在渚安浜路上，眯缝着眼睛，打量着簇新的泰利，710 平方米的工厂和210 平方米的二层楼房的办公室和宿舍都树了起来。想起大隆初创时的景象，严裕棠不禁感慨万千。

泰利在短短的两年时间里，资产增加四倍，然而，这时严庆龄却在公共租界威海卫路另办了一家德孚机器厂，将泰利一部分较好的机器和大批原料转了过去。

泰利地处越界筑路之处，不甚安全。开始严裕棠猜测严庆龄的本事不过如此而已，但当庆龄向他说起只雇用 20 余名职工时，他心领神会了。原来这德孚机器厂只是个虚名而已，并非生产机构，实际上，不仅可以保护机器，而且可以搞五金买卖。

简直是一箭三雕！这正是严庆龄的过人之处。因为一切都是秘密进行的，连雇用的 20 余名职工都不是从泰利过来的。到时候，以压缩生产、变卖机器为名来裁减泰利的富余人员，不是显得严庆龄是出于无奈、不得已而为之的吗？严裕棠感慨此事干得真漂亮！

轶闻　　俗话说"树大招风"，严家的事业"发"得大了，就引起了社会上歹徒的眼红。1928 年秋，严裕棠竟与两个持枪歹徒正面相遇！

1928 年 10 月 22 日上午，严裕棠从家（平凉路 1 号）出来，乘上自家的黄包车去江西中路 58 号的光裕公司上班。平时严庆祥和严庆瑞都是跟父亲一起走的，这天恰好有客人来访，严裕棠嘱他们哥俩先走，他本人随后就来。谁知严裕棠独自出门不久，车子行到杨树浦路怡和码头附近时，竟遇上了绑匪！两个持枪歹徒原先乘一部黑色汽车跟在黄包车的后面，此时一下子窜到了黄包车的前面，往黄包车前面一横，挡住了去路。严家的车夫沈兆荣见势不妙，连忙掉转方向准备往回跑。谁知说时迟那时快，两个歹徒蹿上来一个用手枪对准了车夫，另一个用手枪抵住了严裕棠的脑门，把他从黄包车上拉下来，推到他们的汽车上去。此时车夫头脑十分清醒，见歹徒只有两个人，不必害怕，于是假装顺从地把车子先放下。在歹徒注意力主要投向严老板时，沈兆荣一个箭步上去，从后面抓住一个歹徒的持枪的手腕，与之厮打起来。沈师傅虽非人高马大，但毕竟从事体力劳动，也力大无比，他一边扭打一边高喊"抓强盗……"歹徒渐渐不是他的对手了。另一歹徒看着严老板，不能前来帮忙，眼看路边围观的老百姓越来越多，一时也惊慌失措。严老板见状即刻胆气强壮，在走到歹徒的汽车门口时，猛一转身，一拳头朝歹徒砸去……严裕棠到底年龄大了，无法与歹徒打成平手，遂被歹徒连击三枪。也许是歹徒心慌意乱，害怕警察赶到，这三枪竟无一发射中要害。此时已警笛大作，巡捕房的警车围了过来。对付严老板的歹徒见势不好，拔腿就跑。另一与沈师傅扭打的歹徒不是沈师傅的对手，被沈师傅和闻声赶来的巡捕们一起抓获。严裕棠身负三处枪伤，在医院住了近一个月才回家。

陈光甫：人争近利，我图远功。人嫌细微，我宁繁琐。

陈光甫

传　略　陈光甫（1881—1976），中国银行家。原名辉祖，后易名辉德，字光甫，以字行世。江苏镇江人。被誉为"中国最优秀的银行家"、"中国的摩根"。

1909年毕业于美国宾夕法尼亚大学，同年回国。1911年辛亥革命后，任江苏省银行监督。1914年转任中国银行顾问。1915年6月创办上海商业储蓄银行，始终以"服务社会，顾客至上"为宗旨，致力于银行近代化，短短20年间，就从仅有七八万元微薄资本的"小小银行"成长为中国第一大私人商业银行，拥有几十个分支机构，创造了中国金融史上的多个"第一"。1927年任国民政府财政委员会主任委员，负责为蒋介石筹募军饷。同年创办中国旅行社。1928年出任江苏省政府委员、中央银行理事、中国银行常务董事和交通银行董事等职。1931年与英商太古洋行合资开设宝丰保险公司。1936年3月，任国民党政府财政部高等顾问。1937年，任大本营贸易委员会中将衔主任委员。抗日战争时期，历任国民参政会参政员，国立复兴贸易公司董事长，中、美、英平准基金委员会主席。民族危亡之际，他毅然受命赴美，与胡适等鼎力促成美国政府的"桐油贷款"，对抗战贡献至大。1947年任国民政府委员，并主管中央银行外汇平衡基金委员会。1948年当选立法委员。1950年，将上海商业储蓄银行香港分行易名为上海商业银行，在香港注册。1954年定居台湾。1965年上海商业储蓄银行在台北复业，任董事长。1976年卒于台北。

耿直　陈光甫是一个非常耿直而且不畏强权的人。"二次革命"时，张勋为袁世凯立下了汗马功劳，因而被派往江苏任都督。张勋上任后，立刻责成陈光甫把江苏银行的存户名单抄报上去。接到此命令，陈光甫感到可笑。为储户保密，这是银行业的起码规矩。张勋这么做，简直是绿林大盗般的蛮横行为。他深知张勋的手中不仅掌握着权柄，还握有刀柄。然而，屈服于淫威，岂不是对不起存户吗？思前想后，陈光甫决定挺直腰杆，他以"银行有为存户保守秘密的义务"为由，拒绝呈报储户名单，并将此举提交银行董事会讨论，获得了赞同。随后他提出辞呈。鉴于陈光甫做出的回应，张勋大吃一惊，他没想到一个文文弱弱的洋书生，竟胆敢抗命不遵，真是自找死路。于是，他立即下令，免去陈光甫江苏银行总经理的职务。然而这场风波的真相，很快被上海《大陆报》披露于报端。人们对陈光甫都敬佩不已，纷纷为陈光甫抱打不平。陈光甫虽然丢掉了职务，得到的却是社会的赞誉。孙中山先生在报纸上得知陈光甫的磊落卓行，也非常的赞许。

勤俭　勤勉俭约是陈光甫终生不变的生活态度与习惯。陈光甫出生于一个小商人家庭，家中生计依靠父亲勤勉经营，母亲的节俭理家才得以维持，这样的家庭氛围使陈光甫从小就了解生存的艰辛，养成了勤俭的习惯。他在武汉当学徒时期繁重的工作、艰苦的生活更强化了这一习惯。在美国留学时，是勤勉帮助他克服了生活与学习上的种种困难，仅用三年时间就学完了四年的大学课程。创办上海银行时，他勤勉的工作态度更是表现得淋漓尽致：由于人手不够，也为了节省费用，作为总经理的他经常亲自跑街，拉存款，搞放款，培训员工，异常辛苦。以后虽然上海银行已发展成为中国最大的民营银行，自己也已是国内外著名的社会人士，他也依然保持着勤勉俭约的生活态度。他总是说："银行家宜于讲求搏节，养成俭德，万不可提倡奢华，亟宜从根本上思想上处处小心谨慎，务求事事朴实节俭，实事求是，不尚空谈，庶可力图振作。"

1930 年 12 月，陈光甫视察江苏、山东等地上海银行分行，在徐州时恰逢 49 岁生日，徐州分行的同仁们为他举办了隆重的生日庆宴。陈光甫对此却颇为不满，他先是坚持撤去彩色寿幔，晚上又在日记中写道："人生世上，当努力为社会服务，为一人生日而大吹大擂，张旗击鼓，劳民伤财，无谓之极。"抗战时期在重庆，陈光甫每天总是一大早就起来清理文件信札，然后用早餐、阅读报纸，随之是繁忙的经营业务和参加社会活动，晚上往往还要找人谈话了解情况和处理白天未了的事务。此外，每个星期他还至少花三个上午请人为自己讲授中外历史、哲学等课程，即使在周末，他也要浏览国外书刊上的主要经济金融文章，与别人讨论国际金融问题，很少真正休息，更不进行其他人喜爱的打牌等娱乐活动。陈光甫常说自己是个闲不住的人，只有工作才是最有兴趣的事，一闲就感到"孤寂"。陈光甫的日常生活也非常节俭，很少吸烟和喝酒，虽然办银行达几十年之久，但他的个人财产并不多，其节俭的习惯在当时的企业家中是较为罕见的。陈光甫不仅自己坚持勤勉俭约的人生观，还努力将其灌输给自己属下的员工们。他告诫员工们"大事业皆由心血换来"，要求大家："均应认明一真正之人生观，向之做去，个人与公司方有发扬光大之希望。夫忠实质朴，为立身之基础，奸巧侥幸终归于失败。银行一事是为耐劳守苦者终身之职业，但绝非吾人投机发财之地。须知丁此乱世，物质日贵．生活日艰，吾人一生能得温饱，已属幸事，安可妄生他念，此大家应共同觉悟也。总之，际此乱世，吾人欲求生存，唯有忠于职务，勤劳俭约，守分知足，抱定真正之人生观，方不致受外物引诱，以致身败名裂为社会所共弃。"

1933 年初，在上海银行训练班致词时，他又告诫学员们说："诸君现在训练班读书。早晚往来，有汽车坐，吃饭的时候有人添饭，住的是洋房，这是给你们青年人不好的地方。起居太舒服，并不是一件好事。……个人心中只知求高深的学问，丰富的知识，学习人情世故和做人的道理，把身心献给社会，献给国家，那么，前途的希望正是无穷。"正是在陈光甫的影响下，上海银行上下形成了一股勤勉俭约的良好氛围。

善缘　　陈光甫意外地在美国邂逅孙中山并得到他的教导是在 1904年。当时正赶上圣路易斯国际博览会举办。陈光甫初到美国时感到新鲜，继而感到乏味，最后感到自卑。参加博览会的这几个月，对陈光甫来说，真是五味杂陈。新鲜的是，琳琅满目的各国产品、西方先进国家送展的工业产品，使他惊羡、感叹；自卑的是，中国送来参展的物品十分落后，除农产品外，其余的仅仅是国人平素常用的衣饰器具模型。每当他看见参观者的藐视目光，或听见他们的哂笑时，他的脸上就不由发烧。日复一日、月复一月的展览，使他失去了新鲜感，越来越感到单调、乏味，也愈发感到自卑。但孙中山的到来，让陈光甫看到了希望。

一天，陈光甫在会上意外看见了公然反叛朝廷的孙中山。孙博士的大名可以说是如雷贯耳，一开始，光甫还有些惴惴不安，但孙先生端庄的仪表和豪迈的气质，很快就深深地吸引了他。第二天散会后，陈光甫鼓足勇气叩门拜访孙先生，两人促膝交谈两小时之久。孙中山讲道："满清王朝好比一座即将倒塌的房屋，整个结构已从根本上彻底地腐朽了。历史证明，在中国，朝代的生命正像一个人的生命一样，有其诞生、成长、成熟、衰老和死亡等阶段。当前的满清统治，自十九世纪初叶即已开始衰微，现在则正迅速地走向死亡。""中国有许多极有教养的能干人物，他们能够担当起组织新政府的任务……一旦我们革命成功，不但我们的祖国将会出现新纪元的曙光，整个人类也将得以共享更为光明的前景，一个从来也梦想不到的宏伟场所，将要向文明世界敞开。……"

这一番道理，陈光甫此前未闻其详，此番聆听，真是胜读十年书。孙先生演讲一番后，当然忘不了招兵买马，他问："你愿意参加兴中会吗？"兴中会是革命党人的组织，与华兴会同为当时中国的两大骨干革命组织。虽然感佩于孙先生的言行，但这一问还是来得太突然，陈光甫低头思忖片刻说："我现在一心想的是矢志求学，掌握实业救国的本领，马上投入政治斗争，放弃求学的机会，实难接受，请先生原谅！""你的想法我很理解。你要努力学习，学成之后，报效国家。"孙先生的谆谆教导，陈光甫铭记在心。为了表明对革命运动的支持，陈光甫在节衣缩食省下来的费用中捐赠了五美元。五美元不算多，但孙中山很感动，他看重的当然不是钱数的多少，而是眼前这位年轻同胞的一片热诚。

美国求学归国后，陈光甫终于创办了第一家自己掌控的银行。创业之初，资金匮乏，分外艰难。一天，陈光甫正忙得不可开交，一个职员进来报告："经理，有人要见您。"他头也没抬说："请他进来吧。"一位衣冠楚楚的中年男子走了进来。陈光甫抬头一看，不觉一愣，惊讶道："呀，是你？"来人是后来大名鼎鼎的孔祥熙。当年，陈光甫在圣路易世博会看摊时，孔祥熙正在俄亥俄州的欧柏林学院就读，曾利用暑假时间前去参观，因而与陈光甫相识。同是身处异乡，两位年轻人一见如故，谈得很投机。自那一别，已经将近 10 年光景了。"孔兄，你看上去满面春风，应该混得不赖，今天怎么有空光顾我这小小银行？"孔回答道："我今日是受人之托而来。"陈光甫很疑惑："您受何人差遣？有何公干？""中山先生委托我，给你这上海银行送来一万元股金。"陈光甫闻听后深受感动，很久没有见到孙先生了。此时，孙中山先生正在一衣带水的东瀛组织讨袁，没想到他在百

陈光甫：人争近利，我图远功。人嫌细微，我宁繁琐。

忙之中还惦记着自己这个小人物，这是何等难能可贵！尤其是在这处境艰难的创业初期，孙先生的理解与支持，其价值绝不是用钱数可以衡量的。就像他当年赠与孙先生的 5 美元一样，那不是金钱，而是心意！

知遇　　资耀华一生事业的开始是遇到陈光甫。资耀华出生在湖南耒阳田心铺资家坳，1916 年他从省立三中毕业，一心向往外面的世界。在日本留学整十年，1926 年在京都帝国大学经济学部毕业后回国。

陈光甫开办了中国第一家现代化的私营银行的时候就开始留意网罗人才。1928 年，在一本金融杂志《银行月刊》上他看到资耀华的一篇谈对现代银行的想法的文章，十分欣赏，就通过熟人约他晤谈，一拍即合，立即聘他到上海商业储蓄银行任调查部主任。资耀华很快做出成绩，陈光甫对资耀华非常信任，派资耀华到美国宾州大学著名的沃顿商学院深造，同时对美、英银行进行考察。1935 年资耀华回国后，陈光甫派他到天津任分行经理，以后又让他当上华北管辖行总负责人。可惜两年后就发生卢沟桥事变，天津沦陷，资耀华奉陈光甫之命留守天津，保住银行的财产和业务。资耀华对陈光甫始终有一种知遇之恩的感怀，所以按他的本意当然是希望迁往内地，而不在日寇铁蹄下求生存，但是陈光甫把这个任务交给他，他就忍辱负重，以最大的努力去完成。其实，当时陈光甫还有一种考虑，就是天津还有英、法等租界，是日本势力不能进来的，所以他认为有可能在租界庇护下做一些事。但是 1941 年冬，太平洋战争爆发，日本连租界也占领了。所以 1942 至 1945 年抗战胜利这几年是处境最恶劣、最危险的时期。天津的日伪当局以及南京的周佛海（资耀华的留日老同学）都曾要他任伪职，都被他拒绝，即使任何空头名义也绝不沾边。资耀华的身上有很多书生气，有时甚至近乎迂阔，其实比较适合做研究工作。他在做银行时也随时都注意调研，有不少著述。陈光甫在为他的一本书的序言中称赞他"理论与实务融合一炉"。新中国建立后，资耀华在人民银行参事室工作，负责主编《中国近代货币史资料》、《中华民国货币史资料》一、二辑，这是凝聚了几十人的劳动的巨著，有很高的学术价值，他为此倾注了大量心血，"文革"下放河南信阳时，他别的生活用品都不带，只抱着近千万字的书稿资料，打定主意要"我在资料在"。

挚友　　张一麐是江苏吴县人，与陈光甫是同乡，俩人也曾一同共事过。1913年，孙中山发起的"二次革命"归于失败。与孙中山撕破脸皮的袁世凯，不肯善罢甘休，严令捕杀革命党人。袁世凯听说江苏银行出资资助肇和兵舰炮轰江南制造局，不由发怒道："江苏银行总经理竟敢动用银行资金支持叛军行动，真是胆大包天！"于是，他下令杀掉陈光甫。好在袁世凯的手令，先被总统府秘书长张一麐看见了，张一麐对陈光甫的为人早有了解，又是同乡，岂能见死不救？看到手令后，张一麐马上找机会在袁世凯面前为陈光甫开脱："江苏银行的资金，是在军人持枪威逼之下，才被取走的。陈光甫也是出于无奈。如今下令严处，似有不妥。大总统一向奖惩分明，令人心悦诚服，万不可因此事落下话柄。不妨留待进一步查明实情之后，再作处置。"袁世凯听后，觉得言之有理，也就答应了张一麐的请求，此事便不了了之了。这一切，远在上海的陈光甫毫不知情，他并不知道自己曾命悬一线。

陈光甫个性直爽交了不少好朋友，正应了一个好汉三个帮古话。张嘉璈和李铭就是其中两人。当时，张嘉璈任中国银行上海分行副经理，李铭任浙江银行稽核。当陈光甫决心抓紧创建一家自己能掌控的银行时，他首先想到的就是这两个朋友，他们都是海归，三人年龄相近，正值血气方刚的青年时期，在上海银行业中有"三兄弟"之誉。

一开始，陈光甫向二人征求意见时，他们并不赞同。二人认为，开银行，必须要筹措大量资金，而这谈何容易！但陈光甫却不这样想。他认为，银行开办之初，并不需要巨额资金，也不必与其他商业银行较量股金份额的多少。更重要的是，他发现了一个巨大的市场空白。当时，市面上的银行，无论是把注意力集中在中国政府与外国商人的大宗生意上的外资银行，还是把眼睛盯在达官贵人身上的国内银行，它们对于小商人与普通老百姓都不屑一顾。所谓金融事业事实上成了"大人物"的专利。而普通老百姓在银行的高楼大厦面前也是望而却步、不敢问津。这样，在大银行与小百姓之间有一个巨大的真空地带。

陈光甫用他锐利的目光，发现了银行之林中尚闲置着的这片隙地。他认为，先集资5万至10万元，银行即可以开业。开业之后，可以通过吸收普通百姓的小额存款来逐步累积资本。只要真正提供优良的服务，就可以逐步增加存款，也可以逐步增加放款。集腋成裘，蚂蚁雄兵。到那时，资本的积聚和运用这两大难题，就可以迎刃而解。陈光甫的独到见解和精辟分析，让张嘉璈和李铭深深佩服，马上就帮助他着手筹备。钱少也是钱，而陈光甫一点资本都没有。经李铭介绍，他说服一个叫庄得之的买办，拿出7万银元，作为建行资本。庄得之出资最多，担当董事长，而陈光甫在庄的帮助下才勉强凑够了5千银元资本，出任总经理。1915年6月，上海商业储蓄银行在宁波路的一幢石库门房子里开张了，资本不足10万元，职工只有七八个人。开业那天，陈光甫既没办酒席，也没有请钱业董事，唯恐被同行耻笑，一家小小银行就这样静悄悄地诞生了。1931年6月，上海银行的新办公大厦落成。嘉宾盈门，高朋满座，与16年前悄然诞生时的落寞，天差地别，恍若隔世。

然而厄运猝不及防的降临了。上海银行新办公大厦落成还不到百天九·一八事变便爆发了，一些觊觎上海银行的有心人，开始下手了。"汉口损失数百万元，债券损失2000余万元，上海银行马上要破产了。"这样的谣言不胫而走，客户们大为恐慌，唯恐自己辛辛苦苦积蓄的一点资金受到损失，争相涌向上海银行，提取存款。9月22日大清早，上海银行门前，人头攒动，拥挤不堪，平日所备的准备金被大量提走。一开始，陈光甫没太在意，对挤提风沉着应战，指望谣言不攻自破。不料，三天过去，挤提不仅没有停止，反而愈演愈烈，提走的存款已达总库存的一半。平素稳健老练的陈光甫，此时心中也没了底。迫不得已，陈光甫只好四处求助。他首先想到了自己的至交好友、时任上海银行总经理的张嘉璈。接到电话后，张嘉璈立即命令中行各分行尽全力支持上海银行各分支机构，并允许上行以新办公大楼作抵押，贷借80万元，用以应付提存。为救兄弟，张嘉璈真是豁出去了。他下令特别开仓，用现银声援。张嘉璈又命人从仁记路的上海中国银行，把一箱箱的现金运往宁波路的上海银行，摆在那些忙于提存者的眼前。一箱箱现金川流不息地运来，上海商业储蓄银行则把大量现洋故意堆放在营业柜台上和楼道内的显眼之处，堆积得像小小的银山，这一情景驱走了提存者心头的疑虑。挤提风波便这样平息了。

恩情 身为海归的陈光甫，一向很少与本土帮会交往，当时上海帮会最有影响力的人物就是杜月笙，二人之前素未谋面。1931年，杜月笙的得力助手苏嘉善病故，临走前他请杜月笙照顾他中学即将毕业的大儿子在银行界寻个差事，杜月笙自然一诺无辞。可是当苏嘉善说明想让儿子进上海商业储蓄银行时，杜月笙不禁心里打起鼓来。但是他不能不让苏嘉善安心，只能故作轻松地回应："闲话一句，我来办。"杜月笙的顾虑不是没有道理，这上海商业银行的老板陈光甫，名列上海滩四大银行家之一，排名犹在钱新之上，是金融界的顶级大腕。他的银行有个硬规矩，任用人员，一律公开招考，不买任何人的面子。这样的事情有过几起后，陈光甫的用人制度在银行界就无人不知，连与他素无来往的杜月笙都有所耳闻。苏嘉善病逝，杜月笙替他办了很排场的后事。出殡那天，从顶马到灵柩，送丧行列长达数百米。杜月笙那天身体有恙，但他坚持亲自执绋，一直送到终点，而终于忍不住泪流满面。不久，苏公子毕业了。杜月笙很为难。一方面他绝对要兑现当初的承诺，一方面又实在想不出好的办法。他倒是有自信陈光甫一定会收下这位小朋友，怕只怕收得不够痛快，如果真是这样，那最后事情办得再好，别人也会说"原来杜先生办事也有不漂亮的时候"，那这个面子丢得就大了。实在没有办法，只好找杨管北来商量。杨管北是杜月笙新的智囊，未来将是苏嘉善的接班人，杨管北和陈光甫是同乡，并且私交不错，这样，就正好由他去做说客。真是不辱使命，没想到陈光甫非常爽快，给足了杜月笙面子，破例不经考试就录用了小苏，令杜月笙心存感激。

1931年9月，陈光甫遭遇了一场挤提风波。走投无路之下，陈光甫想到了杜月笙。于是托杨管北出面求援。"我想除了杜先生，怕是再没有人帮得上忙了。"杜月笙正愁不知道怎么还陈光甫的人情呢，况且这也是在金融界扬名立万的绝好机会，如何肯轻易放过？当即叫来万墨林，吩咐道："你挨个打电话，把烟赌两档上体面点的朋友，通通给我请过来。"杜月笙有一个习惯，就是从不拨打电话，他的电话，都是万墨林伺候。万墨林是个怪才，一字不识，连自己的名字都不会写，但记忆力惊人，尤其擅长记电话号码，杜月笙所有来往的几百个号码，全在他脑子里，绝不出错。很快，杜手下的人全部到齐，杜月笙开门见山："明天9点银行开门前，各位可以凑齐多少现款？都报个数上来。"最后一个刚一报完，万墨林算出："一共是200万。""很好。"杜月笙开始布置任务："明天9点，请大家务必准时送到上海商业银行，存进去。"众人散去，杜月笙再交代万墨林打电话给国民银行，要求备好100万现金，明早跟着自己的车走，送到商业银行去。随后又让万墨林通知相熟的工商界人士，大家明早8点到杜公馆来共商大事。

第二天早八点，客厅里熙熙攘攘，众星云集。杜月笙对大家说上海商业银行的生意正常，要求大家不信谣不传谣，提出"我们大家应该给陈光甫捧捧场"。"请各位老兄帮帮忙，从今天起，凡是上海商业银行的存户，不要再参与挤兑，最好还能再存点进去。没有开户的，现在就跟我去开个户头，把手头能调动的现款，全部存进去。"一切交代清楚，安排妥当后，杜月笙带着随从，驱车直奔商业银行，后面紧跟着两辆汽车，装的是从国民银行拿来的 100 万现金。

　　9点开门时，上海商业银行门口等待取钱的储户早已排成了几条长龙。杜月笙故意让他的黑色雪佛兰开到队伍最前面停下，他的车牌号"7777"上海滩尽人皆知，人们一看杜月笙来了，只当也是来提款的。没想到杜月笙下车后径直往银行大门走去，后面跟着七八个随从，个个手里都提着一只沉甸甸的箱子。银行保安早已让出了一条路，待杜月笙走近，银行大门豁然打开。不一会儿，银行职员喜形于色地奔出大门，贴出大红喜报：杜先生存进 100 万元。杜月笙名头实在过于响亮，这一举动瞬间就动摇了不少人的排队热情。正在此时，各种各样的小汽车从四面八方汇聚而来，烟土行、赌场的老板们，或亲自赶到，或差人代劳，但见一提箱一提箱、一麻袋一麻袋地直往银行里运，里面全是白花花的现大洋，碰得叮当响。工商界的代表们陆续赶到，大红喜报一张接一张地贴。天气变了，看热闹的人多了，提钱的人少了。这不明摆着的是杜先生帮忙吗？陈光甫的商业银行还有什么可担心的？一场绝大的风波就此烟消云散，陈光甫对杜月笙唯有至诚的感激。至此，上海银行总算摇摇晃晃地挺过了这道鬼门关。这是陈光甫一生最提心吊胆的时光。对那些伸出援手的贵人，他知恩图报，终生难忘。后来，杜月笙主办的中汇银行新建大厦落成，营业规模扩大，陈光甫立刻以"堆花"方式，将 50 万两白银存入，让杜白用一年，利息分文不取。

　　平等　　陈光甫把"服务社会"作为银行行训，处处想着如何便利顾客，并不断推出新办法，赢得顾客好感。他常常训导行员要把顾客视为"衣食父母"，敦促他们改进服务态度。有一个时期，他限制行员在柜台上吸烟，说这对顾客不礼貌。一次，他发现一个行员同储户洽谈业务时态度生硬，双方发生龃龉，便派行内专员出面将储户请到经理室，他亲自向储户耐心解释，赔礼道歉，消除误会。事后，又迅即召开行务会议，就此事举一反三，指出："银行得一顾客，目前之利益不见大，但因一人之感情可推至千万人，则其利自大；反之，丧失一人之感情，其害亦可传播至千万人。"接着，他作出了接待顾客的具体规定，要求行员，第一须和气待人，第二办手续敏捷，第三应不嫌烦琐，不允许营业员与顾客争执之类事再发生。由于陈光甫大抓服务质量，所以上海银行的服务态度和办事效率很为人所称道，在银行界独树一帜。

富有平等思想，富有同情心是陈光甫的又一人格特点。为此，他在上海银行成立之初就要求员工们对待不同社会阶层的顾客都必须平等看待。他反复强调："对于本行一切顾客无论何界中人或乡愚妇女，应谦恭和悦竭诚招待。""本行以服务社会为使命，无论贫富贵贱，视同一律，必须实现平民化，为多数贫民服务，方可视为已达到目的。"1930年9月，在一次与上海银行员工的聚餐上，陈光甫再次重申："本行所恃，既全在服务二字，则应以平等眼光，招待社会人士，不可以贫富贵贱，而昭示招待上之区别。譬如有一破衣赤足之农夫，欲与鄙人谈话，鄙人即当引至经理室，和蔼招待，遇有询问，尤当诚恳答复，全行同人均应如是。"连赤脚农夫都应该引到经理室谈话，陈光甫的平等意识也真可见一斑。为了进一步宣扬这种平等意识，陈光甫特意在上海银行中创设行员聚餐会。参加这种聚餐会的既有高层管理人员，又有银行的普通职工，还有刚进入银行尚在接受培训的学员；聚餐中间，凡参加者人人都可以自由发表意见。聚餐会上，陈光甫说道："此种聚餐会晤，在座者，原无职务之高下，自总经理以至学生，人人俱可自由发表意见，并随意与任何人谈话，一律平等。诸君当知在职务上虽有阶级之殊，然而所谓阶级，不过表示其一种责任，实际上人人平等，诸君尽可在聚餐时，发挥平等精神。"这种聚餐会充分体现出陈光甫提倡的人人平等的精神。有一次，陈光甫到底下一家银行视察，问一个经理："我们服务顾客时怎样做到更好？"这个经理立即答道："不论顾客办理业务的数额是多少，不管他是一千、一百还是一块钱，我们都热情接待，这样才使我们的服务能够到位。"这个经理觉得自己答得不错，不料陈光甫却说："你只回答对了一半，他就是一分钱不办，只要他来到你银行里面，你就要热情接待，你就要为他服务好。"

本着服务社会这一理念，陈光甫决定上海银行一元起存，方便顾客特别是普罗大众。一元起存，就是一元钱就可以开户，这在当时的金融界是个破天荒般的创举。1915年的一天，开业不久的上海银行迎来了一个特殊的客人。这个中年人拿着一张100元的钞票，得意洋洋地要开100个一元的账户。银行的职员热情接待了他，不厌其烦地一口气写下100个户头。拿着存折，中年人心悦诚服地满意而归。这场恶作剧传出去后，反而让不少人很受感动，记住了这家石库门里的"小小银行"。

轶事　　陈光甫的名头响亮，在上海有着重要的影响力，同时也是国共两党争取的对象。1948年12月初，陈光甫悄然去香港考察，但仍十分留意国内的形势变化，尤其是中共的经济政策。香港的英文报纸《MORNINGPOST》（《晨报》），登载了"中共及各团体"的一份宣言，说共产党取得政权后，允许私人经营事业等等。陈光甫看后，甚感安慰。因此，他决定继续住在上海，观察一段时间再说。手下人不解，陈光甫便向他们解释说："一来搬家费事，二来共党政策不扰动做生意的人，不反对中外私人事业，不仿照俄国铁幕政策，我住上海，与香港有何不同？"

1949年1月21日，蒋介石宣告"引退"，代总统李宗仁表示，愿以中共所提八项条件为基础进行和平谈判，组织一个"上海人民和平代表团"前往北平谈判，第一个就想到陈光甫。早在北伐时，他们就相识，结交后，成为知己。一次，在武汉吃饭时，李宗仁醉醺醺的，似有重任要托付。陈赶忙挡回，半真半假地说："将来，等老兄当了一国之元首时，无论你叫我干什么，我一定接受。"李宗仁在此时亲登陈府邀请他担任代表团成员。陈光甫审时度势，知道蒋介石已经完结，何况李宗仁呢？于是婉言谢绝，说："大势已去，只好取消前言了，加上我的身体已不适合担任这种任务了。"

陈光甫：人争近利，我图远功。人嫌细微，我宁繁琐。

可是，中共倒挺希望他参加代表团，能来北平商谈和平事宜，目的自然是借此影响他的去留。李宗仁在北平的一名代表反馈了中共对陈不来北平特别失望的信息。代表团成员之一的章士钊也对陈说，他也收到了北平的电报，共产党人渴望陈参加代表团，欢迎他来北平。

这可能是陈光甫第一次直接感受到中共的诚意，但这位亲美派不敢到北平去冒险。1949年春，上海尚未解放，中共即给上海银行以特殊待遇，委托上海商业储蓄银行等五家"为人民银行代理北平以外各大城市之汇兑业务"，并得经营外汇业务。陈光甫一方面心领神会，一方面又担心会因此触怒国民党政府，给自己带来不利，因此始终迈不开步子。他在日记中写道："共方核准本行为国内汇兑银行之一，此事要小心，要遭人忌，国民党政府恶意误会，惟有少做，点缀而已。"陈光甫出走前夕，毛泽东曾托人送了一套《毛泽东选集》给他，陈光甫也回送了一部他收藏的清人书法册页。可惜，共产党的诚挚召唤和各项优惠政策，都没有能留住陈光甫。不久陈光甫经泰国到了香港，并于1954年定居台湾。

北洋政府总理段祺瑞的女婿奚东曙，在天津经营商号，平时出手阔绰，许多银行都想巴结这位财神爷，纷纷贷款给他。陈光甫却通过上海银行调查获知，此人暗中从事投机倒把生意，随时可能破产。于是陈光甫严令对其加以防范。不久，奚东曙携款逃亡，许多银行因巨额坏账损失惨重，而上海银行却毫发无损。

史带曾是一个夹着皮包到上海滩淘金的美国穷小子，可陈光甫派人调查后发现，到1934年，美亚保险已经"雇有西籍职员30余人，华员约200人"，且史带其人"饶有资产，信誉殊佳"。于是，陈光甫不仅贷款给史带，还购买了不少美亚公司的股票。许多年以后，史带被誉为"远东保险王"，他的美亚保险也发展成了全球保险业的巨头——友邦保险。

范旭东：工业先导，功在中华

范旭东

传　略　范旭东（1883—1945），又名锐，字行，出生于湖南湘阴县。中国化工实业家，中国重化学工业的奠基人，被称作"中国民族化学工业之父"。

幼年丧父，随母谢氏和兄长范源濂到长沙定居，生活十分贫困。曾一度投身保节堂，靠这个"慈善事业"机构供养度日，这使他幼小心灵中种下了发愤图强、艰苦奋斗的思想根苗。范源濂曾与蔡锷同时就学于梁启超主讲的时务学堂，因学习勤奋，深受梁启超爱护，得以兼理学堂事务，半工半读，以赡养老母和培育幼弟读书。范旭东在兄长帮助下，于1900年东渡日本留学，1910年以优异成绩毕业于京都帝国大学理科化学系。他潜心攻读，与日本同学同住、同食、同学习，对日本民族那种奋发图强的精神感受很深，也进一步激发了他的民族自尊心、爱国心和勤奋学习的精神。他看到日本发展快，以强凌弱，先后战胜中国和帝俄后，更加痛恨清政府的腐朽无能，向往祖国富强，常以艰苦卓绝、勤劳勇敢的作风要求自己，身体力行。

范旭东在日本京都帝国大学毕业后，留校担任专科助教。1911年回国，在北洋政府北京铸币厂负责化验分析，但由于不满当时官场的腐败，两个月后辞去了工作。不久，被派赴西欧考察英、法、德、比等国的制盐及制碱工业，收获很大。回国后，历尽艰辛，于1914年在天津塘沽创办久大精盐公司。在此基础上，为实现实业救国和发展化学工业的愿望，又着手制碱工业，于1917年开始创建永利碱厂。碱厂开工之初，生产很不正常，在侯德榜等一批技术骨干的努力下，解决了一系列技术难题，于1926年实现了正常运转，生产出优质纯碱。为了进一步发展盐业，于1926年至1927年，又先后在青岛开办永裕盐业公司，在汉口开办信孚盐业运销公司。在永利碱厂略有盈余后，于1933年12月着手创办永利碱厂。该厂于1934年7月在南京长江北岸六合县境内的卸甲甸动工，1937年2月5日生产出我国第一批硫酸铵产品。抗战期间，继续在大后方创办实业。1938年7月，在四川自流井开办了久大自流井盐厂。同时，又在四川犍为县五通桥开办永利川厂。在办厂过程中，积极支持侯德榜等人革新苏尔维制碱工艺，于1943年研究开发成功了联合制碱新工艺。抗日战争胜利后，范旭东正准备派员分赴久大、永利、永裕等厂接收原有财产之时，突然身患急性肝炎，经医治无效，于1945年10月4日与世长辞。

严慈　范旭东的长女范果恒回忆："即使在父亲生意顺利的天津时期，家里的生活也还是比较拘谨的。那时候家里日常食用的大米都是从父亲的老家湖南乡下运来，因为这样比在北京、天津购粮要便宜多了。两个女儿出生以后，父亲的收入经常不够养家，就靠母亲的一些陪嫁首饰帮补家计。"

范旭东是个很严肃的人，家里的书房和实验室都是不准孩子进去的，吃饭的时候也不准讲话。范旭东的长女范果恒小时候随父亲和永利公司住在天津，那时候永利公司有个网球场。有一次，范果恒想去打网球，她爸爸就跟她说：不行，这是给员工预备的，你没有这个特权。范旭东全部的心思都投入到永利公司的经营上，至于家庭，则完全由妻子许馥一手打理。许馥总是把头发剪得非常短，然后全部往后梳起来，看起来干干净净的。她的脚也是缠过不久就放掉的。对于范旭东的家人来说，他的妻子无疑是更亲近、影响更大的人。范旭东膝下无子，只有两个女儿，他死后，里里外外所有的事情都是妻子当家。许馥也是一个严厉的人，她的外孙女从来没有见过外婆掉眼泪。从1948年开始，永利公司每年向范家遗孀赠送股息，作为抚恤金。范太太持家甚严：三个外孙、外孙女，从来没有零用钱，只有每天一毛钱来回上学坐公交车。外孙林翔喜欢集邮，只能靠自己每天走路上学，省下车钱来买邮票。家里有佣人帮忙，但是几个孩子从小学六年级的那个夏天开始，一切就要自己打理了，自己洗衣服，自己准备第二天的午饭。而且和范旭东一样，范太太也是不准孩子在饭桌上讲话的。她经常跟这帮小孩子说："饭都堵不住你的嘴！"

范旭东和他的夫人最相似的一点就是不歧视女孩子。范家没有什么男权思想的，而且许馥也是日本留学回来的，很开明。范旭东一生没有儿子，也没有说很遗憾的话。范旭东的两个女儿在美国学习的都是和范家生意无关的专业。大女儿是学音乐的，那时候，学音乐也不能当饭吃，范旭东和许馥他们一点没有反对，他们觉得，只要子女自己喜欢，又有能力，就去做。

廉洁　范旭东的私德可与事业媲美。早在创办久大公司之时，范旭东就为自己定下三条原则：一、不利用公司的钱财谋私利；二、不利用公司的地位图私益；三、不利用公司的时间办私事。几十年的创业历程中，他忠实地履行了这些信条。范旭东当"永久黄"团体"元首"三十余年，一直保持着"动不违时，财不过用"的优良品质。他出门不置汽车，家居不营大厦，一生把全部精力集中于其事业上。

他的员工李金沂称：范旭东"神志清明，淡泊名利，公私行为，明朗公正；生平不置产业，物质上毫无欲望，……其清廉崇高，实足以移风易俗，令人景仰"。

陈调甫在范旭东死后，对范旭东"个性之足为后世效法者"进行了归纳。他说："先生家庭崇尚俭朴，公私分明，凡属公司财物，私人绝不假借，薪俸所入，仅敷温饱，岁终偶分红利，亦大都捐助为研究费用"。

侯德榜说："范先生死后，有某机关人以为范先生创立偌大事业，必留有许多遗产，来相询问。殊不知先生生前两女公子赴美留学之学费已苦无法筹措；家族之生计，侄辈之教育，俱发生困难"。

与责己严苛形成对比的是，范旭东"待同事非常宽厚，无论厂中高级与低级职员、有技术、无技术工人，均一视同仁"。他"待人接物，极讲平等，决无世俗摆架子行为，与下级职员谈话，保持温和态度，无疾言遽色"。范旭东自己不追求物质享受，而对员工的生活待遇则非常关注，"对于一切福利工作，无不深致意焉"。在久大精盐公司在兴建各盐厂之际，就"建筑工人住室，创办职工补习班，设立工人食堂、工人书报室等，以谋工友之福利，提高工人之生活"。范旭东对于员工疾苦，尤其关心，"厂中有经济困难者，辄解私囊作将伯之助，而不以告人，即其太太亦并不之知"。

气概　范旭东身上有着典型中国人的民族情结和气概。1925 年春，在侯德榜等人的努力下，产品初见改善，颜色开始转白。但 4 台船式煅烧炉此时已全部烧坏，无法再用，全厂被迫停产。要恢复运转和继续改进，需要大量资金。卜内门公司在中国的总经理李德立（Edward Selby Little）一再要求范旭东与之会谈，最后约定在大连会面。在大连会谈中，卜内门方面反复炫耀自己资金充足，技术力量雄厚，条件优越，而永利面临着巨大的困难，何不接受卜内门的资金和技术。范旭东在谈判之前已经料到此说。他的回答是："永利公司章程已明确规定：股东只限于享有中国国籍者，无可变通，否则永利将无法享有政府对民族企业所承诺的优惠政策，对永利碱厂有害无益。"

这一次交锋之后，范旭东回到永利召开了一个董事会。当时永利内部人心浮动，正亟须重振士气，凝聚人心。范旭东在会上坦陈了苏尔维法制碱技术的难度，世界各国都曾经历多年摸索才得到通途，永利已经付出了大量努力解决了许多问题，现在放弃，岂不功亏一篑。范旭东还描述了卜内门的意图，使股东们在来自外部的压力面前变得空前团结。另外，他还特意对侯德榜给予特别的激励，他历数侯德榜数年来的业绩，说："对这样难得的人才，我希望大家像支持我一样支持他的工作……"在危机的时刻，留住关键的技术人才是稳定大局的首要。范旭东在这次大会上得到了全体董事的理解和支持，永利抖擞精神，空前团结，一致对外。

不久卜内门又安插了一个小职员进入永利当坐探。此人在卜内门和永利碱厂都拿薪水。后来他终于投向永利的阵营，向范旭东坦白真相。范旭东赞扬他的爱国之心，并保证不解雇他，要他继续工作；但提出一个条件，即以后当他向卜内门公司提供情报时，应先由范旭东指定公司中的高级职员虚拟业务动态材料，再经他送交。

范旭东非常爱自己的国家和民族，日军入侵后，他完全不肯合作，不畏风险地带领他的企业集团内迁到后方，重新建厂，并全力支持当时的国民政府抗战。

1933年春天，他去上海，一个熟悉的日本商人来看望他。席间说到"九·一八事件"只是"地方事件"，"无碍中日两国邦交"。范旭东十分愤怒，用日语驳斥说："你欺人太甚！你侮辱我的国家民族，你我势不两立，快给我滚出去！"

早在日军包围久大和永利之前，由于日军已经数次侵扰，负责经营和人事的李烛尘未雨绸缪，已经将永利的重要档案和技术资料，由塘沽转移到处在法租界的天津永利总部保存起来。"七七"卢沟桥事变爆发前夕，日本军舰已经开入天津塘沽港。当时李烛尘坐镇天津总部，范旭东则南下南京苦劝蒋介石抗战，却没有结果。大局既不可挽回，范旭东便抱着玉碎之心，电告李烛尘：拆迁设备，退出工厂，留津待命。

1937年秋，日本军部华北开发公司授意其下属的兴中公司夺取永利碱厂。由于永利碱厂在国际上负有盛名，日本人希望通过合法手续，"名正言顺"地得到永利的产权。兴中公司代表刀根曾几次"拜访"李烛尘，大谈"日中亲善"，企图与永利合作。李烛尘避而不谈。刀根又请三菱公司出面商谈，提出由三菱以民间财团的名义提供技术和资金进行，由两家合办永利。李烛尘用上了当初范旭东拒绝卜内门的相同理由：公司章程明文规定，必须是华籍人士才能入股。日方并未就此善罢甘休，又几次找到范旭东，要求把永利碱厂买下来。范旭东气愤之极，回答说："厂子我不卖，你要能拿走，就拿走好了。"

与此同时，永利碱厂过去的主要对手——英国的卜内门公司也派其华人董事孙仲立多次找到范旭东和李烛尘，建议把永利制碱厂改为中英合办。卜内门公司愿意用在日本银行的存款30万银元做抵押，作为合作的前期投股。范旭东、李烛尘不愿交出。

日本军部终于失去耐心。1937年12月9日，刀根拿着预先拟好的将碱厂交给兴中公司接办的协定文本，逼迫李烛尘在文本上签字。李烛尘忍无可忍，一改往日斯文儒雅风范，怒斥道："世界上哪有强盗抢了东西还要物主签字的道理！你们做强盗也太没有勇气了。"第二天，日军下令强行接管永利碱厂。刀根及日本兴中公司的人员进入厂内。范旭东在塘沽的产业全部落于日本人之手。

南京的永利硫酸厂同样没能逃脱被夺的命运。这个刚刚建成的工厂已经达到国际水准，能够生产制作武器所需的化工产品，可谓兵家必争。日本深知永利南京厂战时可以生产硝酸，于是一再要求合作。范旭东和永利曾发下誓言："宁肯为工厂开追悼会，坚决不与侵略者合作。"日本军部无奈，出动飞机 3 次轰炸永利。12 月，日军占领南京。日本三井公司将永利厂据为己有。

随着日军继续进逼上海，范旭东痛下决心，命令凡是可以搬动的机器材料、图样、模型都抢运西移。笨重巨大无法移动的设备，则将仪表拆走，其余设备拆下投入长江，并布置全部技术人员和老工人向内地转移。1938 年 1 月，永久黄的 1000 多名员工及家属从天津、南京、青岛、海州等地撤出，陆续到达汉口。范旭东在汉口主持团体领导人会议。在会上范旭东说：不要把这看成是一次逃难，而应该看成是一次创业。

范旭东决定内迁，意味着巨大的机械损失、严重匮乏的资金、辗转崎岖的道路交通，上千人的组织安顿。范旭东的选择，抛开了商人的身份——他是出于民族义愤，考虑更多的是民族感情而不是经济利益。

1938 年 9 月 18 日，也就是"九一八"纪念日当天，新的久大盐厂在自贡宣告成立。在重庆久大、永利联合办事处的墙上，挂着一张塘沽碱厂的照片，范旭东亲自在上面写了"燕云在望，以志不忘"八个字。他常常在照片前伫立，并对同事说："我们一定要打回去的。"

兄弟 范源濂比范旭东年长 7 岁。兄弟二人幼年丧父，家境贫寒，其母亲含辛茹苦将他们抚养大。范源濂聪明好学，在 13 岁那年就考中了秀才。白天，他在长沙岳麓书院攻读，晚上回来，不但要帮妈妈料理家务，而且要教弟弟识字念书。夜里兄弟俩同床而卧，到了寒冷的冬天，破屋漏风，被子单薄，哥哥便紧紧地把弟弟搂在怀里，用自己的身体温暖着弟弟，共同熬过漫漫的长夜。艰苦的磨炼，使得范家兄弟从小就养成了坚毅顽强、不屈不挠的性格。

光绪二十三年（1897 年），源濂考上了维新派办的时务学堂，在倡导变法维新的梁启超的指导下学习文学和时政，寻求救国的真理。范旭东也经常接触到哥哥从学堂里带回来的讲义和笔记，以及宣传变法维新的《湘报》、《湘学报》等报刊，有时还跟着哥哥一起去听讲演，贴传单，参加革命活动。可是，1898 年爆发的戊戌变法运动，很快就被清政府镇压下去了。维新派人士纷纷被捕，范源濂也成了清政府的追捕对象，只好逃往日本避难。范旭东也不得不离开母亲，到长沙北乡去投奔哥哥的好友吴镜蓉，在吴先生的指导下读书学画。两年以后，又一次革命风潮来临，范源濂得到消息，迫不及待地从日本回国，参加这一革命义举。可是，由于汉口的一个秘密组织被清政府破获，清政府开始在全国范围内搜捕革命党人。这年 8 月，范源濂只得再一次逃往日本，并且把弟弟也带往日本东京求学。他先是就读于东京大同学校，后转学到日本东南亚商业学校，复肄业于神户弘文学院高等速成师范科和日本法政大学。在哥哥的影响和鼓舞下，范旭东也于 1900 年入日本和歌山中学读书，1908 年，升入东京帝国大学，攻读应用化学。在日本期间，兄弟二人受到新民主革命思想的影响，与蔡锷、陈天华、黄兴等革命人士为友，立志以自己所学为挽救中国贡献自己的力量。

1904 年，范源濂回国出任北京京师大学堂正监督（即校长），后升任清廷学部参事。1909 年，他组织"尚志学会"，开办"尚志法政讲习所"，次年正式开办"尚志法政专门学校"，设立"尚志医院"，并翻译数十种国外法制名著出版发行。其后，范源濂任清华大学校长。民国临时政府成立后，范源濂在教育总长的位置上数度起起落落，但始终不改"教育救国"的初衷，首任民国政府教育总长，与蔡元培一道推行新学校体系，因不满袁世凯卖国求荣，愤然辞职；护国战争后，又任段祺瑞内阁教育总长，兼任黎元洪内务总长，制定、颁布大学章程，整顿民政礼俗，但囿于弊政无法开展，任职数月即辞职；1920 年出任靳云鹏内阁教育总长，着手汉文字改革，公布国语注音字母，并于 1922 年任北京高等师范学校校长。1924 年，首任北京师范大学校长。在"城头变幻大王旗"的年代，范源濂始终为我国教育事业默默耕耘，他曾书勉同仁："国运如此，如能人人以振兴中华为己任，勇往直前，只要一息尚存，矢志不移，中国必有复兴之日，凡我同志勉乎哉！"1927 年 12 月，范源濂猝发急病，英年早逝。

搭档　范旭东是企业的经营者，侯德榜是企业的技术领袖。范旭东比侯德榜大 7 岁，从 1921 年到 1945 年，共事 24 年，这两个人在事业上的合作向来被认为是珠联璧合。他分析说，两个人合作成功首先是因为两人大目标一致：振兴中国民族化学工业。侯德榜和范旭东都是留洋学生，在那个混乱的年代，他们对于技术的推崇、爱国心和抱负是一致的。

二人之间的感情交流是很淳朴的。范旭东非常佩服侯德榜的技术水平，侯德榜也曾经将自己在海外科学杂志上发表的文章送给范旭东作礼物。范旭东鼓励侯德榜写一本制碱的学术著作，打破制碱工艺讳莫如深的保守局面。1933 年，侯德榜的《纯碱制造》一书出版，轰动了全世界。他们之间很少有那种世俗的往还，很少互送东西。有一次，在武汉码头上船前往重庆的时候，张定国的父亲不小心把两皮箱的日记、资料遗失到江中，范旭东的第一反应是要跳进江中打捞，是侯德榜死命拉住了他。1939 年，范旭东的两个女儿去美国留学，一路上就是侯德榜护送的。这两个人都没有太大的物欲，范旭东除了喜欢每天喝老母鸡汤和牛奶，生活并不奢侈。侯德榜在生活方面更是叫人放心。据他的秘书回忆，他在上海工作的时候常常午餐就是一碗阳春面。他去美国纽约购买仪器的时候，为了给公司省钱，连公共汽车都不坐，每天步行，回来的时候，张张票据都非常清楚。

范旭东和侯德榜虽然合作好、交情好，但是性格却截然不同。侯德榜完全是一个朴实的知识分子形象："他那个时候已经很苍老，个子不太高、内向、不太爱说话，一到工厂马上就换工作服，像个老工人一样。"相比之下，范旭东的脾气非常直率、相对火爆，容易发脾气、容易得罪人，也容易交朋友。范果恒曾经回忆说，有朋友来家里坐，如果抽烟的话，范旭东会径直站起来把窗户打开，也不管客人作何感想。文革时候，侯德榜是靠边站的，侯德榜几次要求不拿工资，免费出来搞科研，但是"四人帮"不同意。他最后是郁郁不得志而死。如果换了范旭东，他恐怕忍不下来。范旭东除了事业，没有任何业余爱好，侯德榜则喜欢听听音乐。另外，范旭东衣冠楚楚，每天早上出门的时候还习惯喷一点进口香水，这样讲究的生活习惯也是侯德榜所没有的。

有一件事情非常能够说明两人之间的差异。当侯德榜的制碱法处于研发阶段的时候，英商卜内门公司的驻华代表李特立来找范旭东，要求合作。这个公司掌握了世界上大部分的碱销售市场，看到永利公司在发展中所表现出的能量，也很担心自己在中国的处境。对于李特立的要求，侯德榜和范旭东反应不一样。范旭东当场就骂走了李特立，而侯德榜则委婉地说，不妨跟他们接触一下。

范旭东在 1945 年 10 月 4 日下午 3 点去世。资料中记载，他的事业伙伴侯德榜的反应是"悲恸三日，足不出户"。范旭东去世的消息，也是侯德榜打电话通知范果恒的。所以范果恒对侯德榜的感情一直比较深，新中国成立以后，她还常和丈夫去北京探望侯德榜。侯德榜和范家也是不通信的，只不过有时侯德榜来上海出差，顺便看看范夫人。

范旭东追悼会之后，永利首席协理、天津和南京两处分厂厂长侯德榜恳辞总经理的职位，后因为民心所向履职。1948 年，永利公司董事会决定，将永利公司的所有资产平均分作 11 份，其中一份的五分之一赠送给范氏遗孀作为抚恤金，这些股息能够保障范氏后人生活无忧。

师友　　在湖南，由进步青年组成的"南学会"举办了"时务学堂"，鼓吹变法维新。当时范旭东的哥哥范源濂投考入学，恰巧执教老师为梁启超。梁启超在讲学中，广泛介绍西学，极力鼓吹新政，对封建王朝予以揭露和抨击，从而把学堂办成了当时极负盛名的一所学校。范源濂在学堂半工半读，以节余下的钱供范旭东求学，并时常带回进步书刊供范旭东阅读。受哥哥影响，少年范旭东也成为"梁粉"。"敌无日不可来，国无日不可亡。数年之后，乡井不知为谁氏之藩，眷属不知为谁氏之奴，魂魄不知为谁氏之鬼？"梁先生的这些话语，深深打动范旭东的心，对他的思想产生很大影响，为他日后图强报国奠定了思想基础。1898 年戊戌变法在慈禧的疯狂镇压下失败了。积极参与戊戌变法的梁启超逃往日本，祸及范源濂，范源濂为躲追捕，被迫东渡日本留学。1900年范源濂潜回长沙进行革命活动，再次遭到追捕，无奈他再次逃往日本。这次范源濂带走了弟弟范旭东。他害怕弟弟受到牵连。在日本，范旭东与梁启超接触的机会更多了，受他进步思想的影响更大了。范旭东到日本先考入和歌山中学，后又考入京都帝国大学化学系。他在求学之余，编译了一些爱国小说，如《经国美谈》、《佳人奇遇》等，刊载于梁启超在横滨主编出版的《清议报》上。

在日本主编《清议报》、《新民丛报》的梁启超，对这位来自湖南的年轻朋友自然是爱护备至，除在思想上、写作上不断帮助他提高，生活上也经常给以关照。范旭东常说："梁先生以写稿所得润资，来接济我学费。"

回国后范旭东也要搞实业救国。他把自己的志向对哥哥说："我要办化学工业，救国！"已经做了民国政府教育次长的范源濂非常清楚弟弟的心，他认真思索，认为时机尚欠成熟，劝范旭东道："还是等待时机吧！"

1912年10月，范旭东心中仰慕的戊戌变法的英雄梁启超从日本回国了，范旭东迫不及待地又将心声向这位年长自己10岁的师长道出："我要办化学工业，救国！"此后，在天津意租界梁启超的住所，经常能看到范旭东的身影。他每次来这里，都是穿着笔挺的西装，手里拿着一个黑色提包。当他轻轻叩开大门后，主人礼貌地将他请入。在室内，这对忘年之交的朋友便毫不拘束地畅谈起来。他们谈政治、谈时局、更多的则是谈论"工业救国"的梦想。

梁启超对范旭东抱有极大的热情，范旭东也给予梁启超力所能及的支持和帮助。其中很有意义的一件事发生在1915年，梁启超为反对袁世凯称帝，所著震惊中外的《异哉所谓国体问题者》檄文，就是由范旭东冒着风险从直隶省送到上海发表的。

当范旭东孑然一身来到荒凉的塘沽海边，立下以创办精盐厂为开端、兴办中国化学工业的决心。他得到了他的师友梁启超的大力支持。梁启超带了头，张謇、蔡锷等名流也纷纷集资，共计5万银元，于1914年创立了久大精盐公司，掀开了中国制盐工业史上新的一页。梁启超虽然已担当国民政府司法总长要职，公务繁忙，但对办精盐厂还是倾注了很多心血。每次见到范旭东到来，梁启超都显得非常兴奋。40 岁的人了，一面听范旭东汇报，一面扳起手指计算集股金额，算不过来了，就拿纸拿笔算。

久大精盐厂一举获得成功，1916 年第一批白花花的国产精盐运往天津销售，受到市民欢迎。这宣告中国人以粗盐为食的时代行讲结束，但是在销售上却遭到了旧盐商的阻挠。这一关头，又是梁启超出面支持了范旭东。1917 年梁启超出任北洋政府的财政总长和盐务署督办，在他的支持下，久大精盐公司的盐除被允许在扬子江一带 5 个口岸出售外，还将销售区域扩大到淮南。

之后，范旭东又陆续创办了塘沽永利碱厂、"黄海化学工业研究社"和南京硫酸铔厂等，成为我国化学工业的先驱。1945 年范旭东病逝于重庆时，毛泽东主席亲自为其题写了"工业先导，功在中华"的挽幛。人们怀念这位工业斗士，也自然会想到他的启蒙老师梁启超先生。

轶事 在日本时，范旭东看到外国列强是靠着坚船利炮杀进中国的，于是他也企图掌握军火制造技术，就偷偷地独居千叶海滨某处，秘密学造炸药。不料事情被当时他所在的冈山高等学堂校长发现了，那校长轻蔑的跟他说："俟君学成，中国早亡矣！"这一事情强烈地刺激了范旭东的救国心。

1913 年，从日本留学回国的范旭东，在塘沽兴办久大精盐公司。而当时的黎元洪任中华民国的副总统。他的家乡北塘渔村离塘沽仅 20 余里地。当时范旭东建久大需要招股集资时，黎元洪、梁启超、冯玉祥等人纷纷入股，成为久大的股东。使范旭东很快筹到了 5 万银元，于 1916 年生产出了第一批国产精盐在天津销售。随着生产精盐的成功，久大又生产出碳酸镁、牙粉等副产品，黎元洪用了久大生产的牙粉后，当即挥毫题写"齿颊甘凉"4个大字。范旭东将这4个大字制成牌匾，在工业展览会上连同产品一起展出，成为展览会的一大亮点。黎元洪还到久大参观访问，对久大的经营和工人的福利大加赞许。在参观工人食堂时，他高兴地说："工人吃的馒头很白，和我吃的一样。"

1925年，奉系军阀驻天津司令李景林以筹军饷为名绑架范旭东，强索20万银元。范旭东当即严词拒绝，说自己不是财神，不能应命。就这样一个非借不可，一个硬不买账，相持不下。李景林恼羞成怒，竟下令扣留范旭东。此刻，已经下野的黎元洪闻之后当即找李景林算账。范旭东后来回忆这段往事的时候说："黎元洪听到我被绑架的消息后，大发雷霆，亲自去看我，当众把他们狠狠教训了一顿。他们面面相觑，只好放我出来。"

周作民：民国金融诡才加奇才

传略　周作民（1884—1955），江苏淮安人。原名维新。民国著名银行家，金城银行创办人。

幼年在其父所设的学馆读书，1902年赴粤，入广东公学就读，1906年考取官费赴日留学，1908年因官费中断辍学回国，任南京法政学堂翻译。辛亥革命后，任南京临时政府财政部库藏司科长。1913年任中华民国临时政府财政部库藏司司长。1915年辞职，到交通银行总行任稽核课主任，不久兼任芜湖分行经理，1917年4月创办金城银行，任总经理，他利用北方政治势力以及他与经济、金融界的广泛联系，业务迅速发展，在华北获得了与中国、交通、盐业三银行并列的地位。此后一直以该银行为事业的基础，逐渐成为金融巨子。金城银行1934年和1936年的存款分别达1.4亿元和1.8亿元，超过上海商业储蓄银行，曾为全国私营银行之首。周作民在经营方针上，模仿日本三井、三菱，以

周作民

银行为核心，控制一些工矿、交通和贸易企业。抗日战争爆发后，被任命为国民党军事委员会农产调整委员会主任委员。战后，周作民在上海由于政治原因一度遭软禁，被迫辞去金城银行董事长职务，并于1948年10月8日蒋经国在上海推行金圆券币制改革时，出走香港。

1951年6月，在中国共产党的政策感召下，周由香港回到北京，受到周恩来总理的接见，并被特邀为中国人民政治协商会议全国委员会委员。1951年9月，任"北五行"公私合营总管理处董事长，1952年12月，出任公私合营银行联合董事会副董事长。在私营金融业的企业改造中，带动其他同业，发挥了积极的作用。1955年3月8日，因心脏病猝发，在上海逝世。

清苦　周作民小时候，家中四壁如洗。家父是前清举人，性格倔强，因看不惯官场龌龊而不入仕途，在乡里开馆教学。周作民幼年随父亲学习古文。有一天，父亲给他讲《论语》。周作民凡事都要寻根问底，待父亲讲完后，他便问道："爸爸，这本书是谁写的？"在座的孩子都望着先生，周先生看了看孩子们说："孔子的弟子们将孔子言论收集起来编成了这本书，取名为《论语》。此书乃孔子思想之精华，望你们逐字逐句弄清楚，背熟。日后定能派上大用场。"周作民眨着大眼睛，又问："爸爸，您能给我们讲讲孔子的故事吗？"周先生将书合上，低声细语地讲起来："孔子名丘，字仲尼，鲁国陬邑人，也就是今山东曲阜。他生于周灵王二十一年，卒于周敬王四十一年，终年七十三岁。"这时，周作民悄悄为父亲斟满一杯水，放在父亲面前。周先生拿起杯子饮了一口，继续他的讲授。他讲了孔子的经历，也讲了孔子的弟子们大多也都不是贵族出身，但是依然勤奋好学。

"你们多数都是贫民出身，希望你们能像孔子及他的弟子们那样，刻苦学习，长大一定有出头露面的那一天的。人只要有决心，肯吃苦，有坚韧不拔的毅力，什么难事都能做成。功到自然成，铁棒磨成针嘛！希望在你们中间也能出现像孔子那样的流芳百世者。让子孙后代以你为楷模，世世代代都认识你的名字！"

在孩子们的心目中，首次有了学习的榜样。周作民眼睛发直，默默在幼小的心中下了决心，一定要让自己的名字流芳百世！后来，由于周作民勤奋学习，天资聪慧，父亲又送他去学馆聆教。不久，他便成了远近闻名的学子。后来听说大城市开始实行新学，他便向父亲提出新的要求："爸爸，儿欲南去羊城就读。听说那里有许多非常有名望的老师，学识渊博。"父亲长叹一声说："父亲何尝不望儿成龙呢？只是眼下家中一贫如洗，哪里有钱送你去外地求学。父亲虽有此想法，只是川资无着落呀！"

后来，乡中有一个叫王仲书的人，与周父交情甚厚，听说此事，觉得周作民是一个可造之材，以后定是国家的栋梁，遂慷慨解囊相助。那是周作民永远也忘不了的日子，当时他不知道是忧、是喜、是高兴、是惭愧。他好像背负着一个千斤重的大包袱，不知如何去偿还，如何诉说心里的一切。他只有默默地背负着多年教诲和养育他成长的父母对他寄以的无限希望，背负着乡亲父老们对他的期望，登上了去羊城的火车。

恩师　使周作民得以发展的有一个人，那就是他的恩师罗振玉。周作民十五岁入无锡东文学堂时有幸遇到罗振玉教诲。三年后，东文学堂因故停办，罗振玉老先生应广东公学之聘赴粤任教。他刚到羊城，未顾安家，便修书召周作民前去就学。罗振玉对周作民除悉心教导而外，还为他支付学费，安排他誊写讲义等事，得些报酬，作食宿书籍等费用。直到周作民23岁那年考取广东官费赴日留学，还得力于罗老先生奔走呼号，四处求情，周作民才得以成行。因周作民本籍江苏，对广东来说便是外省人，一经审核，便理所当然地被取消赴日资格。罗老先生夜以继日地一路找去，一直找到当时的广东桌台兼留日主考官，说："周作民是我的学生。此人品学兼优，人才难得，将来必是国之栋梁。我以人格担保，周作民定能学成归国，为民族振兴效力！"考官看罗老先生德高望重，从无虚言，便应允下来。罗老先生竭尽全力地教导栽培资助扶持周作民长达八年之久，他对周作民恩重如山，周作民没齿难以忘怀！日后，周作民日日鞭策自己，不负恩师厚爱厚望，时刻想着为民族振兴为国家昌盛竭尽绵薄！

念旧　　周作民的一大长处是念旧。凡对他有所帮助的人，他都记着。他留日的最后一年，手头紧张，又不便再向家里张口，于是准备辍学回国。他偶然与同学潘丹仲说起，潘家很有钱，问他缺多少，他说有三百元即可，潘便如数送与。两人回国后，各干各的事。后来周事业发达，便请潘来金城银行当文书科长，高薪厚禄，事情不多，并由庶务科给潘买好出租汽车公司的车票，可随时使用，等于给潘提供了一辆汽车。后来潘的女婿、侄女婿等亲戚也都来金城银行上班。《老残游记》作者刘鹗的儿子刘大绅也是周留日时期的同学，回国以后一直教书。看到周作民的银行蒸蒸日上，刘不免心生妒忌。一次聚餐时刘借着酒劲冲周说：你周作民有什么了不起，留学时期连一条西装裤还是向我借的呢。周不予计较，事后对刘说："我们是老朋友，无人时你打我几下也无妨，独当生人前揭底，使人太难堪了。"刘并未就此罢了，后来走投无路，又来找周，想到金城银行工作。周说：我们是老友，无所不可，为了对银行有个交代，最好请老师写一个推荐信。所谓老师，是指当年的留学生监督、后来成了刘的岳父的罗振玉。刘便去请罗写信。罗沉思片刻说："你们是旧交，为什么要我写信，你大概痛痛地得罪他了。"罗便写了一封极简短的信，并告诫刘以后当注意。

谨慎　　1925 年，黄郛组阁时，周作民正在外出办事的归途中。他对黄郛任命他为财政总长的事一无所知。他和黄郛在日本时认识并结下了深厚友谊。黄郛长他三岁，1905 年入同盟会，1907 年与蒋介石结识，与陈其美、蒋介石是盟兄弟。周作民回国那天，黄郛转入日本陆军测量局地形科学习。出任沪军都督府参谋长兼沪军第二师师长时，蒋介石是他属下团长。曾参与策划护国反袁军事。1923 年后先后出任外交总长和教育总长。黄郛与周作民先后迁居北京。周家住西城绒线胡同西口，黄家住宣武门内大街糖坊胡同，相距咫尺，来往愈加密切。

这时，周作民家里，夫人何如珍盼星星盼月亮地盼望丈夫归来。整个上午电话铃声不断，她已觉招架不住。周夫人拿起当天的报纸，醒目的一行字使他愣住了："财政总长周作民。"周夫人完全明白了，是那报纸上的几个字使她家的电话不断。

"叮铃铃……"门铃大作。

夫人忙去开门，来了一个陌生人，自我介绍说是黄郛总理秘书。秘书奉黄郛总理之命接周财长，让周财长马上去。周夫人抱歉地说："哪里有人去得成，我也等他呢。"

秘书听不明白，正待详问，周作民突然出现在他们面前。秘书见周作民推门进来，不胜欢喜。因周作民和黄郛常来常往，他和周作民早就很熟。未待说话，他不由分说地把周作民请上了汽车。还一个劲儿说他们正等您呢，大家的时间都极宝贵等等。

汽车刹住，周作民才发现到了财政部大院。车门开处，早有数人躬身侍候。下得车来，他愈发疑惑惊奇：财政次长统领着司长、处长、科长等财政部大大小小官员，恭候元首检阅一般地列队两旁，说是欢迎新财长赴任。周作民懵懵懂懂如坠五里雾中，问那黄郛秘书：

"不是黄总理召见我吗？为何把我弄到这里来？"

"您被任命为财政总长而且发表见报，您不知道？"

那秘书不解地看着他，见他神色有异，忙说：

"我以为黄总理跟您通过电话说好了呢。他只让我把您送到这……"

周作民哭笑不得，把那秘书拉到一边，指着欢迎队伍对他说："劳驾您转告他们，作民改日拜访。"

说罢，眼皮都不抬一下便扬长而去，边上汽车边给司机指令："送我回家！"

这回轮到秘书发懵：有人说，自他丢掉库藏司长职务之日起就奋发拼搏和攒资本，希冀有朝一日出掌财政。可熬了十年后的今天，财部第一把交椅果真带着微笑欢迎他前往就座时，他却眼皮儿都不抬一下便扬长而去……到底为什么？

这其中的奥秘只是周作民知道。"这财长不是我没有本事当，也不是我不够资格当，而是时候不对。我当财长时机尚未成熟。"他老谋深算而且信心十足。他创办金城银行获得两条宝贵经验：一、时机特别重要；二、头炮打响特别重要。创办金城所以成功，就因为时机特好，正值第一次世界大战，一直掠夺中国经济的西洋人无暇东顾，民族工商业发展很快，给金融业发展提供了最好条件；金城所以发展迅速，就因为头炮打得响，赢来了信誉，奠定了基础。

周作民知道，南方革命力量发展迅速，北方军阀势力依然强大，政局动荡不安且愈演愈烈。在这种形势下黄郛的内阁无法长命，加之财政困难重重，神仙下凡也乏术扭转其局面。

"头炮无法打响，那官儿有何当头？"他想着心里一笑。"别说财长，总理我也不当。……"

在上海交通银行俱乐部里举行的茶会上，周作民夫妇没有舞兴，一曲未了便觉心烦，退下闲聊。这时，一个不相识的人走近递过一只极小的信封。

"给周总经理的，回家再让他看。"周夫人接过小信封，想问什么，那人却不见了。

回到家里，周作民把小信封打开，里边只十余字："母忧儿在外漂泊染疾，盼速归。"

"我以为什么大事儿呢，神秘兮兮的。"周作民不悦地取过火柴把那纸条连小信封付之一炬。

"那……"周夫人盯着化为灰烬的纸条，"那是啥意思？"

"一纸故作神秘的密令，'母'是政府代号，'儿'是我的代号，说是我在沦陷区有危险，令我撤到大后方。"

"那该如何是好？"

"理它做什么？"他恼火地说。"去重庆，哼，我没有疯，政府里我立锥之地都没有。1937 年秋天，日军步步逼近，形势一日坏似一日，政府做什么事都不灵了，才想起我周作民，要我出任军委会的农产调整委员会主任委员。国难当头，我没说的，干了。遴选人员，筹集资金，组织机构……仨月下来一切就绪了，我的任命才发表见报，可不到两个月，他们两片嘴皮儿一碰：'农产委员会撤销。'只此一言，我半年宵衣旰食的辛劳统统作废，成果化为乌有，心血付诸东流……现在不知道他们哪根筋出了毛病，又想拿我找乐……"

周作民心想：金城才是我的基业！我基业的十分之九在沦陷区。离开十分之九的基业我周作民还有什么用？还能干什么？现在局势表明，日军力量很强大，三年二年不会垮台，我必须设法在这种环境中维持和扩展已有基业。从个人安危角度看，留在沦陷区不如去大后方保险。两个选择，两种前途，一个是保险而无为，一个是冒险可以做事，我只有选择后者！

1942 年 5 月 1 日，周作民吃过早饭匆匆登车，正要离去，夫人追出来说有电话找他。

"谁来的？""没报姓名，只说是你老朋友。"

"自称老朋友的才难缠呢。"他咕哝着问，"中国人还是日本人？"

他已拿定主意：要是日本人便让夫人回话说他坐车走了。因为昨天下午清水董三来过电话，跟他套近乎说他俩是老朋友，要登门拜访等等，他推说安排了重要会议要马上前去主持才搪塞过去。可清水董三留了话：另约时间。清水董三名义上是外交官，实际是日本驻上海的特务头子。他上门何异于黄鼠狼给鸡拜年？

"听口音是中国人，说话很客气。"夫人回答。他回屋抄起话筒：

"我是周作民……啊，公博兄呀，您几时到沪的？……昨晚刚到，兆铭先生也来了。那太好了，请转告我对他的问候……在沪逗留两三天，住愚园路王伯群府上……好，我马上来。"夫人忧郁地问："汪精卫、陈公博一块来找你？……我妇道人家不懂什么，可我怕……怕跟他们来往将来说不清。老百姓反日本反得这么凶，他们长得了吗？你……"

"这种时候不敷衍他们哪行？唉，难呐……"周作民握着右拳往左掌上一击，"俗话说'是福不是祸，是祸躲不过'。见了他们再说吧。你不必太担心，凭我与公博的交情，谅他不会太为难我，何况我跟汪精卫也有几面之交呢……对了，快把那治心绞痛的西药丸给我找来，我随身带着。"

见了他们，周作民想尽办法与他们周旋。在这种情况下他不能与陈公博说真话。他自信已把汪精卫、陈公博、周佛海三巨头一块找他谈话的原因猜到了八九分。"大概以为我在香港被侵略军吓住了，会就范了……"想起香港他怒火中烧，忘不了那奇耻大辱：

1941年12月8日，日寇制造珍珠港事件的同时空袭了香港。那天入夜，正在香港视察行务的周作民从权当防空工事的地下室爬出来，和他的好友何廉、徐国懋在干德道的一个院子里透气。忽听飞机引擎声响，他以为日机又来轰炸，疾呼防空。何廉告诉他休慌，当空一指说："重庆派来的飞机，接大人物的。"

飞机远去，三人相对无语。良久，徐国懋提议找有关人士探听重庆方面的消息。何廉率先入室打电话。未几，消息探得：只有重庆方面列上名单的人士方能登机离港。

"还不是谁官大谁逃生！"周作民愤愤不平地慨叹。"官是不能不做的，而且得往大里做。"

日本飞机仍然轰炸。重庆飞机没有再来，周作民只有与闷酒为伍。

闷酒，喝到第十八天，香港政府在告罗土打饭店楼上扯起白旗，宣告对日投降。

周作民被日本宪兵拘禁！押进九龙半岛酒店，押进香港大酒店……一直押到 1942 年 4 月 15 日，又押上飞机，押到广州，押到台北，押回上海。

回到上海，说是自由了。可他失去的自由比被拘押时还多，天天有人找上门来！日本人、蒋政权人、汪政权人，黄金荣、杜月笙的人……方方面面的形形色色的人。那些人脸皮特厚，软磨硬泡，威胁利诱，无所不用其极，避之不开，挥之不去，来头一个比一个凶，官衔一个比一个大……直至今日汪精卫、陈公博、周佛海三巨头一齐上阵。

周作民说着说着，表情陡然一变，痛苦不堪地捂住胸口左侧心脏处："啊唷，啊唷……"

"你……你怎么了？"陈公博惊慌地盯着他问。

周作民吃力地指着挂在衣帽钩上的皮包："那……有……药，快……快给我拿……拿来，心……绞痛得不行……"话未说完已躺倒在沙发上。

汪精卫、陈公博、周佛海他们看着救护车把周作民送进医院后，多次派人询查医护人员。回答结果完全相同：周疾有三——喉疾、牙痛、心脏病。三种疾病以喉疾和心脏病两种为甚，第二种虽然较轻，却如俗语所说"牙痛不算病，一旦犯了要人命"。

从此，汪精卫他们再也不提请周作民出任经济委员会主任委员一类话茬。从此，周作民有了挡箭牌，挡开了日伪政权企图委任他的一切职务，诸如商统会理事长、商统会监事、米业统制委员会理事长等等。

那"挡箭牌"从周作民被从香港押回上海之日起便开始设计营造，帮他精心"施工"的是他的医务界的三位朋友，这三位医生当时在上海都小有名气。几年后，周作民真的患病，他们便成了他的保健医生。

1948 年，周作民总觉心不踏实：蒋介石暂不找麻烦了，可是今天不找不等于明天不找呀……国共双方战事不断，鹿死谁手尚难预料……这个政府愈来愈让人无法依靠……不管结局如何，上海总是是非之地……走吧，三十六计走为上！

1948 年 10 月 8 日清晨，一辆黑色美式小卧车风驰电掣地驶向机场。每临近一道岗哨，坐在司机旁边的高鼻子红头发副经理卫乐尔就把脑袋伸出车窗高举证件摇晃着。卧车一直开到飞机舷梯旁。卫乐尔第一个下车打开后排车门。

风衣领子竖起老高帽沿压得很低的周作民迈下卧车蹬上舷梯，须臾消失在机舱门内。

机舱里，卫乐尔拍拍周作民肩膀，指着自己的大鼻尖儿，操着生硬的中国话说：

"我够不够朋友……"周作民连连点头，但心里苦不堪言：六年半以前，日寇用飞机把他从香港押回上海；今天，美国人神神秘秘地护送他从上海飞往香港。在自己国土上总让外国人摆布，无论如何也找不着高兴的感觉。

交锋　　周学熙与周作民有两次交锋。民国初年，周作民完成学业回到祖国。当时临时政府刚刚成立，他被任命为南京临时政府财政部首任库藏司科长。不久，南京临时政府北迁北京，南京临时政府财政部也来到北京。

一天，新任财政总长周学熙宣布正式铨叙人员名单。周作民的名字排到最末一伙，任命为"主事"。周作民以为耳朵出了毛病听错了，散会时特意到人事部查对，一点儿没错，在周作民名下的职务栏里清楚地写着"主事"二字。

周作民顿时失去了理智：这不是歧视从南京临时政府北来的人吗？岂有此理！共和国政体刚刚成立，周学熙就来这一手。这绝不是我周作民一人的私事，它的实质是压制革命工作者……

思前想后，他想与周学熙说说明白！可是又一想，中国有句名言：官大一品压死人。何况这何止一品？怎么能说清楚呢？最后，他果断地决定辞职，以示对任命不公的抗议。

次日，周学熙收到了周作民的辞职呈文。

呈文洋洋数千言，通篇说理抗争，无一阿谀之词。面对辞职呈文，周学熙非常为难！批个"不准"吧，等于承认他那数千言的数落。这可是义正词严、毫不留情面的呵斥啊。周作民还是个乳臭未干的小青年哩。一个泱泱大国的财政总长怎么可以……他再也想不下去了。他极力想找个台阶下，可怎么也找不到，只得丢尽脸面，还要给周作民升官。给周作民升官儿就等于公开向他认错，事后他便更加狂妄了啊。批个"准"字吧，就等于承认了铨叙不公。一个周作民不足畏，棘手的是他代表着一帮人。这就容易让政敌抓到把柄……唉，政敌政敌，要没有政敌多好！想到政敌，周学熙不寒而栗。他的反对派数量不少，而且强劲有力。像铨叙不公之类的错儿让反对派们逮住，财长的交椅恐怕不出旬日就要易主。

周学熙不曾想到，宦海沉浮久历沙场的他竟被羽毛未丰的小青年来了个下马威。无奈之下，只好求助他的两位心腹。平日里他们称兄道弟，无话不说，他夺得财长之位也全仰仗着这两位运营筹划。他的一个心腹开门见山地说："不跟这等小人物一般见识。他不是要官当吗，给他当就是了。在南京是科长，到北京还让他当科长，甚至给他个司长也无所谓。不在乎个把位置，但必须在乎影响。要着眼于政治，那玩意儿价值难以估量。"

周学熙何尝不这样想？给周作民升官于他有失脸面，但批准周作民辞职可能危及他的前程。两者相比孰轻孰重他比谁都明白。两弊当前取其轻之道理他幼年就懂。可此时此刻他已有江郎才尽之感，只好仰仗这两个智囊了，把智囊的聪明才智发挥到最大限度之术。

周学熙加重语气强调说：

"让周作民当科长当司长得师出有名，不能说我们首次铨叙就错了，要让众人认为我们铨叙是正确的、公道的！"

两个心腹异口同声说：

"这好办，就说是人事部业务量大，一时疏忽……"

"财长放心，这事交给我们办吧。人事部门由我出面疏通。花三百块钱足矣，由司长特别费里开支。让人事部门写个呈文，说初次铨叙工作量大，把周作民弄错了。财长您呢，并不认识周作民，也扯不上失察。"

第三天，周作民被委任为科长。接受任命的同时还接受有关部门的致歉，说他们一时马虎，使他受了委屈，遭了冷遇，等等。

事过不久，财政总长由熊希龄担任。周作民大显身手，深得总长赏识，于是任命他为财政部库藏司长。年纪轻轻能得此职位，可以说是官运亨通了。

不料，周作民在财政部库藏司长任上刚干了两年，风云突变，财政总长易人，赏识他的熊希龄下台，信他不过的周学熙再次上台。

刚听到消息，周作民有些忧伤。静心仔细一想，觉得不必过虑。周学熙重任财长虽然不如熊希龄对他有利，但不至于丢掉饭碗。他出任库藏司长成绩斐然，其建树有目共睹，财部同仁一致公认。周学熙是有脑子的人，不可能上台伊始就把他撤换，撤换他对周学熙不见得有好处。

周作民做事一向雷厉风行，他立即写信给他的同乡、直隶省东光县知事王其康。王其康是周学熙和他的共同朋友。对王其康，周学熙几乎无话不说。所以，周作民先托王其康去周学熙处探探口风。周作民估计，周学熙即便心存芥蒂，在表面也会卖个人情。要是那样，便可过一阵再说，待到找着更好发展自己的去处，而周学熙又依然不离其位，再辞职不迟。

周作民把希望寄托在王其康身上，耐心等待着王其康的回音。不料，一连五六天没有消息，而且连他的影子都见不着了。这些天，周学熙挨个约见次长和司长，唯独不找他周作民。

有一天，周作民在走廊里隐约听到秘书们议论，说新任总长等着周作民去找他。周作民闻听不由一惊，他仔细揣摩，觉得这议论好像是有人授意精心安排的，示意他主动找周学熙低三下四地求情。

周作民预感情况不妙，连夜找王其康，仍然不见他的影子。此时，王其康避而不见，周作民完全明白其中的因由了。思忖良久，他展纸奋笔疾书起来。

几个时辰后，周学熙案头上多了一只牛皮纸信封。周学颐刚把信笺展开，便惊呆了。原来这是周作民的辞呈。

周作民递上辞呈便离开了财政部。一路仔细酝酿，他走进了交通银行会客厅。总经理热情地接待了他。他直截了当地说出来访意图，把向周学熙送去辞呈的缘由讲述了一遍。

总经理叫梁士诒，过去与周学熙见过面，但没有什么交情。只见梁总经理慢悠悠地说：

"本行正缺稽核主任，你如愿意屈就，明天就到职吧。"

周作民感激地向他的新上司深深鞠了一躬，说：

"谢谢您了，梁总经理！"

此时，梁士诒微笑着说：

"不必多礼。你我过往虽然不多，但你的品格、才华、学识、能力我早有耳闻，银行界的同仁们对你评价极高。咱国家的银行业刚刚兴起，亟须有新思想、新观念的人才，我们早就打算聘请你来我行稽核，只是一怕屈了你的才，二怕财政部不放，还会说我们挖它的墙脚而影响本行与财政部的产系，所以未敢启齿。尽心竭力地干吧，在交通银行，会有你施展才华的机会。"

周作民满怀感激地起身告辞。那天夜里，他失眠了，因为想事而失眠。他想到：

"应该认真回顾从日本留学回国后，特别是到财政部任职以来的经历，从中找出有用的经验教训。"

"千重要万重要，人际关系最重要，只有把处好人际关系当做第一关键，才符合中国的国情，才有可能成就事业，有所作为。"

从此，周作民便把融洽人际关系视为建功立业的命脉，坚信良好的人际关系能够左右逢源，能够呼风唤雨。于是他开始花费大量时间精力和金钱财富创造和改善人文环境。

婚姻　周作民的妻子为同乡富户何家的三小姐。周作民年轻时，颇受何小姐父亲的激赏，何父决意把女儿许给周。何小姐起初不肯，后勉强同意。但就在何家招赘的当晚，贺客云集，傧相送新郎入洞房的当口，何小姐又不干了，干脆把房门关上，不让新郎进来。后何家请何小姐一向敬重的一位长者出面做工作，盛称周的才干，非池中之物，日后必成大器云云，一通乱说，何小姐终被说动，开门迎亲。周作民从此落了个"惧内"的名声。1936年5月，金城银行广州分行开业时，周作民从上海赶去主持开幕仪式，晚上大宴宾客，席间罗文干笑称：我在银行界有两个好朋友，一张公权，一即周作民，不过两人共患一种病。众问何病。罗答：怕老婆。满座哄笑，周则张开五指发誓：谁怕老婆，谁就是王八。

轶事　在一次国宴上，周恩来总理特意走过来给坐在人民银行行长南汉宸身边的周作民敬酒，风趣地说：

"很早就听说我有一位出色的淮安同乡银行家极富海量，可惜总没有机会一块畅饮，今日有幸相见，先来三杯然后叙话如何？"

周恩来极有风度地做了个手势，在离去的一刹那间十分自然地向周作民迈近一步，靠在他耳边悄然说道：

"这酒不好喝哟，还望别怪小弟勉强了您。"

声音亲切，真诚。这种来自大人物的不含杂质的亲切和真诚，周作民第一次遇到。他生平和很多大人物打过交道，众多人物对他亲切对他真诚之最高水平也未超出友人交往之情谊。只有周恩来的亲切真诚是确实为国为民，不掺杂私心，可以信赖的。

那天，周作民的酒喝得很痛快！从不知醉为何物的他醉得酣畅，回到家里便很快进入梦乡。

刘国钧：日日行，不怕千里万里；常常做，不怕千事万事

传略　刘国钧（1887—1978），生于江苏省靖江县生祠镇。早在二十世纪三十年代初，就以一个成熟的企业家的身份，登上了中国民族工业的历史舞台。以后，他在这个大舞台上有声有色地编演了纺织印染工业光彩耀日的场景，令世人瞩目，被誉为中国现代杰出的实业家，著名的爱国民族工商业者。

1901年，15岁随同邻居到常州西门外奔牛镇刘吉升京货店学徒。1908年，与17岁的同乡鞠秀女士结婚。1909年，在奔牛镇与人合开和丰京货店。1915年，抓住机会，投资一万元与蒋盘发、刘宝森等人合资，在常州建立有100台木机的大轮机器织布厂。1918年春，收回大纶投资，独资创办了广益布厂，开工不到一年就盈利3000余元，此后也年年获利。1922年，又建了广益二厂，成为当时常州最大的布厂。1927到1930年间，为适应

刘国钧

市场需要，将广益厂、广益二厂合并，又与沪、常友人集股，接盘大纶久记纺织厂，改名大成纺织印染股份有限公司。1933年春，将独资经办的广益布厂并入大成纺织印染股份有限公司，定名为大成二厂。1934年春，重金聘请日本割绒工人来华传授割绒和磨刀技术。两三年间，开创了中国民族纺织工业中最早生产丝绒、灯芯绒成功的先例。1937年9月，大成二厂毁于日机轰炸，他为半生心血横遭战祸而潸然泪下。大成公司员工分散在汉口、上海、常州三处惨淡经营。

　　1945年8月，日本无条件投降的消息传来，他欣喜若狂，并随即赶回上海，迅速筹集大成复厂需要的物资，使常州三个厂在短期内恢复了生产。经过两年的努力，库存原棉、机物料、成品、流动资金均超过战前水平。1948年，刘国钧彷徨苦甚，忧心如焚，怆然赴港。1950年春，毅然将香港东南纺织有限公司交给汉堃、汉栋，偕夫人回到内地，随即去北京会晤黄炎培，受到中央领导同志的亲切接见。1951年，建议创办常州纺织工业学院，培养人才。在如火如荼的抗美援朝运动中，大成共捐献50亿元，刘国钧个人捐献2.65亿元，并主动将留存于上海、香港的毛纺工业献给国家。1954年4月，人民政府正式批准大成纺织印染公司公私合营，成为江苏地区第一批实行公私合营的企业。刘国钧任副董事长兼总经理。1954年4月，当选为江苏省工商业联合会副主任委员。1954年9月起，先后被选为全国人大一至五届人民代表；全国政协五届委员；江苏省人大一至五届人民代表；江苏省政协一、二、三届常务委员和四届副主席。1956年，江苏省第二届人民代表大会召开，当选为江苏省副省长，遂由常州迁居南京。为了关心家乡工业的发展，仍然往返于宁、常之间。1959年6月，在江苏省工商联合会第二次代表大会上，当选为江苏省工商业联合会主任委员，并任中国民主建国会江苏省工作委员会主任委员。1960年2月，在中华全国工商业联合会第三届代表大会上，当选为中华全国工商业联合会副主任委员。1960年，出资购回120万港币的肥料和10台东风牌手扶拖拉机支援家乡农业生产，动员子女调进外汇35万元参加华侨投资公司支援国家建设，并多次向江苏省和常州市建议创办无梭纺织布厂和其他新兴项目。1973年后，已近九旬高龄的刘国钧虽身体渐呈衰弱，但由于热心家乡建设，仍经常来往于宁、常之间，并出资赞助常州、靖江等地公益事业，并将收藏在南京、常州的部分字画分赠南京市博物馆和常州博物馆。1977年12月，当选为江苏省人民代表大会常务委员和江苏省政协副主席。1978年1月29日晨，因坐椅脱空，股胫骨折断，送南京工人医院治疗。终因并发肺炎抢救无效，于3月8日晨6时逝世，享年91岁。

聪颖　　刘国钧在经营京货业时，对纺织市场十分熟悉，梦想自己开一家纺织厂。1915年，他要将自己的理想变成现实。在刘国钧的极力鼓动下，他的结拜兄弟蒋盘发同意与之合作，共同办厂。刘国钧拿出自己万元积蓄，投资入股，并通过蒋盘发联合常州工商界人士刘宝森等，筹集资金一万多元，开办了"大纶机器织布厂"。刘国钧全身心地投入工作，从修建厂房到机器安装，都直接参与，亲自过问。为攻下纺织技术难关，他来到上海，当时的上海是我国最为繁荣的工业城市。那时候，在上海的外商为了垄断中国的纺织品市场，对自己开办纱厂的纺纱技术采取了十分严密的保密措施。

　　刘国钧经过慎重思考，把目标瞄准了英商怡和纱厂。然而，怡和纱厂的进出口戒备森严，警卫对走近纱厂的行人都投以警戒的目光，闲杂人员更是一概拒之门外。刘国钧看在眼里，急在心里，时值赤日炎炎的6月暑天，他汗水直流，急得在滚烫的水泥地上来回踱步。他几乎想打退堂鼓了，但一想到大纶机器织布厂的前途，想到自己刚刚开创的局面，便冷静下来。他决定先观察一段时间，摸准"行情"后再伺机下手。他认真地察看着怡和纱厂警卫的一举一动，看看有没有"空子"好钻。果然不多久，机警的刘国钧就发现门卫对其他的人看得很严，对身着统一规格"号衣"的工人很少检查。他灵机一动，有了主意。

这天他认真地装扮一下自己，使人一眼看了并不像是从外面赶来的，然后在离怡和厂不远的一个不显眼的地方若无其事地静静等着，直到工厂下班。最后一群工人走过时，他缓缓地跟过去，赶到一个中等身材、看上去很质朴又略显豪爽的工人面前，很友好地对他打了声招呼："您好啊，老朋友，找您可真不容易啊！"那位工人吃惊地瞪着刘国钧说："先生，你认错人了吧！"刘国钧微笑着拉起他的手，将那个工人牵到附近的一家小茶馆，做了一番自我介绍。双方竟然一见如故，大有相见恨晚之慨。刘国钧见对方果然是质朴豪爽重义气的汉子，便坦诚地告诉他自己想潜入怡和纱厂去实际考察一番的想法。那个工人略微沉思了一会儿，说："把我的'号衣'借给你当然可以，不过要是被他们发现了，咱们俩可都'吃不了兜着走'！你要千万小心才是。"刘国钧点头称谢。

就这样，刘国钧轻松地进入了怡和纱厂。表面上，他和普通工人没什么两样，实际上，他的那双眼睛一刻也没闲着，手脚也特别勤快。然而正因为他的异常勤快，没几天，便引起了监工的注意，一查问，监工发觉此人竟不是本厂工人，于是便拉住他要送去警卫室受惩罚。周围的工人一看势头不对，纷纷叫他快逃。在好心的工人们的帮助下，刘国钧才越墙而走，侥幸得以免遭毒打。

然而，借"号衣"给刘国钧的那位工人却被打得遍体鳞伤。刘国钧感到万分悲痛，他立即将受伤的工人送到医院，并负责全部医药费用和他的工资损失。他拉着受伤工人的手说："兄弟，是我害了你。"那位工人也是位热血汉子，他也拉着刘国钧的手说："兄弟，这事不能怪你，要怪也只怪黑心的英商。"这位工人伤愈后，基于对刘国钧的感情和爱国热情，邀请了同厂的另一位技术精湛的工人利用星期日，由上海奔赴常州帮助大纶厂解决浆纱难题。

信义 　常州有一家纱厂无力经营，打包待售。刘国钧以 50 万元盘下，并先付了 5 万元定金。无锡的纺织巨贾唐星海也有意接盘，专程赴常州，以 10 万元定金代价恳请转让。如是，刘国钧转手可得现金 5 万元，但刘国钧婉言拒绝了。部属劝他，商场之道，钱到手为上策。刘国钧却说："办事业不能见小利而忘命，图大事而惜身，高处站，远处望，才能看清堂堂正正的大路。"

1944 年夏，抗日战争胜利在望。战后恢复，迫在眉睫，刘国钧早有准备，利用外汇存款到美国购置设备。其中以 4 万美元购买了一套 2 万锭细纱机。他回国后，有人以 8 万美元求购。也就是说，捻指之间就赚 4 万美元，但刘国钧考虑到战后的长远发展，断然拒绝了。

钱自己送来，刘国钧屡次不要。不仅不要送上门来的钱，还要把钱送去。抗战时，刘国钧在常州的厂房及机器或毁坏或散失，积欠贷款，银行同情他，做出了折扣归还的规定。但刘国钧却执意全部归还。公司同仁颇有异议，各债家亦颇有微词，刘国钧说："'人无信，不知其可也'。仁者先难而后获，要看将来。"他找到银行，把欠贷全部还清，还把余款转存沪渝两地商业银行或转结外汇，银行深受感动。后来遇到困难，银行鼎力相助，大成得以渡过难关。

坚定　1944 年 7 月，刘国钧由缪甲三做向导，去美国议购机器。出于战争的影响，"大成"的现有资金无法实现购买计划。刘国钧对此很无奈。

这一天，刘国钧在下榻处沉思向美商订购纱锭和棉花的事，缪甲三神色匆匆地进来说，有一自称是来自宋子文中国银行的人要和他面谈。刘国钧一听就皱眉，心下思忖："大成"与官商素无交往，有的话，也是生意上的摩擦；自己对"蒋宋孔陈"四大家族向来是敬而远之的，这回中国银行来人，意图何在呢，思之再三，刘国钧决定先见面再说。

来人看上去很有派头，不过见到刘国钧他立刻显出十分殷勤的样子。彼此一番寒暄之后，来人便侃侃而谈。他先是竭力赞扬"大成"的巧于经营，刘国钧对全国纺织业的贡献等等；接着大谈中国银行如何乐于支持民族工业的发展云云；最后话锋一转，对刘国钧说："刘总经理欲大力发展中国纺织业，实在令人钦佩。听说'大成'最近资金匮乏，敝行欲助'大成'一臂之力，您以为如何？"言毕目光直视刘国钧。

久经沙场的刘国钧淡然一笑："贵行的意思是……"来人慷慨陈词："我行愿出270万美元购买'大成'发展所需机器，与'大成'合资办厂，共同发展民族纺织业，如何？"

刘国钧在心中长嘘了口气，果不出他所料，中国银行是冲着"大成"来的。事实上，"大成"受到官僚资本和地方势力的侵扰已不是第一次了。打"大成"主意的中国银行也不是第一家。于是他迅速打定主意，直视来人，语气坚定地说："说'大成'资金匮乏纯属谣言，十分感谢中行的美意。日后有机会一定登门致谢。合作的事还是改日再谈吧。"来人还欲纠缠，刘国钧索性说自己还有应酬，送客了事。

最后，他只向美国订购了两万枚纱锭，三万扭担棉花。"大成"开始了又一轮的创业历程。

赤诚 　　刘国钧在香港时，听到了上海解放的消息。刘国钧虽身在香港，但他的心无时无刻不在牵挂着自己的家乡。此时的他，内心仍矛盾重重、去留两难。如果让他跟随着失去民心的国民党政府跑，不仅政治上没有出路，经济上难免要被官僚资本吞并，这是他绝对不会走的路；如果让他流落国外做"白华"，这也不是他所愿意的。刘国钧一直坚信，自己的事业在内地，他终究是要回家的。他经常对夫人念叨："离开了家乡，离开了祖国，即使自己有再大的事业又有什么价值呢？"刘国钧密切关注着内地的情势，香港的报纸上不断传来内地方面的好消息，许多朋友也写信给他报告好消息：他的老朋友黄炎培、章乃器、孙起孟、胡厥文等人，已从香港辗转去北平，参加6月开幕的新政协筹备会全体会议。冷御秋、杨卫玉等几位朋友也赴北平参加中国人民政治协商会议第一届全体会议。

这时，刘国钧经常自问："朋友们都在为新中国的建设出力了，我难道还在香港徘徊？何况，名气比自己大、声誉比自己高、资产比自己多的申新公司董事长、'棉纱和面粉大王'荣德生留在了内地，不但生命无忧，且还担任了苏南行署副主任。挚友刘靖基在上海生活得很好，政治上也得到了安排。甚至自己的下属何乃杨也被推选为常州市工商联筹委会主任委员。大成公司的大股东和代理人也都有政治安排，并在积极参加各种社会活动。是该想一想何去何从的时候了。"

不久，当刘国钧获悉好友黄炎培被任命为中央人民政府政务院副总理、轻工业部部长，章乃器被任命为政务委员，杨卫玉被任命为轻工业部副部长后，更是欣喜若狂。刘国钧当机立断：在新中国成立的当月启程，到北京去会见老友们。可是，身体不争气，正当刘国钧决心已定、马上动身去华北的时候，他多年前曾经患过的胆结石病突然又发作了，病来得很突然而且很猛烈，他被迫住院，一病就是几个月，身体一天一天地衰弱。后来请医生动了手术，总算转危为安。

此时，刘国钧收到两封来信，一封是他派到内地察看情况的长子刘汉堃的来信。信中说："我们一行抵达上海后，略事休息，13 日到达常州，16 日返回上海。在常州期间，看到人民政府协助民族资本企业搞好生产，成绩斐然。"信中还说他们将很快返回香港，容后再作详报。读完信，又看了随信寄来的大成公司 1949 年的财务结算表，竟还净盈皮棉 1000 担。这盈利的数字给刘国钧传递着一个明确的信息：大成公司运转正常。

另一封信是好朋友邹秉文、周松点从美国寄来的，信中告诉他：他们合资在美国开设的和昌公司，为新中国献上了一份礼物：岱字棉种。因为美国政府对新中国实施封锁政策，邹秉文、周松点亲自飞往美国南方密西西比州产棉区选购。在当地华侨的大力协助下，选购到优良岱字棉种 496 吨。为避开美国政府的注意，他们先将船从美国开往南美，再从南美转运到青岛。这是关系到全国棉花生产和纺织工业的大事。刘国钧感到非常高兴，就在医院给邹秉文、周松点复信道："国钧因病暂羁香港，幸有仁兄主持和昌公司，为新中国出力，愚弟借光，不胜荣幸焉。"

刘国钧很钦佩香港大公报经理、社长费彝民的爱国风范，认为他是位反日救亡的爱国英雄。在港期间，刘多次乘车到利源东街大公报社参加该社举办的时局研讨会。每次刘国钧听到的都是对共产党的一片赞颂之声，慢慢地，他开始对共产党由疑惧、戒备转变为尊敬和信服了。

听说刘国钧染病住院，卢作孚特来医院探望，还带来一位刘熟悉的朋友、四川实业界名人何北衡。何北衡很自然地谈到他在北京见到周恩来总理的情况，并带来周总理的口信："欢迎在香港的朋友回去办实业。"刘国钧听何介绍解放区和见到周总理的情况，听得心花怒放。何北衡还为他们带来了毛泽东的名文《新民主主义论》。刘国钧读了《新民主主义论》后，对中国共产党及其政策有了更全面和深刻的了解。作为老朋友的卢作孚临走时悄悄地告诉他："我马上要率我的船队回内地了！"刘国钧紧紧地握住卢作孚的手，向他道别。不久，卢作孚就率领他的民生船队，回到了祖国的怀抱。

刘国钧出院后，马上去找费彝民。费彝民给他引见了一个人叫张铁生。张铁生，香港工委书记、政务院特派接收港九国民党政府机构专员办事处副专员、华南局驻港负责人。刘国钧第一次见到这位共产党的驻港最高代表是在张铁生的住处——一间非常破旧的房子里，这让刘国钧对共产党人的清廉有了真切的感受。一见面，刘国钧就向这位共产党的驻港负责人表示了自己很想回祖国的愿望。张铁生对刘国钧表示热烈欢迎，并真诚地说道："我代表中国共产党和祖国人民对刘总经理回祖国表示热烈的欢迎。我们早已向中央报告过了，中央领导同志表示欢迎您回去。刘总经理想回去看看，我们保证您来去自由。"一听这话，刘国钧所有的担心都烟消云散了，他马上表示："我是认定一条路走到黑的人，这次回去，是叶落归根，安度晚年的。"

告别张铁生，一回到家，刘国钧立刻着手回归的准备工作。刘国钧第三次飞到台北，指示在台有关人员马上关闭在台北的兴安纺织公司，将已经购买的建筑材料全部退掉，资金撤回香港。

1950 年 9 月 16 日，刘国钧偕妻子鞠秀英，告别了家人，登上了开往广州的列车。

刘国钧没有在广州多作停留，就乘车北上，重新踏上上海的土地。上海市人民政府早已派车在车站等候他了，在通往市政府的途中，刘国钧仔细地看着街两边的大楼，惊讶地向旁边的司机打听："这街道两边的大楼怎么都完好无损啊？上海不是刚打了大仗吗？怎么没留下一点痕迹呢？"司机告诉他："先生有所不知，解放军攻城时规定不许用重型武器，用解放军的话说，叫做'瓷器店里打老鼠'。为此，解放军牺牲了很多人。"刘国钧一听，怔住了，默默地看着街边的大楼。

刘国钧在市政府特意安排的招待所住下以后，许多朋友们都来看望他，对他说了很多上海的新鲜事："上海的青帮洪帮都给管住了，'江北大亨'、'码头霸主'等一批欺行霸市的黑社会老大都被正法了！""烟馆赌场被取缔了！""去年投机大米的人都吃了大亏，再也不敢做粮食投机。政府预先告诉大家要从东北进大米，可他们不听。""上海的 4000 多名妓女被收进了收容所。政府用外汇从国外进口盘尼西林，帮她们治疗性病。还在各工厂里给她们安排工作呢！"上海发生的一件件新鲜事让刘国钧对新中国的未来更加充满信心。

朱希武特意从常州赶来上海，向刘国钧汇报常州的大成三个厂的生产情况，刘国钧听后感动地说："我过去听说共产党是共人家的产，现在才知道，共产党是帮助别人生产，是共同生产。这样的共产党与我们办工业者的胃口对极了。我们的工业有希望啊！"

9 月 30 日，刘国钧及其夫人在朱希武的陪同下，登上了开往常州的列车。车一到常州站，就听到站前广场上锣鼓喧天，爆竹齐鸣，一派喜气洋洋的热闹景象。刘国钧正想着这是怎么回事时，只听到耳边响起了热烈的欢呼声："热烈欢迎刘总经理！"刘国钧赶忙取下墨镜，只见一张张熟悉的工友的面孔出现在面前，他们的头顶上打着一幅红布横幅，上面写着斗大的字："欢迎民族资本家刘国钧总经理回来主持公司业务！"刘国钧感动地挥动手臂："谢谢你们，谢谢大家。"

第二天，大成一厂召开"建国一周年庆祝大会"，刘国钧在会上发表了热情洋溢的讲话。随即，刘国钧去北京参加轻工业部召开的会议，会见了他的老朋友、时任政务院副总理兼轻工业部部长的黄炎培。黄对他回来参加新中国建设表示热烈欢迎。当黄炎培、杨卫玉问及刘国钧回来有何观感时，刘国钧深有感触地说："我一到上海，就感觉到有件极不平常的事情。从前，在黄埔江边总会看到江中停着大大小小的兵舰，挂着各国五颜六色的旗帜。烂醉的外国水手们，横行在马路上。现在的黄埔江边，风和日丽，只有商船，没有一艘外国军舰，亦没有戴白帽、穿制服的外国水手。新中国成立后，中国的国际地位提高了，上海已经是人民的上海，不再是殖民地半殖民地了，这意义极不平常啊！"

在京期间，李维汉代表周恩来总理单独接见了刘国钧，并设宴招待，欢迎他从香港回来参加祖国建设。随后，周总理集体会见了工商界代表，黄炎培特意向周总理介绍了刘国钧和他的发展 1500 万纱锭的建议。刘国钧的建议受到了周总理的高度评价，这使刘国钧十分振奋，一种迈向新的人生起点的冲动，激励着这颗饱经沧桑的老人的心。

脱险　刘国钧总是有一股奋发向上的冲劲。1940 年 12 月太平洋战争爆发，日军占领上海公共租界，刘国钧以英商名义登记的安达纱厂也被迫关闭。就是在这样艰难的环境下，刘国钧依然保持着旺盛的斗志。他一方面安排华笃安留守常州，与职工们一同着手整修机器，同时，又在苏州购买一百余亩厂基和一个叫"耦园"的园林及二百余间房屋，以俟机大干一番。

1942 年 10 月的一天，刘国钧决定偕夫人回常州看看"大成"本部，顺便安排有关恢复生产的事宜。当他到达"大成"本部时，时值夕阳西下，晚风萧瑟，眼前已没有了昔日人员忙碌的繁荣景象，惟余断壁残垣荒草萋萋。刘国钧默视良久，良久无声。随行的夫人一时也不知如何安慰他。

刘国钧步履沉重地回到了下榻的寓所。夜很深了，他无法入睡，事业受挫的压力使他思绪万千。

也不知过了多少时间，恍惚中觉得这种压力越压越重，直至像两只铁钳般的大手一样牢牢地钳住他，幻化成黑洞洞的枪口阴森森地对准了他。刘国钧"啊"的一声从梦中惊醒。

"老实点，穿起衣服跟我们走一趟！"两个彪形大汉用手枪瞄准他。他明白了：自己被绑架了。"你们要多少钱？"他定了定神，冷静地问道。

"少废话，快走！"两个大汉厉声喝道。刘国钧刚一出厂门，一群歹徒蜂拥而上，将他捆得结结实实，架着他向前踉跄而去。

半个时辰后，他被带到德安桥。这里的情景更让他吃惊：华笃安、张一飞、谢承祐等人全被绑架了。刘国钧愤怒了："你们绑架我们，不就是要钱吗？把我们都抓来，谁去筹款？"

匪徒们一番耳语后，放掉了华笃安、何乃扬两人，而将刘国钧等人强行押至丫义浦，令其睡在一潮湿的货舱内，并让船在河心兜圈子。刘国钧心急如焚，于是他传信给华笃安要他"争取时间"。华笃安等人经过努力，最终以500件纱（时值法币80余万元）的代价，赎回了刘国钧等人。

刘鸿生：想利用口袋中的现钞做点事

传 略 刘鸿生（1888—1956），名克定，祖籍浙江定海。中国近代实业家。

早年在上海圣约翰大学肄业。清末为开平矿务局上海办事处买办。第一次世界大战期间，以经营开滦煤炭起家，被称为"煤炭大王"。此后，将其资本投资火柴、水泥、毛织等业。1920年起陆续创办上海水泥厂、上海章华毛绒纺织公司、大中华火柴公司等企业，还投资码头、搪瓷、航运、金融

刘鸿生

及保险等业。到1931年投资额已达740余万元，被称为"中国火柴大王"和"毛纺业大王"。抗日战争时期，在香港、重庆和兰州投资创办中国火柴原料股份有限公司、中国毛纺织公司、西北毛纺公司等，一度任重庆国民政府火柴专卖公司（后改火柴烟草专卖局）总经理。抗战胜利后，任国民政府行政院善后救济总署执行长兼上海分署署长、轮船招商局理事长等

职。中华人民共和国建立后，历任上海市人民政府委员、华东军政委员会委员、中国人民政治协商会议全国委员会委员、全国人民代表大会代表、全国工商业联合会常务委员、中国民主建国会中央常委等职。

启蒙　刘鸿生的父亲常常外出工作。他从小就跟在母亲身边。母亲看着小鸿生在家里这个房间走到那个房间，有点无聊时，就放下手中的活计，陪他在房中玩，给他讲故事。以至每天小鸿生总是在母亲的故事中睡去。

刘鸿生是在上海第一所新式儿童启蒙教育机构梅溪书院开始了学习生活的。梅溪书院的教学形式和教学内容跟旧式私塾完全不同，教授的是经史、时务、格致、数学、诗歌、外文、体育等课程，时人称之"洋学堂"。小鸿生很聪慧，也很投入，母亲讲的故事中的人物常常成为他的榜样。他的兴趣很高，成绩优异，深得老师宠爱。

然而，刘鸿生七岁的时候，父亲刘贤喜一病不起，终至医治无效而撒手人世。安葬父亲回来，小鸿生一个人独自痛哭沉思。苦难的降临使七岁的他竟思考着未来的命运，他担心，家中的经济紧张，势必将辍学。他似乎已经知道读书是一件很重要的事。一天晚饭后，七岁的刘鸿生对母亲说："妈，我不去读书了。"母亲很惊讶："为什么不去？"刘鸿生说："念书要好多钱。"母亲怔了怔说："阿妈卖脸皮也要供你读书。"刘鸿生扑通一声跪在母亲面前，止不住的眼泪在脸上流淌……

刘贤喜走了，刘家唯一的顶梁柱折了，断了经济来源，又无丰厚的积蓄，三四个孩子，最大的鸿生虚龄才七岁，但刘母并没有被击倒，而是强抑悲痛，挺直身子，省吃俭用，精打细算。家里的银箱只存当票，不藏银洋。她就不得不暗地里把别人缝补浆洗的活儿揽来，赚点劳力费作为家中的费用，把儿女养大，并供孩子读书。

看着母亲没日没夜地操劳，刘鸿生不但懂得能读书不易，从而更加刻苦勤奋学习，也埋下了他以后在艰难中崛起的坚毅种子。

聪慧　1906 年秋，刚刚年满 18 岁的刘鸿生初离校门，便把谋生的着眼点，放在了租界。初时，不得已暂就公共租界工部局老闸捕房教员，教授巡捕的上海官话，月薪 40 元，骑马找马，他很快打听到了一个新缺：由洋人控制的租界司法机关"会审公廨"（相当于现代的法庭）要用一名翻译，月薪 80 元。不但薪水可翻番，更重要的是有了接触商界的机会，刘鸿生决定把它作为第二块跳板。很快刘鸿生就打听到：能否被录用，关键在一个叫谢培德的总翻译身上。谢培德只有三十六七岁，鹰眼、尖腮、奸狡、诡诈而又阴沉，手段灵活，社交广泛。刘鸿生专等了一个单独相对的时机，求见了这个总翻译，恭谨有度，投其所好，果被录用。又经过短短几个月，他更清醒地意识到：要实现自己的承继祖业经商发家的宿愿，最有效的途径是借助于外商企业。可自己两手空空，两眼茫茫，怎样才得入此捷径呢。

在一次闲谈中，有人旧案重题，说起同治十三年（1874 年）和光绪二十四年（1898 年）两次"四明公所案"的旧话，使刘鸿生心里一亮：门路来了！原来，宁波人重乡情，凡是宁波人聚集谋生的地方，几乎都组办有"四明公所"或"宁波同乡会"，是同乡相关照的帮会。对于这两次公案，刘鸿生虽未身经，却也有耳闻。如今，一经提起，当即灵机一动，有了主意。原来，此时担任旅沪宁波人同乡会会长的，正是周仰山。这周仰山可谓财大气粗，声名显要，且与洋商关系非凡，正是借重的好人选。周仰山与刘鸿生的父亲刘贤喜，一来是同乡，二来刘贤喜为人精明、恭谨，相交也算不薄，刘鸿生幼时也曾见过周仰山一面，此时相求，多半会有所帮助的。想虽如此想，但刘鸿生却没有草率地急于求成，而是先弄清底细，再订实施计划。于是，刘鸿生便下工夫深入了解周仰山的为人与现状。再经综合分析，认定周仰山是个有胆有识、宽和大量的人，如今财气一大，地位一高，更是重声誉，讲体面，喜欢奖掖后辈中有出息的人。于是，刘鸿生给周仰山写了一封信，信中只是叩安问好，执通家子侄之礼，说幼时良好印象，谈父亲在世时曾由衷赞叹周伯的为人，要鸿生终身视为表率，如今父逝虽久，言犹在耳之类，概不及请其提携之语。这头一封信，不是寄出，是托一地位不低、声誉颇好的同乡入周府办事面呈的。刘鸿生自信，那同乡对他的印象颇佳，会代他说的，起码引起周仰山对此信的重视，不至于因为忙或无关紧要而不及时看或不细看。

果然，效果很好，不久，周仰山回了信，虽短，却也有情，夸奖并约请了刘鸿生。刘鸿生紧接着写了第二封信，除礼节问候外，又提说乃父生时曾一再听嘱以周伯为至亲；临终又嘱咐要于为人方面多听周伯教诲。这些都真挚而又恰当地投合了周仰山的性情，没有几天，周仰山便趁便偷闲亲自到刘家来了。

据刘鸿生回忆：由于事先得到了消息，刘家提前用罢了晚饭，精心地整理了室容，刘鸿生便早早地恭候在门外了。

周仰山乘坐的是当时首先在上海刚刚兴起的四轮马车，铜饰彩绘，很是考究，却高车简从，只随了个跟班。待车停后，帷子一掀，刘鸿生便轻快地抢前一步，满面殷切与喜悦地深鞠一躬，恭肃地说："小侄恭问周老伯安好！"

周仰山身材虽然不高，却很健朗，跨步有力地来到刘鸿生面前，拉住刘鸿生的手，令其直起身来。这一直身，反令中等身材的周仰山须仰视了。对此，刘鸿生早有所备，在直身时，双膝顺势向下屈去。周仰山扳着他的肩膀，仔细端详，喜色溢于言表，连声道："好！好！高高大大，英英伟伟，好相貌，好气度，克安有后，克安有后哇！"

刘鸿生垂手端肃地说："多谢夸奖！周伯挂念小侄已是感谢，今又屈尊光降……"

周仰山一挥手，呵呵地笑着说："自家人嘛，莫客气！……来得迟了许久了嘛！"

待入室坐定，刘鸿生却仍垂手站立，做得如前般甚为得体，显得不卑不拘。看到刘鸿生如此仪表堂堂，执礼如仪，周仰山更为高兴，亲切地笑着，以手示意："坐嘛！坐嘛！我跟你们父亲交同莫逆，不是外人，何必拘礼？"

刘鸿生恭谨地回说："多谢老伯！多谢老伯！"却不就座。

周仰山也不相强，却益喜欢，亲切地问起了刘鸿生的近况，刘鸿生知时机已然成熟，便微微一皱眉，回答说："小侄有失老伯厚爱，在会审公廨当了一名翻译，虽说银钿不算少，可那种地方……"话至此，有意顿了下来，同时面呈难色。

周仰山听了，连连点头，操着乡音说："是呀！是呀！这碗饭终究是呒啥事呷头的。你该晓得伐？那个啥子会审公廨是专门坑整我伲华人的！哼，倒是我伲宁波人不好欺侮得，单说光绪三十二年那桩子事，不是我伲宁波人硬朗，史晓得要呷多大的亏哟！"

刘鸿生面现敬佩与向往地说："小侄晓得！小侄晓得！我伲宁波人这大的事，小侄怎会？铭记在心？如今实是为生计所迫，不得已暂时栖身罢了，岂能在彼久混？"

周仰山益发满意，拈须笑道："好办！好办！听说开平矿务公司上海办事处出了个跑街的缺，差事虽算不得上等，却体面，清雅，凭你的才智，是大有可为的！这跑街的月薪是一百元，额外呐，还有佣金，提法是每卖出一吨煤，就可以得到八钱四分银子，挣多挣少，就看你的本事了。我看是不错的，你以为如何？"

刘鸿生越听心头越是欢喜，面上却不显露，只是毕恭毕敬地微一点头。

周仰山又接着说道："那煤矿是英国人的买卖，上海办事处的经理也是个英国人，叫考尔德，讲一口流利的、略带些苏州味的上海话，和我是很熟的，你既愿意，明朝我就引你去，亲自为你求取这份差事。"

刘鸿生见目的已达，恭敬地倒身下拜，口中感激地说道："多谢老伯如此提携与栽培！小侄先代亡父谢过！老伯大德，小侄终身铭于五内，也一定不负老伯厚望！"

至此，刘鸿生巧握起周仰山这块得力的敲门砖，敲开了通往发财致富的大门。后来也一直不忘此恩，年年探望并送一份厚礼给周仰山。

骨气　　刘鸿生 17 岁考入了圣约翰大学，他发愤苦读，各门功课一直名列前茅，不但可以免交昂贵的学费，而且每月能领到奖学金贴补家中的生活费用。1906 年深秋，正在读大学二年级的刘鸿生被洋校长卜舫济特别召见，说他与教会的克莱夫主教对刘鸿生的成绩很欣赏，已决定送刘鸿生留学美国深造四年，回国后做牧师兼英语讲师，月薪 150 元，还拨给一幢漂亮的带花园的洋房，一切待遇均按外籍讲师标准，这对当时中国的一个穷学生来说难以想象，真可谓"一步登天"。因此卜舫济讲得洋洋自得，结束时还居高临下地连呼"上帝"，满以为这个中国穷学生会感激涕零，应答不迭。谁知刘鸿生沉思了一下，回了个"回家与母亲商量商量"。直到晚饭后全家人坐在一起，他才终于开口了。刘鸿生说："妈，有件事我想听听你的意见。"母亲笑吟吟地望着体格健壮的儿子："有什么事，你说吧。"刘鸿生欲言又止。母亲觉得有些奇怪，开玩笑说："是不是和哪位女同学好上了，不好意思说？"刘鸿生连忙摇头："妈，看你想到哪里去了，我今年才 18 岁嘛。是这样，今天下午卜校长找我谈话，说是明年送我去美国留学。""这有什么好犹豫的，"母亲一脸自豪，"你阿爸地下有知，也会为你高兴的。""可是……""可是什么？""四年后学成归来，让我当牧师。"母亲瞪大了眼睛："当牧师？"坐在一旁的弟弟妹妹这时嚷嚷开了："当牧师，不好。前几年，北方闹义和拳，就是外国牧师和教民引起来的乱子，说不定哪天，南方也闹义和拳，我们可受不了！""小孩子对大人的事少插嘴，都一边白相去。"母亲赶走了弟弟妹妹后，神情庄重地问："鸿生，你信耶稣教吗？"刘鸿生不假思索地说："到现在为止，我是不信的，我只相信我们自己。"母亲说："连你自己都不信，你又怎么去布道传教说服别人呢？"顿了顿，母亲又说："人不能做违心的事。"刘鸿生默想了一会说："妈，我知道该怎么做了。"母亲说："这是大事，你要想清楚。你已经长大了，将来的路怎么走，你可以自己拿主意了。你想清楚再做的事，阿妈不会阻拦你。"刘鸿生点点头："我懂。"第二天，刘鸿生态度果决地回绝了卜校长的决定。那个大学洋校长一怒之下，将刘鸿生当即开除出校。

用人　　华润泉曾留学英、日，当时在公共租界工部局任总会计师，是个精通法律又极擅会计的专家，而且为人机变，足智多谋。对此人，刘鸿生早有耳闻，又经过一段认真地考察，认定是个理想的帮手，就决心请为己用。他请华润泉出山可谓是"三顾茅庐"：

第一次造访华府，尽管刘鸿生谈吐不凡，执礼甚恭，态度恳切，华润泉仍觉得他年纪太轻，根基不够太深，虽未谢绝，亦未应允。

第二次较第一次效果为佳，却仍未最后敲定。

第三次刘鸿生不仅带来了重礼，还奉上了第一个月的高薪，并重申重诺。华润泉见刘鸿生不仅态度诚恳，而且所许条件优厚，就毅然辞去收入丰厚的总会计师职务，投效了刘鸿生。

华润泉没有辜负刘鸿生的厚望，在刘氏的几大企业中起了很大作用，成了刘鸿生的第一号智囊人物，因此被时人冠以"华太师"的称号与"诸葛亮"的别号，既有"三顾"之实在先，又有"诸葛亮"之称继后，人们也自然联想到刘鸿生恰如"刘备"。刘鸿生也果有刘备的用人之能。

刘鸿生请巡捕房包打听头目谢培德做中华码头公司总经理、华商上海水泥公司营业部经理。因为办码头公司，谢培德不能不与流氓打交道，与上海黑道闻人张啸林、黄金荣、杜月笙都有联系，其中与杜月笙的关系比较密切，他儿子还做过杜家两个儿子的礼仪老师。

后来，刘鸿生的侄子刘念祖发现了谢培德许多劣迹，便于1929年夏天的一个晚上，趁送刘鸿生的四儿子刘念智赴英留学的机会，讲给了刘鸿生。

刘鸿生只是不动声色地静静地听，不时地追问一句，在刘念祖说完后仍追问了一句"还有吗？"便笑着说："这些我都晓得！"

望着闻言而惊愕的子侄，刘鸿生微笑着说："你们都坐，念智也坐！"

待子侄坐定，刘鸿生方缓缓地道：

"谢培德是个地地道道的坏人，这几乎是尽人皆知的。"十七岁的刘念智听了很吃惊地反问："那，爹爹您为什么还用他，给他那么高的薪水和位置呢？"

刘鸿生笑道："用人之道是一门大学问，光从书本上是学不到的，读书之外还要用心地观察与捉摸，我捉摸的道理是：世界上存在着各种人，只要你善于处理，各种人都有各种人不同的用处：好人有好人的用处，坏人有坏人的用处；全才有全才的用处，偏才有偏才的用处，文有文的用处，武有武的用处。关键在于你得善于使用，把各种人安置在适当的位置上，注意扬其所长，避其所短，才能发挥作用。这就是咱们中国的古话所说的'量才使用'、'扬长避短'，使其'人尽其才，各尽其用'吧！我记得对念祖说过，英国的那句名言，'与你熟悉的魔鬼打交道，比与你不熟悉的人打交道，要方便得多'。魔鬼尚且如此，何况坏人？关键是要在这'熟悉'上下工夫，才能运用。"

顿了一下，他又继续说道：

"谢培德是个典型的坏人，这没谁否认，可人们只看到了他坏的一面，却忽略了他有用的一面。坏的另一面是隐着长处的。"

说着，转向刘念祖道："你说他与官府、警察、青红帮有勾搭，手下有那么多可恶的流氓与包打听，这从正面看固为可恶，可那反面却可凭得当的处理变为有用。如今的上海，特别是码头上恶势力横行，没有个强硬手段，还不得日受其苦，不得安宁，甚至无法经营？正因为那些包打听消息灵通，正因为他谢培德在必要的时候对警察、巡捕可以随叫随到，是个'兜得转'的人，咱们的码头才得平安无事。你们，甚至包括我在内的公司里的其他人哪个做得到，又肯于做？许多事情，就说我当年购买码头地产的事吧，那有多麻烦：有的以不卖相刁难，有的敲诈勒索、捣乱破坏。闹得我百般无奈，几欲半途而废，还不是亏了谢培德？他当即打通关节，软硬兼施，很快很顺利地就把地皮买到手了，这不是汗马功劳么？"

见子侄们已然明白了他的用意，便又宽和地对刘念祖说："说他不在码头上露面，这无关紧要，码头交给他了，我们只看他管好管不好，码头正常不正常，平安不平安，他不露面总有他不露的办法，凭他的手下，他虽不在，还是巨细皆知、有人代为处理的，何必去究问？说到在外面欺男霸女，我与他只是雇佣关系，要管自有该管的地方；在码头欺人，没有告的，有告的也自有该管的。劝绝劝不了，管又管不得，也不必太计较了。"

刘念智趁机插嘴说："那他监守自盗呢？"

刘鸿生回道："这我心中有数，他有他的分寸，我有我的分寸。至今为止，他偷运出的东西也仅止限于多余的'包子'和地脚煤。积累下来，固然是个不小的数目，可要咱们回收，不仅费力，也不会收得那样多，就让他弄去吧。再说，连这点油水都不让人家捞，人家还肯长期为你效命吗？用人，特别是用真有本事的人才，是不但要厚酬，而且要宽宏的。这样，人家才肯为你出尽全力，须知到头来赚大钱的毕竟是我们呀。自己赚钱也得让别人赚钱，做买卖不要计较别人赚多少，只要自己能赚大钱，别的钱尽可让别人去赚，俗话讲'有财大家发'嘛！"

这些话听得刘念祖不住地点头，刘鸿生又道："你可注意到了我几次问你'还有吗'了么？"刘念祖点头道："侄儿晓得了，叔叔是想时刻把握着那谢培德是不是过了约束他的'分寸'！"

刘鸿生点头赞许地说："好，你明白了就好！"

这也正是刘鸿生安排其有心计的堂侄在码头上管理业务的深意，这层深意也表现在七年后对留英回国的刘念智的安排上。

刘念智归国几个月后，即1936年的一个晚上，在父子交谈中，刘鸿生问起几个月来儿子对企业的感觉。刘念智回说"很好"，接着，便很有分寸地说："只不过……只不过人们对华太师颇有微词。"

他深知华润泉是父亲的智囊，关系至密。所以不敢说得太过冒昧。刘鸿生听了，笑着鼓励儿子说："说嘛，都有些什么说法？"刘念智这才大胆地说："人们说您给他的权力太大，他又很不自量，竟利用您给他的大权培植他的私人势力，近年来尤甚！又去与谢培德这坏人勾结。人们都担心有朝一日尾大难掉，客大欺主，两人合起来找您的麻烦。"

刘鸿生听了，哈哈大笑，笑了一阵后，对儿子说："好，好哇！人们，甚至连回来才几个月的你都看出了这个问题，那么这个问题就不成其问题了！隐蔽着是危险的，暴露了出来，人们都清楚了，自然也就好解决了！"

说到此，他的语气变得凝重："办事业是离不开用人的，用不到人才或用不好人，必将无成。孟尝君不弃鸡鸣狗盗之徒，得以脱险；宽待一贫如洗、自称一无所能的冯援，得以高枕无忧；平原君不鄙视默默无闻的毛遂才获得了与楚合纵，这都是明例。咱们不敢以古贤人自况，可古贤人的成功之道则必须借鉴哪！用人而又厚酬、宽和，因可得人用，可时间是可爱的，也是可怕的，日久难免生变。何况，人各不同，又无一完美。兴汉三杰该是了不得的人才吧？可张良博浪一椎虽可称猛，未免失于匹夫之勇；韩信贪下齐之功，致真正说降三齐的郦生于死，迹于贪狠；萧何引韩信入未央致死，于人实有不义之嫌。这些大才尚且如此，何况世人？你要记住，我本着这个认识，总结了我用人之道的另一个要诀。"

说着，他再次加重了语气："既要用人不疑，又要不可不防。这'防'是从正面着眼的，即欲长期共事，必须不但深知其长亦当熟知其短，以便相应地采取措施，华太师长处突出，但亦隐着贪心与过于自信两大短处，如今自以为功劳太大，又长时间处于优越地位，掌管起了我刘氏企业的一些要权，他魔鬼的一面就膨胀了，甚至失去了他一向贪而不露的风度。这是个诸葛亮式的能人，只是却欠缺诸葛亮的自知之明罢了。"

刘鸿生喝了一口茶，又继续说道："有些人把华太师比做诸葛亮，因而也把我比做刘玄德，古人我不敢比，但有一条：刘玄德做得了人主却做不得军师；反之，诸葛亮是个少有的超众出群的军师，却做不得人主。这正如刘邦之与兴汉三杰。刘邦统一中国，即位后庆功，群臣争相歌功颂德，刘邦皆不以为业然，但他本人却深知一个根本之点，即比起三杰的独特的本事他皆不如，然而他能驾驭使用他们，这就是他成功的要诀。驾驭，而且长期驾驭人才是个很难很难的事。韩信攻下三齐，自请假王，刘邦初听时很生气，还不禁骂了出来，可是在张良的提示下，他想通了，此刻只有笼络，所以他立刻转怒为喜，说："既是封王，何用假？就实封了吧！'可他后来有了适当的机会，就把这个居功自傲的韩信杀了。无论如何，刘邦还是驾驭了三杰，始终为他效力，不力时也有应付他们的手段。我不比刘邦，绝不因怀疑杀人，也绝非斤斤计较者。华润泉也好，谢培德也罢，因为他们都立下过汗马功劳，只要他们不越分寸，我是绝不计较的，可我也有足够把握的一点，那就是我对他们熟悉，熟悉他们的过去，更熟悉他们的现在，就算他们真是魔鬼，我凭了这个熟悉足有信心驾驭他们，除了家人之外，我都有充分准备与布置。而且你也会发现，华、谢之间有利害一致处，更多的则是利害冲突处，我会很好处置的，既利用他们的一致处，又利用他们的冲突处，令他们不得联手为害于我，却依附于我！"

果然，没过多久，刘鸿生就用他的新从美国留学回来的长子刘念仁接过了华润泉总管家的职务，只体面地保留了华润泉水泥公司与华东煤矿的总经理的职务。这一取代，尚是由谢培德"举荐"、华润泉"提议"完成的，刘鸿生的心机实是非同凡响。

误信 宋子文是宋氏三姐妹的兄弟，他出身于圣约翰大学，比刘鸿生年级高，宋的弟弟宋子良和刘是圣约翰同学，他们很早就认识。三年前，也就是 1932 年，宋子文要他出来做轮船招商局总经理，曾一口允诺他企业上的一切问题都会包下来。

1935 年，刘鸿生遇到了麻烦，他到处张罗告贷，道契、股票等几乎都抵押给了银行，连霞飞路的花园洋房也脱手抵债了。外面谣言四起，都传说刘鸿生要"倒"了，银行、钱庄纷纷上门要债。

万般无奈之下，刘鸿生想起宋子文敦促他出任轮船招商局总经理时的许诺，上宋公馆去求助。

271

他回忆，那是他一生难忘的夜晚。当他恳切地提出："最近银根越来越紧。刘鸿记有几笔到期的押款，银行追得很急，我希望中国银行能接受抵押，帮我渡过难关，您看可以吗？"宋子文变了面色，冷冷地问："你用什么作抵押呢？""我全部企业的股票！"宋以嘲笑的口吻说："O.S.（刘的英文名字）的股票，如今不如草纸了！"

刘鸿生回家后，悲愤地告诉家人，"船沉之前，吃饱了米的老鼠总是先跑掉的。"

从1935年到1936年，逼索欠债和存款的纷至沓来，加上和开滦煤矿关系恶化，刘鸿生四面楚歌，刘氏企业系统摇摇欲坠。他的亲信部下、亲属都纷纷把存款改为借款，索要多出10倍的抵押品。这是他创业十五六年以来首次遭遇巨大的经济危机。他到晚年回望这段往事，仍心有余悸："那一年（1935年），我们差不多天天过'年三十'，总有人来逼债。在我最困难的时候，我的亲人也对我失去了信心。连我的弟弟（刘吉生）也要从我的账房中提取他11万元的现金存款，我当时不得不送90多万元的股票到他那儿去抵押。"

1936年2月，宋子文想趁机吃掉刘氏的全部企业，派人找到刘鸿生，建议组织大托拉斯持股公司，把刘氏所有企业集中起来经营，宋家的资本可以给予支持。当时刘鸿生处境极为艰难，口头上勉强同意了。下半年，市场开始好转，此事自然作罢。抗战期间上海通货膨胀，1943年后，刘鸿生留在上海的几个儿子，还清了浙江兴业银行全部欠款，并收回抵押品，邮政储金局的借款也还了大部分，终于渡过了这场危机。

结交

刘氏企业大部分分布在浦东中华码头仓库区域，这和青帮大头子杜月笙的关照是分不开的。刘鸿生能结欢杜月笙，是有一定的机缘的。

1936年，刘家四公子刘念智留学回来，父亲命他在中华码头当一名普通会计员。码头上一帮青帮小流氓说："四小开来喽！"上海滩俗话道："好人不吃码头饭。"因为上海所有码头都是黄金荣、张啸林、杜月笙、范回春的天下，其徒子徒孙控制了浦东、苏北、山东各帮苦力。若要在码头上立足，不给帮会头子点红烛叩头是不行的。

刘鸿生深知此中三昧，正在考虑如何让念智去结交杜月笙而不失身份时，杜月笙倒托人来拜会刘鸿生了。原来，杜月笙是想请刚留学回来的刘四公子去做杜公馆的家庭教师，教他将赴英国留学的两个儿子（一个18岁，一个17岁）学会英国上流社会的常用英语和礼仪。这真是送上门来的良机啊！刘鸿生千叮万嘱，要念智不辱使命。

夏日的一个上午，刘念智来到华格臬路（今宁海西路）杜公馆。门卫一听是刘家四公子到，又是鞠躬又是迭声传报。进入客厅，杜的一个姨太太已在里面等候，并立刻把她两个儿子从楼上唤了下来："侬两个快点向老师行礼！"刘念智一看，这对"宝贝"身着纺绸长衫，西发头梳得油光锃亮，手中还摇着纸折扇，活脱脱两个"白相人"。只听得做母亲的不软不硬发话了："侬两个快点把扇子掼脱！看看，刘家四哥多精神，英国绅士派头！我要侬从现在就开始学英国绅士派头。"

连续3个月，刘念智每天陪杜家两个少爷吃一顿西餐，有时在"红房子"，有时在杜公馆，有时也到刘公馆，教他们怎样看英文菜单，如何使用不同的汤匙和刀叉，还告诉他们："喝汤时不能发出声音"，"咀嚼时不能自得其乐地张大嘴巴，牵动腮帮"，"切不可当众挖鼻孔、剔牙齿"，"也不能用刀尖挑起食物往嘴里送"……

刘念智每天教他们1小时英语，按英格兰标准口音严格训练他们的发音。周末，陪他们去看英语原版电影；第二天，则要求他们用英语复述该片情节。他还带他们去学骑术和游泳、打网球、玩桥牌。他再三说明："这些玩意儿不一定要精，但须得会来几下，这才能进入上流社会的门槛。"3个月下来，杜家两位少爷与刘四公子交上了朋友，杜月笙和姨太太十分高兴。

1936年12月的某天，刘氏父子收到了杜公馆送来的特别精致的赴宴请柬。刘鸿生兴奋地对四儿子说："杜先生请小辈吃饭，是破天荒的。我们成功了！"

他们来到杜公馆大门口时，杜月笙与那个姨太太带着两个儿子快步迎上来，当着众徒与路人大声说："四兄，实在辛苦你了！这两个孩子在你的管教下，完全变样了，多谢，多谢！"

在酒宴上，杜月笙当着 50 多位客人，再次说："四兄，今天盛会难逢，照我们规矩，他们兄弟两个理应点起一对大红烛，跪下来，向你磕三个响头来谢师恩。但我知道，你是留洋新派人，不会接受的。现在，我代表我们一家，向你敬一杯酒，谨表感谢！"

杜老板此番言语，很快传遍了上海滩。从此刘氏企业在浦东站住了脚。青帮的徒子徒孙们再也不敢叫刘念智为"四小开"了，而是毕恭毕敬地称呼他为"四先生"。

婚恋　　1908 年夏，年方 20 岁的刘鸿生为推销煤炭滞留在苏州。江南出美女，苏州尤为最，可 20 岁以前的刘鸿生从未留意过。一来是他一向用心读书，无暇思及；二来是他自身条件优越，眼界颇高。刘鸿生不仅相貌出众，而且在南人普遍偏于中等的身材中，显得高大魁梧，壮健有力，活力充沛。每到一处，多得女性青睐。此来苏州，也算天缘凑巧，于一个偶然的机遇中，一眼便看中了一位清雅、大方、热情、活泼的名叫叶素贞的小姐。叶小姐也深深为刘鸿生非凡的仪表与高雅的谈吐所动，两人可谓一见钟情，几番交往后，便已情深如故，私订了终身。

尽管是上海，那个时代也是讲究儿女婚姻要门当户对的。叶素贞的父亲叶世恭在苏州是有名的人物，所开办的燮昌火柴厂很有名气，怎容得独生女儿如此"下嫁"？叶小姐的哥哥更气得暴跳如雷："一个穷跑街也要吃天鹅肉，真是岂有此理！素贞莫不是疯了！"

素贞没有疯，而是爱得深，尽管父、兄一再阻拦，恶语相加，甚至胁迫，她都丝毫不为所动，反而公开郑重地声言：此生非刘鸿生不嫁！

叶老先生万般无奈，只好听任她与刘鸿生结合。求婚时，刘鸿生虽忍气吞声，恭谨有礼，可也受了些冷遇与轻慢，又加以听到叶氏父子背地里对他侮辱性的议论，心中十分抑愤，因而新婚后，他便当着妻子叶素贞的面决断地说："等着瞧吧！总有一天，我要在苏州办一个火柴厂，把老头子的燮昌厂打倒！"

1920年，刘鸿生果真办起了火柴厂，厂址也果然选在了苏州，取名"鸿生"。叶素贞曾责怪他不该"心机太重"，有意与其父唱对台戏。刘鸿生笑着回答说：

"世上你争我夺，心机不重行吗？记得刚结婚时我立的誓言吧，就是要和老头子唱唱对台戏，就是要把'燮昌'打倒嘛！"

接着，他又郑重地解释说："老头子的'燮昌'，就算我不打它，你是晓得的，早晚还不自倒吗？如今老头子在，虽一味保守，仍可勉强维持，一旦老头子去了，你那纨绔哥哥能撑得几天？"

教子　刘鸿生与叶素贞两情笃厚，生了八个儿子、三个女儿，八个儿子以念字辈行依次以仁、义、礼、智、孝、悌、忠、信为名。后来，刘鸿生又纳了两个妾，也各生一子。对这十子三女，他一视同仁，均相继送往外国留学。他曾不无得意地对朋友说"我一生有两个得意的投资，一个是工矿企业，一个是子女教育。"当时送一个留学生再培养成材，几乎相当于兴办一个中型企业的资金，可刘鸿生十分乐为，一再以果断的口吻说："我舍得！"

他对子女教育有方，从不大声呵叱，从不苛责，是个典型的既严又慈的良师，要求严又不失真正的体贴，从不强其意志。他要四子刘念智应杜月笙之意拜杜为师，刘念智表示不适当，他当即说："不拜也好。你大了，凡事应该自己主张，我不勉强你，只是再嘱咐一遍：千万不可得罪人！"

刘鸿生对"富贵出骄儿"的恶果是十分重视与警惕的，他曾多次告诫子女这个道理，特别是出国留学前，留学归国后，平常也不时提醒，可谓用心良苦。1929 年的一个晚上，刘鸿生在送四子念智去英国留学前的一番教诲中，就说得更为透彻：

"你外公经营一世，也称得起出了名的老牌'火柴大王'，临终还留给你舅父 15 万两白银。可是我看穿了你舅父只晓得寻欢享乐，断断不会守成，更谈不上发展。人已成性，劝是没有用的，帮他也是多余，且未必承情。所以我有意把火柴厂设在苏州，没多久，你舅父把家产败光了，只好变卖燮昌厂来还债，我买到了手就近并入了鸿生厂，使你外公的心血不得外流，也供养起了你的舅父。这件事几度引我沉思，特别是每当见到你舅父的时候。留心地查查历史，中国的几乎每一个家族，能得兴旺三代以上的少而又少；再考查一下近代与当代的资本家保持三代兴旺的我迄今未见，特别是暴发户，几乎是两代而衰。所为者何？概因'富贵出骄儿'也！纨绔可怕，只晓得温适挥霍，毫不知艰辛，多大的家世能不败光？我因此在教育你们时格外用心，你们可也千万要时刻警策，万万莫堕落成吃喝嫖赌、不务正业的瘪三儿啊！"

刘鸿生深知，光是说还是不够的，得有措施，用他的话说"要有非常得体的措施才行"。抗战时加入中国共产党的刘公诚（即六子念悌，）虽然刘鸿生先生从出生就很喜欢，但他深知"富不过三代"的道理，所以对刘念悌的管教从孩提时代起就特别严厉。聘请家庭名师，督导勤奋学习、遵守家规。在生活上绝不允许浪费奢侈，每月给一元零用钱，一分也不多给。刘家逢年过节都要向社会行善，每到旧历年末，要向穷人发粥票，凭一张票可到慈善机关领到一碗白粥。刘念悌经常跟着母亲出去散发粥票，目睹大批衣衫褴褛的穷苦人为了一张粥票而你争我夺，在幼小的心灵上深深地留下了社会不平的印象，产生了对穷苦人的同情心。严格的家庭教育使刘念悌养成诚实、勤奋、正直和节俭的品德，在家庭的行善活动中使他了解到社会上存在着不平等，这些对他的人生道路都产生了重要影响。

刘鸿生想到让孩子自理自立，经受艰苦，把刘念忠、刘念信乃至他的外甥陈昌吉等安排到舟山中学住读，而后输送他们出国留学，去自己感受生活。

刘鸿生的孩子们留学回国后，按说正是二十几岁学有所成的人了，就是到别家企业求职，在那留学生稀少如珍的情形下，还不谋个体面的职务？可刘鸿生却将他们一律放在小职员的位置上，而且均在底层。

刘念智留英七年，1936年回国后，刘鸿生让他到中华码头公司当一名普通的会计员，并且一再叮嘱不得特殊。这个公司不在刘鸿生的三大企业内，只是一个中等企业。刘鸿生告诉儿子："一切要从头做起，从一个普通职员做起。我不喜欢你们一上来就做经理、厂长。"他告诫念智："向码头上一切人学习。""只有学会真本领，才能担当大事情。""你要放下架子，放下小老板留学生的架子，做个普普通通的职员，和码头上一切人交朋友。""不得特殊，要尊重上司，并且拜其为师，上下班均乘首、末班火轮，中午与工人一道吃饭。"等等。

抗战时期，刘鸿生的第八个儿子刘念信从美国回到重庆，被派在毛纺织厂当技术员。有一次同厂长发生了争执。刘鸿生知道后，立即责备念信说："你在厂里必须遵守厂里的制度，必须尊重厂长的意见，我不许可你在厂里摆小老板架子。"

他的子女们也都理解他的苦心，都认真地从基层做起，熟悉情况，积累经验，体察艰苦，锻炼自立能力。虽说都接受了整套的西式教育，但也都承袭着传统的美德，对父母更加尊重，都不时有意地到父亲的办公室或乘家中聚会之机与父亲谈谈，一来有娱亲、交流之意，二来也愿听听教诲。后来的历史证明，刘鸿生的十三个子女无一骄奢、庸凡。

孩子们的工作，他总是给予耐心的指导，1936年，刘念智从英国回来时，正是刘氏企业周转困难还没有解决的时候。刘鸿生当时交给儿子一个任务，去看银行总经理徐新六，商谈连本带利转期一年的办法，接着就指导刘念智要"把刘鸿记的负债情况研究透彻，老老实实说明情况，回答他可能提出来的一些问题，诚实待人不弄虚作假，这是取得银行家信赖的最好办法。"

刘念智按照父亲的指点去做，徐新六最后说："你回国不久，就能够摸透你父亲各个企业的基本情况，很不错啊，以后希望和你多谈谈。"并且商妥了借款转期手续。后来刘念智调到华东煤矿工作，刘鸿生对他说："四儿，你可要记住，酒肉朋友是无啥轧头的。要办大事，就得依靠成千上万的穷人替你卖命啊，你要办好码头，就得依靠码头工人，你要想办好煤矿，就得依靠煤矿工人。"

六子刘念悌1935年清华大学尚未毕业就东渡日本，考入日本国立帝国大学学习（该校后来改名为国立东京大学）。1937年7月7日，"卢沟桥事变"发生时，刘念悌正在准备大学毕业论文，眼见祖国正在被日军铁蹄所蹂躏，处在存亡危机之中，爱国热情涌上心头，顿时热血沸腾，心急如焚，再也无法留在日本继续学业，毅然放弃获得日本帝国大学毕业文凭的机会，于7月9日匆匆搭船返回祖国，准备参加抗战，去延安参加革命。刘鸿生先生知道后，虽觉得很危险，很担心，也很关心，但绝不叮问，而是自言自语地说："他们都长大学成了，都有了自身的志趣，我绝不干涉。"1938年年初，刘公诚从延安来重庆为抗日募捐时，刘鸿生竭力资助，使刘公诚筹得一大批医药物品，设法转运到了延安。

刘鸿生临终给刘念智留下了这样的遗言："我平生最担心的有两件事：一是怕企业倒闭，另一件是怕子女堕落，在我死后抢家当。现在这两件事都由共产党给我解决了，企业不会倒闭了，子女不会堕落了。我可以安心地离开你们了！我死后，你要告诉你的兄弟妹子，包括异母弟弟，就说是我说的，定息可以分取，但不要多取，每人至多拿几万元，拿多了对你们没有好处。其余的全部捐献给国家，这是我对中国共产党一点微小的表示，也是我最后的嘱咐。"

吴蕴初：用"国产"将泛滥而入的"外货"抵出国门

吴蕴初

传略　　吴蕴初（1891—1953），原名葆元。生于江苏嘉定（今属上海市）。化学工业实业家。

13 岁入塾读书，15 岁进上海"广方言馆"学习，后入上海兵工学堂学习化学，毕业后留校任助教。1913 年任汉阳钢铁厂化验师及制砖厂厂长。1916 年去汉口，先后任汉阳兵工厂理化、制药（炸药）课课长。

1921 年与宋伟臣合作在汉口开设炽昌硝碱公司，生产火柴原料；与施耕伊在上海合办炽昌新牛皮胶厂，生产制造火柴用牛皮胶。其时，日本调味粉"味之素"行销中国，获利颇丰。吴乃潜心研究分析，并获得廉价成批生产调味粉的方法。1923 年张逸云投资 5 万元，在上海开办天厨味精厂，吴任厂长兼经理，生产的佛手牌味精畅销国内以及东南亚，并远销美国。吴重视化学工业的科学研究，1928 年创办中华化学研究所，任董事长，后被举为中华化学工业会副会长。1932年天厨厂增资改组，吴取得对该厂的控制权，又用天厨厂的盈利，先后开办天原电化厂、天厨第二和第三分厂、天盛陶器厂、天利氮气厂等。

抗日战争爆发后，吴将上海天厨、天原两厂迁渝，复工后因资金不足，由金城、中央、农民等银行投资并派人管理。他在沦陷区的企业多被日军侵占。抗战胜利后，吴收回原有企业，经修复后于1947年开工，因美货倾销、通货膨胀和苛捐杂税，企业处境困难。吴在民国时期，曾先后担任国民政府全国经济委员会委员、资源委员会委员、国民参政会参政员等职务。中华人民共和国成立后，历任华东行政委员会委员、上海市人民政府委员、上海市工商联监察委员会副主任委员、中国民主建国会中央委员及中国民主建国会上海市分会副主任委员。1953年10月15日病逝于上海。

传奇　　1923年，吴蕴初手握制作调味粉的技术专利，明察暗访，欲挑选既识货又热衷于实业救国的人来合伙。

茶坊酒肆鱼龙混杂，也自是藏龙卧虎及各种消息汇集与迅速传递之所，于是，从不轻易涉足的吴蕴初也踱入了其间。冷静地用他那独特的眼光观察着，搜寻着，……

终于，他发现了一个人，此人三十上下，做商人打扮，操宁波口音，精明灵活，宁波如同绍兴出师爷一般地"盛产"精明的商人。这是个理想的对象。经有意地不露声色的探询，得知此人姓王名东园，系张崇新酱园的推销员。张崇新酱园的老板张逸云拥有十几个酱园，资金可谓雄厚，他本人又是出身于书香门第，中过举，头脑灵活，声誉甚佳，为人宽厚热忱，正派有识，实是吴蕴初欲寻的理想合伙人。他不急于去面见这位老板，而是要通过那位精明热情的善贾的宁波王东园来做中介。于是，他有意地跟着王东园进了"聚丰园"。

吴蕴初选了个距王东园不远的桌子坐定后，丢出两角银币，要了两菜一汤一碗饭，"食公之意，不在吃"，他有意地端起汤来喝了一口，在嘴中夸大地品了品，再有意加大动作地摇摇头，微皱一皱眉，便掏出了随身携带的小瓶，招摇地高高举起，缓缓地抖了两抖，几点不易为人察觉的粉末落入汤中。以眼角余光他瞥见自己的这些举动已引起几个人的好奇，这才不慌不忙地端起汤碗浅尝了一口后，便大口地喝了起来，喝了两口后，又啜嘴咋舌，表情陶醉。

同桌对面的一个年轻人实在忍不住好奇，便开口问道："喂，侬在汤里做了啥法，好香啊？"

吴蕴初笑而不答，将那个小瓶对准那年轻人的汤碗抖了抖，而后说："侬阿品品看！"

年轻人却起了疑心，怕这位表相斯文的人乘机给他下上什么毒药，拒不肯尝。

这一切自然落入了精明的王东园眼中，他深信这位斯文的先生不会害人，也深知在这大庭广众中也没人敢无端害人，便凑上去要尝一尝。待喝了一口吴蕴初的汤后，品了品滋味，不禁脱口叫道："好！好！好味道——你再买一碗吧，阿拉付钱，这碗就归阿拉吧！"

吴蕴初说："先生何必客气，再来一碗归你，我给你放点儿这东西就是。"

王东园移桌相就，喝着吴蕴初给他兑好的汤，赞不绝口，当得知这位先生就是吴蕴初后，恍然地叫道："怪不得，怪不得！先生就是炽昌的吴厂长，有名的化学家，久闻，久仰！是阿拉有眼不识泰山，先生见谅，先生见谅！"

一番逊让后，王东园又报上姓名，说："是先生研究得与'味之素'一样的东西吧？何不办一个工厂？"

吴蕴初点头说："你很识货！这正是我研究的足可与'味之素'抗衡的东西，我也正是想用这东西将日本的'味之素'挤出去，将他们赚去咱们的白花花的银子夺回来！"

王东园听了连声叫好，在得知吴蕴初尚缺乏资金后，主动提出介绍他的老板张逸云与吴蕴初合作。

王东园是位办事功效很高的人，张逸云也非常爽快，第二天便约了吴蕴初仍在聚丰园中相见。宾主相见，略事寒暄，两个饱学的读书人便一见如故了。张逸云起身拦住欲叫菜的吴蕴初说："今天咱俩谁也别请谁，合伙做东：我出饭菜，你出调料，公平合作如何？"

吴蕴初开怀大笑。

尝过经吴蕴初加料的汤后，张逸云喜形于色，连赞此品绝不逊于"味之素"，吴蕴初更是兴奋异常，说："您使我相信，我的实验目的是达到了，至于更大的目的，就需要先生您支持了！"

张逸云正色道："吴先生，我辈读书人岂不知民族兴亡的道理？您有话只管直说吧，可是要阿拉合作？"

待吴蕴初点头后，又道："阿拉出钱，你出技术经营就是，你开口吧，先要好多？"

吴蕴初说："就请先出五千银洋吧！"

于是，两下里相见恨晚，一拍即合，决定共办一个生产如同"味之素"一样的调味品的工厂。

苦学　　吴蕴初的祖上几代，均以教书为业，吴蕴初的父亲吴箫舫就一直从私塾教到公学，后来才做了美国基督教圣公会办的圣约翰大学的中文教师。一家十口就全靠吴箫舫的洋"束脩"度日，其清贫可想而知。

吴蕴初小时，祖父已赋闲在家，又甚喜欢这个长孙，故自吴蕴初牙牙学语起，便将其所学所悟或直接或间接地一点儿一点儿地灌输给他。待他稍大之后，读书之外，祖父又总是要其伴在身边，教其做些"细务"：洒扫清理，捧烟打水，传拿递取。他也做得十分麻利与愉快。吴家历来"往来无白丁"，到吴家与吴老爷子攀谈的多是读书人，话题无非是诗书、先贤与时事。由于吴蕴初常伴于旁，"细务"又做得快，多半时间端正了身子，仰起脸儿来望着、听着，先贤名人的许多勤奋向学、英勇报国，正直做人、刻意为民的动人感人的故事，激励着吴蕴初；时事的"国耻民难"也对吴蕴初产生着重大影响。

不去考秀才、举人，学点本事，找个出路，至少可以赚两个钱添补添补家用，出于这种心理，吴蕴初在 14 岁时（1905 年）进了广方言馆。由于光绪已于前几年接受了张百熙、张之洞等大员的奏请，厘定了公学各级学校章程与学制，基本上以张之洞提倡的"旧学为体，新学为用"的原则，兴办了不少学堂，上海的广方言馆便是这一时期与这一指导思想下的产物。广方言馆几乎相当于现今的外语学校。进这所学校，祖父是反对的，老人家出于爱国心理一向不喜欢外国的东西，并且觉得国家太弱，即使外语学得再好，也难得与洋人平等待遇，所以他阻止这个他最喜爱也最寄厚望的长孙说：

"读洋书，学洋文，到头来国人不喜，外人不用，还不得给洋人去倒夜壶？"

可吴蕴初以为，学，他就要也必然学好，学好了，也就学懂了洋人的东西，"我学好了，有了作为，说不定还叫洋人给我倒夜壶呢！"可是，他在广方言馆刚学了一年，父亲的那点洋"束脩"已填不饱渐已长大的五个弟、妹的肚子了，于是只好恋恋不舍地放下了洋书本，回到了嘉定县西门的家中，到嘉定第一小学做起了英语教师，收入虽说不多，可也能填补一点家用。

科举一废止，上海兵工学堂便传出了招生的消息，吴蕴初听了跃跃欲试，便向其父提出了报考的要求。父亲虽深觉家用开支愈来愈大，自己已独力难撑，可仍为儿子的前途着想，略一沉吟，便应允了。可是有两个条件。今年考不取以后就不要考了；考上了，家里是无力负担的，须一边学习，一边打工，争取自立。吴蕴初表示一定要考取，也一定自立，甚至说："父亲大人放心，孩儿不但在经济上会自立，还要多赚点钱来贴补家用！"

吴箫舫听了深觉对不住这么小的儿子，至于"贴补家用"，他相信儿子并不是随口说说，肯定会当回事去做，可他才十四五岁呀，内疚与欣慰之下，他唯有苦笑。

吴蕴初凭借智慧、信心和努力，实现了他"一年考取"的誓言，也凭借吃苦、耐劳的实际行动实现了他另一个诺言：自立并贴补一些家用。他入学伊始，就挤出尽量多的时间去打工赚钱，而且很快就获得了奖学金。虽是几块钱，可对于一个穷学生来说，特别是他这个无家人负担却要负担家人的穷学生，无疑是非常重要的。他的校长看他学习勤恳，成绩突出，便体恤、同情他，安排他到兵工学堂的附属小学兼教算术学，每月给他六两白银的报酬。这对于他来说又是一个很可观的数目。可他仍不满足，仍挤出时间去打工做苦力，以赚取可以补贴家用的小钱！并在外白渡桥边找到了这种出大力挣小钱的"基地"。外白渡桥位于交通要津，是运输生活物资进入上海的要道，又距兵工学堂不远。吴蕴初发现由于桥高，人力车辆，甚至驴马车通过时都要加大力度，他就一得闲便等待于桥下，发现上桥吃力的车辆就奔上去帮人推、拉，然后得几文"回谢"。

贡献　　吴蕴初 1911 年从上海兵工学堂毕业，到上海制造局实习一年后，回学堂当助教，同时在杜博所办上海化验室做一些化验工作。1913年经杜博举荐到汉阳钢铁厂任化验师。在该厂试制矽砖和锰砖获成功，被升任砖厂厂长。不久，汉阳兵工厂聘他担任理化课和制药（炸药）课课长。第一次世界大战期间，化工原料短缺，燮昌火柴厂在汉口筹办氯酸钾公司，聘吴蕴初为工程师兼厂长，利用兵工厂的废料以电解法生产氯酸钾。

1920 年，吴蕴初回到上海，与他人合办炽昌新牛皮胶厂，任厂长。这期间，日商在上海倾销的"味之素"，引起了他的注意，并摸索研制成功味精，后建成上海天厨味精厂。为使味精所需盐酸自给，1930 年建成天原电化厂。该厂是我国第一家生产盐酸、烧碱和漂白粉等基本化工原料的氯碱工厂。1932 年，吴蕴初了解到美国杜邦公司的合成氨试验工厂停业，有一套设备待售，便买下设备，建设了天利氮气厂。天利厂用天原厂电解车间放空的氢气制合成氨，部分合成氨再制成硝酸，这是我国生产合成氨及硝酸的第一家工厂。为使天厨、天原所需耐酸陶瓷做到自给，吴蕴初于1934年建成天盛陶器厂，生产多种耐酸陶管、瓷板、陶质阀门及鼓风机等，创国产耐酸陶瓷工业之先河。至此，天厨、天原、天盛、天利4个轻重化工企业形成了自己实力雄厚的"天"字号化工集团，在我国化学工业史上写下了灿烂的篇章。

为使天利氮气厂和同时在建的永利公司南京铔厂之间避免矛盾激化，吴蕴初与范旭东坦率地通函协商，划定了各自的经营范围：永利在长江以北，天利在长江以南，从而形成了所谓"南吴北范"的格局。

爱国　　日伪时期铁路沿线，大街小巷，几乎凡是人流较大或簇居集散处都彩绘着甚为醒目的"仁丹"与"味之素"的广告。这种无所不在几乎渗透到每个角落的产品宣传，说明厂家能力强，而且生产厂家多，生产量也大；但也有个弱点，一旦遭到比它物美价廉的同类产品的抵制，必如急流被阻当即积压成山，不是另寻出路，就得停产。

日倭的可恶，在吴蕴初的脑海里印象最深，从明代以来的强盗式的掠夺愈来愈凶，特别是幼时那听了多次，次次为之切齿的"甲午战争"、"马关条约"，他终生难忘，时时想象着他如何能像戚继光、俞大猷那样纵马摇枪，麾动铁骑去痛快淋漓地驱倭出境。如今他已经抓到了一个机会，他可以凭了自己的本事，和那些握着"味之素"的日倭较量较量了。其次，"味之素"体小单一，便于研究。因为以他当时的经济能力来说，是承受不起复杂庞大的实验活动的。最后，像"味之素"这样的产品是最易得利的，因为它是人们一日三餐中很理想的调料。销量自会极大，见利也会极快。

吴蕴初主意一定就跑到商店花了四个银角子买回了一小瓶"味之素"。就在他与妻子在上海租用的一间半卧室，做起化学分析，分析的结果，它的主要成分就是谷氨酸钠,当时化学上的中译名称为"哥罗登酸钠"。对"哥罗登酸钠"吴蕴初并不陌生,他是读过有关资料的。最早从植物蛋白中提取这种物质的是德国人,日本人自是受了德国人的启发。日本人能从德国人的启发中获得这种产品技术,中国人为什么不能在日本人的启发下获得这种技术呢?只要能提炼出"哥罗登酸钠",就解决并获得了与"味之素"相类的产品。

环境小,条件差,吴蕴初又在做着"新炽昌"的厂长,只能靠"业余时间"。条件差,化学反应就不会进行得很完美,速度也必缓慢,因此往往需要几个昼夜的连续观察与记录,一个只靠"业余时间"的人是无法坚持的。于是这个具体的、日常性的试验活动就只好由助手代替了。请助手,吴蕴初没那个条件,也因为要保密而没那种可能,就只得依靠他的夫人戴懿了。戴懿的文化水平并不高,连初小都没有读完,根本不知道化学为何物。但是,她慧心独具又极忠于丈夫的事业,硬是全心全意地在丈夫的指引下坚持着工作。每日里认真地观察着各种细微的反应,一点一点地记在一个专用的小本子里,经常是夜以继日地摆弄着那些瓶瓶罐罐与酒精灯。而且不仅要付出巨大的精力与劳务,还须不时地向人赔小心,因为试制中不时逸出的硫化氢臭气与盐酸的酸味弥漫着整个亭子间,再溢入邻家,邻家自然会很不满于这种污染。吴夫人每当此时,只好事先往邻家去致歉,以求得谅解。

吴蕴初夫妻同心,顽强地坚持,经过近一年的紧张而繁细的工作,终于掌握了"哥罗登酸钠"的制作方法。夫妻俩几百个日日夜夜的辛辛苦苦结晶出了几十克颗粒细微、白光耀眼的晶体。虽只几十克,可这标志着日后的无数克;标志着自此中国人凭自己努力获得了优质的化学调味品,就足以将那泛滥而入的"外货"抵出国门,因而将那些因外货泛滥而兑出的白花花银子流转回国内!

交际　在重庆时,吴蕴初最广为人知的一件事情就是:1945 年 9

月 17 日，他和王若飞共同签名发送请帖，邀请重庆的工商界人士和毛泽东在桂园座谈。

当时的历史条件，吴蕴初未必说多么了解共产党。他这个人，用现在的话说，有点傻乎乎的，没什么心眼。那时候他和黄炎培、章乃器这些人很要好，这些民主人士和工商界人士经常在一起聚会，叫做"星期五俱乐部"。那时候重庆也没有什么好饭馆，冠生园是最大的饭店，他们就经常在那里聚会。那时候有舆论说让工商界和毛泽东见见面，应该说有人可以出面的，但是这些人都不愿意出面，因为出面以后不知道会怎么样。但是吴蕴初无所谓，他是有点什么都不怕，什么都不在乎。他经常去欧美考察，受美国的影响很深，比较欣赏多党政治制度，他觉得让人家讲讲话也很好，是很朴素的民主观念。

另外一方面，吴蕴初也是比较在乎名声。这对于他来说恐怕不是一个政治的事情，而是一个社会事务。他没有多少政治头脑，没有什么倾向性，也不太懂。抗战胜利以后，他是国民代表大会的代表，他还帮他妻子去贿选国家代表，买了几个手表送给人家，后来还是他的老朋友钱昌照（当时国民政府资源委员会委员长）跟他说，差不多了，你不要去搞这个。

在重庆时，吴蕴初发现，无论他到哪里都有人跟着，而且不时地换人。吴蕴初家住在猫儿石，他每次进城要从嘉陵江摆渡。从摆渡开始，他只要一上船，就必然会有一个陌生人跳上来。下船之后坐黄包车，也总有人在后面跟着跑，因为重庆不能骑自行车。很辛苦的，一班一班换人。

这天，吴蕴初进城到李子坝时，一个年轻学生打扮的人凑上前诡秘地对吴蕴初说："先生，我是个青年学生，很想到共产党占领区延安去，可惜缺乏路费，你能助我一臂之力吗？那我将永远感谢你！"

对于这个人，吴蕴初早已留意了他的跟踪，而且他那难掩的诡诈与"共产党占领区"的用语也暴露了他自己。于是吴蕴初当即将隐藏于胸的怒火化为真气，声色俱厉地道："什么？！你是共产党！走！我要拿你到官！"吓得那伪装学生的小特务倒退着欲溜。吴蕴初又大喝道："想溜吗？给我

吴蕴初：用『国产』将泛滥而入的『外货』抵出国门

站住，不站住我可要喊宪兵了！"

小特务见已弄巧成拙，怕因此而招致麻烦，只好掏出特务证件向吴蕴初表明了他的身份。吴蕴初为了避免日后同样的麻烦，也亮出了他那中组部送上的党证，并亮出一连串的头衔，最后说："回去告诉你们的长官，日后不许盯我的梢！否则，我到蒋委员长那去告你们！"

不久，吴蕴初果然趁一次开会的机会，向蒋介石告了一状。蒋介石听了嘴里骂特务机关"胡闹"，心里却对吴蕴初与中共要人的往来，仍存芥蒂。

吴蕴初曾在家里宴请王若飞和邓颖超，他们代表毛泽东个人来感谢吴蕴初，还送了礼物：一条毛毯、一袋小米、一袋红枣。吃饭的时候，吴蕴初说请他们把吴志进带到延安去，他们就说，延安很苦，贵公子吃不了这个苦的，还是等过几年再说。吴志进后来回忆说："其实父亲也就是这么随便说说，根本不是认真的。那条毛毯是灰白花、长毛的延安毛毯，后来我在学校念书一直带着用。"

王若飞说：中国经济建设的发展，需要吴先生这样的实业家振兴工业。这给吴蕴初留下了深刻的印象。吴蕴初于 1948 年底出国。上海解放时，他在美国，听到上海天原等厂一切正常，十分欣慰。不久，他收到钱昌照来信，邀他回国。1949 年 10 月，吴蕴初到达北京，受到周总理亲切接见并设便宴招待。一见面，周总理就说："味精大王回来了，欢迎！欢迎！"周总理还说："中国化学工业将会有很大发展，希望吴先生能为化工事业继续努力。"吴蕴初受到极大鼓舞。这年 11 月，他返回上海，受到天原电化厂全体职工热烈欢迎。此后，他担任了华东军政委员会委员，上海市人民政府委员，上海市工商联监察委员会副主任委员，中国民主建国会中央委员及上海分会副主任委员，化学原料工业同业公会主任委员等职。1952 年，人民政府委派他赴苏联访问，回国后，准备请他到北京工作，进一步发挥他的才能。不幸的是，夫人戴懿的病故，使吴蕴初十分悲痛，加上积劳成疾，住进了医院，直至病逝。

粗犷　　吴蕴初的性格一点也不像知识分子，没有什么书生气。在吴蕴初儿子的记忆里，不能说父亲的脾气很不好，但他是个不太会掩饰自己情绪的人，想说什么就说什么，想不高兴了就不高兴，想拍桌子就拍桌子。他说话是极其粗鲁的，骂起人尤甚。他还喜欢舞刀弄枪、打太极拳。

有一段时间，吴蕴初对大儿子吴志超有些生气，因为吴志超喜欢到外面去做投机生意。做投机生意在当时是被正派人非常瞧不起的。那时候他们住的房子在重庆猫儿石的山坡上，吴蕴初住在上面一点，吴志超的房子在下面一点，就像一个小坝一样。吴志超年轻洋气，喜欢听听外国音乐，有时候还在家里跟朋友一起跳舞。吴蕴初看不惯，对儿子很生气，对听歌、跳舞这些行为特别烦，他不高兴了，就拿个棍子把收音机的天线砸了。有一天，他的夫人早早就出门与朋友活动去了。他一个人在家生闷气，拿着刀子乒乒乓乓把家具劈得一塌糊涂，连太太的床也没有放过。

在生活上吴蕴初很粗线条。他吃饭极快，上桌子三两分钟，吃完了拍屁股就走了，从来没有和大家一边聊天一边慢慢吃。一般大老板不会在街边吃东西，但是他会。有一次在上海复兴公园门口，他看到卖油炸臭豆腐的，就买了一个吃，边吃边说，不要看到熟人。结果真的碰到熟人——上海社会局局长吴开先。女儿吴志莲参军填表时，有一栏要填"家庭经济状况"，她不知道怎么填，就写信问父亲。父亲很生气，说："我的所有家产都在基金会，谁要了解自己去，我也说不清。"

慈父　　吴蕴初和儿女小时候接触不是很多，但是他也喜欢跟儿女开玩笑。他会在三儿子吴志进睡觉的时候把他画成大花脸。在重庆的时候，他喜欢和吴志进一起炸麻雀，因为他懂怎么样用火药。他喜欢喝酒，家里有很多酒，但是他又很小气，只能他自己一个人喝。有时候孩子们会偷他的酒喝，后来他发现少了，就用铅笔在酒瓶上做记号。可是后来吴志进也发现他的记号，就在偷喝之后把记号擦掉，再画。

吴志进的脾气和吴蕴初一样暴躁。吴志进在南开中学念书的时候，有个教官冤枉他，说他欺负另外一个同学，其实他们是小孩子闹着玩。吴志进跟他辩论，他就在吴的脑门上打了几下，吴志进就踢了教官一脚。学校因此把他开除了。吴蕴初就这件事只对他说了两句：第一，你被开除了，在防空洞关两个礼拜；第二，教官怎么打你，你就应该怎么还手。

吴蕴初这样粗线条的人，也有细腻的时候，但是很含蓄。他去北京看三儿子，会悄悄地去给他做一件棉背心。1950年抗美援朝，女儿吴志莲在复旦大学报名参军，他虽然没有反对，但是内心是舍不得的。后来吴志莲在文章里面写到当时的情形：

"父亲虽然很舍不得我，但还是支持了我，那几天他一步不离地陪着我，亲自为我买了所有他认为到部队适用的东西，带我到照相馆与他照了合影，并在照片上题了字，还召集全家人为我饯行。临行前说好他不再去车站送我，但我上火车后，同学告诉我，父亲来了。我急忙飞奔过去，只见他站在送行的人群后面，眼含泪水。他说，不想让我知道他来送我，悄悄来到车站，只是想再看看我。"

卢作孚：一个没有现代个人享受的现代企业家

传略 卢作孚（1893—1952），重庆市合川人，民生公司的创始人、中国航运业的先驱，著名爱国实业家、教育家和社会活动家。

自幼好学，天资聪颖。因家境贫寒，小学毕业辍学，自学成才。后开馆办补习学校，讲授中学数学。边教书边自学，编著有《卢思数学全解》《中等代数》、《三角》、《几何学最新讲义》等，所著《应用数题新解》一书，当即由重庆中西书局出版发行。辛亥革命初，宣统二年（1910年）在成都参加同盟会，从事反清保路运动。1914年周游上海、北京，后回乡在合川中学任教，参与编写《合川县志》。后去成都，相继担任成都《群报》、《川报》编辑、主笔和记者，1919年接任《川报》社长兼总编辑。积极投身"五四"运动，参加李大钊等组织的少年中国学会，主张"教育救国"。1921年任泸州永宁公署教育

卢作孚

科长，积极开展通俗教育活动，聘请中国少年学会会员王德熙和恽代英分别担任川南师范学校校长和教务主任，开展以民众为中心的通俗教育与新教育试验，影响全川。后因四川军阀混战，中途被迫夭折。1924年，到成都创办民众通俗教育馆，担任馆长，在少城公园内建起了各种陈列馆、博物馆、图书馆、运动场、音乐演奏室、游艺场、动物园等文化娱乐场所，集中了成都各种工程技术人才和文学艺术专家，充分发挥了他们的才智。然而红火一阵，又蹈川南教育实验的覆辙。由此转而产生了"实业救国"的念头，于是，他在1925年秋，弃学从商，奔回合川，创办了民生实业公司，设想以办轮船航运业为基础，兼办其他实业，把实业与教育结合起来，促进社会改革，以达到振兴中华的目的。

卢作孚白手起家创办航运，当初筹资极为困难，幸亏得到友人支持，筹得8000元资本，亲赴上海订购载重70.6吨浅水铁壳小船一艘，于1926年秋驶回重庆，取名"民生"，开辟嘉陵江渝——合航线。他们除了总揽岸上事务外，竭尽全力改善经营管理，卢还亲自上船接待旅客，并提出"一切为了顾客"的口号。1927年春，卢作孚到北碚出任江（北）、巴（县）、璧（山）、合（川）峡防团务局局长，他在清剿匪患的同时，对峡区进行乡村建设实验。在这里建成了四川第一条铁路——北川铁路；组建了当时四川最大的煤矿——天府煤矿；创建了西南最大的纺织染厂——三峡织布厂；创立了中国唯一的民办科研机构——中国西部科学院；在四川率先架建成了乡村电话网络；开辟了被誉为重庆北戴河的北温泉公园。他在这里修公路、开运河、办农场、建工厂、辟公园、修建体育场、改造旧城市，并在城镇中设医院、建立图书馆、博物馆以及各种学校。与此同时，民生公司也发展很快，到1929年又新制了"民用"、"民望"两艘轮船，总吨位230吨，航线从嘉陵江渝——合线扩大到长江渝——涪、渝——沪线。当年，卢被刘湘任命为川江航务管理处处长。此间还曾担任四川省建设厅长、交通部次长、全国粮食管理局局长、全国船舶调配委员会副主任委员等职，为抗战时期的军需民运作出了重大贡献。此时正值外国船只横行川江，日本的太古、信和、日清及美国的捷江等轮船公司，凭着强大的实力，大幅度降低水脚，企图挤垮华轮公司，独霸川江。华轮公司面临破产境地。面对这种形势，卢作孚挺身而出，明令中外轮船进出重庆港，都必须向川江航务管理处结关。迫使日清公司接受中国海关检查，开创了外国船只接受中国地方政府检查的先例，废除了甲级船员必须用外国人的陈规，提出外轮冲翻中国木船必须赔偿损失，和"中国人不搭外国船，不装外国货"的口号等等，得到广大人民的支持，严重打击了外轮的气焰，维护了民族尊严。并在此基础上提出"化零为整"统一川江航运，主张将川江所有华轮公司联合组成一个公司，一致对外。于是从1930年起，在川江航线上以民生公司为中心，开展了"化零为整"统一川江航运的活动。凡是愿意售卖轮船的公司，民生公司予以收买，凡愿意同民生合并的公司，其轮船财产均以较高价格折价，然后用部分现金偿还原公司的债务，其余作为加入民生公司的股本，人员全部接收，量才录用。如此，不到一年，即合并了重庆以上航线的7个轮船公司。接着便向重庆下游扩展，又合并了7个公司。刘湘、刘文辉等军阀的船只亦以高价收买入股的方式，变成了民生公司的产业，从而合并和收买华商轮船28只。到1935年，美国捷江公司和一个英国轮船公司在竞争中垮台，11只大轮船为民生公司收购。日清公司由盈转亏，太古、伯和见势不妙，亦悄悄退出川江航运。这时民生公司拥有轮船42只、吨位16884吨、职工2836人、有股本120万元、资产730万元，经营了川江航运业务的61%。

抗日战争爆发后，国民政府任命卢作孚为军事委员会水陆运输管理委员会主任，卢坐镇武汉、宜昌等地，具体指挥。1938年秋，武汉失守，大量后撤重庆的人员和迁川工厂物资近10万吨，屯集宜昌无法运走，不断遭到日机轰炸。卢作孚集中全部船只和大部分业务人员，采取分段运输，昼夜兼程抢运，不顾日机狂轰滥炸，经过40天的奋战，终于在宜昌失陷前，将全部屯集的人员和物资抢运到了四川。这次抢运行动，瞩目中外，被誉为中国的"敦刻尔克"。在抗战期间，民生公司收买了由沦陷区逃出的长江中、下游华轮公司轮船 70 多只。是时，船只最高时达到 137 只、36000 余吨位、拥有职工 17000 余人。不仅独占了川江航运，成为战时中国最大的航运企业，而且还控制了许多其他重要企业，除附属民生机器厂，为大后方最大的机器制造工厂外，并向矿冶、航运、机械、纺织、食品、贸易、保险、新闻等各行各业中的 78 个企、事业，进行了大量的投资，卢本人曾担任了几十个企业的董事长或董事。在整个抗战期间，民生公司共抢运了各类人员 150 余万人、物资 100 万余吨，遭日机炸毁船只 16 艘、牺牲职工 100 余人。抗战胜利时，国民政府授予卢作孚一等一级奖章。

战后，卢作孚把长江航线的重点移至上海，以此作为向沿海、远洋发展的基地，增辟由上海到台湾、汕头、香港等南洋航线和由上海到连云港、青岛、天津、营口等北洋航线。并在台湾、广州、香港等地设立民生公司分公司或办事处。同时又与金城银行集资 100 万美金，创办"太平洋轮船公司"，购入海轮 3 艘，把航线延伸到越南、泰国、菲律宾、新加坡和日本。到 1949 年拥有各种船舶 150 余只，吨位 72000 吨，职工 9000 余人。

中华人民共和国成立后，卢作孚于 1950 年 6 月由香港回到北京，他所组织的 18 艘海外轮船陆续从香港驶回大陆，他作为特邀代表参加全国政协第一届第二次会议，并担任全国政协委员、西南军政委员会委员、北碚文化事业管理委员会主任等职。1951 年春，卢作孚逐步将滞留香港的船只驶回中国，同年冬天，卢赴京开会，周恩来表示希望他到交通部担任负责工作，卢决定处理完香港撤船事宜后再赴任。但 1952 年 1 月初离京返渝时，正值"五反"运动高潮，他被指为"不法资本家"无情斗争，他不甘受辱，遂于 1952 年 2 月 8 日在重庆服用大量安眠药后辞世。

印象　　在卢国纶眼里，卢作孚是个非常善于克制自己感情的人，不管在外面有多累，或受了什么气，回家从来不说。卢国纶说他们从未见到父亲发怒，更没见过他哭。

卢作孚面庞清瘦，稍稍凹陷的眼睛很有神，精神总是那么饱满，行动总是那么敏捷。他和员工一样穿粗布"民生服"，蓄平头或剃光头，穿布鞋甚至草鞋，看上去像小公务员或小学教师，没人会想到他是大名鼎鼎的实业家。

1932年乘"民贵轮"入川的植物学家胡先说：卢作孚当年虽不到40岁，看上去貌若五旬，须鬓苍白，但一经接触，就能感受到他的理想家气质，目光冥然而远，声音清而尖锐，办事的热忱，舍己为人的精神，处处都像个宗教改革家。

1932年到中国西部科学院工作的徐崇林第一次见到卢作孚，印象极深的就是他穿着一身土麻布制服，完全没有官气。卢作孚做四川建设厅长时，曾去川大讲演，学生们记住了这个"穿土布制服的厅长"。

有一次张群和卢作孚开玩笑："你的跟班都比你穿得漂亮。"果然，1938年夏天，在武昌，有一次军事委员会第三厅战干团请他演讲。他穿的是"民生服"，跟班翁祥福穿着派力司中山服，头戴巴拿马草帽，手拿公文皮包，神气十足，接待的人误把翁祥福当做了嘉宾。此前1936年的一天，卢作孚到上海最豪华的国际饭店访友，因为他所穿的灰麻布"民生服"，"颇似穷工人"，电梯司机不许他进去。

宜昌抢运时，他经常在夜晚亲临码头指挥，一个像是报关行的人不认识他，见他穿着粗布衣服，土里土气，却在指挥这、指挥那的，不客气地问他姓什么？当得知眼前就是大名鼎鼎的卢作孚时，此人灰溜溜地消失了。

1944年10月，卢作孚到美国出席国际通商会议，中国代表包括张公权、陈光甫、李铭、范旭东、贝祖贻，他也是穿着这身粗布"民生服"去的，而且光头。正在美国为乡村建设学院募款的朋友晏阳初说："作孚，外国人很注意衣冠。你这样不修边幅，恐怕会吃亏。"就带他到裁缝店去做西装，并教他打领带。穿上西装、领带，晏阳初又对他说："阁下这个头，外国人看，会以为来了一个和尚。"听了晏阳初的劝告，他才留起头发，而且很用心地学梳头。

1945 年 7 月 25 日，卢作孚回国两个多月后，身穿西装，留着拿破仑式的头发，出现在民生公司周会上，青年员工何现伦在日记里对他颇有微词："在八时半，他同郑主任秘书一道而来，身着雪白哔叽西服，内衣也是白府绸，鼻烟色的领带，头也梳得光光的，大约都擦有发油。如其没有发油的话，它哪里会亮而发光呢！手上还戴有手表，大约都是美国的东西。他未到美国前，在国内时，随时都身着粗布麻制服装，很朴素的样儿，头也未能梳，很实行新生活似的。可是他此次出国去过一趟，也合国外的潮流，回国之后，随时与那些外国人一道东玩西玩的。"

苦读　　1901 年，卢作孚 8 岁时，进了瑞山书院。桃片是卢作孚故乡合川的特产，因为家贫，他就挑桃片卖了作学费、生活费，因此成为切桃片能手。后来他小学毕业后就辍学，失去了上学的机会，他再没有进过任何正规的学校。但这绝不等于他从此停止了学习，恰恰相反，他开始了另一种方式的学习，更加艰辛的学习——刻苦自学。

辍学的第二年，即 1908 年，为了减轻家中的困境，卢作孚决定一面自学，一面收教中学补习生，借以获得一点收入，不再要家里捎来生活费。年仅 15 岁的卢作孚，毅然离开家乡合川，前往成都。到成都后，就住在合川会馆里。他开始进了一个收费低廉的补习学校，专攻数学，仅仅学了两个月，觉得补习学校教的课本内容太浅，徒然浪费光阴，于是决定自学。他首先自学数学，学习效率惊人，仅仅几个月，便把所有中文版本的数学书籍学完。在这期间，他还解了大量的数学难题。这是卢作孚第一次显示出自己坚忍不拔和聪颖过人的能力。这样的能力，在他一生的工作和学习中，曾经多次非常突出地显示出来。

一个小学毕业生，仅仅经过一年多的自学就开始教中学补习生，为别人补习中学数学，这是令人难以想象的。

在这一时期，卢作孚还先后编著了《代数》、《三角》、《解析几何》、

《应用数题新解》等书籍，并以"卢思"名义在成都替学使署立案，但迟至 1914 年夏秋间始交重庆铅印局出版。因为资金困难，后来仅《应用数题新解》正式发行。

数学学完后，卢作孚转而倾注全力学习古文、历史、地理、物理和化学，扩充自己的基础知识。在学习古文中，他特别喜欢韩愈的文章。他曾花了三年时间逐字逐句地研究韩愈的著作，并逐段逐章作了批注。这对于他后来讲话和写文章都简洁有力，产生了重要的影响。

到 49 岁他还下决心用业余时间学习英语，利用每个机会练习听说能力，把一切会英语的人当做老师（包括晏阳初的妻子雅丽、乡村建设学院的教授孙恩三等）。孙恩三说，卢作孚刚开始学英语时，掌握的词汇只相当于二年级学生的水平。两年后，他就能轻松地阅读英文报刊，听得懂罗斯福、丘吉尔的广播演讲。

罗家伦曾邀请卢作孚到中央大学演讲，他笑着说："我怎么能在大学讲演，我仅仅是个被人称为'小学博士'的人！"

简朴　卢作孚生活非常简朴，常年穿着一套中山装，或者民生服。做了交通部次长仍是如此。夏天他到四川下面视察，下属见他一件白布衬衫、麻色粗布长裤，常常惊讶、发愣。妻子和他一样从来都穿粗布衣服，子女穿的粗布衣服，几乎都是她一针一线缝出来的。为了节省梳头时间，卢作孚平时都是剃光头。他人长得瘦小，属于瘦有瘦劲一型。

在公司，他和职工一样排队就餐，按民生规矩，包括他在内都在一个食堂同桌站着吃饭，战前一桌六菜一汤，抗战发生后改为四菜一汤，有荤有素，凑齐 8 人即可，公司免费供应。伙食标准分"船上"和"岸上"，船上分三等，岸上分两等，总经理和一般办事员为一等，小工、茶房为一等，差距只是前者多两个菜而已。

卢作孚定期和船上、岸上人员共餐，了解情况。每次到轮船或栈、厂检查工作，他也和基层职工同吃同住，没有什么特殊。在公司招待所吃饭，他一律照实付钱，记在账上，按月在工资里扣除。平时吃饭不过三小碟菜，当交通部常务次长时，吃饭多是一荤一素，两碟小菜。有客人只是加几个小碟。有时因公事请客人吃饭，也记在自己账上，不要公司负担。

他宴请客人，也十分朴素。有一次，四川省的省主席刘湘到北碚游览参观。卢作孚"设宴"招待他。排场很隆重，餐桌上除了铺着雪白的桌布，放着花瓶外，还用花瓣在桌布上拼了抗日救亡的口号，筷子也用白纸包着。但吃的是什么呢？是南瓜焖饭，外加每人一小碟泡豇豆炒碎肉末。既无珍肴，也无美酒。但客人们却吃得津津有味。卢作孚喜欢请重要客人吃豆花饭。除豆花外，再加上一样两样"翘荤菜"，就算佳肴了。

曾任卢作孚机要秘书的中共地下党员肖林曾这样回忆卢作孚："卢先生一生为人勤奋简朴，不抽烟、不喝酒、无不良嗜好、不贪污、不舞弊、不谋私利。民生公司有盈余，多用于扩大再生产，他在社会上兼职所得舆马费、津贴费都捐给北碚中国西部科学院、地方医院、兼善中学等单位，自己两袖清风，在农村没有土地，在城市没有房地产。"

抗战的时候粮食非常紧张。每次在国家危难的关头，蒋介石就很看得起卢作孚。让卢作孚当了交通部的次长，还当了全国粮食局的局长。因为当时粮食紧张，张伯苓校长为了学校粮食的配置操了很多的心。有一次，国民党想到，卢作孚是粮食局长，张伯苓是南开的校长，他们的私交非常好，是不是在粮食的配置上有私？一天，特务头子戴笠就带了帮人到南开来查粮食情况。结果发现卢作孚和张伯苓都是非常廉洁的，没有以权谋私。有一次卢作孚病了，他的家人想买只鸡给他吃，却连买鸡的钱都没有。他家里的家具多半都是旧的，有两件还是借用民生公司的家具，直到去世，在遗嘱里面他还叮嘱儿子一定要把借公司的家具还回去。

知交　　晏阳初和卢作孚是 20 世纪享誉中国乃至世界的杰出人物，

晏阳初

一个是毛泽东 1938 年在延安评价的"以宗教家的精神努力平教运动，深致敬佩"的平民教育家，一个是毛泽东在 50 年代初将其与张之洞、张謇、范旭东并列，誉为发展我国民族工业不能忘记的四位实业家之一，搞交通运输的"中国船王"。他们在民国时期的乡村建设运动中与梁漱溟一道并称为"乡建三杰"。思想上的相通，人格上的相敬，作风上的相似，使晏阳初和卢作孚不仅成为事业上相互支持和帮助的同志，而且成为终生不渝的挚友。

卢作孚和晏阳初的第一次见面应在 1935 年 10 月。那时，晏阳初去江苏无锡参加第三届全国乡村工作讨论会，会后参观了浙江县政建设实验县兰溪，然后到了南京，巧遇也在南京的卢作孚。晏阳初见卢短服布衣，一点没有大老板的奢华，他第一眼就对卢产生好感，两人谈得非常投机。对于此次会面晏阳初十分高兴，返回定县后他在给平教会同仁作《关于出席乡建学会会议等经过情形的报告》时说，"在南京还遇到了卢作孚先生。他是四川的一个实业家。我们彼此相知已久，却从未会过面。这次在南京会面之后，一见如故。大家谈谈奋斗的经过，不禁引为同志。因为他在四川的努力，不仅是为四川而四川，目光也是注于全国，对于救亡图存的问题，非常注意的。他最近从广西回来，他认为广西的前途很有希望。他也希望我们派人到四川去帮他们的忙。"从此，他们开始了长达 20 余年的密切交往，结下了终生不渝的友谊。

晏阳初曾说，卢作孚"是没有进过大学而靠自己努力成功的人"。在乡村建设方面，他们更是志同道合，相互砥砺。鲜为人知的是，晏阳初还曾担任过卢作孚创办的民生公司的董事会监察人和常务董事。

晏阳初像对待亲人一样对待朋友，他家的大门总是对所有的朋友开放，大人小孩都是他最欢迎的客人。对卢作孚颇有研究的赵晓玲女士说："卢作孚先生的朋友非常多，但可称为'通家之好'的，也就是晏阳初。""卢作孚先生从不肯麻烦别人，但可以让他的孩子在假期里住在晏阳初先生家里，晏先生也像教育自己的孩子一样亲切而严格地教育他们。"平教会南迁后，晏阳初一家先暂居成都，乡村建设学院建成后，又举家移居北碚，晏卢两家便多了往来。

卢作孚非常钦佩晏阳初坚持不懈献身平民教育的精神。有一次他在中国乡村建设学院演讲时说："人都以为在美国很享福，你们的院长在美国募捐，住一个小店。有一次我去看他，他正在洗袜子。捐款是天下最苦的事，其苦一言难尽。"这件事后来有人告诉了晏阳初，使他非常感动。

1939年初寒假和1941年暑假期间，卢作孚的长子卢国维、次子卢国纪到成都旅行，两个孩子住在晏阳初家里。卢国纪多年后深情地回忆到："晏伯母是一个美国人，性格很开朗。知道我们要到成都去，他们全家人早已在盼望着我们的到来。我们住在他们家，受到了异常亲切的款待，使我们觉得犹如住在自己的家里一般。""父亲的许多亲密朋友中，唯有晏阳初家的孩子与我们家的孩子相互之间最为亲切。他们家的男孩子成了我哥哥和我最好的朋友，他们家的女孩子成了我姐姐和妹妹最好的朋友。"

1944年3月，卢作孚次子卢国纪为准备参加大学考试，卢作孚特地将他送到晏阳初家，与晏的两个儿子一起跟晏夫人学习英语，一住就是一个多月。晏夫人严格要求，规定在家只准讲英语，不准讲汉语，使其英语提高很快。

不仅如此，晏夫人还当过卢作孚的英语老师。抗战期间，卢作孚即开始思考战后建设和航运业发展问题，深感对外交流之必要，便利用养病的机会和工作之余学习英语。他虚心学习，不耻下问，向乡村建设学院教授孙恩三和晏阳初夫人许雅丽请教。晏阳初晚年还能回忆起当年卢作孚学习英语的情景："抗战期间，因为得跟美国商人打交道，他跟我妻雅丽读英文，晚上有空时来读一点。半年之后，就能看懂英文报。那时他大概50岁左右，英语说得不算流利，简单的可以应付。"两年之后，卢作孚英语水平大有提高，"能轻易地阅读英文报纸和英、美刊物"，能熟练地用英语与外国人打交道。

1949年5月，卢作孚带着刚满3岁的孙女卢晓蓉与晏阳初、蒋梦麟等友人同机从重庆到广州。机上很多人都因颠簸而呕吐，卢作孚也一样。晓蓉因为年龄小没事儿，照样玩得很开心，卢作孚见状轻松地笑了起来，晏阳初便跟他开玩笑说："以后坐飞机，你都把晓蓉带上，精神就好了。"后来在香港，卢晓蓉又多次随祖父参加他和晏阳初的聚会。他们全家还和晏阳初先生同游香港太平山公园。卢晓蓉当时很小，记忆已很模糊，但因父母常常提起，所以仿佛历历在目。有一次，大家到太平山顶散步，走着走着，卢晓蓉就脱离"队伍"跑到前面去了。抬头一看，前面有个人的背影很像她的祖父，她以为自己走丢了，就边哭边往前追赶。在她身后的祖父和同行人士见状都大笑起来，晓蓉回头一看，也破涕为笑。

晏阳初与卢作孚的最后相聚是在1949年11月。19日晏阳初和卢作孚同机从重庆飞往香港。晏阳初是去台湾参加农复会工作会议，卢作孚是为了保护滞留在香港等地的民生公司20余艘主力船返回祖国大陆。在港期间，国共两党都在争取卢作孚，国民党多次派要员劝说卢作孚去台湾，都被卢婉言谢绝。因此，卢作孚的处境已经十分危险。为卢作孚安危担心的晏阳初劝说卢作孚到美国暂避一时，再做打算。卢作孚非常感谢晏的好意，但是他说："去美国环境比香港单纯，作为短时间安排不失为一个方案。但我对事业负有责任，怎能丢下就走。其实，只要船不受损失，我什么也不怕。"他们可能谁也没有想到这次香港一别，竟成永别。

当晏阳初得到卢作孚的死讯时，不禁悲从中来，满怀深情地写下了《敬怀至友作孚兄》：

"我一生奔走东西，相交者可谓不少，但唯有作孚兄是我最敬佩的至友。他是位完人。长处太多了。"

"作孚有理想，有大志，他深知要使中国富强。必须发展交通。长江是交通重道，需要轮船，所以他组织民生轮船公司，以应时代的需要。"

"他极富创造力，具有实现理想的才干和毅力。他组织公司的资本，是向朋友和外国借款。他自己并不想赚钱，忘我忘家，绝对无私。抗战时，他有一次病了，家里人想给他买一只鸡吃，连这钱都没有。由此可见他人格的高尚。所以，知他的人都敬佩他。"

"他不说闲话，言必有物。用字精当，从容不迫，有条有理，就像他做事一样：很沉着，有组织，有思想。"

"像作孚这样一位正人君子、爱国志士、了不起的实业家，国人应当敬重，然而，他的结局竟是如此悲惨。我为国家伤心，我为至友哀痛。"

卢作孚女儿卢国懿与晏阳初的女儿晏群英是金陵大学园艺系的同窗好友，她们后来都去美国留学，并在加州定居。她们老来还经常相互探望、一起玩耍，在卢国懿的信中经常可以见到晏群英的名字。

中国社科院近代史所研究员、晏阳初研究专家徐秀丽女士曾发现了美国哥伦比亚大学收藏的一批晏阳初和卢作孚在1950至1951年的来往信件，一共有25封（其中卢作孚致晏阳初14封，晏阳初致卢作孚11封）。那时晏阳初在美国，卢作孚主要在香港。在这些隔洋通信中，两人念念不忘的，还是他们毕生所从事的教育事业和乡村建设事业；所倾心关注的，还是如何尽快结束战争，实现海峡两岸的和平，让饱经战乱和贫困的同胞过上文明幸福的生活。在这些通信的字里行间，也提到了儿女家事。

晏阳初在1950年8月17日致卢作孚的信中写道："国懿后天在纽约中国使馆结婚，弟已嘱平会驻美办事处帮同办理一切，弟今晚赶赴纽约……代兄主持并照拂一切。婚礼举行后再当向兄报告。"在此之前，卢作孚曾去信请他代为"考察"、"考虑"这位未来的女婿。此时的卢作孚已经回到国内，如果能收到这封信，该是何等的欣慰。1951年1月10日晏阳初给卢作孚寄出了最后一封信，信中写道："不通音讯，将近半年矣！国懿结婚，弟代表吾兄在简朴而隆重的空气下主婚，一切皆顺利地快乐地完成。

尔俊（即何尔俊，卢国懿之夫）笃实，是一个好青年，祈释念。"

卢作孚的二女儿卢国仪当时准备去美国留学，报考了康乃尔大学，正在等候学校通知。卢作孚为她的留学费用发愁，于1950年3月22日给晏阳初写信说："彼仅有留学费用二千元，将来仍盼有学校或学术团体奖学金机会，乃能完成学业，否则仅能留美一年，似无必要也。"晏阳初3月30日即回信详述了他周到的安排，并请卢作孚放心："国仪读书，兄只备来美旅费，以后读书用费，弟绝对负责去办，祈释念。"卢国仪后来被康乃尔大学录取，但因故没有前往就读。

20世纪80年代中期，卢国维曾带卢晓蓉去看望过晏阳初夫人的妹妹、武汉大学英语系许海兰教授。许海兰很亲切地接待了他们。到了90年代，卢晓蓉在北大一家企业工作，卢国维也住在北京，他多次去晏阳初的儿子晏振东家看望，晏振东和他的长女晏玲也来过卢国维在北大中关园的家。

爱国　1932年左右，卢作孚时任川江航务管理处处长，为维护内河航运主权和保护民族航运事业，明令凡外商轮船抵达重庆港口，必须先由航管处检查，然后才能卸货，装货。日本"日清丸"商轮首抵重庆，停泊嘉陵码头。航管处当即派出武装官兵上船检查。船长认为在上海、南京、武汉等口岸都是任停任驶，小小的重庆港竟要检查，有损大日本帝国的体面。遂拒绝我执勤官兵上船。卢作孚听了汇报后说："那好吧，他总要来请求我们上船检查的。"他指示管理处人员到码头向装卸、搬运工和坐商、走贩说，"日清丸"在我内河行驶，不遵守我政府法令，拒绝港口检查。要大家团结，发扬爱国主义，维护内河主权，不给日轮搬运装卸，这一决定得到沿江一带各行业的拥护支持。

"日清丸"轮停在江里已4天，都没人去接洽卸载，也无人向他们出售给养、物资。船长、船员开始着慌了，赶快上岸联系。他们找搬运工卸货，工人们转身就走。他们找店铺、商贩购买补给品，商人们拒不供应。日本人又耍花招，用加倍付款相引诱。但得到的回答是："你们不准中国人上船检查，为什么又找中国人呢？"

到了第6天，"日清丸"轮的船长只好派出代表，到航务管理处向卢作孚处长表示愿意遵守中国港口的规定，欢迎派员上船检查。卢作孚问："你们船长认识错误了吗？"来的代表满脸堆笑，连说："大大地认识、大大地认识了。"于是，北碚峡防团务局的武装人员登上"日清丸"轮，在船长陪同下，按章履行了港口检查手续。然后，工人才给他们卸货，商人才供应他们给养。

死因　半个多世纪以来，围绕卢作孚逝世的原因、经过，以及卢作孚所留下的遗嘱，无论报刊书籍或是民间口传，都有着各种不同的版本和评说，然而多与事实严重不符。在陆续出版的各类文献中，关于卢作孚的逝世，或是有意隐讳、只字不提，或是以"病逝"二字一笔带过，还有个别书刊引用不实传说，以讹传讹。某些不负责任的作者甚至就卢作孚的逝世编造所谓"史实"和"卢作孚遗嘱"，以致谬说流传，误导世人。

卢国纶曾在一家媒体上口述了父亲去世的三个直接原因：民生公司陷入财务困境、民生公司的川江主力船"民铎"轮在丰都附近水域触礁沉没，以及1952年2月8日上午民生公司召开的"五反"动员大会。大意如下：

建国初期，民生公司经营状况不佳，收支失衡，员工发不出工资，公司局面非常不稳定，卢作孚为此甚感担忧。1952年初，中央决定给民生公司特殊对待，在暂停对私营企业贷款的情况下，破例给民生公司贷款1000万元（旧制人民币1000亿元），并指示西南军政委员会将此举措转告民生公司。遗憾的是，该负责人却没有将这一情况告诉卢作孚，原因甚不可解。因此，卢作孚至离去也不知道中央有这个决定，仍在为财务危机忧心如焚。

1952年2月5日，民生公司的川江主力船"民铎"轮在丰都附近水域发生事故触礁沉没。2月6日卢作孚赴丰都察看，处理善后。当时有传言说这个事故是潜伏特务在搞破坏，公司里人心惶惶，气氛紧张。对于卢作孚来说，这一事故无异于雪上加霜。据蒙淑仪后来回忆，那几天卢作孚守着电话疲惫不堪，通宵睁着眼睛无法入眠，不时喊着公司某几位高级管理人员的名字，情绪极为紧张焦躁。

1952年2月8日上午，民生公司召开"五反"动员大会，会议主题是揭发资方腐蚀国家干部问题，卢作孚被特别安排在第一排的正中间。会上，公股代表张祥麟带头做检查，内容是与卢作孚一道赴北京出差时，曾和卢作孚一起去吃饭、洗澡、看戏等。张祥麟检查后，卢作孚的通讯员关怀便跳上台去，揭发说张祥麟在北京时，接受卢作孚请吃饭、请看戏是受了"糖衣炮弹"的袭击，是受了"资本家"的拉拢腐蚀，他并严厉追问张祥麟还有什么问题没有交代，其间会场多次高呼口号，气氛十分紧张。2月8日的大会对于卢作孚是一个极大的刺激，直接成为他自尽的导火索。

当晚大约7时，蒙淑仪到家后，厨工温师傅对她说，卢作孚回来时，交代说要睡一下，不要孩子们打扰，便进入卧室没有出来。蒙淑仪考虑到近来卢作孚过于劳累，难得有这样的机会休息，认为这个情况完全正常，并没有意识到将会出事，还叮嘱孙女卢晓琪、孙子卢晓雁保持安静，让祖父好好睡觉。等了一段时间，仍不见卢作孚的动静，温师傅便进房间察看，发现他脸色有变，情况异常。

蒙淑仪遽逢大变，没有丝毫心理准备，顿时不知所措，情急之下慌忙挂电话到民生公司求救。连挂了数次电话之后，公司一位副总经理方携医护人员来到家中。在这生死存亡的危急关头，本应把卢作孚立刻送医院抢救，但是，公司来人竟没有把卢作孚送到离家距离尚不到百米远的仁济医院！他们只是把悲痛欲绝的蒙淑仪扶到其他房间，由医生给卢作孚打强心针，此时经护士提醒，才发现卢作孚服用了大量安眠药。虽然进行了简单的抢救，但已无力回天———卢作孚就这样走了！

待公司来人离去后，蒙淑仪才派温师傅去叫儿子卢国纶，他赶到家时已是深夜，强忍哀痛一面安慰悲伤过度的母亲，一面设法通知在渝的亲友，料理后事。所有的忙乱过去后，留下蒙淑仪和卢国纶为父亲守灵。

在得到民生公司的报告后，西南军政委员会对此事十分重视，当即派公安部门有关人员到家里了解情况，布置安全保卫工作，并安排专人和卢国纶保持联系。他们离去时，带走了剩余的安眠药片和卢作孚留下的遗嘱。2月9日，西南军政委员会秘书长孙志远代表军政委员会领导，到卢家对亲属表示了慰问。

2月11日，卢国纪一家从北碚赶回重庆，卢国维也得知父亲去世的消息，次日下午两点，他和妻子带着孩子赶回重庆家中。母亲、弟弟和姑母都在家里等着他。卢作孚的灵柩停放在客厅。他的面容安详，栩栩如生。

2月12日，是卢作孚出殡的日子，民生公司和有关部门做了周到的安排，送葬的队伍人数很多，灵柩从民国路家中一直抬到望龙门，再由卢作孚创办民生公司时的第一艘轮船"民生"轮载运到南岸，葬在民生村附近的一个山坡上。

民生公司的一位船长在当天卢作孚出殡之时，拉响了船上的汽笛，为其送行。他说，是卢作孚把我从一个水手培养成为一个大船的船长，我应该纪念他。

卢作孚逝世后的第二天上午，政务院和西南军政委员会派代表前来卢家看望。卢作孚的生前好友张澜和黄炎培，从北京发来了唁电。国内外媒体也迅速刊登了卢作孚逝世的消息。

民生公司总公司的职工和许多轮船上的船员在得知卢作孚去世的消息后，自动降了半旗。不少职工和船员，卢作孚接触过的或者没有接触过的，听到这个消息后，都流下了眼泪。

毛泽东和周恩来在知道卢作孚去世的消息时，都感到十分惋惜。1952年5月1日"国际劳动节"的上午，在首都隆重的庆典开始之前，毛泽东在天安门城楼上还曾对张澜说："作孚先生是一位人才，真可惜啊！"

周恩来在卢作孚去世后，不止一次地询问了家属的工作情况，对卢作孚一家给予了深切的关心。特别是在卢作孚去世后不久，在政务院讨论民生公司公私合营问题的一次扩大会议上，周恩来对卢作孚的一生做了高度评价，称他不仅为祖国的交通运输事业作出了贡献，而且对中国的经济建设也作出了贡献，使卢作孚全家非常感动。

评价　毛泽东：不能忘记的人

当卢作孚去世的消息传到北京，毛泽东说"如果卢作孚先生还在，他所要担负的责任总比民生公司大得多啊！"

20世纪50年代中期，毛泽东在和黄炎培谈到中国民族工业发展过程时说，我国实业界有4个人不能忘记，他们是："搞重工业的张之洞，搞化学工业的范旭东，搞交通运输的卢作孚和搞纺织工业的张謇。"他们都是为发展我国民族工业有过贡献的人。

张群：一大堆不协调

按照卢作孚的好友、四川省主席张群的说法，卢作孚的一生有"一大堆不协调"。"是一个没有受过学校教育的学者，一个没有现代个人享受的现代企业家，一个没有钱的大亨"。

梁漱溟：胸怀高旷公而忘私

"卢作孚先生是最使我怀念的朋友，我结交作孚先生约在抗日战争军兴之后（1937年），而慕名起敬则远在战前"。"大约是民国七八年间（1918年或1919年）我去拜访住在天津的周孝怀（善培）老先生，就首次听到他谈起作孚先生，……周老先生向我谈起作孚先生时，对其人品称赞备至。在六七十年后的今天，周老谈话时的情景，我依然清楚记得。他将拇指一跷，说道：'论人品，可以算这个！'由此可见周老对作孚先生卓越不群的品德之称道。……在彼此交往中，更感到作孚先生人品极高。我常对人说：'此人再好不过！他心中完全没有自己，满腔里是为社会服务。这样的品格，这样的人，在社会上找不到。'作孚先生有过人的开创胆略，又有杰出的组织管理才能，这是人所共见。人们对他的了解多在此，但岂知作孚先生人品之高尚更是极难得的呀"。

"作孚先生胸怀高旷，公而忘私，为而不有，庶几乎可比于古之贤哲焉。"

黄炎培：富于理想而勇于实行

"卢先生奋斗越努力，事业越发展，信誉越增加，……而他还是不矜夸，不骄傲，在不断地刻苦奋斗中。把他的精神分析起来，他是耐苦耐劳的，是大公无私的，是谦和周到的，明决爽快的，是虚心求进的，是富于理想又勇于实行的。"

古耕虞：没有一个企业家能赶得上他

"卢作孚先生是全心人为国家、为社会、为民众谋利益的爱国者，中国近代杰出的实业家……卢作孚为人心胸慈善，办事诚恳"，"一生清廉俭朴"，"为人胸怀坦荡，很有气质"，"一贯事业心极强"。"我看现在没有一个企业家能赶得上他，我敢于这样说，这不仅仅说他是那企业家的经营本身，最根本的是他那种高贵的创业精神，没得人赶得上他。……作孚先生留下的，至今盛传不衰的崇高风范，不都是'两个文明'建设的宝贵精神财富吗？多么值得我们景仰和借鉴啊。"

经叔平：怀着一颗赤诚的爱国之心

"卢作孚先生是一位具有强烈爱国主义精神的实业家。他以国家的强盛，民族的复兴为己任，追随孙中山先生的民生主义，实现其'实业救国'的主张。为改变旧中国的教育落后、经济落后而奋斗终身。……卢作孚先生怀着一颗赤诚的爱国之心、历经艰险，呕心沥血，经营有道……卢作孚先生还是一位企业文化建设的实践家。他重视人的因素，重视员工在企业生产中的地位和作用，主张用人唯贤。'民生公司'和'民生精神'被认为是中国最早出现的企业文化建设卓有成效的典范。"

厉以宁：我国近代企业文化建设的最早倡导者之一

"创业不是简单地改变个人的处境，或使得个人的事业有所成就；创业是同国家的振兴、国民经济的腾联系在一起……卢作孚正是这样一位有

卢作孚夫人和孙辈

高度创业精神的企业家。……卢作孚先生创立的民生公司，有理由被认定为本世纪 20 年代至 40 年代内企业文化建设卓有成效的一个范例。卢作孚先生是我国近代企业文化建设的最早倡导者之一。"

张公权：有学问而追求新知识

"民生公司，以作孚先生之埋头苦干，以身作则，不特于长江航业已足与外轮抗衡，而于培植后进，尤不遗余力，用是人才辈出。"

"热忱而克己，有旧学问而追求新知识，有事业心而到处助人。"

妙文

快乐与痛苦

卢作孚

快乐与痛苦是产生于人们的感觉，尤其是产生于人们的要求，而非产生于环境或刺激。我们要求什么，什么便是快乐。相反或不同的刺激，便是痛苦。

快乐和痛苦的程度，亦决定于要求强烈的程度。达到了愈强烈的要求，愈快乐；违反了愈强烈的要求，愈痛苦。例如：朋友谈天，是快乐的事，但是我们正在要求读书，而有朋友来搅扰着谈天，便是痛苦的事了。运动，是快乐的事，但不好运动的人，倒视运动为痛苦的事了。要求玩耍的人，做事便是痛苦，而要求做事的人，无事却又是痛苦。要求集团生活的人，在集团中便是快乐，离群索居便是痛苦。要求秩序生活的人，在秩序中便是快乐，杂乱无章便是痛苦。反之，孤僻的人，则以人群聚居为痛苦，而自由活动的人，则又以规律束缚为痛苦。

不明白快乐和痛苦的来源在自己，却每每埋怨着社会。其要求愈缩小——缩小到个人的前途，个人的装饰，个人的舒服……其痛苦则愈扩大，扩大到社会环境的全部。因此为社会的要求而工作，是非常快乐的工作，却变成了非常痛苦的工作；为社会的要求而讲学，乃至于为社会的要求而运动而游戏，是非常快乐的生活，亦变成了非常痛苦的生活。只以个人读小说为快乐，一到了读书会有组织的讲学，则以为痛苦。只以个人乱扯胡琴为快乐，一到了游艺会在大庭广众中表演游艺，则以为痛苦。为了以社会生活为痛苦，乃至于谢绝了一切快乐之来源，陷其生活的全部于痛苦的重围当中。自己缩小快乐的范围，扩大了痛苦的范围。不觉悟，到反感觉环境的烦闷，社会的冷酷。社会每成一个被憎恶的中心，虽然那一个社会在用尽力量帮助个人，亦不会产生个人对它快乐的感情。强者辄思毁坏，弱者止于沉没，好人自然的消极到只爱惜自己，不好的人，便扩大要求的范围到牺牲社会，无所爱惜。尤其是人各为其自己，产生了人与人之间要求的冲突，由此冲突产生了弥漫周围的痛苦。愈从个人身上去寻求快乐，便愈加紧了弥漫周围的痛苦。

个人身上是决不会产生快乐的。快乐只有在社会中间寻求。只有将个人的活动全部安放在社会中间，给予社会的仰望，取得社会的赞同，取得社会的欣赏。个人的活动全为社会的感情所紧紧包围，沉酣在社会的强烈刺激当中，乃是人生无穷的快乐。在今天不但这样快乐须我们去寻求，这样社会还待我们去创造。我们要创造一个社会，这社会当中任何个人，都为了社会而工作而学问而运动或游戏。假设这一个社会竟是民生公司，则里边的朋友必须努力工作，从工作上增加收入节省支出，扩大帮助社会的实力，而且随时随地地寻求机会以帮助社会。必须努力学问，参加一切授课读书讲演的机会；必须努力运动或游戏，参加运动，参加音乐演奏，参加戏剧，尤其是在一切快乐的集会机会。从这些社会的活动当中去创造社会的要求，社会的欣赏，社会的快乐感情，自己的活动则全部鼓舞于此社会的快乐感情笼罩的当中，则浑身都是快乐，尤其是与人接触的都是快乐的活动，所谓痛苦便完全被祛除了。

只有社会中间没有痛苦。快乐都在社会中间，只待你去寻求。

原载《新世界》（1934.7.1）

胡西园：他点亮的是一个民族的黑暗

传略 胡西园（1897—1981），浙江宁波镇海人。实业家、发明家、工程师。他制造出中国第一个自制灯泡，创办中国第一家灯泡厂，被誉为"中国灯泡之父"、"中国电光源之父"和"中国照明电器工业的开拓者"。

出生于镇海一个比较富裕的家庭。镇海县立中学（现镇海中学）毕业，考入浙江高等工业学校电机系学习。没有毕业就从事工商业，先后开设五金号、机器厂。1921 年，又开设了恒昌造船厂。据说他还经营过棉纱。

胡西园

当时国内的灯泡市场完全被外国人所垄断，具备专业知识的胡西园把大部分业余时间投入到电灯泡研制中。他与留日的钟训贤和留德的工程师周志廉共同探索，根据国内外杂志上零星介绍制造灯泡的工艺，边试验边摸索，经过无数次的失败，如灯泡漏气、断丝、裂管、爆炸，终于在 1921

年4月4日成功地制造出第一只我国自制的长丝白炽泡。

国产灯泡试制成功后，胡西园又筹划着将实验成果转化为生产力。他筹集3万元资本，通过日商隆记洋行购得2套日制旧机器，在北福建路唐家弄242号开办工厂。1923年，德商奥本经营的灯泡厂欲转让。胡西园得知信息有意接盘。他盘出恒昌造船厂和五金号，将所得资本接盘奥本经营的灯泡厂。同年，他参加中华国货维持会，被推选为常务委员。1924年11月，他作为国货团体代表之一，受到孙中山先生的接见和嘉勉。

五卅运动后，胡西园增资10万元，将工厂改组为中国亚浦耳电器厂股份有限公司，他任总经理兼总工程师，20年代末"亚浦耳"灯泡已远销南洋各地、印度、澳洲及南美洲。1930年公司资本增加到30万元，职工400余名，日产灯泡1.5万只，成为当时行业的龙头。

八·一三抗战爆发后，日军将亚浦耳厂鄱阳路分厂炸成一片废墟，机器和原料被日军抢劫一空，损失惨重。胡西园为应市场所需，在小沙渡路（今西康路）设分厂。因小沙渡路属租界，能得到暂时的庇护，可以继续生产。

胡西园本人参加抗日救援会，赴前线慰劳。嗣后又参与发起组织上海内迁工厂委员会，毅然冒着风险，把重要设备和大批技术人员、工人西迁重庆。在重庆，胡西园首先设立亚浦耳电器厂总办事处，同时创办西亚灯泡厂，使西南各省的大中城市都用上了西亚厂产制的灯泡。胡西园还陆续开设新亚热水瓶厂、开远松香厂、开泰化工厂、庆丰皮带厂。

这时，胡西园任迁川工厂联合会的常务理事，同时还参加了重庆市国货厂商联合会、重庆市商会。抗日战争后期，胡西园又参与发起筹组全国工业协会，被选为常务理事。他运用这些工商经济团体，为战时后方民族工业的生存和发展，支援抗战，争取政治民主，与当局进行了合法斗争。抗战胜利后，长江水运恢复，美国剩余物资潮水般地涌入重庆，迁川工厂产品的销路受到严重影响。全国工业协会、迁川工厂联合会及重庆分会发动和组织厂长、经理数百人集会，为战后工业复兴要求政府给予巨款资助，并向行政院宋子文请愿，未果。随之胡西园同胡厥文、吴羹梅等作为代表

胡西园：他点亮的是一个民族的黑暗

同蒋介石进行面对面的谈判。蒋介石不得不答应补偿 800 万元，解除了众多内迁工厂的燃眉之急。这次罕见事件成为当时轰动山城的一大新闻。

1945 年底，黄炎培、胡厥文、章乃器等共同发起筹建民主建国会，胡西园也是重要骨干之一。同年 12 月，民主建国会成立，胡西园任常务理事，同时担任对外联络组组长。1946 年初，民建总会由重庆迁至上海。胡西园作为对外联络组负责人，频繁活动。同年 5 月，胡西园任行政院最高经济委员会计划委员会委员。此时他屡遭国民党要员以"规劝"、"告诫"、"警告"相威胁，当局又批令中央、中国、交通、农民四家银行中止与亚浦耳厂的金融往来，拒放工业贷款并追索前欠的款项，从政治和经济上施加压力，制造种种困难。

上海解放前夕，胡西园拒绝去台湾。建国以后，胡西园继续担任亚浦耳电器厂的总经理。1956 年亚浦耳电器厂公私合营，1959 年改名为上海亚明灯泡厂。1981 年 4 月 18 日，因心脏病医治无效离开了人世。

钻研　　有一次，胡西园在上海见商店橱窗用电灯照明，伫立凝视，寻思着电灯何以不用油、不点火，就能发光，觉得神奇。那年头，多数人家使用的都是煤油灯，电灯这玩意，确实新奇。胡西园上学以后才明白，白炽电灯系爱迪生于 1879 年发明，后为各国所采用。16 岁那年，就读浙江镇海县立中学的胡西园，假暑期来沪，住在亲戚于某家。于某是大纯纱厂经理，胡西园就常常到厂里去玩。他喜欢摆弄电阻电压，试验电灯泡亮度，不巧，爆断了总保险丝，导致全厂停电。惊魂之际，中断了他的实验。可是，他对电器的兴趣丝毫未减，所以，中学毕业后，胡西园选择了到浙江工业学校就读。

当时，虽然关于电灯泡制造工艺在国内外杂志上也有些许零星介绍，但洋人压根不会把核心技术透露半点，更别提系统性的技术资料。胡西园将宿舍改装成简陋的实验室，同钟训贤、周志廉根据这些散乱零星的材料，结合实物不断琢磨、不断试验。氧化是灯丝之大敌，而灯丝是灯泡制造的关键，只有避免氧化，白炽灯泡才能试制成功。这样的实验研究是艰苦的。

为了使玻壳内没有空气，他们千方百计搞到了一台小型真空"邦浦"（真空泵），但真空度还是不够，灯丝通电后数秒钟就氧化了。后来又托科学仪器馆的顾鼎梅，买到较新的真空机，效率才大大地提高了。

有一回，好不容易有一只灯泡能发光了，实验室里一阵欢腾，还没等高兴劲儿过，这望眼欲穿的灯光又忽地熄灭了。他们就这样失败、总结、再失败、再总结……一路攻克了漏气、断丝、裂管、爆炸等数道难关，在经历过无数次的失望与沮丧，洒下了几斤泪水和汗水之后，终于，在1921年4月4日，第一只"Made In China"的电灯泡（长丝白炽泡）闪亮登场。

胡西园后来回忆说："在人类登上月球的今天，一只电灯泡已经不足为奇了。但是在六十年前的旧中国，连一根钉子也要向外国人买的时代，中国人要自己制造出一只电灯泡，并非易事。"

初夏，他变卖了一部分家产，筹集到3万元作为原始资本，在上海北福建路唐家弄242号开始了电灯泡的生产。创业的头一年半几乎是一次烧钱行动，除了祖传房屋，胡西园将其他动产不动产悉数变卖。

困苦 　国产灯泡的问世，意味着洋货一统天下的局面被打破。卧榻之侧岂容他人鼾睡？为了将新生的"亚"字号灯泡扼杀于襁褓之中，外商们使出万分歹毒的一招"撒手锏"：收买内奸，从中作梗，里应外合，暗中破坏。

当时美国在沪上的灯泡业巨头叫"奇异厂"，名字有些怪。这个厂的老板为了击垮亚浦耳，派人暗中收买了亚浦耳厂的一名职工——李奇。

李奇在配用的化学药水中暗掺碱质粉末，造成红磷不纯而断丝，企图从技术上毁坏亚浦耳这颗灯泡界新星的声誉。

如奇异厂所预谋的结果一样，许多老百姓们买的亚浦耳灯泡用不了多久就坏了，一时间投诉之声不绝于耳，亚浦耳霎时间声名狼藉，好不容易积攒的那点人气都被"假货"、"次货"名声给吓跑了。

胡西园寝食难安，在生产第一线连续奋战了好几个夜晚，最终查出了缘由。他用布满血丝的双眼瞪着李奇："你小子，对得起我吗？想当初你在马路上游手好闲瞎晃荡，我为了不至于让你挨饿，耐心教你学技术，生活待遇上也不曾亏待于你，洋鬼子几十块大洋就把你给收买了，你至于么你？人格咋能这么贱呢？多说无益，你给我滚吧！"李奇满脸讪讪，羞愧难当，落荒而逃。

亚浦耳经此一战就元气大伤，虽然胡西园在发现内鬼后，立马当机立断收回全部在售的灯泡，并且在主流媒体上发表声明说明缘由，可老百姓们都是一朝被蛇咬，十年怕井绳，说什么也不肯再买亚浦耳灯泡了。

就在生计维艰之时，日本人又来横插一脚，他们在给亚浦耳的原材料供应上做手脚。当时的中国虽是产钨大国，钨矿产量约占世界总产量的八成以上，但由于冶炼技术没跟上去，大好的钨矿资源只能廉价卖给美国人。美国人利用这些廉价资源成了当时钨丝生产大国，然后以高昂的价格再卖回中国。

亚浦耳厂刚刚起步，资金有限，没那么多资金进口美国货，不得已只能进口日本那些价廉物差的东西。日本人利用亚浦耳厂对原材料需求的迫切性，常常设置些骗局，从中牟利。日本大阪有一家富士电料商店，派出推销员到沪上，假情假意、彬彬有礼地先把一批合格钨丝送给亚浦耳厂试样。亚浦耳这边一看，这玩意儿好使还不贵！于是双方一拍即合、洽谈成功，马上订立购货合同。随后日本公司背地里做手脚，把一批发脆变质的钨丝充好货运至沪上。

按照惯例，接受方得验货，亚浦耳厂验货发觉品质有很大问题，一再同日方交涉，加急函电一封接一封飞往大阪。日本人磨磨蹭蹭拖延时间，双方函电你来我往持续一个多月，最后日本人干脆矢口抵赖，不肯认账。胡西园没法子，只能请上海电业工厂联谊会出面，向日本驻沪领事馆交涉，这下事情闹大了，日方企业觉得要继续在中国混总还要点信用维持的，便勉强同意退货，调换合格产品。

在这样困苦的局面下，胡西园并没有气馁和退缩。他很沉着地分析了目前的局势，并筹集了大量资金。他还亲自带领技术人员战斗在第一线，刻苦钻研可乐灯泡的制造技艺。经过多次失败，终于造出与奇异厂同样的可乐灯泡。产品问世了，胡西园大舒一口气！

为了巩固既得利益，逐步占领市场。1927年，胡西园又出高薪聘请留美学生冯家铮为工程师。冯到任后，悉心改良亚浦耳厂的生产程序。在他的改良下，亚浦耳的直丝灯泡、可乐灯泡质量大为提高。同时，他又着手研制充气灯泡，即哈夫灯泡。哈夫灯泡为当时市场上走在时代最前沿的产品。它的灯丝细而短，绕成半圆形，将泡内空气抽掉后灌入氩气及氮气。这种灯泡的灯丝不易蒸发，受震后不断丝，光呈白色，与可乐灯泡相比，照明效果更好、质量更高。

由于冯家铮在美期间曾在奇异总厂实习过，因而研制工作进行得非常顺利，1928年哈夫灯泡便正式投产。可乐灯泡、充气灯泡的研制成功，打破了外商对新产品的垄断局面，迫使奇异厂不得不自动降价。在与外商的激烈竞争中，亚浦耳破天荒的第一回处在了主动地位。

胡西园并没有被眼前的小胜利冲昏头脑，他明白自己所处的险恶竞争环境，一招不慎就可能酿成灭顶之灾。为了进一步发展，巩固自己在灯泡界的地位，在国内一番鏖战杀出重围后，目光远大的他决定开拓国外市场。

当然这其中最主要的原因还是国内老百姓的购买力问题，亚浦耳厂开发的那些拳头产品，虽勇猛地夺回了部分市场，给洋人们狠狠一击。但又面临着新的问题，充气灯泡这种高端商品，价格还是很贵，中国的普通老百姓没多少消费得起。其次，洋人们一再奉行的低价倾销，对亚浦耳厂仍有很大威胁。与其在当时有限的中国市场上耗资倾销，不如避其锋芒，向国外发展。于是，胡西园决定将灯泡出口到南洋的印尼、新加坡、菲律宾、泰国、印度等地，少数产品则远销澳洲、南美洲。

南洋是华侨聚集地，其时正值国货运动搞得风生水起，南洋华侨一看灯泡有"国货版"了，便都大力支持，竞相购买，奔走相告。华侨的购买热，又带动了当地居民的踊跃购买，大家蜂拥而上，有个老汉一下买了十几个，拿回家老伴儿不开心了："你这死鬼！这玩意儿又不能当饭吃，要那么多干吗？"老汉答道："就是发扬一下爱国精神，这东西又不会过保质期，咱用不完，多留几个给孙辈曾孙辈们用用也不碍事。"一时，亚浦耳灯泡销售很是火爆。胡西园困苦的局面终于打开了。

斗法　　1923 年，胡西园变卖家产，凑得 3 万银元作资本，在北福建路唐家弄 242 号开设工场，定名中国亚浦耳灯泡厂。亚浦耳灯泡借用外文谐音，意思是决心超过"亚"（德国"亚司令"）、"浦"（荷兰"飞利浦"），执中国灯泡业之牛耳。

1925 年，胡西园筹集资金 10 万银元，把灯泡厂改组成中国亚浦耳电器总厂股份有限公司，自任总经理兼总工程师，在辽阳路新建厂房，新购德国精密真空机等全套制造设备，精心开发新品。至 20 年代末、30 年代初，已拥有资本 30 万银元，职工 600 多名，日产灯泡 1.5 万只，并设电机部，生产电风扇、马达等，产品远销南洋各地、印度、菲律宾、澳洲及南美某些地区。同时，为赢得民族工业的生存和发展，胡西园又与刘鸿生、荣宗敬等发起成立中华工业总联合会，担任理事。

1935 年，美商奇异公司为打击中国的电灯工业，专门生产了一种造价低廉的灯泡，取名"日光牌"，英文SUNIIGHT。他们准备了相当长一段时间，囤积了四五十万只灯泡，每只仅售一角，是亚浦耳灯泡售价的三分之一，而且批发商可以 6 个月后付款。他们拟趁中国厂商不备，于 12 月间突然推向市场，窒息中国的灯泡工业。

胡西园得到密报，立刻与同业公会谋划对策，当得知对手为了保守秘密，并没有在中国注册商标后，拟订了一条绝妙好计。

12 月中旬，奇异公司与各地纷纷签订了销售合同，凭借廉价的灯泡、厚利的买卖，几十万只灯泡预订一空。圣诞节前，美商都回国了，以为新年一来，中国各大市场就会到处充塞着"日光牌"灯泡，中国同行守着无人要的产品，只能在凄风苦雨中度过阴历年关。然而，12 月 23 日，中国各大城市的重要报刊上，突然登出了日光牌灯泡的巨幅广告，每只仅售五分钱，比奇异公司的日光牌灯泡便宜了一半，已签订了经销合同的批发商一下子坠入了雾里云中，因按这个价格销售，不仅无利可图，而且将会大赔特赔，就拍加急电报到上海，询问究竟。可是，12 月 23 日是星期六，紧跟着是星期天，12 月 25 日又是圣诞节，上海奇异公司无人办公。厂里的收发员照例把这些电报锁好，等到上班后交由相关人员处理。

在这可贵的三天里，胡西园做了许多事情，分派各个同业工厂分头接受订单，在各地的经销行里准备一定数量的日光牌电灯泡。如此廉价地销售灯泡，会不会亏本？其实，胡西园手里的日光牌灯泡都是中国各电灯泡厂捐献的，各个厂家从每天的产品中按比例抽出一定数量的次等灯泡，捐献出来，加上"日光牌"和 SUNLIGHT 的字样，几乎与奇异公司日光牌灯泡毫无二致地推向了市场。

12 月 26 日，当上海奇异公司主管、美国人潘奇过完圣诞节回来办公时，不禁被那些询问电报惊呆了。还没弄清怎么回事，各地取消经销日光牌灯泡合同的电报接踵而来。原来，被弄晕了头的各地经销商，见奇异公司迟迟不予答复，怕被骗进陷阱，索性取消了订货。如此一来，日光牌灯泡就乏人问津，变成了一堆毫无用处的垃圾。奇异公司的预谋被彻底粉碎了。

新派　　胡西园每天都很忙，总是穿着一身白色西装，即使是夏天也不穿短袖。在别人看来，胡西园是一个富有进取精神、乐于接受新事物的人。20 世纪 20 年代，从福特 modula 篷车、雪佛莱带有帽檐的方形轿车、别克略具流线型轿车，到二战时期的克莱斯勒轿车，他都曾经有过。胡西园几乎可以算这一时期汽车发展的"见证者"。有一次胡西园去武汉，张学良坐着一辆警卫车开道迎接他。那辆车非常特别，张学良坐在车上，四面还能有警卫站在上面。胡西园从没有坐过那种汽车，觉得很新鲜，回家后还特地给他的儿子讲了这个经历。

胡西园也非常喜欢乘飞机，那时候中国才刚刚有民航，他便和"中国第一飞行员"孙桐刚结为挚友。除此之外，他还喜欢到乡下去打猎，他有七八管猎枪，还养了意大利纯种狼狗。当时上海刚刚有美国产的半导体，要600银洋，十分昂贵，胡西园立即买来一台。据胡西园的儿子胡鼎炜回忆："那时候父亲家里还有各种模型，发电机的、飞机的，应有尽有。"而胡鼎炜记得最清楚的，是胡西园常常在闲暇时候，和当时的演艺界明星胡蝶、舒适等驱车去昆山吃大闸蟹。

胡西园和张学良私交很好，张每次来上海，首先要拜访的就是胡西园。有一次，张学良在上海举办酒会，电影界、戏剧界名角都来了，因为胡西园和胡蝶都姓胡，张学良建议他们拜为干兄妹，这在当时的报纸传为美谈。当时胡西园和《渔光曲》、《一江春水向东流》的导演应云卫关系很好。上海沦陷之后，应云卫和他所在的制片厂迁到四川，胡西园资助了他一大笔款项。应云卫有一次曾经对胡西园说，"你那笔钱我是还不起了。"而胡西园压根就没打算让他还。

结拜　　上海滩的大亨，除了赫赫有名的黄金荣、杜月笙、张啸林之外，顾竹轩也能算一个。顾竹轩系苏北盐城人，人称顾四，排青帮"通"字辈。

当年顾竹轩精心打造由京剧旦角赵桐珊主演的连台本戏《女侠红蝴蝶》。该剧机关布景暗藏噱头；内容情节想入非非，竟吸引无数好奇观众争相前来轧闹猛，一时间生意兴隆钞票滚滚进账。就在顾竹轩笑逐颜开得意忘形之际，有人眼红了。天蟾舞台突然收到上海社会局一纸公文，禁演《女侠红蝴蝶》。顾竹轩若依章办事，不仅道具布景票房损伤巨大，且颜面丢尽。大亨是最讲究所谓面子的，因为面子关系到势力。所以顾竹轩急得像热锅上的蚂蚁，四处通路子，让他能够演完《女侠红蝴蝶》第一本接着上演第二本（第二本道具服装布景等均已置备齐全）。待第二本演完钞票赚足再准照社会局指令停演。

不知从哪里打听到上海亚浦耳灯泡厂老板胡西园和社会局局长潘公展有一面之交，顾竹轩连忙托瑞泰针织厂老板杨玉成前去游说胡西园出面斡旋。果然，潘公展爽快答应放宽期限，通融可以将戏演到第二本。因此，顾竹轩逢人便夸胡西园"够朋友"，随即通过上海闻人虞洽卿做中间人，欲与胡西园换帖拜把结为异姓兄弟。胡西园却生怕与大亨走得太近名声不好听，故犹豫不决，又不便当面回绝，左右为难，于是跟虞洽卿"捣糨糊"。

以率直、泼辣性格著称的顾竹轩，怎么可能轻易放弃亲眼相中的机会。果然没过多久，虞洽卿又约胡西园吃饭。宴席上重提换帖拜把一事，虞洽卿反复强调此类事情在帮会里不常见，许多人都求之不得。为了打动胡西园，虞洽卿花言巧语：人家顾四四十几岁的人主动向你三十几岁的小伙子称兄道弟，还不是阿拉宁波人争气，并半真半假劝胡不要搭豆腐架子，机不可失时不再来。

一番真心诚意实在令胡西园无法推脱。他琢磨假如有顾竹轩这么个"兄弟"撑腰，今后哪个小流氓敢来厂里捣乱？对自己的生意也有好处。思前顾后，胡西园终于决定顺水推舟送虞洽卿一个人情。

顾竹轩闻讯当然大喜。翌年春节就登门给胡老太太拜年祝福。而胡西园全家直到此时才方知老爷一不留神成了大亨的结拜兄弟。

警醒　1915年，胡西园就读于浙江高等工业学校电机专业。家境不错的他没把心思放在学业上，幸亏脑瓜子好使，成绩还算凑合，每学期的考试勉强能向老爷子交差。像很多不务正业的浪荡子弟一样，怀春少年胡西园一门心思扑在美女身上。仗着气质出众，家底丰厚，但凡能入他法眼的女子，只消几句花言巧语，暗送几番秋波，无不乖乖落入他的圈套。时间长了还总结了个追女孩全攻略，在学校里大肆派发。

这年初夏的一天，胡西园领着两个小跟班去西湖泛舟游玩。正当胡西园被满目美景迷醉之时，一个绿衣女子出现在他眼帘，当时他就被迷住了！

说时迟那时快，他要求小跟班以箭一般的速度靠岸，然后他又以箭一般的速度追上前去。下一步就是搭讪了，可是他对着佳人却开不了口，只能挠头摁耳干着急。这边绿衣女子貌似有些累了，和同伴商量几句，便在路边的凉亭坐下歇息了。

胡西园佯装镇定地坐在另一边，一面跟小跟班聊天，一面在暗暗寻思着机会，眼睛还不得闲地往姑娘身上扫描。他突然眼前一亮，来了灵感，昂首挺胸向前一大步，抑扬顿挫地来了一首：荷风送香气，竹露滴清响。欲取鸣琴弹，恨无知音赏。绿衣小姐闻声不禁抬起头来，将他打量一番，胡西园见第一步吸引注意力成功了，便意气风发地朗声再来一首：宁波人氏胡西园，家住镇海落霞松。窗竹影摇书案上，野泉声入砚池中。世人皆谓道遥客，谁解相思幽寂浓？敢问佳人何处寻，西湖亭边觅芳踪。

这样的话已经很直白、很露骨、很有诚意了，绿衣女子朝他微微一笑，显得很善意、很友好。胡公子不得不暗自庆幸，多亏自己平日里爱看那些个闲书，爱胡诌几句歪诗，关键时刻还是派上了用场。当下和姑娘谈古论今，交换了地址、姓名等，并约好下个周末还在这里相见。

接下来的一周时间里，胡西园就是枕着这个叫"王曼霜"姑娘的名字入眠。终于熬过了漫长的一周，这天胡西园起了个大早，穿上挺括的西式藏青色长袍，找同学借了个边框眼镜装斯文。他还在附近布料店扯上几尺深紫色绸缎，心想这颜色适合曼霜，高贵大气，做成旗袍穿她身上一定很漂亮，然后又买了几筒吴山酥油饼、马蹄酥，乐不可支、迫不及待地赴约会去了。

可是日上三竿，还是没有看到曼霜俏丽的身影，他心里不禁有些着急。

不知不觉就到了日正时分，怎么回事呢？难道她忘了我们之前的约定吗？

一直到了下午，才有王姑娘的女伴前来，递给胡西元一封信就走了，临走前还甩出一句让胡西园掉入冰窖的话："她觉得不适合跟你这种人交往，她只欣赏壮志凌云的好男儿，让你从此不用徒劳去找她。"

原来上次见面，王曼霜对胡西园也很有好感，回去跟爹妈汇报一番。她父亲在当地是颇有声望的茶商，见宝贝女儿有中意的人，立马派出家丁打探消息，意在考察人品、家世。一查便得知胡乃一纨绔子弟，不学无术，专好寻花问柳，还没等老爸反对，王曼霜自己就打了退堂鼓。

胡西园怎么也不肯相信这样的结局，美好的恋情之花还没绽放就已经凋谢了。他的世界一片灰暗，整整三个月都沉浸在自怨自艾中，然而庆幸的是，好男儿胡西园并没有因为儿女情长一直堕落沉沦，心爱的人信中对他的贬低之语如芒刺在背，深深刺痛着他的灵魂。他反省自己的人生，发誓再也不会像从前那样浑浑噩噩地度过，他要干出一番轰轰烈烈的事业。

轶闻　清光绪二十六年（1910 年）初秋的一天，浙江宁波镇海柴桥（现北仑区）的一栋大宅院里，一个四岁的顽童，扑腾扑腾满院子乱窜，祖父耐着性子地对他说："修籍啊，你要是安静一会儿，不那么闹腾，爷爷就跟你讲个关于月亮的有趣故事。"

小顽童一听，马上从里屋搬出专属于他的小方凳，双手托着小脑袋，安安静静地听祖父讲起了故事：在很久很久以前呢，是没有月亮的，一到了晚上，天地间就是一片黑魆魆的，怪物啊都选择在夜间出来作案，只要太阳一落山，人们都躲在被子里不敢出来。就这样过了很多年，有一个年轻的姑娘求火神帮忙，要让人们在晚上也有光亮照耀。于是，火神就将她变成了月亮。

小孩子听了故事却很伤感，嘟着小嘴说："要是晚上也有太阳，那个姑娘就不用孤单地住在天上了。"这个小孩子就是胡西园，他将用自己毕生的精力为中国人的夜晚带来难得的光明。

一年，胡西园得知要举办西湖博览会的消息，觉得机会来了。西湖博览会面积很大，分了很多馆，有好几个电灯牌楼，还有沿会场的湖边要用彩灯，估计要用不少电灯泡，这要能谈下来，可是笔大买卖。他通过"中华国货维持会"，建议西湖博览会全场用国货亚浦耳电灯泡，并与建设厅厅长程振钧联系，但程根本没有拿这个国内小企业当回事。

日子一天天过去，西湖博览会开幕日期一天天接近，胡西园变得愈加烦躁不安。他亲自跑去杭州西湖博览会筹备处实地探察，碰到一个姓马的管事人。他告诉胡西园，西湖博览会用的电灯泡原则上是要用外国货的，而且大多数就是那个处处与亚浦耳作对的奇异厂的灯泡，如果采用一些其他牌子的外国灯泡，他们可以做主选择，倘若是要用中国灯泡，非请示上级不可。

胡西园一听就来气了，自己的国家举办博览会全用洋人的灯泡，对于中国人来说实在是个丢脸的事，对于亚浦耳来说，也是一个耻辱。我就是要去争取争取，不过这次不再是为己争利，而是为国争光。

这时离西湖博览会开幕不过一个月左右，时间相当紧促，他想到上海总商会协助西湖博览会做了很多事，于是去上海总商会要了一封介绍信，再去访见。有了介绍信，那个程厅长也不敢完全怠慢，应允先考虑几天再给答复。没过几天胡西园就收到西湖博览会筹备处的邀请，请他去联系电灯泡供应事宜。

结果出来了，全场用的大灯泡由美国奇异厂供应，而中国亚浦耳厂负责供给了 3 万只左右的牌楼灯及路灯等普通电灯泡。

夕阳西沉时，美丽的西子湖畔人流万千，亚浦耳电灯泡大放异彩。这次西湖博览会前后达半年之久。在这半年之间，亚浦耳电灯泡的损坏率并未超过美国奇异灯泡，亚浦耳电灯泡为中国人争了光。

古耕虞：人情"送匹马" 生意"不让针"

传略 古耕虞（1905—1995），四川重庆人，中国实业家和政治家，世界著名的"猪鬃大王"。

出身于商人世家，他的叔祖古绥之曾在重庆开设正顺德、同茂丰山货字号，做山货买卖生意，并长期借助儿子为英商白理洋行的买办之便，发展业务，为洋行经营猪鬃而发财，一度任重庆总商会会长。他的父亲古槐青早年考过秀才，后弃学经商，曾在古绥之的山货字号谋职，长驻上海。第一次世界大期间，古槐青在沪改营纱布发财致富，便自立门户在重庆开设古青记山货字号，也以经营猪鬃为主。

因此，古耕虞是古家经营猪鬃的第三代。他于 1919 年进入上海圣约翰大学，预科班时主要学习英语，以后又学习了对外贸易、交通运输、银行、保险等课程。在校期间，他博览群书，从陶朱公范蠡到亚当·斯密，从马

古耕虞

克思到凯恩斯等古今中外的各家经济学说书籍无一不读。其中对他产生最大影响的是《本杰明·富兰克林传》和《福特管理》这两本书。

1925 年他离开圣约翰大学，当上了古青记山货字号的少掌柜，开始了猪鬃业的经营活动。在以后 20 多年的时间里，古耕虞在中国近代商业发展史上写下了好几个第一：由旧式山货字号发展而来的全国性现代托拉斯形式的四川畜产公司，第一个与国外同行组合成的国际性的垄断组织。就一个行业而言，他经营的猪鬃业对市场的垄断程度之高，是全国第一。20世纪 20 年代后期，帝国主义列强控制着旧中国的海关、航运、国际贸易和国际汇兑等重要经济命脉，他能摆脱那些强加于中国的不平等条约的束缚，避开外国银行和外国洋行的中间控制和盘剥，把猪鬃直接销往欧美，这在中国土特产出口商中，也是全国第一。

扶持　　古耕虞常爱引用四川生意人的一句老话："人情送匹马，买卖不让针。"其意为，当别人陷于困难之时，你不妨在人情上"送匹马"；而在生意上，须要"不让针"，不能让出哪怕"一根针"。因为有时你如果不送"马"，很可能连一根"针"也捞不回来。他进而总结说："不让别人赚钱的买卖人，不是好买卖人。"再听听他的解释："同人往来，事先一定要好好算计，如何使自己能获得最大的收益。但无论怎样算来算去，一定要算得对方也能赚钱，不能叫他亏本，算得他亏本，下次他就不敢再同你打交道了。所以生意人绝对不能精明过了头。如果说商人的'真理'是赚钱，那么精明过了头，这个真理同样会变成荒谬。你到处叫人家吃亏，就会到处都是你的冤家。到处打碎别人的饭碗，最后必然会把自己的饭碗也打碎。"刘鸿生又说："最愚蠢的人，就是想一个人发财，叫别人都倒霉。"

古耕虞曾借钱给一个中路商。所谓中路商，是指游动收购，自行运销的商号。一年，一个商号叫做"天元亨"的中路商，在古青记父子公司借了一万多元钱，到川北收购了 100 多担羊皮。每担价格在 150 与 160 之间。

100 张为一担，因而总数在一万张以上。一方面由于缺乏完善的运输手段，一方面是"天有不测风云"，运输途中，迭遭暴雨，变成了羊皮生意中最忌的"水渍羊皮"。待运至重庆，每担只能作价二三十元，还不易脱手，而出手太晚，也难免拿去沤粪的命运。一万多元，在当时不是个小数目，对一个普通的中路商来说不啻于整个生命钱，筹措不出，唯有宣告破产，乃至被迫上吊一途，他岂能不呼天抢地、心急如焚？实在走投无路，只好硬着头皮去哀求古青记父子公司的宽限。可就算"宽限"也不是无边的，届时又怎么偿还得起呢？何况你已是山穷水尽了，哪个有钱人又会理你的死活呢？因而，天元亨这位掌柜是战战兢兢没敢怀什么希望去求见古耕虞的。

听了他的哀告，古耕虞并没有正面答应他展期，更没有提借钱的事，却给他出了个主意：再到川北去收他个八九百担，与水渍的凑成一千担！天元亨的掌柜听了，如堕五里雾中，还以为是在寻他的开心，天哪，这一万多元已经要命了，还哪儿去奢谈那吓人的 10 万元呢？可古耕虞却郑重地表示，可以当即再借给他 10 万元！一万多元已堪堪泡汤，再借 10 万，这是怎样的魄力又是怎样的慷慨呀！天元亨掌柜拿到那又借到手的十万元，内心激动非常，活力与经商决心更被大大激发，这次他可再不能像上次般掉以轻心了，而是迅速地做了充分的准备，连夜赶去川北，又收购了八九百担羊皮，妥善地采取了措施，加以天公作美，顺利地运回了重庆，在古耕虞的指点下，对那批水渍羊皮做了些技术处理，搭配在后收来的好羊皮中，迅速打包装船，运到上海后顺利地脱了手，不但没赔，反而赚了四万多。不仅不必破产上吊，反而有了较可观的再发展资本！天元亨掌柜从此便死心塌地地做起了古青记的忠实的"大将"。

另一个加工商，是重庆当地的叫做天德封的洗房。这家洗房与古青记也是有往来的，既有门路，也有经验，但是资金并不多。有一段，重庆的鬃价不断下跌，直跌到每担接近 500 元，经不起大风雨的天德封生意日促，已欠下了古青记一万多元无力偿还，再要这么继续下去，用不了多久，或者只要古青记依时催债，那么也就只有破产乃至自杀一途了。正当天德封的掌柜呼天不应呼地不语，急得如同热锅蚂蚁团团转的时候，古耕虞打发人知会他立即去一趟。天德封掌柜心中暗想：完了！怕这一天，这一天终于到了。可怕也得去，反正已注定了破产，躲是躲不过的。谁知，见面后，古老板主动提出再借给他更大的一笔高达几十万的现钱！

看看天德封掌柜惊愕得一时无语的样子，古耕虞毫不隐瞒地说："鬃价就要看涨了。"

天德封掌柜才略一省神，漫应了一句："哪……"古耕虞继续说明道："你用我放给你的这笔钱，立即动手收购一万担生鬃，越快越好。然后替我加工成熟鬃，我宁肯照现行行情每担高出 100 元收购，就是说按每担 620 元付给你货款。"

听了这些话，本已醒过些神儿来的天德封掌柜又陷入了极意外的惊愕之中：不提债——借大钱——用他的钱买鬃再那么高的价卖给他！——用他的钱还他自己的债——用他的钱为别人再赚他的钱？！——这是他经商以来，莫论经过，连听也没听说过的！然而这些又都是真的，素重信誉、一向重然诺的古老板说得那么认真！

天德封掌柜感激与高兴得连声称谢，在接得放钱的票据后，他才冷静下来，说出了心里话："说老实话，除非赖账，我是还不起这笔钱的！如今还清你的债，而且会赚一笔钱，是你用你的钱还了你的债，又把我从破产的边缘救了回来，我会一辈子都感激你的！"

不几天的工夫，天德封就收足了生鬃，而且精心加工成熟鬃，卖给了古青记，速度之快，质量之好都是前所未有的。当然，古耕虞也是照原议付款，算账结果，天德封不但用这批熟鬃偿清了古青记的前后两笔债，还从古青记获得了一些利润。其实，古耕虞也没有吃亏，因为凭他的观察与嗅觉，已确切地把握了市场动向，断定没几天鬃价就会上涨，而且上涨幅度会不断增大，他看准这一时机，实际上就等于用旧债作为劳务费委托天德封于涨价前抢先购进一批好猪鬃，而那笔眼见得无法收回的旧债也当即变成了付用的活款，既收了猪鬃，又提高了声誉，使天德封在日后的经营中一心报效，变成可靠的往来户。

此时，古青记已直接打入了国际市场，获准在重庆直接报关的资格，也就是说，只在重庆办理好出口手续，虽经由上海口岸，却与上海关无涉了。而和祥等三家尚无这种资格，也就是说须受重庆、上海两关的双重制约；在重庆缴纳了关税后，仍须以重庆开具的免税证向上海关报关。漏屋偏逢连夜雨，正当三家在困境中挣扎时，又出了麻烦：上海关扣下了他们的全部出口货物！理由是，上海关在校验过免税证后，认定重庆关估价过低，坚持补税，否则不令放行。这无疑地是对摇摇欲坠的三家又加一棒：交吧，又到哪儿筹集这大笔的巨额税款；不交吧，货物存在海关，情形可想而知，时间一长，错过贸易机会，用俗话说"赶不上行市"不说，还会信誉损失甚至招致赔偿，而这批货物已是三家的最后一点儿元气，是拼足了余力聚起的最后的全部剩余家当，一旦蚀掉，不仅是气若游丝，恐怕只有"寿终正寝"了。此时倘若乘机吞掉这三家，在古耕虞来说，不过是顺手牵羊，不费吹灰之力的。可是，他并没有这么做，却正好相反，他仗义地挺身而出，不惜冒开罪权势极大、炙手可热的上海关——全国海关之王，来挽救三家的颓亡，维护三家的利益。他不但为三家出谋划策，而且在三家因畏惧上海关的强大权势而犹豫、顾虑时，慨然声称：我来出头替你们打官司！为了你们，我一定要打赢这场官司！

于是古耕虞两面着手，一面向上海关提出正面申请，请上海关允许以押款的方式，对这批货物先予放行，以稳住上海关；一面向总税务司与南京财政部同时提起控诉，指控上海关恣意估税，刁难设障，阻挠出口，影响外汇收入。也是两手准备：官司打赢了自没话说，货物得以正常出口不说，上海关还得将押款退回；一旦输了，也无非是补税。

为了确保打赢这场官司，他又下出了很关键的一步棋：鼓动重庆关出面充当另一原告。他找到重庆关，痛陈利弊：

"你们完全有按税律估价的权力，更有这个能力，也负有重大的责任，是不会估错的！而上海关却任意认为你们估价过低。如果首例一破，长此下去各个海关自行其是，势必轻视估税关的权益，任意加税，结果也必使出口商步步遇险，每过一关都有加税的威胁，还怎么经营？而这种做法又明显的是违反海关规程的。而且，出口商有出口商不可忽视的特殊情况，就是深受国际市场行情的严格制约，而国际市场的行情又是瞬息万变的。如果关关设卡，寸步难行，加税之外，又要扣押货物，莫说数关，就算是一关扣押几天，哪怕三五天，就很可能导致因误失了物价良机，而无利可图，甚至亏蚀老本，还谈何经营？因此说，如果任由上海关随心所欲下去，则出口必如畏途，出口商不被折腾破产，也只好乖乖地改行，政府的这一大块外汇收入可就要毁于一旦了！"

义正词严、凿凿有理，重庆关出于被侮的"义愤"与切身的重大利益，当即"理直气壮"地向总税务司提出了对上海关的指控。而古耕虞这个原告却乐得清闲，在已变成以两关之间为主的官司中，冷眼旁观，看他们关对关，官打官，自然要比他亲自出马省事得多，也有利得多！

这场官司的结果自是以重庆关胜诉而告终，上海关自然不得也不敢对三家出口商再行刁难，无须补税不说，还将三家的押款如数退回。一场官司，使三家商号由困窘无路一变而为赢家。

紧接着，古耕虞又主动与这三家达成协议，四分天下：重庆百分之七十的猪鬃出口量归古青记经营，余下的由三家均分。并在和祥号的一再恳切的敦请下，古耕虞兼任了这家已基本丧失了实际市场能力的商号经理。从此稳定了局势，使这三家得以复生，重操故业，成了古青记可靠的经营伙伴与忠实的竞争友军。

抗争　　古耕虞与国民党一直在斗，不惜冒犯"四大家族"，或者说他在与"四大家族"竞争，在具体的纯商业上，他又是胜利者。"四大家族"财括国中，权倾朝野，足以令某些人羡煞，不少人吓煞，可古耕虞硬是和他们斗了几个回合！

猪鬃，国内价格甚低，国际市场急需。太平洋战争爆发后，由于中国猪鬃出口难且有断绝之虞，因而价格暴涨，最高价达每磅6美元。"四大家族"虽富，可不厌财，就开始了欲将猪鬃垄断权从古耕虞手中夺走的活动。首先发难的是孔祥熙，出面的是他最宠爱的借他权势横行的大公子孔令侃，即当时人人皆知的"孔大少"。

抗战爆发后，国民党加强了对全国各方面的控制，经济方面专设了贸易委员会以控制传统出口物资，隶属于财政部，当时的财政部长正是孔祥熙，而"孔大少"则是中央信托局的局长。这个局是抗战前统管金融、贸易的所谓"四行两局一库"之一，兼营对外贸易，是个可以控制民营的官僚垄断机构。用古耕虞的话说，孔大少"像选美人一样选中了猪鬃"！

孔大少爱美人出名，他选中的美人是一定要拿到手的，一旦选鬃如同选美又出于"父旨"，谁敢不从？

1939年春，为了换取美国卡车，蒋介石向西南运输处亲下指令：收购猪鬃8000箱输美！西南运输处的处长宋子文胞弟宋子良与副处长卢作孚当即找孔令侃商量。孔令侃根基虽稳牢，可哪儿去购那么多猪鬃？便自然地想到了古耕虞，并想乘机将猪鬃的出口垄断权从古耕虞的手中夺过来。他先是约了古耕虞却不出面接待，以冷落来煞古耕虞的威，再以出人相请来拉拢古耕虞，冀使古耕虞就范。受过冷落的古耕虞以"我发了疟疾"为由拒不赴约，却去找卢作孚告难。卢作孚是四川人，是西南运输处的副处长，也是贸易委员会委员，因此古耕虞说："西南运输处要猪鬃，贸易委员会管猪鬃，你在两家都当权，自行调节一下就是了，干吗都向我要？我不好办！"卢作孚表示事急无法才四处求医的。古耕虞又说："既然如此，那也得由你与徐可亨（也是四川人，时任财政部次长）出面商量啊！"最后，他给卢作孚出了个主意：四川实力派康氏兄弟尚有大批猪鬃囤积在美丰银行，请卢以四川人身份动员他们售出3000箱，他则凑足余数，不足多少凑多少，但政府收购价应高于市价的百分之十，否则就会相对地赔本，而赔本买卖康氏兄弟是不会干的。结果，康、古两家就与贸易委员会签订了协议，将孔大少抛了开去。这可惹恼了"四大家族"，很快地就发给了孔大少一把尚方宝剑：由行政院院长核准的《全国猪鬃统销办法》明文规定，全国所有的猪鬃从收购到运销，统由中央信托局办理，其他部门与商人不得自行报运出口，在国内收购须办理受托手续方可进行，再卖给信托局，限制囤积，时间不得超过三个月，数量黑鬃百担以下，白鬃十担以下，超过期限或数量，由信托局强行收购；走私、居奇操纵，一经发现依法处置。

这自然是针对已垄断了国内外猪鬃市场的古耕虞的，他居然敢目无孔大少自是爆发原因，"四大家族"趁此时夺过他手中的猪鬃垄断权才是他们重大而长远的目的。一切权力交给了信托局，也就是交给了孔大少，交给了孔祥熙，猪鬃，这个被孔大少选中的"美人"，也就嫁给了孔氏家族！孔大少接过"尚方剑"，当即向古青记连番砍下：贸易委员会与古、康两家的协议是"哄抬物价"，那8000箱委员长指定鬃由他强行收买；不给古青记办理委托；不发给古青记运输证，叫你不但无权再收，已收了的也叫你因为没有运输证随时被密布各地的特务组织"经济稽查队"扣留，以致没收！这几剑砍得古青记寸步难行后，孔大少必欲赶尽杀绝，很快地寻找了另一个古氏的代替者，这就是古今佛。

古今佛是古耕虞的堂兄，参加过共产党与海陆丰起义，被捕变节，充当了特务，当时是"川畜"（即古青记父子公司）的襄理并兼做一家猪鬃加工厂的经理。这本是古耕虞出于家族之情对其关照，可这个惯于变节的人被孔大少一召即至，当即辞去了"川畜"的一切职务，另起炉灶，并拉"川畜"的人马壮大自己。孔大少明暗两手，双管齐下，必欲迅速置古青记于死地，一把夺过那"美人"！

"非常时期"、"政府行文"，又是孔大少亲自动手，一个无权无势的商人怎能不陷入绝境？怎能不乖乖地认"罪"服输？可古耕虞硬是要斗！他首先巩固了自己的阵地，动员公司员工与他携手共战，指出古今佛这个叛徒并没有多大能量，孔大少虽凶，又有四大家族的背景，可是他对猪鬃也是外行，世界局势紧张，猪鬃是战备急需，外行新手怎能应付得了这个局面？大家一来追随古耕虞多年深受其益，二来也深知即使"改换门庭"也会远不如今日。而孔大少与古今佛的行为也实是令人不齿，因而一致表示甘愿签字画盟，与孔大少周旋到底，此间凡与古今佛勾结者，一经发觉，当即开除。巩固了后方，古耕虞当即操起了他的专门兵器：出口鬃，以退为进发起了反攻。也是合当凑巧，由于战争的影响，古青记有一大批猪鬃存在香港，初时是不及处理，后来是鬃价上涨，储存以待更好的市价，拖了下来。后虽卖出，但因考虑到当时国内法币极不稳定而没有及时结汇与转账，也就等于没有卖出。可这批货因价格大涨货值已高达五百余万美元。因此他不仅有了经济手段同时也具有货物手段。便一面上告财政部：依与贸易委员会协议为西南运输处筹集的猪鬃已然备齐，贸易委员会应依协议办事，不得毁约。贸易委员会属财政部，财政部长是孔祥熙；"仗剑"毁约的是信托局，信托局长是孔令侃。向你老子告儿子，叫你两个部门去扯皮；你四大家族中老蒋要鬃，老宋赐"剑"，老孔买鬃，小孔阻拦，又怎么互相交代？再说，鬃不是地上长的，随手可取的，8000 箱不是个小数目，你孔大少就是用上周身解数也收不齐！更要紧的是，比 8000 箱不知要多多少倍的长时期的国外市场的需求，你又如何收购得足？就算收购得足你们国外市场不通不说，买惯了高信誉"虎"牌猪鬃的外商又怎能买你们的账？出于这种分析，古耕虞在"上告"同时，当即宣布，他的公司停止在香港（此时因上海陷落，出口地改为香港）的一切业务。这才是最狠的一招回马枪，最厉害的一招杀手锏。首先是中央信托局设在香港的总局大惊失色，接连派要员飞重庆，在孔氏父子与四川握着重权的徐堪、卢作孚，及手握猪鬃大权的古耕虞间往来疏通，逼得与孔祥熙同辈的徐、卢二人屈节地称孔大少为"仁兄"，可仍是无效。怎奈美国的商人不答应，他们只认"虎"牌，在古青记改为"川畜"后，也仍是以"古青记父子公司"的名头在美交易，何况如今猪鬃已关系到战争的胜负与国家的安危，美国的用量激增，不惜重金也务求到手？于是行政院对那"办法""重新核准"，改由"向贸易委员会登记"与鬃商"得在内地自行收集生鬃，加工整理"，这就等于收回了孔大少的尚方宝剑。事后，古耕虞说："官商的生意一向是做不好的，因为他靠的是特权，不是本事！"

这样，古耕虞又重新控制了猪鬃，可他为了抗战大局，也接受了贸易委员会下的复兴公司与不久后组成的官办机构富华公司的统购统销，且为顾抗战大局做出了不少有益的努力，甚至做出了一些牺牲。待到抗战胜利后，他又精心设计，先大造复兴公司腐败的舆论并开列出事实见报，再去调动美国进口商，更以手里的猪鬃与国际信誉为武器，逼使国民党政府解散了贸委会与富华。粉碎了官僚资本垄断猪鬃出口的局面。

用人　古耕虞说："资本家用人看才干；董事长要找官来当。""罗致人才，是为了使用人才。而人才能不能为你所用，并发挥其才干，关键在于使用人才的人。"他又说："使用人才，就在于重用想做事、敢做事，而且善于做事的人。而对于那些善于做官的人，倒应该有足够的注意。"在这些观点的引导下，古耕虞精心优选人才，他的公司里人才济济，光出身于美国麻省理工学院和其他有名的经济学院的人，就有十多个，少数外国职员（主要是美国和德国的），也都是他精心挑选的人才。

抗战胜利后担任四川畜产公司天津分公司经理的袁冲霄，就是古耕虞的得力助手。袁冲霄毕业于美国纽约大学，他专门学习过国际金融和国际贸易管理。在古、袁二人相识之前，袁本人也曾有过一段相当长的怀才不遇的过程。正如袁冲霄自己说的那样，生活虽然舒适，但他毕竟成了一只"断线风筝"，"远托异国，昔人所悲，望风怀想，能不依依"。他怀念自己的家乡，很想为饱经磨难的祖国做些事情，而且不喜欢在异国的土地上生活。于是，1934年，他告别了生活达五年之久的美利坚，偕夫人启程回国。他不喜欢甚至很讨厌官场的气氛，渴望在工商界一展身手。他的这个性格和古耕虞极其相似了。

一个偶然的机会，中国银行总秘书王君韧介绍他们相识了。在此之前，他们之间无任何来往。古耕虞是中国银行的大客户，互相来往密切；而袁冲霄回国后，任职的单位都是与中国银行有关的企业，因此，他们除了都与中国银行有点瓜葛外，二人之间可说是萍水相逢。

袁冲霄出身贫困，他的父亲早年是北京故宫、颐和园等皇家园林的老画工。在那个年代，那些很想与权贵结交的人，自然瞧不起袁冲霄的家庭出身。古耕虞却不以为然，相反，他恰恰认为，一个处于社会底层人家的孩子，年纪轻轻就被国内企业送到美国去工作，而且还在异国他乡拿到了著名的纽约大学的学位，绝不是件容易的事，必有过人之处！

他开始刻意与袁冲霄接近。

他实施的第一个步骤，是以中国进出口贸易协会总干事的身份，亲自出面邀请袁冲霄担任该协会的副总干事。

袁冲霄后来回忆说："古耕虞这个老头（其实他们的年龄差不多，古稍大一点）真厉害，他几乎处处在捉摸我这块料能不能被他利用。"

促使古耕虞下决心选用"这块料"的时间，是在日本投降初期。此时，蒋介石任命中国银行总经理张公权为东北经济委员会主任委员。由于袁冲霄是东北人，张公权邀请他担任该委员会下属一个处的副处长，不久又许愿让他担任处长，但袁冲霄谢绝了，这更加引发了古耕虞对他的兴趣。

那时，古耕虞正处心积虑地谋划战后"川畜"向全国发展事宜，在他勾画的蓝图里，鬃商们必争之地的天津是他梦寐以求的地方，他毫不犹豫地把天津放在了第一位。他希望袁冲霄能够替他主持天津的业务。

他先试探了一下袁冲霄，并没把话讲明，只是问他以后有何打算。袁回答说："我以前供职的义利公司、植物油厂都是与中国银行有关系的，而且其主事者都是上海人，可是他们内部斗争却很厉害。我是东北人，照理应该回东北，但以我与中国银行或张公权的关系来说，只是个外人，即使回东北也成不了什么气候，无非是做官混日子。"

讲到这里，袁冲霄似乎言犹未尽，又坦率地对古耕虞说："我知道你也不乐意做官，但你能和官混得很好。我却是连混都不愿意啊。"

袁冲霄向他表明了心迹，古耕虞有些感动。他真诚地对袁说："冲霄，我和你都是从小干猪鬃的。我们萍水相逢，志趣相投。你不愿做官，我也不愿做官。我问你，你看天津这个码头怎么样？"

"在天津干猪鬃，当然是个最理想的地方。"袁冲霄顺着古耕虞的话题说。

"是的，我准备开办四川畜产公司天津分公司，你去当经理好吗？我们合作，痛痛快快干一番事业。公司的头寸，你可以不管，王君韧要去当中国银行天津分行经理，我会同他讲好的。你只负责公司的经营管理，我授给你全权！"

袁冲霄被古耕虞打动了，他紧紧握住古耕虞的手："老古，如果你不嫌弃，我愿意跟着你干！"

古耕虞用力拍了一下袁冲霄的肩膀："太好了，我就等你这句话呢。不瞒你说，我连飞机票都给你预定了，就等你小子点头。"

"你这个家伙，真够绝的，我服你了。"袁冲霄笑说。

二人抚掌大笑。古耕虞说："走，今天我请客，咱们吃火锅去！"

但是，古耕虞遇到了来自公司内部的压力——公司的董事会、股东们都反对他使用他们并不了解的袁冲霄。

袁冲霄回忆说："这是因为我是东北人，而四川帮用人常常不爱用外地人。"

古耕虞召集董事和股东们开会，再次讨论任命袁冲霄的事情。讨论了半天，仍没有结果，他不想再这样拖下去了，疾言厉色地拍着桌子，大声说："你们不要只看袁冲霄不是四川人，四川畜产公司要向全国发展，这是股东大会通过了的。这一点，我决不会动摇！你们都是公司的元老重臣，在公司历经辛苦，现在看到我要起用一个萍水相逢的人，你们是不会服气的。但请你们为公司设想一下，既然要垄断猪鬃的国际贸易，就得破格录用人才。而人才的唯一标准，是看他的德才能不能担当起这个职务。其他什么亲戚呀、同学呀，在我心里是没有的！……"

古耕虞回忆说，股东们的担心也不是没有道理，因为大家都清楚，天津分公司经理的职位确实太重要了，它几乎是整个"川畜"的命脉所在。解放战争那几年，中国银行天津分行的出口打包放款，有一半以上是给"川畜"天津分公司的，仅此一项，即可说明这个职位多么重要。把这样的大权放给一个与公司毫无瓜葛的人，董事会和股东们的担心也是正常的。

他向与会者解释坚持用袁冲霄的原因时说："袁冲霄到底行不行，你们看看他的履历就明白了。公司最需要的就是懂国际贸易的人才，他就是这样的人才。我还考察过他，我觉得没有问题，所以才坚持用他。"

许多年后，在讲到自己的动机时，他说："敢不敢使用一个有才干的人，关键在于你为了自己的事业，敢不敢不拘一格用人才。你要使用他，就必须信任他。当然事先要认真地考查、观察他。而且在使用过程中，还要不断地考查，不断地观察。历史上，任何想成就一番事业的人，没有这个魄力成不了大事！"

就这样，古耕虞最终说服了董事会和股东们。

古耕虞和袁冲霄二人之间说话坦率，而且自始至终保持了平等的氛围，古耕虞不因为自己是大老板去摆架子，袁冲霄也不因为自己是雇员而唯唯诺诺。除了当时必须向任何人都保密的事情外，古耕虞无话不同袁冲霄谈。他们有时也为了某些事情争得面红耳赤，但全是就事论事，都是为了公司更好，绝不会影响他们二人的友谊。

后来，古耕虞到天津时。袁冲霄以分公司的名义，举办宴会欢迎他。宴会上，王君韧见到古耕虞后，对他说："你这个大老板怎么还这样小气，人家替你赚了那么多钱，你为什么不替他买幢房子、买辆汽车？"袁冲霄本人此时还住着寒酸的小房子，出门坐三轮车。

古耕虞意识到自己对得力的部属关照不够，听后立即掉过头来对袁冲霄说："冲霄，你爱买什么房子、什么汽车，就买吧，都可由公司出账。你还可以在公馆请个大师傅，因为你要请客。我很乐意付这些钱，这点钱同你所赚的比较，实在太有限了。"

过后，袁冲霄买了汽车——他确实需要一部汽车跑生意。但他没买房子，他只是租了一套公寓，也没有请大师傅。他不想花古耕虞太多的钱。袁冲霄直截了当地说："古耕虞这老家伙，会打算盘，高人一招。他对职工是肯花钱的。这不是他心眼好，而是他花钱把你买住了，你肯给他卖力。他用人选好的，好的来了，他把钱放在你面前。钱在对你说话：你要好生干。其实，他心里清楚，放手让有用的职工干，比他自己干得更有效。"

赤诚　　早在抗战初期，古耕虞就从国民党的腐败，共产党的深得人心中看准了国民党必败，共产党必胜的大局。因而有意结纳共产党，真诚地与一些党的干部接触。

太平洋战争爆发前后，周恩来代表中共中央驻重庆，兼领导南方局。曾家岩五十号的"周公馆"，常邀请并接待一些著名的民主人士。因特务猖狂，许多被邀者都十分小心，连对亲人都不敢稍露消息，古耕虞则有请必到，从不犹豫。此间与周恩来建立了深厚的感情，更坚定了投效共产党的决心。

古耕虞说："猪鬃既象征我的财富，也象征我的事业。"他有极强烈的生财欲，却决无对财产的占有欲。买卖中他"不让一根针"，生活中可随时"送一匹马"；绝不奢靡，不乱花一文，却可以毫不吝惜地送给人。他曾经是典型的空想的"社会主义者"，力求通过改良实现缩小贫富悬殊的距离，真正地实现福特的"利润分享"，自称是"改良到顶的人"。他公司中的职员，甚至厨师、工友乃至工友之子，都成了股东，工资分配一再从优，且照顾年龄，考虑人口增加所产生的结婚、住房、子女等费用。他的高级职员，甚至一般职员，新中国成立后从国外汇得的存款，总数以百万计，连中下级职员都富于旧中国的一般中小资本家，以致被群众看成资本家，还得他出面费了很大力气去解释。一般的资本家都是在 1956 年才接受"一化三改"的，可他在新中国刚刚开国三天，于接受周恩来委以全权负责中国猪鬃公司时，就毅然提出，将他家三代惨淡经营，他本人艰苦壮大，与官僚资本多次拼斗赢得的企业连同职员全部无偿地交给国家，虽经国家一再坚持，定了收购价，然而收购价很低。然而，他不但不计较，而且很欣慰：他为国尽了力，更重要的是仍能从事他爱之如命的事业！

古耕虞强调"我爱我的事业，就必须热爱生长猪鬃的故土，祖国是我的根本所在，我失去了祖国，就失去了我的一切。"

古耕虞完全可以像有些资本家那样去美国做寓公，他的资金已足够颐养，不但可以用他的存款再发大财，就是坐吃几世也吃不空这座"山"！可是他没有走！连香港也不去，更莫说台湾，并下令分公司照常营业，等待解放，留给共产党，并千方百计为新中国挽留人才。他不但献出了企业，而且在他尚在国外为新中国效力时，就将在外国留学的子女打发回国，不留丝毫后退的余地。

1948年济南解放后，古耕虞已与共产党的经济干部议妥，由他在香港设立公司，主要销售解放区猪鬃，这才发生了与杜邦公司的遭遇战，古耕虞经过精心调查与适当措施仍操了胜券，为解放区猪鬃的出口尽了很大的力。

1950年的旧历腊月二十三，由于政府急需一笔外汇，经贸部告知古耕虞放下国内的一切业务，先到香港为政府垫付500万美元。当时，国家困难，500万美元，于公于私都是个很大的数目，可古耕虞不但爽快答应，而且第二天就动身赴港，毫不犹豫地将这笔巨额外汇如数地存入香港的中国银行，为政府做了垫付。

1950年6月，古耕虞依前约到美国去推销猪鬃，名义上仍是古青记父子公司的老板，实际上公司已交给国家，他的员工们已成了国家职工。然而，这是绝不可外泄的。深谋远虑、算无遗策的古耕虞，为了保密与稳妥，费了很大的力气才说服了惯居重庆、已安排好一切后事准备安然在故乡度罢残年的老母，移居到香港，才放心地动身赴美。他用的护照还是台湾当局的，身份自是"中华民国"的公民。有人用他一个朋友的玩笑话说：通体都是白的，只有心是红的，正是"心里美"（一种萝卜的名称）！一路上难免受到联邦调查局的一再考问，可他有护照，有香港公司董事长与海洋公司法人的身份，又有与美商的前约，考问者也不得不放行。他抵达美国不久，6月25日就爆发了朝鲜战争，从各种迹象中看出美国的战备猪鬃必然上涨，他就抓准这一时机，积极推销，而且利用美国海陆空军的急切心理第一个投标，并表示：无论是到岸的，还是运途的，一律卖给美国政府。赚钱是小，为国家换回更多的战略物资是大！在古耕虞使出周身解数甚至不惜自己赔钱的努力下，1950年我国猪鬃出口额高达10万箱，价值8000万美元，创了历史最高纪录（直到1976年才突破这个纪录）。到了12月下旬，古耕虞从一个细微的迹象里觉察了国内必有大的举措，便故意以电话张扬，说老母重病，须赶回香港探视。实际上是归国接受新的指示。可他尚在归国途中，杜鲁门就下令冻结了大陆资金，不久，又以"特别冻结户"冻结了以古耕虞及以他户名存放的美国银行的资金，这里面的百分之九十是国家的，数量之大，超过上海商业储蓄银行在美资金总额的数倍，而中美已在朝鲜战场上兵刃相见，倘一泄露，势必全部受损。

1951年2月，古耕虞即由北京返回香港（他从美国回到香港只住了一夜，不顾老母的抱怨与责备，借口忙，偷偷转道澳门到北京接受新指示），并立即投入争取解冻活动，这是国家急需的钱，他更是"根针不让"。首先通过朋友向香港的美国大通银行打招呼，大通的经理与古耕虞谈了一天，做出备忘录转交给了美国驻港的总领事馆，古耕虞应要求提供了相应的文件，证明内地公司已卖给了中共；证明他的香港公司的人员不在大陆供职。前者有政府证明与英国驻上海、重庆总领事馆的出证；后者是张华联巧妙地做了手脚。主要是将留在大陆上的袁冲霄改成了"袁仲宵"，古耕虞更巧妙地争取到将文件全部译成英文程序，张华联也译得非常巧妙。可杜鲁门仍不放心，仍不放手，比如在调查中发现了大陆上的袁冲霄，就一再叮问，张华联就拉人充做"袁仲宵"，强调汉语的同音不同字；老练的总领事又布下一个陷阱："你的一切都已合了手续，但你仍得做个补充，宣誓不做假证。你把国内公司卖给中共，作价很低，估计只有实值的二三成，又是公债。现在我请你回答：'是自愿的还是被迫的？'"

关于法律问题，古耕虞早已与精通法律的王君韧研究透彻，总领事的这一招也基本在王君韧的意料之中，且已谋下对策。所以古耕虞当下从容而严肃地回答说："你向我提这种问题，是违犯你们美国法律的。我是在美注册的海洋公司的法人，有权拒绝回答你的问题，也拒绝宣誓！"总领事惊诧地问："我违背了什么法律？"古耕虞说："美国法律禁止以剥夺申诉人申诉权力的方式进行审问，如同我们中国的不准陷人入罪。对你的问题，我无法申辩；如果我说是自愿的，你会说我与中共合作；说被迫的，你又会要我拿出证明，证明中共的胁迫方式是动手枪还是关监狱。你问问你的法律顾问，这样是不是违法？"

陷阱无用，反复查去，果然是 1948 年古耕虞就到了香港，没见证明他回过大陆，而一个兄弟在美国，长男长女在美读书，另两个儿子与老母、妻子都在香港。杜鲁门无奈，只好宣布解冻，却提出一个条件：必须把猪鬃优先卖给美国政府。殊不知这正是中国政府希望得到的。

耿直　　1958 年，古耕虞要求到社会主义学院进修。该学院是全国政协两年前成立的。学员通常的学习时间为一年，他自动要求延长，结果上了近两年。

一次，学院组织学员开会，批判一名曾担任过某省医学院院长的同学。古耕虞在会上多次发言，话说重了。他后来检讨说："这是一位留美学者，确实说过一些错话。大家批判他，我也批判。但这里面没有一点违心之论吗？不是。我赌过咒，在运动中不要'顺风跑'，但结果还是顺风跑了！"

还有一次，他和一名右派同学谈心。那位同学是我国著名的教育家、教授，新中国成立前跑到了解放区，新中国成立后，被选为全国人大代表，还担任了国务院一个部的副部长。这位前副部长对他说："老古，听你说过，资本家学乖了，你在外贸部统战座谈会上的发言，就是'乖'的。我可没有你这么'乖'。有人说，中国已经没文盲了，我不同意这个看法。于是，人们就批判我，说我给社会主义社会抹黑。结果成了现在这个样子。因此，我对你学'乖'，十分感慨。"

古耕虞听完他的话，给他讲了一个老而又老的笑话：孔子有两位得意弟子，一个是做学问的子路，一个是做买卖的子贡。孔子在陈绝粮，先派子路到一个老头儿家借。老头儿听子路说他是孔门弟子，要他先认个字：真。子路说，这字念真。老头儿摇摇头说，不对，这字念"直八"。子路说，这明明是个真字，怎么能念"直八"？老头儿生气了，说，你不念"直八"，我不借粮给你。子路快快而回。孔子再派子贡去，老头儿照样来一遍，子贡马上改口说，对对，应该念"直八"。于是子贡把粮借回来了。

讲完笑话，他概括说："这个笑话，在现实生活中是存在的。有些人爱听假话，听不进别人的与自己相反的意见。我觉得你有些像子路，'君子死而冠不免'，书呆子气重。子贡毕竟是做买卖的，会说别人爱听的话，买卖人讲究的是发财，不论是非，你爱听'直八'，我就念'直八'，反正我把粮食弄到手了，吃亏上当的是你，于我无损。我相信共产党决不会真正喜欢这种光会说漂亮假话的人。一切都是暂时的。你完全不必感慨，对共产党讲真话总没有错。"

"大跃进"开始了。大跃进最大的特色就是放"卫星"。古耕虞仍在社会主义学院上学，不到公司工作。但有时也回去看看。一天，他偶尔看到下级公司报来一个文件，说某人民公社的养猪场放了一个令人惊喜的"大卫星"，一只母猪生了64只小猪。

"我们最好先去问一问养猪的农民，或者亲自到猪肚子下看一看，老母猪到底有几个乳头？"他放下文件，气愤地说，"现在一胎竟生了64只，这是违反科学、甚至违反常识的。至少在目前，世界上还没有这样的'大卫星'。我看就不要再上报了！"

大跃进以及其后的自然灾害，使一切都乱了套。四川的猪鬃年产量，差不多一直占全国年产量的 30%，历史上没有低过一万箱；而 1960 年产量仅有几百箱，不到大跃进前的十分之一。古耕虞得知这个消息，气得差点跳起来："我们古家几代人，在四川搞了几十年猪鬃，没有见过这种情况。我不相信这是因为自然灾害，而是人搞出来的。"

1966 年 6 月底，古耕虞随中国民主建国会和全国工商联参观团，到河北省香河县参观"四清"运动。回来时，文化大革命已开始快一个月了。他回来没有几天，公司的院子里就贴满了冲着他来的大字报，上面连篇累牍称他"资本家"。在以前的政治运动中，也曾有人贴大字报，涉及到他时，一般只批评党委"重用了资本家古耕虞"。这使他时常感到对不起领导们，因为自己连累了领导们。他用幽默中带点儿酸楚的口气说：

"说实话，我认真地想过这个问题。我这个姓'资'的姑娘，嫁到'无'家来，操持家务，生儿育女，公婆说我好，丈夫也认为我不错。但是有些尖嘴小姑、顽皮小叔却很难侍候，总说我这个嫂嫂'坏'，而理由只有一个，就是我这个嫂子的娘家不好。这些小姑、小叔们，只看我昨天，不看我今天，更不看我明天。成天口中念念有词，抓住我的'娘家'不放。不过，劳动群众印象中，资本家要剥削人，总是坏的，有这些想法并不奇怪。"

但这次不同，那么多大字报，铺天盖地，不像过去那样仅仅批评领导重用资本家，而是指名道姓，直接批判他本人。他突然感到紧张，思想斗争很激烈。

他去找公司党委（他不是党员，所以不是公司党委委员）问："我再当经理还合适吗？"谁也无法明确答复他。

从那以后，大约四五十天时间，他的唯一"工作"就是看大字报。那些大字报上充斥捕风捉影、指鹿为马、说假话、作假证的东西。人们都宛若发疯似的，他不理解为什么要这样。他感到愤慨。无孔不入、无所不敢的红卫兵们跨进了古家的大门。他们翻箱倒柜时，看到他在国外访问时与外国人的合影，说这是"里通外国"的证据。他对他们说："我是里通中国共产党，外通外国资本家。"

红卫兵们试图从帮助古家料理家务的一对李氏老夫妇身上打开"缺口"，让他们揭发古耕虞的"罪行"。老头回答他们说："我是贫农，我只感到他待人不错。"老太太则说："我在古家几十年，过去亲眼看着他们的孩子长大，现在又看着他们的孙子、孙女长大，如今早解放了，他们若是待我们不好，我们早就走了。"红卫兵失望地骂他们"没有阶级觉悟"。

一天夜里，红卫兵们又来造访。一个红卫兵问他："解放前你为什么不参加革命？"

他感到愕然。事后他对别人说："这个孩子似乎在责备我解放前不应该去当资本家，而应该去革命。这叫我怎么回答呢？"

他给吵闹得没办法，试探着找到一个姓崔的"片儿警"诉说情况。崔民警是一个极富正义感的小伙子，他愿意提供帮助。他关切地对古耕虞说："我完全了解，你拥护党的领导，学习是好的。你可以打电话给你们公司，请他们再打电话与我们派出所商量。现在，红卫兵正在风头上，你千万不要去和他们顶撞，免得吃眼前亏。至于我自己，也不能和红卫兵见面。他们来了，我不来；他们走了，我就来。但有一条，他们没有权拿走你的东西。如果拿走了，我作为公安干部是要干涉的。你可以告诉我，我一定设法把东西追回来。"

古耕虞和崔民警聊天时，崔民警还说过这样颇见水平的话："毛主席对民主党派说过，要'长期共存，互相监督'，难道只能长到17年，多一天都不行吗？"

崔民警的话令古耕虞深为感动。他认为，崔民警是他在"文革"期间遇到的最可敬佩的人之一。

古耕虞除了自己挨批判外，还得不断地为当年的部下们作证。证明那些职员们，包括分公司经理们都不是资本家，他和董事长及董事们才是"当之无愧"的资本家。

这天，又来了两个人，调查他的一个表亲。那位表亲解放前是"川畜"

北平办事处主任,新中国成立后成了国家干部,家中有银行存款七八千,"川畜"股票上万。来人要古耕虞证明他是资本家。他问:"他自己承认了没有?"

来人说:"不肯承认。"

他说:"他不承认是对的。要换上我,我还要写张大字报,说古耕虞才是剥削者,是资本家,而我是被剥削者。"他之所以这样说,是因为他感到,要断定一个人是不是资本家,首先要搞清楚什么是资本家。有股票,并不足以说明他就是资本家。在私营企业中有"三权"(财权、经营决策权、用人权)的、掌握着生产手段的、剥削他人劳动的,才是真正的资本家。

于是,他又对来人补充说:"我的表亲哪有什么'三权'?他仅仅是个普通坐庄的,连襄理都不是。所以,他绝对算不上什么资本家。"

婚姻　　古耕虞结婚的时候只有 18 岁,正是他来南通读书的那一年,民国时,中国的封建习俗仍然盛行,青年人尤其是富家子弟结婚都比较早。古耕虞的家庭条件比较好,于是按照当时的习俗早早成亲。好在这门婚事还令他满意。他的夫人王崇德是四川一个大地主的女儿,是个知书达理的女性。二人婚后一直互相体贴、互相扶持、十分恩爱。

后来在重庆时,古耕虞已是闻名遐迩的大老板了,大老板的夫人到社会上应酬是难免的,比如经常到阔人家赴宴,或是打麻将等。按说,夫人在外应酬,丈夫应该陪着。但是古耕虞极少陪夫人外出。

一天,他的姑母打发人来叫他,说有急事。一进姑母的门,他就见夫人王崇德倚在姑母身上抹眼泪。一看这阵势,他就明白了,准是夫人在姑母面前告了状,说整天见不着他的面,肯定在外面拈花惹草。一问缘由,果然是。于是,他大笑着对姑母说:"如果我真有外遇,没有陪她去应酬,她吃醋是可以的,但现在她是在对猪鬃吃醋。"